Norbert Heesel
Werner Reichstein

Novell NetWare 3.11 (2.2)

Ein praxisorientierter Leitfaden
mit Installationsbeispielen aktueller
DOS- und Windows-Anwendungen

Norbert Heesel
Werner Reichstein

NOVELL NETWARE

Ein praxisorientierter Leitfaden
mit Installationsbeispielen aktueller
DOS- und Windows-Anwendungen

Die Deutsche Bibliothek - CIP-Einheitsaufnahme

Heesel, Norbert:
Novell Netware : ein praxisorientierter Leitfaden mit
Installationsbeispielen aktueller DOS- und Windows-
Anwendungen / Norbert Heesel ; Werner Reichstein. -
Braunschweig ; Wiesbaden : Vieweg, 1992
   ISBN-13:978-3-528-05223-2   e-ISBN-13:978-3-322-83589-5
   DOI: 10.1007/978-3-322-83589-5

NE: Reichstein, Werner

Das in diesem Buch enthaltene Programm-Material ist mit keiner Verpflichtung oder Garantie ir-
gendeiner Art verbunden. Die Autoren und der Verlag übernehmen infolgedessen keine Verantwor-
tung und werden keine daraus folgende oder sonstige Haftung übernehmen, die auf irgendeine Art
aus der Benutzung dieses Programm-Materials oder Teilen davon entsteht.

Der Verlag Vieweg ist ein Unternehmen der Verlagsgruppe Bertelsmann International.

Umschlagsgestaltung: Schrimpf & Partner, Wiesbaden

Gedruckt auf säurefreiem Papier

ISBN-13:978-3-528-05223-2

Und wenn Du glaubst, es geht nicht mehr...

für Christa und Rita

Vorwort

Die Zuwachsraten der weltweit installierten PC-Netzwerke sind ein deutlicher Hinweis darauf, welche Bedeutung diese Form der Datenkommunikation - besonders in der Bürotechnik - erlangt hat.

Sowohl der schnelle Zugriff auf Informationen sowie deren Austausch hat die Büro-Organisation nachhaltig verändert. Durch die Fortschritte im Bereich der Computertechnik und Mikroelektronik werden sich diese Entwicklungstendenzen noch deutlich fortsetzen.

Durch die Vernetzung der bisher vorhandenen Einzel-PCs wird vor allem das Arbeiten mit einem einheitlichen Datenbestand garantiert; ebenso lassen sich teuere Peripheriegeräte wie Laser-Drucker, FAX-Geräte etc. gemeinsam nutzen.

Für den einzelnen Anwender muß das Netzwerk transparent sein, d.h. die Arbeit an seinem Arbeitsplatz bleibt unverändert. Die Planung und Installation von Netzwerken wird üblicherweise von Fachfirmen vorgenommen. Die Pflege und auch die Wartung bestehender Netzwerke muß durch eine entsprechende Fachkraft (Supervisor) organisiert werden, die die betriebsspezifischen Arbeitsabläufe kennt.

Unumstritten setzt die Firma **NOVELL** mit ihrem Netzwerk-Betriebssystem **NetWare** einen Standard, der verschiedensten Anforderungen gerecht wird. Der Netzwerk-Betreuer benötigt umfangreiche Kenntnisse der eingesetzten Hard- und Software, um das Netzwerk-Betriebssystem auf die individuellen Belange der einzelnen Anwender anzupassen.

Die vorliegende Publikation ersetzt nicht die umfangreichen Handbücher, die zum Lieferumfang der Netzwerk-Software gehören. Vielmehr ist sie Ergänzung, die die wesentlichen Praxisfragen, die in den Handbüchern nicht beschrieben sind, aufgreift.

Hier sei vor allem die Einbindung der WINDOWS-Produkte genannt, die ihrerseits im Bereich der Anwender-Software zum Standard geworden sind.

Die Struktur des vorliegenden Buches ermöglicht dem Netzwerk-Neuling, sich die erforderlichen Grundinformationen zu beschaffen und sie anschließend am konkreten Beispiel zu vertiefen.

Für den erfahrenen System-Betreuer finden sich zahlreiche, in die Tiefe gehende Installationsvorschläge, die es ihm erlauben, individuelle Lösungen zu finden.

Die beschriebenen Installationsvorschläge sind von den Autoren ausnahmslos im eigens für die Publikation aufgebauten Netzwerk getestet worden. Die Entstehung dieses praxisorientierten Buches war nur durch die großzügige Unterstützung zahlreicher Soft- und Hardware-Häuser möglich.

Namentlich herausgreifen möchten wir Herrn Holger Mishal (Fa. Hewlett-Packard GmbH, Bad Homburg), der uns für die gesamte Vorbereitungszeit eine komplette Netzwerk-Umgebung zur Verfügung stellte.

Gleichermaßen gilt unser Dank Herrn Leonhardt (Fa. Novell GmbH, Düsseldorf) für die Leihstellung der Netzwerk-Versionen NetWare 3.11 und NetWare 2.2.

Das unermüdliche Korrekturlesen von Wolfgang Behrendt hat wesentlich zum Gelingen dieses Buches beigetragen.

Weitere hilfreiche Unterstützung erhielten wir von folgenden Firmen:

Aldus Software GmbH, Hamburg
Apple Computer GmbH, Ismaning
ATI Technologies GmbH, München
Borland GmbH, Starnberg
Cornerstone Technology, München
Dr. Neuhaus Mikroelektronik GmbH, Hamburg
DTP-Partner, Hamburg
Hewlett Packard GmbH, Bad Homburg
IOMEGA Coorparation, Bruxelles
MACROTRON AG, München
Micrografx GmbH, München

Mitsubishi Electric Europe GmbH, Ratingen
NEC Deutschland GmbH, München
NOVELL GmbH, Düsseldorf
Plantron GmbH, Bad Homburg
Quarterdeck Office Systems GmbH, Düsseldorf
Philips GmbH, Hamburg
SYNELEC Datensysteme GmbH,
WordPerfect Software GmbH, Eschborn

Alsdorf, Juni 1992

Inhaltsverzeichnis

Vorwort   **7**

1.   **Einleitung**   **15**

2.   **Hardware-Aufbau von LANs**   **19**
2.1   Local Area Networks   21
2.2   Bestandteile eines Netzwerkes   23
2.3   ETHERNET (IEEE 802.3)   29
2.3.1   THICK-ETHERNET   32
2.3.2   THIN-ETHERNET   34
2.3.3   THICK-THIN-ETHERNET   35
2.3.4   10-Base-T   36
2.4   ARCNET (IEEE 802.4)   37
2.5   TOKEN RING (IEEE 802.5)   43
2.6   Internet   47
2.6.1   Repeater   50
2.6.2   Router   52
2.6.2.1   Interner Router   53
2.6.2.2   Externer Router   54
2.6.3   Bridge   54
2.6.4   Gateways   55
2.7   Hochgeschwindigkeitsnetze   55

3.   **Netzwerk-Betriebssystem**   **57**
3.1   LAN-Software   59
3.2   Produktübersicht NetWare   63

4.   **Installation der System-Software**   **73**
4.1   Server-Installation unter NetWare 3.11   75
4.1.1   Voraussetzungen   75
4.1.2   Installation der Software   76
4.2   Server-Installation unter NetWare 2.2   87
4.1.1   Voraussetzungen   87
4.2.2   Installation der Software   88
4.3   Workstation-Installation   107

5.   Rechts- und Zugriffsstrukturen im Netzwerkbetrieb   115
5.1   DRIVE MAPPINGS   117
5.2   NetWare Sicherheitsstufen   123
5.2.1   Login-/Password-Sicherheit   124
5.2.2   Rechte   131
5.2.3   Attribut-Sicherheit   140
5.3   Login Script   201
5.3.1   Interne Login-Script-Befehle   204
5.3.2   Identifier Variables   217
5.3.3   Externe Login-Script-Befehle   219

6.   WINDOWS im Netz   227
6.1   Netzwerk-Installation von WINDOWS 3.0   229
6.2   Netzwerk-Installation von WINWORD 1.1   249
6.3   Netzwerk-Installation von EXCEL 3.0   255
6.4   Netzwerk-Installation von CorelDraw 2.01   261
6.5   Netzwerk-Installation von PageMaker 4.0   267
6.6   Netzwerk-Installation von WINDOWS 3.1   273

7.   DOS-Applikationen im Netz   289
7.1   Netzwerk-Installation von Word 5.5   291
7.2   Netzwerk-Installation von MULTIPLAN 4.2   295
7.3   Netzwerk-Installation von WORKS 2.0   299
7.4   Netzwerk-Installation von WORDPERFECT 5.1   303

8.   Drucken im Netz   307
8.1   Print Server   309
8.2   Printing-Utilities   321
8.2.1   Drucken mit CAPTURE   328
8.2.2   Drucken mit NPRINT   334
8.3   Einrichten eines Print Servers   339

9.   Datensicherung   365
9.1   Backup-Medien   367
9.1.1   Streamer   367
9.1.2   Bernoulli-Box   374

10.   **Anhang**   **377**
10.1   NetWare-Befehle und Utilities   379
10.1.1   Kurzbeschreibung der Command-Line-Befehle   381
10.1.2   Kurzbeschreibung der File-Server-Console-Befehle   425
10.1.3   Kurzbeschreibung der NetWare Loadable Modules (NLM)   451
10.1.4   Kurzbeschreibung des Menu-Utility SYSCON   463

1. Einleitung

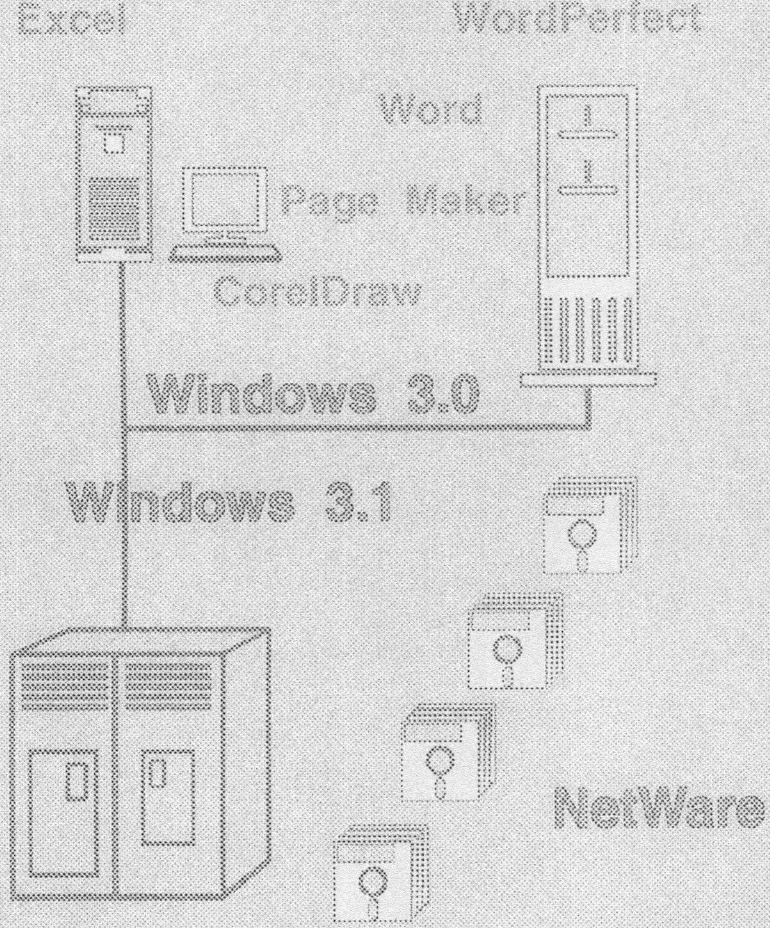

Der Befehlsumfang und die komplexe Struktur des Netzwerk-Betriebsystems NetWare stellt den Netzwerk-Betreuer vor viele im Detail zu suchende Schwierigkeiten. Die existierenden Handbücher listen alphabetisch geordnet alle möglichen Befehle auf; sie sind inhaltlich umfassend beschrieben, beschränken sich allerdings ausschließlich auf das Netzwerk-Produkt NetWare.

Die Struktur dieses Buches ist so angelegt, die Lücke zwischen den Handbüchern von NOVELL und der Anwender-Software zu schließen.

Es werden die wesentlichen Installationspunkte beschrieben, die bei der Einbindung von Anwender-Software (WINDOWS- und DOS-Applikationen) in ein bestehendes NOVELL-Netz zu berücksichtigen sind.

Die hierfür relevanten NetWare-Befehle werden am konkreten Beispiel speziell und im Anhang ausführlich kommentiert. Dieser problem-orientierte Ansatz verhindert die losgelöste Behandlung einzelner Befehle. Der Leser wird auf diese Weise mit der Installation der Software, den Sicherheitsfragen und der Verwaltung von NetWare vertraut. Hierdurch unterscheidet sich das vorliegende Buch deutlich von "Übersetzungen" der NOVELL-Handbücher und anderer, zu diesem Thema veröffentlichter Literatur.

Der Inhalt der einzelnen Kapitel in kurzer Übersicht:

Kapitel 2: Dieses Kapitel liefert einen allgemeinen Überblick über Netzwerk-Topologien und ihren Hardware-Komponenten.

Kapitel 3: In diesem Kapitel werden im Wesentlichen die Produkt-Eigenschaften von NetWare 2.2 und 3.11 beschrieben.

Kapitel 4: Dieses Kapitel beschreibt ausführlich die Installation des Netzwerk-Betriebssystem (File-Server-Installation) beider NetWare-Versionen sowie die Installation einer Workstation. Dabei wird auch auf die Besonderheiten von laufwerklosen Workstations eingegangen.

Kapitel 5: In diesem Kapitel werden die Zugriffsmechanismen und deren Beeinflussung durch den Supervisor ausführlich beschrieben und an mehreren Übungsbeispielen konkretisiert. Drive Mappings, Rechte und Attribute sind zentraler Inhalt dieses Kapitels. Einen weiteren Schwerpunkt stellt die Einrichtung der User und Gruppen dar sowie das Erstellen der Login Scripts.

Kapitel 6: Die Einbindung der beliebten WINDOWS-Oberfläche und die Einbindung gängiger Applikationen werden detailliert und praxisgerecht beschrieben.

Kapitel 7: Nach wie vor haben DOS-Applikationen einen großen Verbreitungsgrad und werden deshalb auch in Netzwerken eingesetzt. Auch hier haben wir die Einbindung einiger gängiger Produkte beschrieben.

Kapitel 8: Ein wesentlicher Vorteil von Netzwerken besteht in der gemeinsamen Nutzung von Abteilungsdruckern. Für das verteilte Drucken im Netz muß ein Print Server eingerichtet werden. Am konkreten Beispiel werden alle möglichen Variationen durchgearbeitet.

Kapitel 9: In einem kurzen Kapitel werden übliche Backup-Medien zur Datensicherung im Netz beschrieben.

Kapitel 10: Im Anhang werden alle command-line-Befehle, alle file-server-console-Befehle, die wichtigsten Menü-Utilities bzw. die NLMs beschrieben.

2. Hardware-Aufbau von LANs

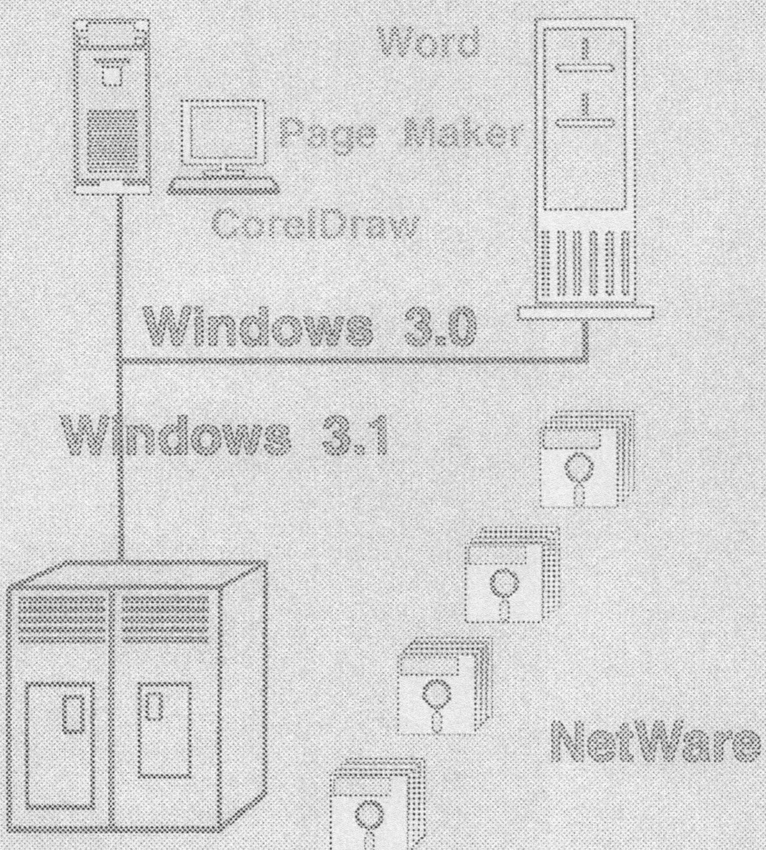

2.1 Local Area Networks

Die Vernetzung von Großrechner-Anlagen hat eine jahrelange Tradition und war lange Zeit nur diesem Bereich vorbehalten. Den historischen Hintergrund der heute existierenden PC-Netzwerke bildeten die Anstrengungen, (damals) teuere Speicherkapazitäten (Festplatten 10 MB) und Drucker gemeinsam nutzen zu können. Aus diesen Anfängen heraus haben sich unterschiedliche Netzwerkstrukturen entwickelt, von denen sich drei als Industriestandard etabliert haben.

Die verschiedenen Definitionen eines **LANs (local area network)** haben eines gemeinsam; sie beschreiben immer Netzwerke, die zur Aufrechterhaltung des Netzes keine anderen (fremde) Dienste in Anspruch nehmen.

So lassen sich HOST-Architekturen (z.B. Großrechner, mittlere Datentechnik) ebenso unter dem Oberbegriff LAN einordnen wie PC-LANs; erst der Einsatz fremder Dienste (Post etc.) erweitern die Netze zu Weitverkehrsnetzen (WAN = wide area network).

Bei HOST-Architekturen werden alle Programme (Applikationen) im HOST-Rechner ausgeführt. Die einzelnen Anwender arbeiten über Terminals auf diesem Rechner. Reicht die Rechenkapazität des HOST-Rechners nicht mehr aus, ist eine Aufrüstung im RAM-Bereich und/oder im Massenspeicherbereich erforderlich. Die Investitionskosten und auch die personellen Kosten für Installation, Wartung und Datenpflege sind entsprechend hoch.

Die Leistungssteigerungen der Mikrocomputer in den letzten Jahren ermöglichen eine erheblich preisgünstigere Methode der Vernetzung durch die Auslagerung der "Intelligenz" auf die einzelnen Arbeitsstationen. In einem PC-LAN führt jeder Anwender seine Applikation auf seinem eigenen PC aus. Jede Station wird entsprechend den Erfordernissen mit Rechenleistung und RAM-Bereich ausgerüstet. Über das Netz werden lediglich die erforderlichen Daten vom Zentralrechner zur Arbeitsstation geschickt (File Transfer ➙ File Server).

Nach dem Vorbild der Groß-EDV haben sich PC-Netze entwickelt, an die sehr unterschiedliche Anforderungen gestellt werden. Technische Realisierung, leichte Bedienbarkeit und hohe Betriebssicherheit stellen einen Forderungskatalog auf, deren Erfüllung manchmal konkurrierende Entscheidungen erzwingen.

Bei Datenmengen von mehreren 100 kByte machen sich die wenigsten Anwender große Gedanken bzgl. der Datensicherheit. Bei Festplattenkapazitäten von 300 MByte und mehr wird dies aber zu einem existentiellen Problem. Neben der individuellen Pflicht des Anwenders zur Datensicherung (z.B. Streamer) steht auch die Frage der Netzwerksicherheit im Vordergrund. Die durch die Vernetzung mögliche Kommunikation erlaubt neben Austausch und Aktualisierung bestimmter Datenmengen auch den Zugriff auf zentral gesammelter Information. Die gemeinsame Nutzung von Programmen und die Nutzung teurer Resourcen (Laserdrucker, Scanner, etc.) ist ein weitere Forderung, die ein Netzwerk erfüllen muß.

2.2 Bestandteile eines Netzwerkes

Ein Netzwerk setzt sich aus erforderlichen Hardware-Komponenten sowie dem Netzwerk-Betriebssystem zusammen. Zur Hardware zählen die eingesetzten Workstations und der oder die File Server; dazu gehört aber auch das Verkabelungssystem mit genormten Kabel und den angepaßten Netzwerkkarten.

Das einfachste lokale PC-Netzwerk besteht aus einem File Server und einer Workstation.

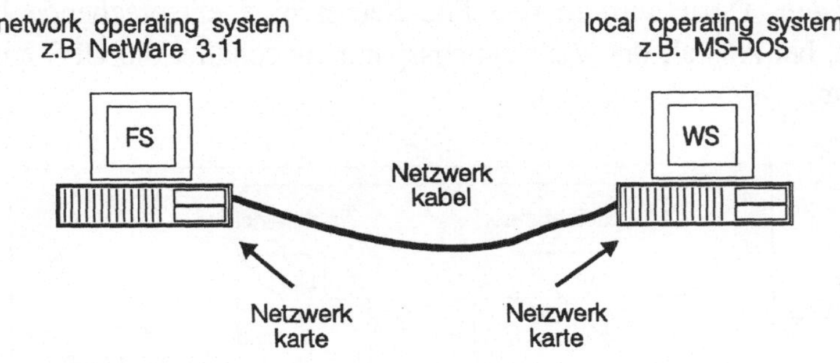

Bild 2.2-1:

Hardware-Komponenten

Im Speicher des File Servers läuft das Netzwerk-Betriebssystem (z.B. NetWare). Es werden Computer mit den INTEL-Prozessoren 80286 (AT), 80386SX, 80386DX, 80486SX und 80486DX unterstützt.

Als Workstation unterstützt NetWare neben IBM-PCs (bzw. kompatible) und IBM-PS/2 (bzw. kompatible) auch APPLE Macintosh und auf UNIX basierende Rechner.

Alle Rechner im Netzwerk (File Server und Workstation) werden über eine Netzwerkkarte mit dem Netzwerk(kabel) verbunden.

Das Kabel verbindet alle Netzwerkkarten innerhalb des Netzwerkes. Als Netzwerkkabel werden Koaxialkabel, Telefonkabel (twisted-pair-Kabel) und Glasfaserkabel (fiber optic cable) verwendet.

Bricht aus irgendeinem Grunde die elektrischen Versorgungsspannung zusammen, gehen alle im File-Server-RAM vorhandenen Daten verloren. Alle nicht ordnungsgemäß geschlossenen Dateien können u.U. später nicht mehr regeneriert werden.

Durch den Einsatz einer **UPS (uninterruptable power supply)** wird dem File Server bei Versorgungsspannungsausfall für eine definierte Zeit eine Hilfsspannung zur Verfügung gestellt, um ein ordnungsgemäßes Abschalten (down fahren) zu gewährleisten. Dazu wird in den File Server eine entsprechende UPS-Karte eingebaut; bei Ausfall der Versorgungsspannung schaltet die UPS auf Batterie-Betrieb um.

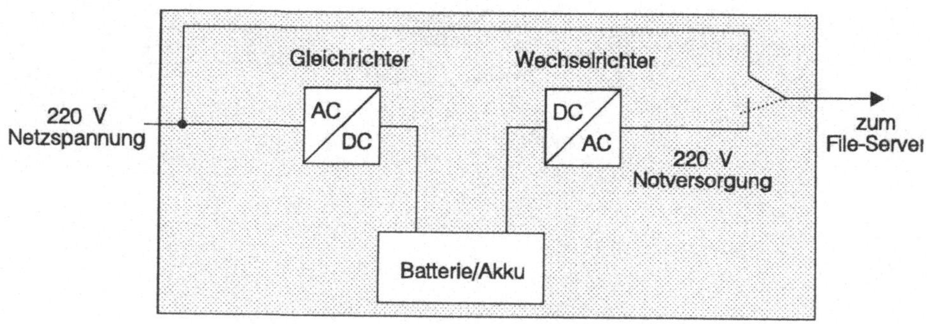

Bild 2.2-2:

Alle angeschlossenen Workstations werden informiert mit einer Bildschirm-Meldung an den Workstations:

Commercial power has failed. Server NW311 is running on
battery power. Server NW311 will stay up for <n> minutes.
Prepare users to logout.

Nach Ablauf der mit **UPS TIME** definierten Zeit werden alle Workstations zwangsweise ausgeloggt, alle offenen Dateien auf dem File Server geschlossen und abschließend der File Server "down" gefahren.

Software-Komponenten

Das Netzwerk-Betriebssystem befindet sich ausschließlich auf dem File Server und wird auch nur dort "gefahren". Zur Zeit (1991) existieren bei NOVELL zwei Betriebssystem-Varianten:

NetWare 2.2   lauffähig ab 80286 aufwärts

NetWare 3.11   lauffähig ab 80386SX aufwärts

Bei der Arbeitsweise des File Servers unterscheidet man zwei Betriebsarten:

dedicated	non-dedicated
PC arbeitet nur als File-Server	PC arbeitet gleichzeitig als Server und Workstation

Bild 2.2-3:

Bei Verwendung des **non-dedicated-mode** verringert sich die Performance des Netzwerkbetriebes deutlich, da dauernd zwischen Netzwerk-Task und DOS-Task hin- und hergeschaltet wird. Gleichzeitig ist auch die Betriebssicherheit des Netzes nicht mehr gewährleistet. Bei einem "Systemabsturz" der Workstation(funktion) bricht auch das gesamte Netz zusammen. Alle im File-Server-RAM befindlichen Anwenderdaten der anderen Workstations gehen verloren. Erst ein Bootvorgang startet das Netz neu.

Man favorisiert deshalb den **dedicated-mode**, der die erforderliche Performance und Sicherheit gewährleistet. Der File Server arbeitet ausschließlich mit dem Netzwerk-Betriebssystem. Bei einigen Netzwerk-Betriebssystemen (z.B. bei NetWare 3.11) wird eine zusätzliche DOS-Partition auf der File-Server-Platte benötigt, von der beim Starten des Rechners gebootet wird. Erst nach diesem Bootvorgang kann das eigentliche Netzwerk-Betriebssystem gestartet werden.

Auf den Workstations arbeitet nur das lokale Betriebssystem. Die einzelnen
Workstations können unabhängig vom Netz als eigenständige Rechnerstationen
verwendet werden (Stand-Alone-PC). Sie benötigen dazu ein eigenes Bootlaufwerk
(meist Festplatte) und bearbeiten alle lokal verfügbaren Applikationen (Programme).

Um das vorhandene Netzwerk nutzen zu können, müssen an den Workstations mit
lokalem MS-DOS-Betriebssystem die beiden Dateien IPX.COM und NETX.COM
gestartet werden. Erst dann sind die zusätzlich auf dem File Server vorhandenen
Applikationen nutzbar, sofern der User dazu berechtigt sind.

IPX.COM   ipx (internetwork packet exchange); legt das
                         Datenübertragungsformat fest und organisiert die
                         Datenübertragung. Mit dem Utility **WSGEN** wird diese
                         Datei generiert. Es werden dabei die auf der
                         Netzwerkkarte spezifischen Hardware-Daten in diese
                         Datei eingebunden (siehe Kap. 4.4 Workstation-
                         Installation).

NETX.COM   entscheidet, ob ein an der Workstation eingegebener
                         Befehl vom lokalen Betriebssystem oder vom Netzwerk-
                         Betriebssystem ausgeführt wird.

Bilden mehr als zwei Geräte das Netzwerk, so sind unterschiedliche
Kabelverbindungen (Topologien) möglich:

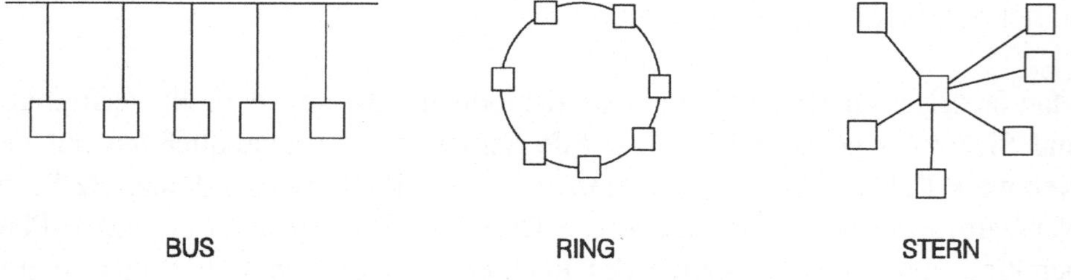

Bild 2.2-4:

Die skizzierten Strukturen haben sich als Industriestandard etabliert. Ein kurzer zeitlicher Überblick beschreibt die Entwicklung der PC-Netzwerke:

Mitte der 70er Jahre definierten die Firmen DEC, INTEL und XEROX eine busförmige Netzwerkstruktur, die unter der Bezeichnung **ETHERNET** eine entsprechende Normung durch die International Standards Organisation (ISO) gefunden hat (IEEE 802.3).

Etwa zeitgleich stellt die Firma DATAPOINT unter der Bezeichnung **ARCNET** (attached resource computing network) ein langsameres, aber auch preiswerteres sternförmiges Netzwerk vor. Das bei ARCNET verwendete Zugriffsprotokoll TOKEN BUS ist in der IEEE 802.4 genormt.

1982 gelingt es NOVELL als erste Firma, eine marktreife Netzwerk-Software zu präsentieren.

Mitte der 80er Jahre stellt IBM ein eigenes ringförmiges Netzwerkkonzept (Hard- und Software) unter der Bezeichnung **TOKEN RING** (IEEE 802.5) vor.

2.3 ETHERNET (IEEE 802.3)

Die meist verbreiteste Netzstruktur stellt die Bus-Topologie dar, bei denen alle Rechner parallel an ein gemeinsames Kabel zur Datenübertragung angeschlossen sind. Einzelne Stationen können somit auch während des Netzbetriebes hinzugefügt bzw. weggenommen werden. Das Buskabel **muß** an jedem Ende mit einem speziellen Endwiderstand abgeschlossen werden.

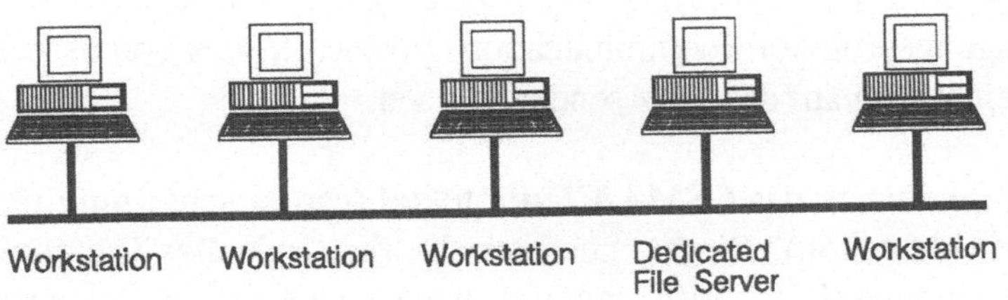

Bild 2.3-1:

Bei der Verkabelung der einzelnen Stationen wurden lange Zeit nur zwei spezielle Koaxialkabel verwendet:

❏   ein aufwendig vierfach abgeschirmtes dickes (gelbes) Kabel (yellow cable) (Thick Ethernet)

❏   ein kostengünstigeres zweifach abgeschirmtes dünnes Kabel (Thin Ethernet bzw. Cheapernet).

In zunehmenden Maße werden nun Netzwerkkarten angeboten, die als Kabelmaterial

❏   ungeschirmte verdrillte Zweidrahtleitungen (twisted pair)

❏   Glasfaserkabel (fiber optic cable)

erlauben. Die Verwendung dieser unterschiedlichen Kabelsorten beeinflußt maßgeblich die maximale Anzahl der angeschlossenen Stationen sowie deren räumliche Distanz.

Die Kabelsorten lassen sich auch innerhalb eines Netzwerkes mischen, was wiederum Anzahl und Distanz beeinflußt.

In der Praxis findet man für diese Kabelsorten auch folgende Bezeichnungen: Die Realisierung eines Netzwerkes mit verdrillten Zweidraht-Leitungen bezeichnet man als 10-Base-T, die Realisierung mit Glasfaserkabel als 10-Base-F.

In jedem Falle erfolgt die Datenübertragung direkt von der Quelle (z.B. Workstation) zum Ziel (z.B. File Server). Dieses Prinzip erfordert ein spezielles Datenübertragungsprotokoll (communications protocol), da theoretisch mehrere Stationen gleichzeitig auf das Netz senden können.

ETHERNET verwendet das **CSMA/CD**-Protokoll (carrier sense multiple access with collosion detection). Dieses stochastisch arbeitende Bus-Protokoll bricht jeweils eine begonnene Datenübertragung ab, wenn eine Kollision festgestellt wird; nach einer Verzögerungszeit wird die Datenübertragung solange erneut versucht, bis die Daten erfolgreich übertragen sind.

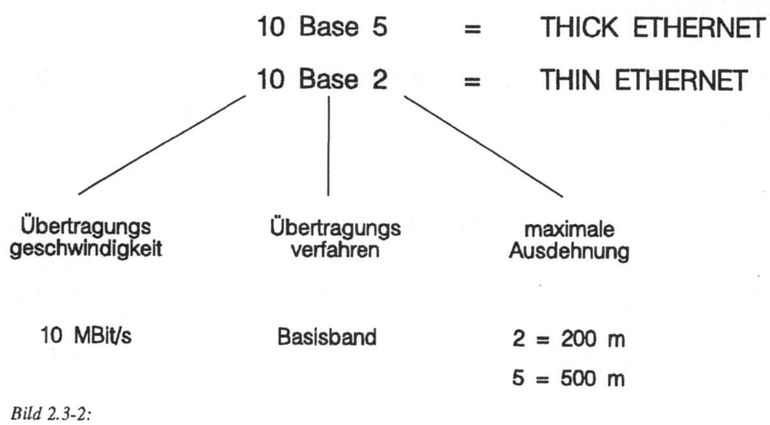

Bild 2.3-2:

Die Häufigkeit der Kollisionen steigt mit der Anzahl der im Netz arbeitenden Stationen. Auch spielen die Dateigrößen, die standardmäßig über das Netz ausgetauscht werden, eine bedeutende Rolle.

Die Datenübertragung erfolgt bitseriell mit einer Übertragungsgeschwindigkeit von 10 MBit/s; die Netto-Übertragungsrate ist aber wegen der oben geschilderten Kollisionen immer kleiner und nicht exakt definierbar. Erst genauere Untersuchungen der Netzwerk-Auslastung geben hier genaueren Aufschluß.

Die typischen technischen Daten für ETHERNET sind vom amerikanischen Institute of Electrical and Electronic Engineers (**IEEE**) in der Norm 802.3 zusammengefaßt.

 Die Anbindung der einzelnen Rechner (Workstations und File Server) an das Netz erfolgt mit Hilfe einer Netzwerkkarte. Diese Netzwerkkarten (network interface card) sind auf die jeweils verwendete Kabelsorte zugeschnitten. Die meisten Karten lassen sich allerdings für Thick- und Thin-Ethernet wahlweise verwenden.

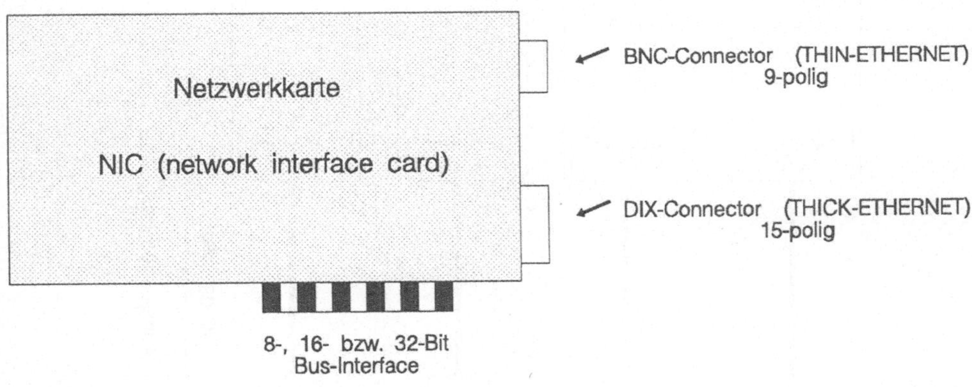

Bild 2.3-4:

Entsprechend den elektrischen Daten der Karte (I/O-Address, IRQ) muß die Datei IPX.COM generiert werden (siehe Kap.4.4 Workstation-Installation).

Die meisten Netzwerkkarten können mittlerweile mit Boot-PROMs ausgerüstet werden, die den Einsatz von Workstations ohne Bootlaufwerk (diskless workstations) ermöglichen.

2.3.1 THICK-ETHERNET

Thick-Ethernet findet man häufig in Groß-EDV-Umgebungen oder bei hohen Anforderungen an die Störsicherheit. Die Verkabelung erfolgt mit speziellen, vierfach abgeschirmten Koax-Kabeln (yellow cable, RG-11, 50 Ohm) in Bus-Segmenten (trunk segment).

Die Verbindung zwischen Workstation und Netzkabel (trunk segment cable) erfolgt mit Hilfe eines Transceivers. Der Transceiver wird auf das Netzkabel aufmontiert. Von dort aus führt das Transceiverkabel zur Workstation.

Der Abstand zwischen PC und Transceiver darf maximal 165 feet (50 m) betragen.

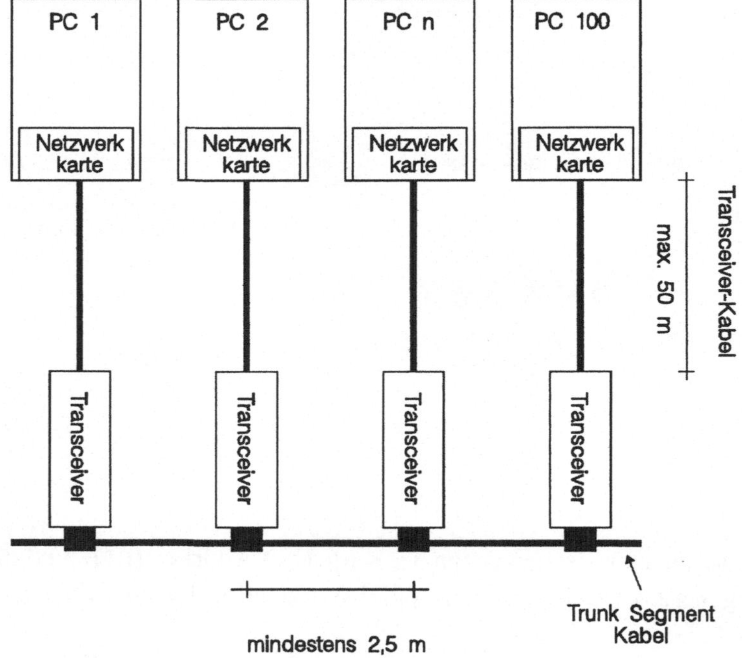

Bild 2.3-5:

Innerhalb eines Segmentes dürfen bis zu 100 Stationen angeschlossen werden. Ein evtl. angeschlossener Repeater zählt ebenfalls als Station. Die einzelnen Stationen müssen mindestens 8 feet (2,5 m) voneinander entfernt sein, die maximale Segment-Kabellänge (trunk segment length) darf 1640 feet (500 m), die maximale Netzkabellänge (trunk cable length) darf 8200 feet (2500 m) betragen.

Grenzwerte THICK ETHERNET

Maximale Anzahl von trunk segments	5
Maximale Länge eines trunk segments	500 m
Maximale Netzkabellänge	2.500 m
Maximale Transceiver-Kabellänge	50 m
Minimaler Abstand zwischen zwei Stationen	2,5 m
Maximale Stationszahl innerhalb eines trunk segments	100

2.3.2 THIN-ETHERNET

Im PC-Bereich ist die preiswertere THIN-ETHERNET-Verkabelung (häufig auch Cheapernet genannt) weit verbreitet. Jede Netzwerkkarte wird mittels eines BNC-T-Steckers direkt an das Netzwerkkabel (trunk segment cable) angeschlossen (RG-58A/U, 50 Ohm). Man spart pro Station die kostenaufwendigen Transceiver.

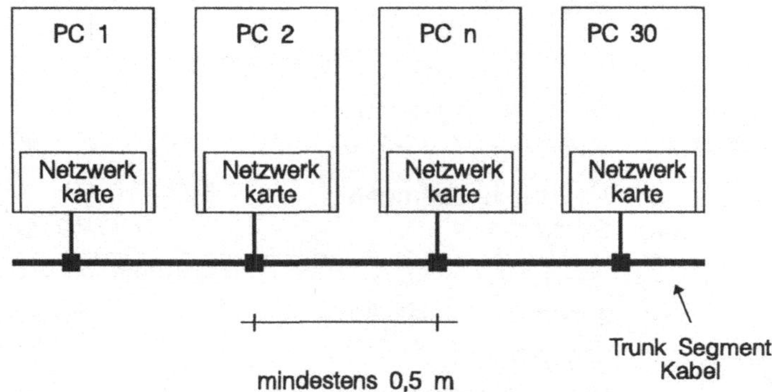

Bild 2.3-6:

Bei dieser Ausführung verändern sich nicht nur die geometrischen Abmessungen, sondern auch die maximale Anzahl der Workstations.

Grenzwerte THIN ETHERNET

Maximale Anzahl von trunk segments	5
Maximale Länge eines trunk segments	185 m
Maximale Netzkabellänge	925 m
Minimaler Abstand zwischen zwei Stationen	0,5 m
Maximale Stationszahl innerhalb eines trunk segments	30

Bild 2.3-7:

2.3.3 THICK-THIN-ETHERNET

Eine Kombination zwischen Thick- und Thin-Ethernet innerhalb eines Netzes, ja sogar innerhalb eines Trunk Segmentes ist zulässig. Diese Form wird man immer dann einsetzen, wenn in einem speziellen Bereich eine erhöhte Störsicherheit gefordert ist, die nur durch Thick-Ethernet gewährleistet werden kann. Der restliche Bereich des Netzwerkes wird durch das preiswertere Thin-Ethernet aufgebaut.

Die beiden Teilbereiche können auf zwei verschiedene Weisen miteinander gekoppelt werden:

❐   **mit einem Kabel-Adapter** (N-Series Jack (Plug) to BNC-Jack) innerhalb eines trunk segments werden die unterschiedlichen Kabelsorten mit N-Series Jack (Plug) to BNC-Jack verbunden,

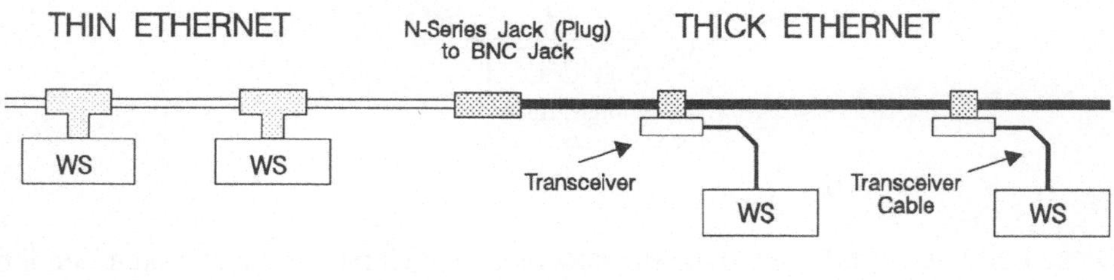

Bild 2.3-8:   **TRUNK SEGMENT 1**

❐   **mit einem Repeater**
es wird ein thick-cable trunk segment mit einem thin-cable trunk segment verbunden.

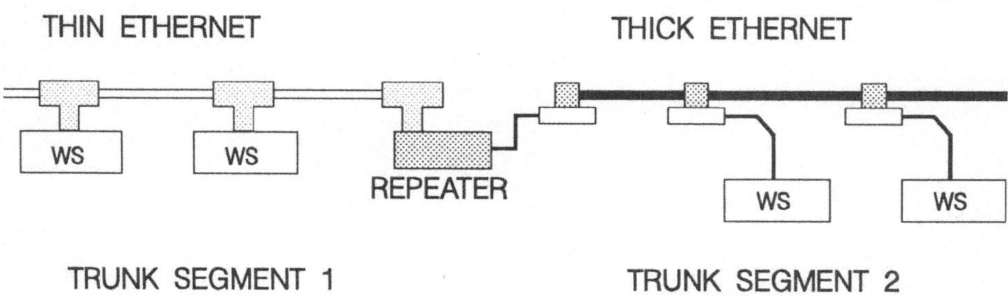

Bild 2.3-9:

2.3.4 10-Base-T

Eine besonders günstige Verkabelungsart stellt das 10-Base-T dar. Entwickelt für den amerikanischen Markt (die meisten Hochhäuser sind dort vollständig mit Telefonkabel vorinstalliert) findet es auch bei uns immer größere Verbreitung. Die Installation des Kabels ist recht unproblematisch; die längenmäßige Ausdehnung ist allerdings auf 100 m beschränkt.

Bei Verwendung von twisted-pair-Kabel wird von der klassischen Busverkabelung abgewichen. Es kommt ein Leitungsverteiler (Active oder Passive Hub) zum Einsatz, an den die einzelnen Workstations sternförmig angeschlossen werden.

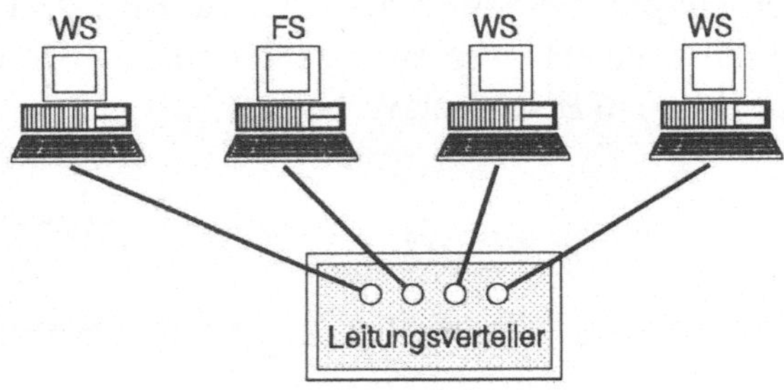

Bild 2.3-10:

Diese Leitungsverteiler werden von verschiedenen Herstellern angeboten. Stellen Sie dabei sicher, daß der Verteiler die technischen Spezifikationen von IEEE 802.3 Type 10-Base-2 und IEEE 802.3 Type 10-Base-T erfüllen.

In unserem Netz, daß während der Vorbereitung zu diesem Buch aufgebaut war, kam der Leitungsverteiler HP EtherTwist Hub/8 der Fa. Hewlett Packard zum Einsatz. Dieses Gerät erlaubt auch die kombinierte Anwendung von Thin-Ethernet-Verkabelung und twisted-pair-Kabel.

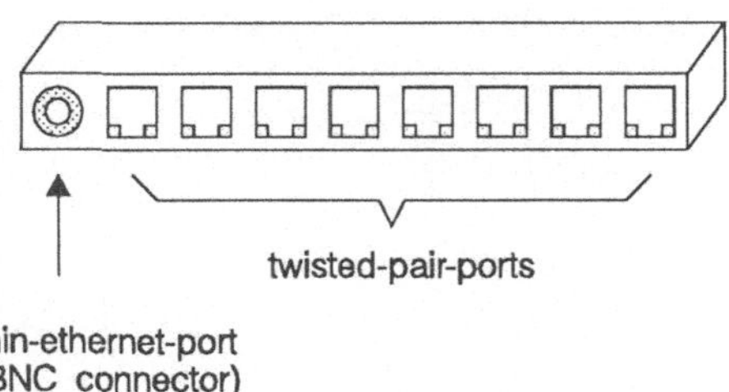

Bild 2.3-11:

2.4 ARCNET (IEEE 802.4)

Etwa zeitgleich mit der Bus-Topologie ETHERNET formulierte die Firma Datapoint ein sternförmiges Netzwerkkonzept, bei dem die einzelnen Arbeitsstationen über einen Sternverteiler miteinander gekoppelt wurden.

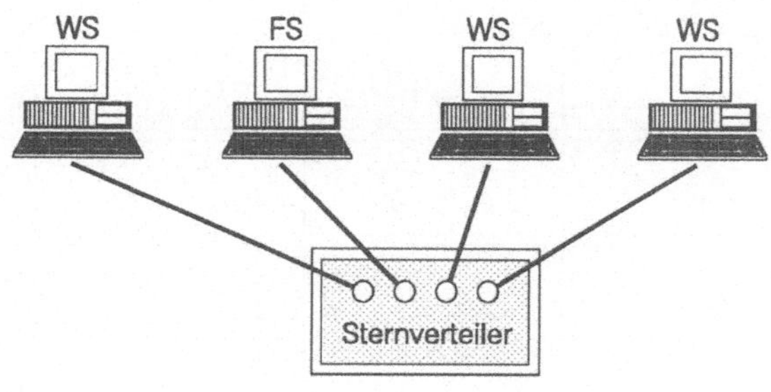

Bild 2.4-1:

Aus diesen klassischen Anfängen heraus hat sich **ARCNET** (**a**ttached **r**esource **c**omputing **net**work) weiter entwickelt, mit dem heute neben diesen Sternstrukturen ebenso Busstrukturen möglich sind. Der Einsatz entsprechender Netzwerkkarten (Stern oder Bus) erlaubt sehr flexible Verkabelungsmöglichkeiten, mit denen auch größere Distanzen überbrückt werden können. Die Datenkommunikation erfolgt mit 2,5 MBit/s, doch dieser scheinbar kleinere Wert (gegenüber Ethernet) erlaubt auch bei mehreren Workstations zufriedenstellende Performance. Grund dafür ist ein modifiziertes, kollisionsfreies TOKEN-PASSING-Protokoll, das die unregelmäßigen Buszugriffe einzelner Stationen vermeidet.

ARCNET ist auch hinsichtlich der verwendeten Kabelarten äußerst flexibel. Neben Koax-Kabeln (RG-62, 93 Ohm), das dem Cheapernet-Kabel sehr ähnlich ist, können auch verdrillte Zweidrahtleitungen (twisted pair, kostengünstig) und modernes Glasfaserkabel eingesetzt werden. Diese Verkabelung läßt sich auch kombinieren, so daß alle auftretenden Verkabelungsprobleme einfach gelöst werden können. Allerdings müssen die verwendeten Netzwerkkarten, über die die Verbindung zwischen Workstation und Netz hergestellt wird, auf diese Verdrahtungsform ausgewählt werden. Es existieren z.Zt. 8-Bit- und 16-Bit-Versionen in unterschiedlicher Ausführung für den ISA-Bus sowie für den Microchannel:

8-Bit-Adapter	Topologie	Kabelsorte	PC-Bus
	Stern	Koax	ISA
	Bus	Koax	ISA
	Bus	Twisted Pair	ISA
	Bus	Glasfaser	ISA
	Stern	Koax	MCA
	Bus	Koax	MCA
	Bus	Glasfaser	MCA

16-Bit-Adapter	Topologie	Kabelsorte	PC-Bus
	Stern	Koax	ISA
	Bus	Koax	ISA
	Bus	Twisted Pair	ISA
	Bus	Glasfaser	ISA

Bild 2.4-2:

Ebenso wie bei ETHERNET können alle Netzwerkkarten mit einem BOOT-PROM ausgerüstet werden, das den Netzwerkzugang beim Einschalten des Rechners automatisch organisiert. Bei NOVELL wird für ARCNET die Bezeichnung RX-NET II verwendet.

Das kleinste mögliche Netzwerk besteht aus zwei Stationen, die direkt miteinander gekoppelt werden können. Werden jedoch mehrere Stationen vernetzt, so erfolgt dies über einen Verteiler, dem sogenannten Hub. Es existieren passive und aktive Ausführungen.

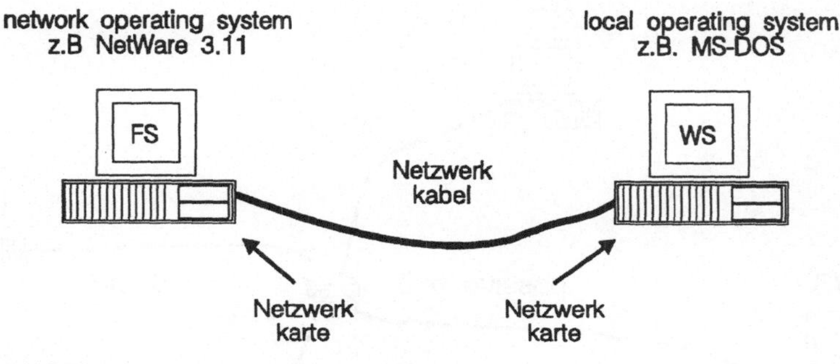

Bild 2.4-3:

Passive Hub

Der passive hub darf nur in Stern-Netzen eingesetzt werden. Er besitzt vier Anschlüsse, an die mit BNC-Steckern die Netzwerkstationen angeschlossen werden. Nicht benutzte Anschlüsse müssen mit einem Abschlußwiderstand (93 Ohm) abgeschlossen werden.

Passive Hubs dürfen nicht in Reihe geschaltet werden!

Active Hub

Der active hub ist ein Verstärker mit 4, 8, 16 oder 20 Anschlüssen für Netzwerk-Kabel. Er kann in Stern- und Bus-Netzen verwendet werden. Es existieren für alle zulässigen Kabelsorten (Koax, twisted pair, Glasfaser) entsprechende Ausführungen.

Active Hubs lassen sich beliebig oft in Reihe schalten. Es dürfen aber keine passive hubs dazwischen liegen.

Eine Kombination Active Hub mit Passive Hub ist ebenfalls möglich.

Die Active Hubs haben eine eigene Spannungsversorgung und zwei zusätzliche
Anschlüsse (hub link), mit denen sich die active hubs untereinander verbinden
lassen.

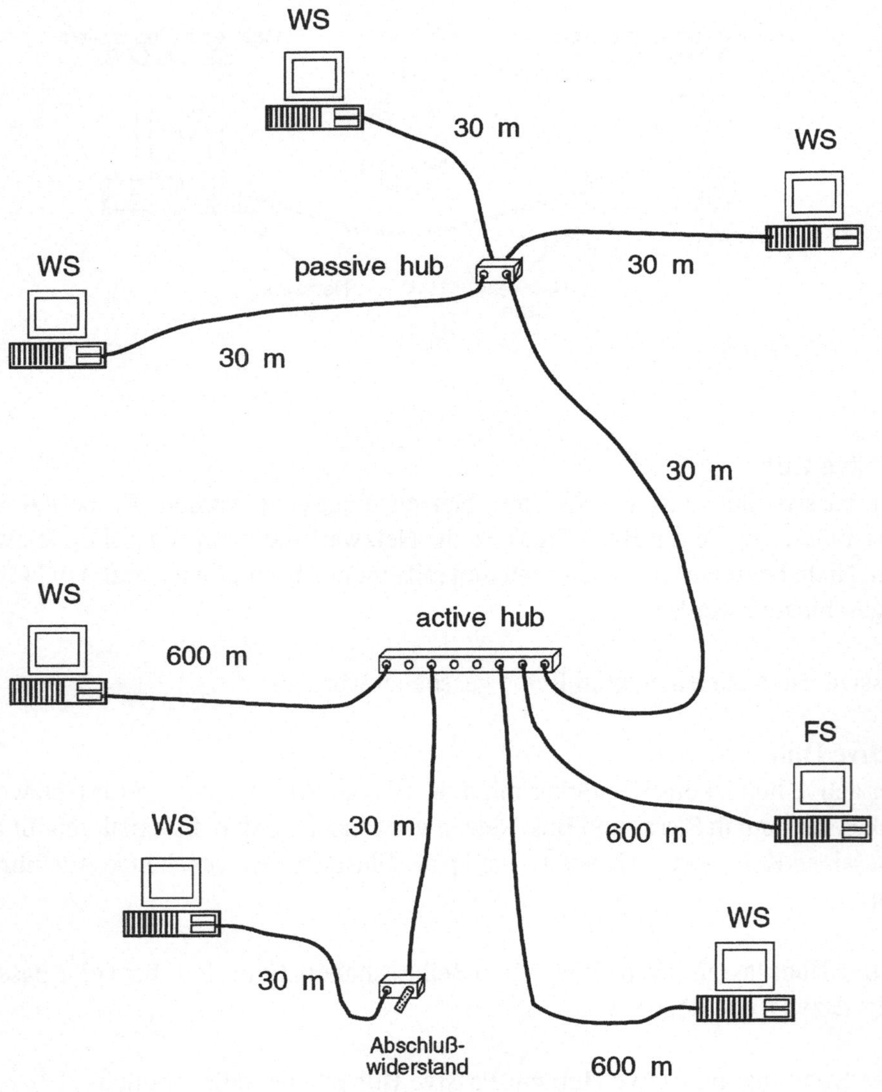

Bild 2.4-4:

Eine interessante Alternative zur Sternstruktur ist der Aufbau eines Segmentes in Busstruktur. Maximal acht Workstations, ausgestattet mit einer entsprechenden Netzwerk-Adapterkarte (Bus-Topologie), können an einen active hub angeschlossen werden.

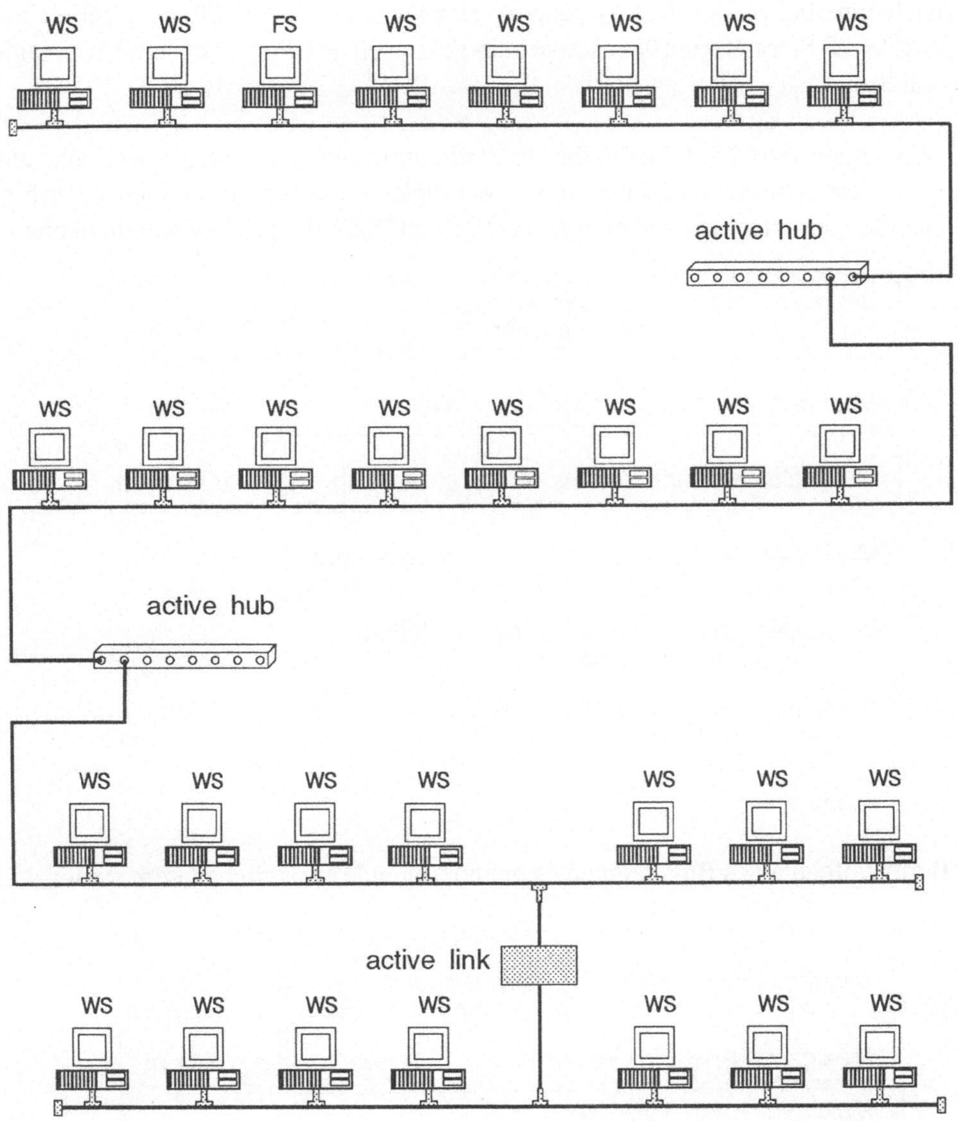

Bild 2.4-5:

Einzelne Segmente wiederum können durch einen **active link** verbunden werden;
allerdings dürfen dann nur noch sieben Workstations pro Segments angeschlossen
werden.

Eine Kombination dieser beiden klassischen ARCNET-Formen (Stern und Bus) ist
auch innerhalb eines Netzes erlaubt. Dazu werden ARCNET-Bus-Karten mit
ARCNET-Stern-Karten über active hubs gekoppelt. Pro Port ist nur eine Topologie
wählbar.

Somit bietet ARCNET die flexibelste Verdrahtungsmöglichkeit, die es erlaubt, alle
gebäudespezifischen Verkabelungsnotwendigkeiten zu berücksichtigen. Auch hinsichtlich der erlaubten Kabellängen bietet ARCNET die größten Möglichkeiten:

Maximaler Abstand der am weitesten voneinander entfernten Stationen	6.000 m
Maximaler Abstand: active hub - station	600 m
Maximaler Abstand: active hub - active hub	600 m
Maximaler Abstand: active hub - passive hub	30 m
Maximaler Abstand: passive hub - station	30 m
Maximaler Abstand: station - station	600 m

Bild 2.4-6:

Beim Aufbau eines Bus-Segmentes gelten folgende zusätzliche Grenzwerte:

Mindestabstand zwischen zwei Stationen	1 m
Maximaler Abstand: active hub - Busende	300 m
Maximale Segmentlänge (Busanfang bis Busende)	300 m

Bild 2.4-7:

2.5 TOKEN RING (IEEE 802.5)

Im deutlichen Gegensatz zu ETHERNET und ARCNET, die viele verschiedene Verdrahtungsmöglichkeiten zulassen, steht das von IBM Mitte der 80er Jahre vorgestellte Token-Ring-Netz. Eine Zielsetzung dieser "Hausnorm" bestand darin, die bisherigen, für verschiedene Topologien und Systeme uneinheitlichen Kabel- und Steckerverbindungen (z.B. koax, twinaxial,....) durch ein einheitliches Kabel- und Steckersystem zu ersetzen, mit dem nicht nur unterschiedliche IBM-Systeme, sondern auch die Hardware fremder Hersteller verbunden werden konnte.

Verwendet wird ein 4-Draht-Datenkabel (je zwei verdrillte Kupferdoppeladern mit 0,4 mm bzw. 0,64 mm Durchmesser, doppelt abgeschirmt durch einen inneren Aluminium-Folienschirm und einen äußeren Kupfergeflechtschirm). Diese doppelte Abschirmung verhindert Abstrahlung nach und Störungen von außen. Dazu passend existieren universell einsetzbare Steckverbindungen, die funktional sowohl Verbindungsstecker als auch Verbindungsbuchse sein können. Dieser Datenstecker hat vier Kontakte, mit denen das Datenkabel durch Aufdrücken in Schneidkontaktierung sicher verbunden wird. Eine vorhandene Schnappsperre sichert zusätzlich gegen unbeabsichtigtes Trennen.

Auf diese Weise entsteht ein Verkabelungssystem mit hoher Betriebssicherheit. Ein weiterer Vorteil für die jeweiligen Anschlüsse liegt darin, daß keine speziellen Werkzeuge für die Herstellung der Verbindung Kabel - Stecker notwendig sind.

IBM hat mehrere Kabelarten definiert, die innerhalb von Token-Ring-Netzwerken eingesetzt werden können.

❑　**TYP 1:**　　zwei verdrillte Doppeladern aus massivem Kupferdraht, doppelt abgeschirmt

❑　**TYP 3:**　　normales Telefonkabel

❑　**TYP 6:**　　flexible Ausführung von TYP 1

Schematischer Aufbau eines Token-Ring-Netzes

Die einzelnen Workstations und der File-Server sind mit speziellen Netzwerk-Adaptern ausgerüstet, die durch einen zentralen Ringleitungsverteiler (MAU multistation access unit) zum eigentlichen Token-Ring-Netz werden.

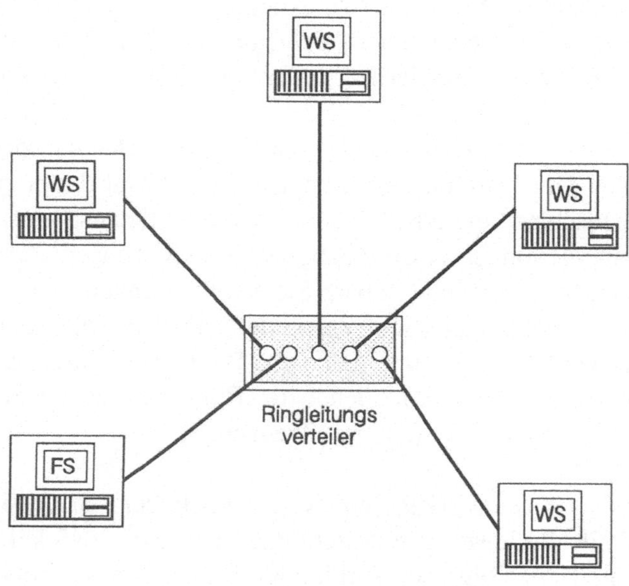

Bild 2.5-1:

Damit ergibt sich bzgl. der Verdrahtung scheinbar ein physikalischer Stern. Der eigentliche (logische) Ring wird über den Ringleitungsverteiler realisiert, über den das TOKEN bzw. FRAME von Station zu Station weitergereicht wird. Der Ringleitungsverteiler überbrückt automatisch eine fehlerhafte oder ausgeschaltete Station, so daß die geschlossene Ringstruktur immer erhalten bleibt. Auf diese Weise umgeht die Token-Ring-Hardware die Einschränkung einer reinen Ringverdrahtung; bei Ausfall einer einzigen Station wäre der gesamte Ring außer Betrieb. Die Datenkommunkation wird durch ein TOKEN organisiert, das von Station zu Station weitergereicht wird.

Token-Ring-Netzwerke existieren z.Zt. in zwei Versionen mit unterschiedlichen Datenübertragungsraten (4 MBit/s und 16 MBit/s), für die unterschiedliche Kabeltypen definiert sind:

❏   **Unshielded twisted pair** (UTP) 4 MBit/s
    (verdrillte Zweidrahtleitung, nicht gegeneinander abgeschirmt)

❏   **Shielded twisted pair** (STP) 16 MBit/s
    (gegeneinander abgeschirmt)

Alle diese von IBM vorgegebenen Hardwareteile und das Übertragungsprotokoll
sind in der IEEE 802.5 übernommen worden.

Danach besteht ein Token-Ring-Netz aus folgenden Komponenten:

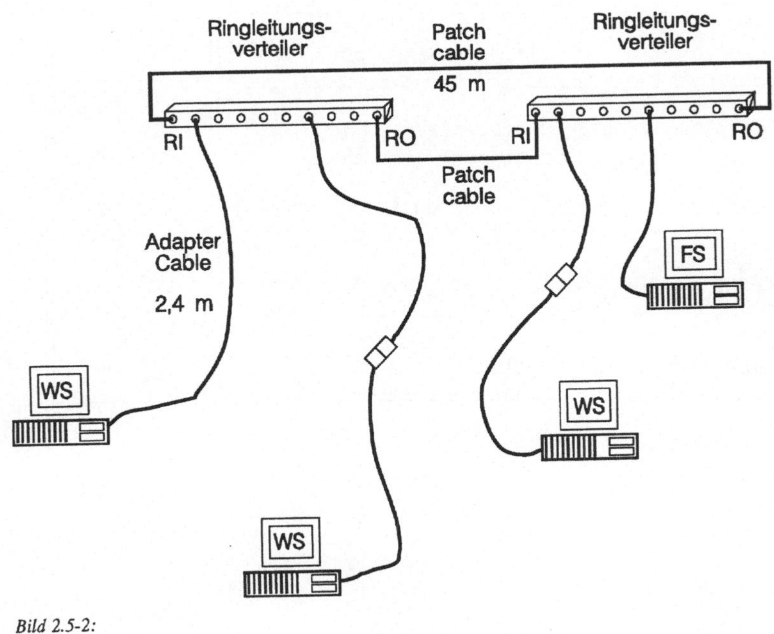

Bild 2.5-2:

Token-Ring-Adapter

Auch bei Token-Ring-Netzen erfolgt die Ankopplung der Workstations und des
File-Servers an das Netzkabel über eine Netzwerkkarte. Diese Netzwerkkarten
existieren in unterschiedlichen Ausführungen als 8-Bit- oder 16-Bit-Karten für den
ISA-Bus (PC-Adapter) sowie für Microchannel (TRN/A-Adapter).

Alle Adapter können auch mit einem BOOT-PROM ausgestattet werden.

IBM 8228 Multistation Access Unit (MAU)
An diesen Ringleitungsverteiler lassen sich bis zu acht Stationen anschließen.
Außerdem existieren zwei Anschlüsse RI (ring in) und RO (ring out), über die
mehrere Units miteinander verbunden werden können. Dabei ist zu beachten, daß
von der letzten Unit (RO) zur ersten Unit (RI) der Ring geschlossen wird.

Existiert in einem Netz nur eine Unit (Anzahl der angeschlossenen Stationen ❦ 8),
ist diese Verbindung nicht erforderlich.

Für Token-Ring-Netze werden folgende Grenzwerte angegeben:

Maximale Anzahl von Netzwerk-Stationen	96
Maximale Anzahl Multistation Access Unit (MAU)	12
Maximaler Abstand Station - MAU (patch cable)	45 m
Maximaler Abstand MAU - MAU (patch cable)	45 m
Maximale Länge patch cable	120 m

Bild 2.5-3:

2.6 Internet

Der Zusammenschluß von mehreren (Abteilungs-)LANs erlaubt innerhalb eines
Unternehmens den gemeinsamen Zugriff auf alle Daten und Hardware-Resourcen.
Dadurch entsteht ein einziges, firmenspezifisches Netzwerk (internet), das zentral
und übersichtlich verwaltet, gepflegt und gewartet werden kann. Im Gegensatz zu
einem Weitverkehrsnetz (WAN = wide area network) bleibt es aber ein In-House-
Netz, das keine weiteren (fremden) Postdienste zur Funktion benötigt.

Bei dieser In-House-Verbindung einzelner Netzwerke sind mehrere Varianten
möglich:

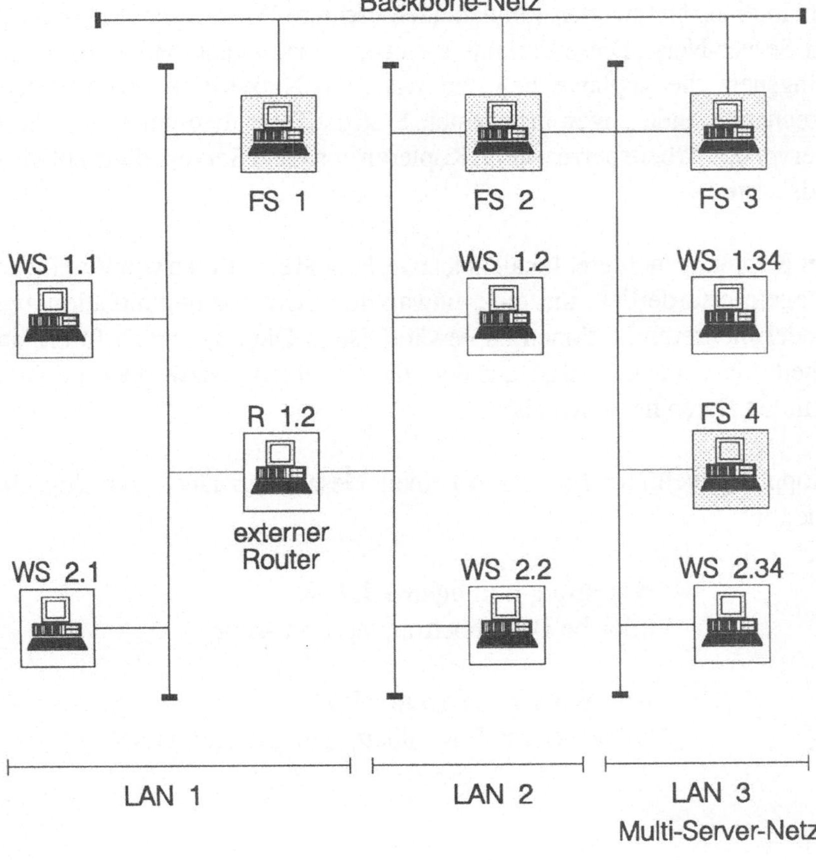

Bild 2.6-1:

Ein Internet entsteht, wenn zwei oder mehrere lokale Netzwerke miteinander gekoppelt werden. Diese Kopplung kann über eine zweite Netzwerkkarte in den File Servern (interner Router oder Bridge), über einen nur für die Kopplung eingesetzten Rechner (externer [dedicated] Router oder Bridge) oder über ein Netzwerksegment, an das nur die einzelnen File Server angeschlossen sind (Backbone-Netz), erfolgen. Die Entscheidung, welche Kopplungsmöglichkeit sinnvoll ist, hängt von der vorhandenen Netzwerkauslastung und den zur Verfügung stehenden finanziellen Mitteln ab.

Die Umkehrung, d.h. die Aufteilung eines lokalen Netzes in mehrere Teilnetze, ermöglicht eine effektive Lastenverteilung innerhalb eines Teilnetzes; dies wird vor allem bei ETHERNET (Kollisionseffekt) zur Steigerung der Netzwerk-Performance eingesetzt.

Innerhalb eines Netzwerkes können auch mehrere File Server eingesetzt werden (Multi-Server-Netz). Diese Variante bietet u.a. eine elegante Möglichkeit, in einem Trainingsnetz die geplante bzw. zu wartende Netzstruktur nachzubilden und entsprechende Änderungen auszutesten. Sind die Tests abgeschlossen, läßt sich der File Server des Arbeitsnetzes durch Kopieren von einer Server-Platte auf die andere aktualisieren.

Bei der Kopplung mehrerer lokaler Netzwerke sind eine Reihe von Vereinbarungen und Regeln erforderlich, um eine einwandfreie Datenkommunikation zwischen zwei oder mehreren Stationen zu gewährleisten. Die eigentliche Information ist eingebettet in ein Datenpaket, aus dem die einzelnen Netzwerkkarten die für sie bestimmten Daten herausarbeiten.

Die Kopplung mehrerer Teilnetze zu einem Gesamtnetz läßt sich technisch unterscheiden in:

☐   **Kopplung homogener LANs**
      (gleiche Datenübertragungsprotokolle)

☐   **Kopplung heterogener LANs**
      (verschiedene Datenübertragungsprotokolle)

Datenübertragungsprotokolle (communications protocol)

In der Netzwerktechnik existieren unterschiedliche Datenübertragungsprotokolle:

❏   **SPX/IPX**   (Sequenced packet exchange)
                            (Internetwork packet exchange)
                            wird von NOVELL benutzt

❏   **TCP/IP**   (transmission control protocol/internetwork protocol)
                            wird häufig bei auf UNIX basierenden Netzen eingesezt

❏   **NetBIOS**   (network basic input output system)

❏   **AppleTalk**   (für Macintosh)
     u.a.

In diese Übertragungsprotokolle sind die Zugriffsprotokolle CSMA/CD, TOKEN PASSING und TOKEN BUS eingebettet.

Ein **Router** verbindet zwei Netzwerke mit **gleichen Übertragungsprotokollen**. Dabei kann das Zugriffsprotokoll unterschiedlich sein.

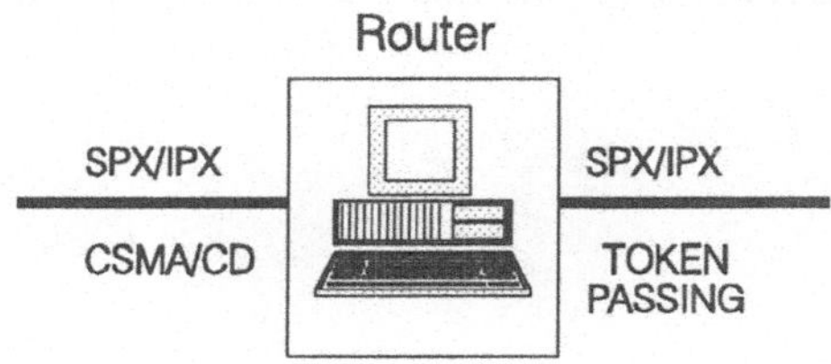

Bild 2.6-3:

Eine **Bridge** verbindet zwei Netzwerke mit **unterschiedlichen Übertragungsprotokollen.**

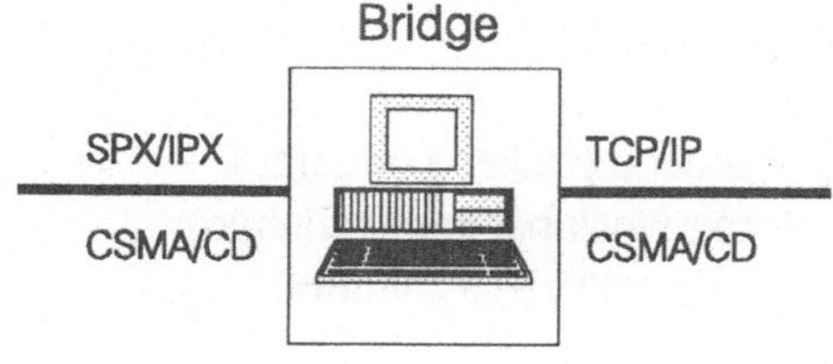

Bild 2.6-3:

Zur Kopplung werden verschiedene Geräte (Karten oder PCs) eingesetzt; nachfolgend werden die vorhandenen Fachtermini (Repeater, Router, Bridge, Gateway) erläutert.

2.6.1 Repeater

Mit steigender Anzahl von Workstations nimmt auch die räumliche Ausdehnung des Netzes zu. Mit Hilfe von Repeatern lassen sich die angegebenen Maximallängen vergrößern.

Repeater verstärken die auf dem Kabel befindlichen Signale, so daß die Segmentlängen verdoppelt werden können. Alle Daten werden uninterpretiert übertragen, d.h. eine Reduzierung der Datenlast in den einzelnen Segmenten ist nicht möglich.

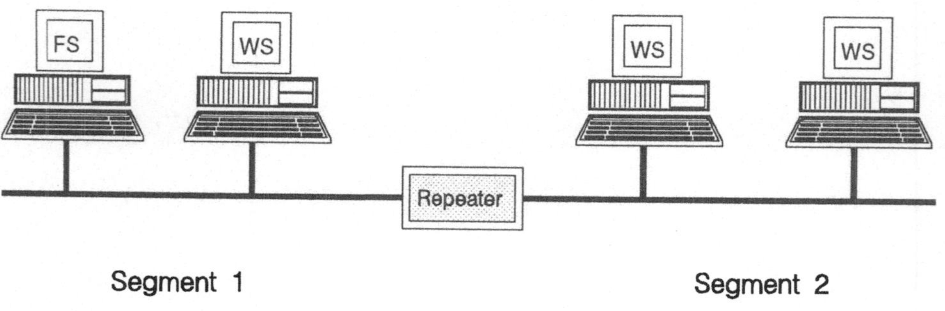

Bild 2.6-4:

Darüberhinaus kann der Repeater unterschiedliche Übertragungsmedien koppeln. Repeater sind protokollunabhängig, da sie die elektrischen Signale lediglich verstärken und weiterleiten (im Prinzip sind sie Leitungsverstärker).

Der Einsatz von Repeatern unterliegt folgender Einschränkung (3-4-5-Regel):

5 Segmente können durch **4 Repeater** verbunden werden, dabei dürfen aber nur an **3 Segmenten Stationen** (Nodes) angeschlossen werden. Die beiden anderen Segmente dürfen lediglich als Verbindungssegmente (link segments) verwendet werden.

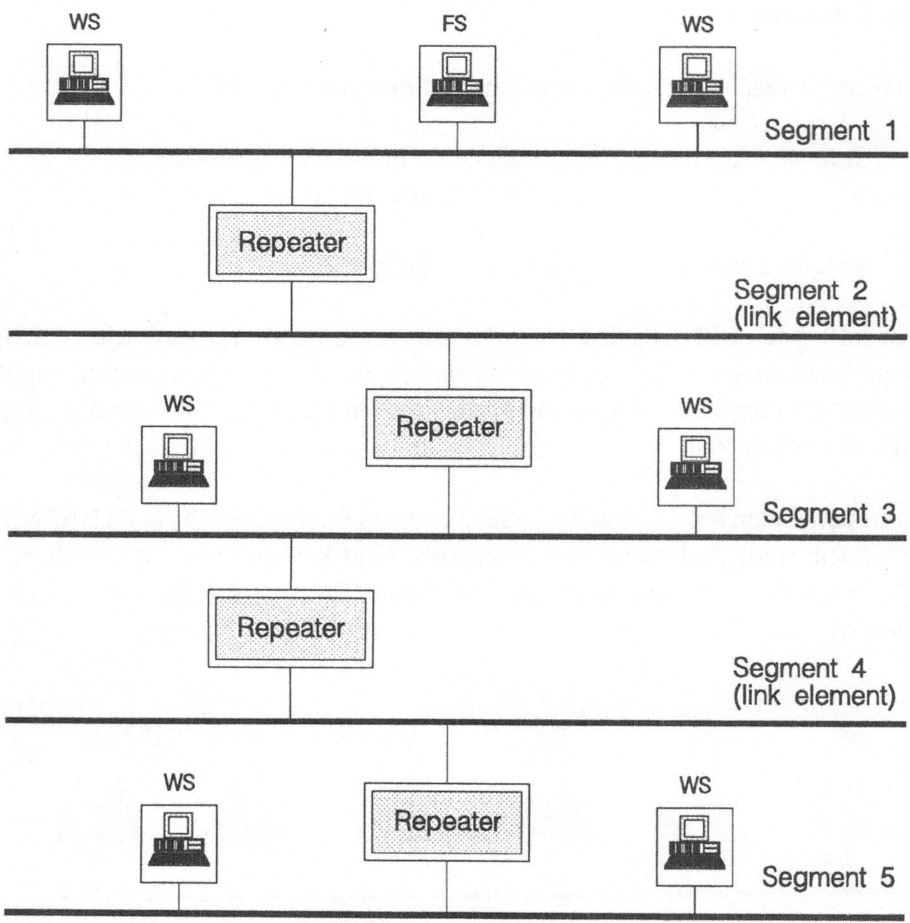

Bild 2.6-5:

Repeater sind relativ teuer; deshalb werden in der Praxis häufig einzelne Segmente durch externe Router verbunden.

2.6.2 Router

Router erfüllen prinzipiell die gleichen Aufgaben wie Bridges; sie können gleichartige, aber auch verschiedenartige Netzwerke miteinander koppeln (z.B. ETHERNET mit TOKEN RING) und den Datenverkehr darin so gering wie möglich halten. Das ROUTING bei NetWare ist so intelligent, daß nur die tatsächlich benötigten Datenpakete in die einzelnen Netzwerke weitergeleitet (geroutet) werden.

NetWare unterscheidet zwei verschiedene Arten von Routern:

❑   **interner Router**   als Karte im File-Server eingesetzt
                               (max. 4 Karten möglich)

❑   **externer Router**   als eigenständiger PC

Speziell bei ETHERNET (Kollisionsverfahren) nimmt die Netto-Datenübertragungsrate bei steigender Anzahl angeschlossener Workstations rapide ab. Deshalb empfiehlt es sich nicht, die maximal erlaubte Stationszahl auch wirklich auszunutzen.

Ein Unternehmen besitzt zwei Teilbereiche, deren Rechner durch ein ETHERNET verbunden sind. Aufgrund datenintensiver Grafikprogramme ist die dortige Netzwerkauslastung recht hoch; der Teilbereich Textverarbeitung wird deutlich gehindert.

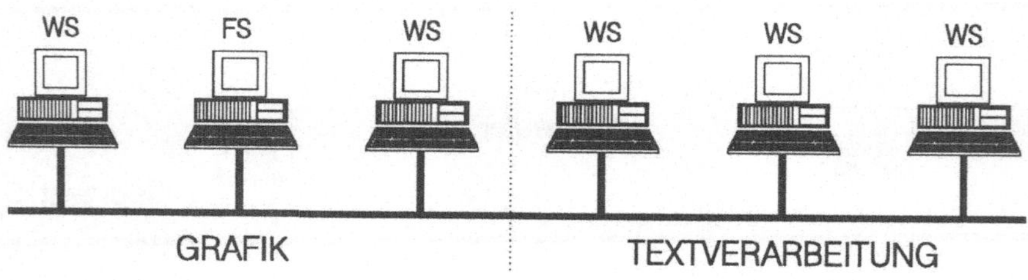

Bild 2.6-6:

Abhilfe schafft hier eine Auftrennung beider Teilbereiche in zwei eigenständige Netzwerkteile, die dennoch bei Bedarf miteinander kommunizieren können.

Durch den Einsatz eines Routers (Bridge) können beide Teilbereiche unabhängig voneinander ihre Anwendungen fahren; nur bei Bedarf findet eine gegenseitige Beeinflussung statt.

2.6.2.1 Interner Router

Durch den Einbau einer zweiten Netzwerkkarte übernimmt der File Server auch die Funktion des internen Routers. Dabei können sowohl gleiche als auch unterschiedliche Netzwerk-Topologien verbunden werden, wobei auch die Zugriffsprotokolle entsprechend übersetzt werden.

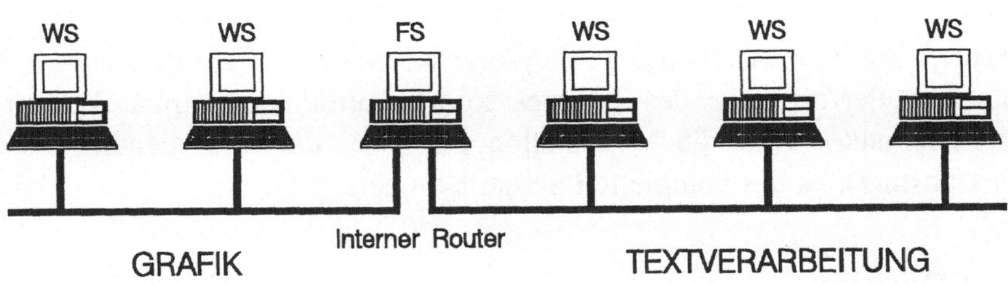

Bild 2.6-7:

Die Performance des File Servers reduziert sich natürlich durch die zusätzlichen Routing-Aufgaben.

Besteht ein Internet aus mehr als zwei File Servern, läßt sich durch interne Router die Anbindung an ein **network backbone** effizient realisieren.

2.6.2.2 Externer Router

Ein externer Router ist eine eigenständige Workstation, die nicht als File Server arbeitet. Diese Workstation kann so eingerichtet werden, daß sie ausschließlich Routing-Aufgaben übernimmt (**dedicated router**). Diese Einstellung ist empfehlenswert, da so der Datendurchsatz maximal ist.

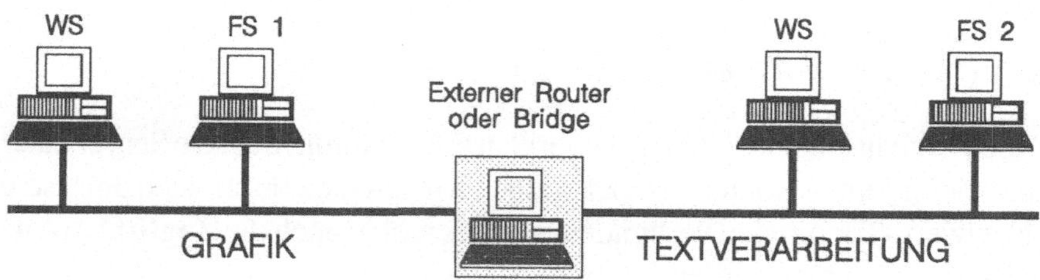

Bild 2.6-8:

Wird diese Station zusätzlich noch als Workstation benutzt (non-dedicated router), nimmt die Performance des Internet sofort deutlich ab. Hinzu kommt ein Sicherheitsrisiko. Fällt die Workstation aus (z.B. durch Bedienungsfehler = Systemabsturz), ist das komplette Internet lahmgelegt.

2.6.3 Bridge

Eine Bridge erfüllt die gleichen Routing-Aufgaben wie ein Router. Zusätzlich konvertiert die Bridge das verwendete Datenübertragungsprotokoll aus LAN 1 in das erforderliche Format von LAN 2.

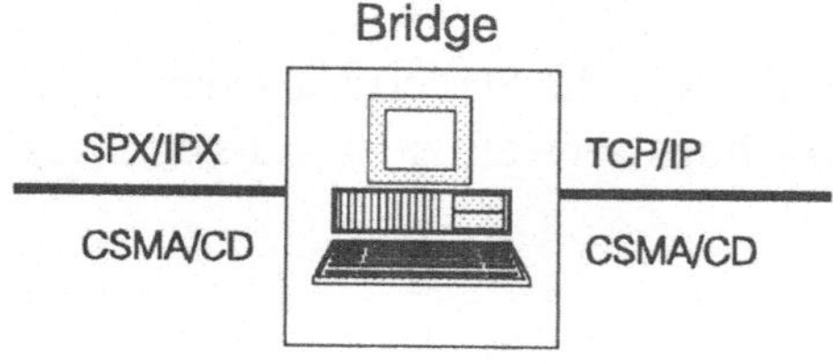

Beispiel: **SPX/IPX** ➥ **TCP/IP**

Bild 2.6-9:

2.6.4 Gateways

Gateways sind in der Lage, heterogene Netzwerke mit völlig verschiedenen Protokollen und Betriebssystemen (z.B. NOVELL-Netz und UNIX-Netz) miteinander zu koppeln. Damit ist eine Anbindung jedes LANs an ein Großrechnersystem möglich.

Um dies zu verwirklichen, muß die Kopplung innerhalb des OSI-Modells auf der obersten Ebene erfolgen.

2.7 Hochgeschwindigkeitsnetze

Hochgeschwindigkeitsnetze (HS-LAN = High Speed LAN) auf der Basis von Glasfaserkabel FDDI (fibre distributed data interface) finden Einsatz bei der Verbindung mehrerer Netzwerke untereinander. Dabei lassen sich drei Varianten unterscheiden:

❑ **BACKEND-Netze**
Kopplung zwischen Großrechnern
Kopplung zwischen Großrechner und schneller Peripherie

❑ **BACKBONE-Netze**
Kopplung zwischen lokalen Netzwerken

❑ **FRONTEND-Netze**
Verbindung zwischen File Server und Workstations

FDDI benutzt eine Ring-Topologie mit einer Übertragungsgeschwindigkeit von 100 MBit/s. Wegen der z.Zt. noch recht hohen Kosten finden sich solche Netzverbindungen im Bereich der Forschung und Entwicklung.

3. Netzwerk-Betriebssystem

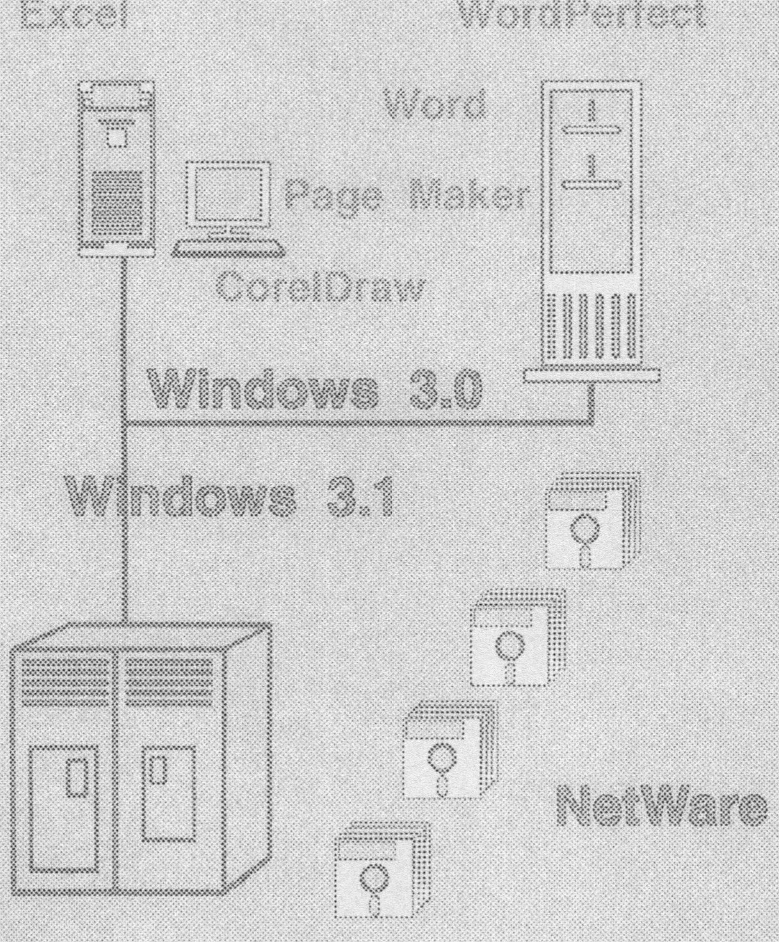

3.1 LAN-Software

In den vorherigen Kapiteln wurde ausführlich die Bedeutung der verwendeten Hardware thematisiert. Sie bildet die technische Grundlage für den Aufbau von LANs. Sie beeinflußt auch in gewissem Maße die Leistungsfähigkeit eines Netzwerkes (Datendurchsatz etc.)

Die eigentliche Netzwerkfunktion wird aber erst durch die Software, durch das Netzwerk-Betriebssystem, wirksam. Dieses Betriebssystem ist ausschlaggebend für die Leistungsfähigkeit des Gesamtnetzes, und sie bestimmt auch die Benutzerfreundlichkeit des Gesamtsystems.

Diese Netzwerk-Betriebssysteme (Network OperatingSystem) haben in den letzten Jahren - orientiert an den Leistungsfähigkeiten der verwendeten Prozessoren - erkennbare Fortschritte erzielt. Die Vielzahl der angebotenen Produkte lassen sich einordnen in **Client-Server-Systemen** und **Peer-to-Peer-Systemen**.

Die Peer-to-Peer-Systeme stellen eine kostengünstige Netzwerk-Alternative dar, da kein spezieller, leistungsfähiger Server benötigt wird. Wegen der einfachen Bedienbarkeit entfallen auch die erforderlichen Personalkosten für den bzw. die Mitarbeiter, die für die Netzverwaltung, Wartung und Pflege zuständig sind. Dieses Lowend-Betriebssystem setzt üblicherweise auf das vorhandene Betriebssystem DOS auf und die Installation erfolgt einfach und schnell von der mitgelieferten Diskette. Somit werden besonders Kleinbetriebe angesprochen, deren Netzstrukturen recht einfach aufgebaut sind und deren Strukturen sich kaum verändern.

Bei größerer Netzwerkausdehnung oder auch bei komplexen Rechts- und Zugriffsstrukturen haben die dezidierten Netzwerk-Betriebssysteme ihren Anwendungsbereich. Als Multi-User- und Multi-Tasking-Betriebssyteme werden sie den unterschiedlichen Anforderungen der einzelnen Anwender gerecht. Das Betriebssystem wird auf einem speziellen Rechner (Server) installiert und verwaltet dort alle eingehenden Anweisungen der angeschlossenen Workstations (Client).

Auf der Basis der **client-server-architecture** bieten verschiedenste Hersteller unterschiedliche Netzwerk-Betriebssysteme an; stellvertretend seien hier drei angeführt:

- ❏   Fa.   **NOVELL**   Produktname: NetWare

- ❏   Fa.   **BANYAN**   Produktname: VINES

- ❏   Fa.   **MICROSOFT**   Produktname: LAN-MANAGER

Die Entwicklung dieser Netzwerk-Betriebssysteme ist eng verknüpft mit den Firmen NOVELL und BANYAN, die fast zeitgleich eine serienreife und stabile Netzwerk-Software auf den Markt bringen konnten.

NOVELL stellt mit seinem Produkt **NetWare** ein Multi-User, Multi-Tasking-Betriebssystem vor, das so konzipiert ist, den angeschlossenen Arbeitsstationen die Daten des Servers (File-Server) so schnell wie möglich zur Verfügung zu stellen. Die erforderliche Rechenleistung wird von den jeweiligen Arbeitsstationen erbracht. Mit seinen unterschiedlichen NetWare-Versionen besitzt NOVELL den weitaus größten Marktanteil in der Netzwerkwelt. Die vereinbarte Vertriebskooperation zwischen NOVELL und IBM läßt vermuten, daß dieser Anteil sich weiter vergrößert.

Ein weite Verbreitung auf dem amerikanischen Markt besitzt die Firma **BANYAN**. Das Software-Produkt VINES (<u>v</u>irtuel <u>n</u>etwork <u>s</u>ystem) basiert auf dem Betriebssystem UNIX (Multi-User, Multi-Tasking) und war von der Marktstrategie so angelegt, einzelne PC-Netze zu einem Internetwork zusammenzuschließen. Damit besitzt BANYAN bzgl. unternehmens- bzw. konzernweiter Vernetzung deutliche Vorteile gegenüber NOVELL, da die GATEWAY-Funktionen Teil des Betriebssystems sind.

BANYAN bezeichnet das Konzept als **Netzwerk Server** und nicht als File Server. Hier unterscheidet sich BANYAN deutlich von den anderen Herstellern, die dafür einen speziellen (zusätzlichen) Communication-Server benötigen.

Als drittes Beispiel einer Netzwerk-Software sei an dieser Stelle der LAN-MANAGER von MICROSOFT aufgeführt. Auf der Basis des Betriebssystems OS/2 werden an den Server hohe Systemvoraussetzungen gestellt (mindestens 9 MB Arbeitsspeicher, 386/486-CPU). Die Workstations können mit OS/2 oder DOS ausgestattet sein.

Alle drei beschriebenen Netzwerk-Produkte sind hardware-unabhängige Versionen, d.h. sie unterstützen alle die üblichen Netzwerk-Topologien BUS, STERN und RING.

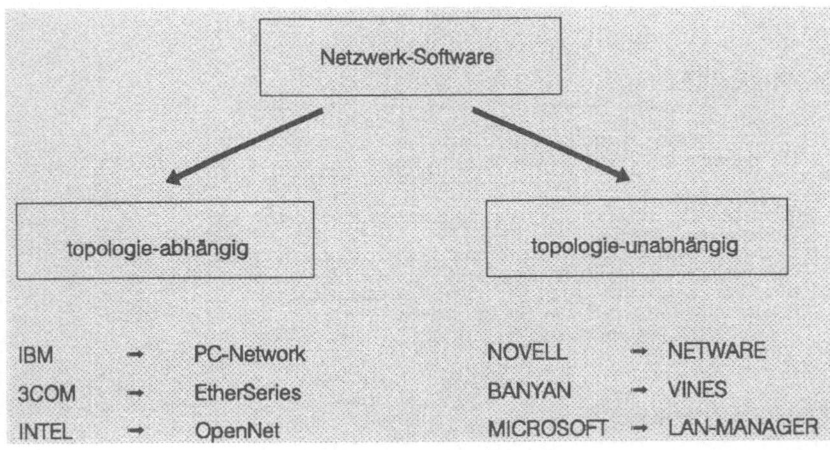

Bild 3.1-1:

Die Aufgaben einer Netzwerk-Software lassen sich durch folgende Punkte charakterisieren:

- **Koordinierung und Kontrolle der Datenkommunikation im Netz**
- **Dateiverwaltung auf der File-Server-Festplatte**
- **Bereitstellung der angeschlossenen Peripheriegeräte**
- **Benutzerkontrolle (Zugriffsrechte)**
- **Schutzmechanismen**

Funktion und Aufgaben eines Supervisors

Die personelle Verwaltung des Netzwerkes übernimmt ein Netzwerkverwalter (Supervisor), der innerhalb der Netzwerkstruktur alle Zugriffsrechte und -möglichkeiten besitzt. Er erteilt den einzelnen Benutzern (User) die erlaubten Zugriffsrechte, legt die entsprechenden Verzeichnisstrukturen an, bindet neue Geräte in das Netz ein usw.

Die Aufgabenbereiche des Supervisors lassen sich aufteilen in **Netzwerkinstallation**, **Benutzereinrichtung** und **Wartung und Pflege.**

Netzwerkinstallation

- ❒ Netzstruktur planen
- ❒ Generieren des Betriebssystems NetWare
- ❒ Verzeichnisstruktur anlegen
- ❒ Workstations einbinden
- ❒ Peripheriegeräte ins Netz integrieren
- ❒ Anwendersoftware auf File Server installieren

Benutzereinrichtung

- ❒ Einrichten von Benutzern und Benutzergruppen
- ❒ Zugriffsrechte vergeben
- ❒ Menüführung für Benutzer und -gruppen erstellen

Wartung und Pflege

- ❒ Sicherung von Programm- und Datenbeständen (Backup)
- ❒ Modifizierung bestehender Rechts- und Zugriffsstrukturen
- ❒ Anpassung vorhandener Anwendersoftware für Netzbetrieb
- ❒ Auslastung im Netz überwachen
- ❒ Abrechnung bestimmter Leistungen (Accounting)

Bild 3.1-2:

3.2 Produktübersicht NetWare

Im Bereich der Bürokommunikation gilt die Netzwerk-Software **NetWare** von **NOVELL** als Standardlösung. Die Software läßt sich unabhängig von der installierten Netztopologie einsetzen und existiert z.Zt. in zwei verschiedenen Ausführungen. Sie erlaubt neben der Vernetzung IBM-kompatibler Rechner auch die Einbindung von APPLE MACINTOSH-Systemen. Gleichermaßen ist die Ankopplung an weitere LANs sowie an Großrechner möglich. Die einzelnen Versionen besitzen unterschiedliche Schutzmechanismen, die erhöhte Betriebs- und Datensicherheit garantieren.

NetWare ist ein eigenständiges **Multi-User-Multi-Tasking-Betriebssystem**, das auf dem File-Server installiert wird. Die einzelnen Workstations behalten ihre gewohnte Betriebssystem-Umgebung (MS-DOS, OS/2, UNIX ...). Der einzelne Anwender erfährt das installierte Netz als "eigene zusätzliche Festplatte". Der Zugriff auf diese Festplatte ist durch spezielle Optimierungsmechanismen beschleunigt.

Zu Beginn des Jahres 1992 hat NOVELL seine Produktpalette gestrafft. Mit NetWare Version 2.2 wurde die bisher existierende 286-NetWare (ELS1, ELS2, Advanced NetWare 2.15 und SFT NetWare 2.15) in einem einzigen Produkt zusammengefaßt, das alle Eigenschaften der Vorgängerversionen mit zusätzlichen Extras beinhaltet.

NetWare 2.2 wird in Konfigurationen für 5, 10, 50 und 100 Benutzer angeboten. Die eingebaute Hardwareunabhängigkeit erlaubt die Integration der verschiedensten Topologien und Verkabelungstypen wie Ethernet, Arcnet, Token Ring, Coax, Twisted Pair und Lichtwellenleiter.

NetWare 3.11 stellt das High-End-Server-Betriebssystem dar. Basierend auf 80386/80486-Servern, bietet es unter voller Ausnutzung der 32-Bit-Umgebung die höchstmögliche Leistung (Performance).

NetWare 3.11 wird in Konfigurationen für 5, 10, 20, 50, 100 und 250 Benutzer angeboten. Neben dem NOVELL-spezifischen Protokoll SPX/IPX wird auch der Industriestandard TCP/IP unterstützt, so daß die Anbindung an UNIX-Plattformen einfach zu realisieren ist.

Als dritte Produktvariante bietet NOVELL seit kurzem ein low-end-Betriebssystem NetWare Lite als Peer-to-Peer-System an. Als preiswerte Alternative kann bei kleinen Netzwerkumgebungen die gemeinsame Nutzung von Programmen, Dateien und vor allem Druckern realisiert werden. Im folgenden wird aber auf diese Produktvariante nicht eingegangen.

Die Versionen NetWare 2.2 und NetWare 3.11 sind mit einem Schutzmechanismus ausgestattet, der von NOVELL als **system fault tolerance** (SFT) bezeichnet wird. Dieser Schutzmechanismus umfaßt sowohl Maßnahmen gegen evtl. auftretende Hardware-Fehler als auch Maßnahmen für optimierten Datenzugriff. Die bisherigen NOVELL-Produkte (AN 2.15, SFT 2.15, SFT 3.1) waren mit unterschiedlichen Sicherheitsstufen ausgestattet, die als SFT 1, SFT2 undSFT3 bezeichnet wurden.

Die neuen Produkte 2.2 und 3.1 realiseren beide den Level SFT2.

Sicherheitsstufe SFT 1

Zur Sicherheitsstufe 1 gehören folgende Schutzmechanismen:

- DIRECTORY CACHING
- DIRECTORY HASHING
- FILE CACHING
- ELEVATOR SEEKING
- READ AFTER WRITE VERIFICATION
- HOT FIX
- DOPPELTE FAT

Sicherheitsstufe SFT 2

Zur Sicherheitsstufe 2 gehören folgende Schutzmechanismen:

- DISK MIRRORING
- DISK DUPLEXING
- TRANSACTION TRACKING SYSTEM

DIRECTORY CACHING

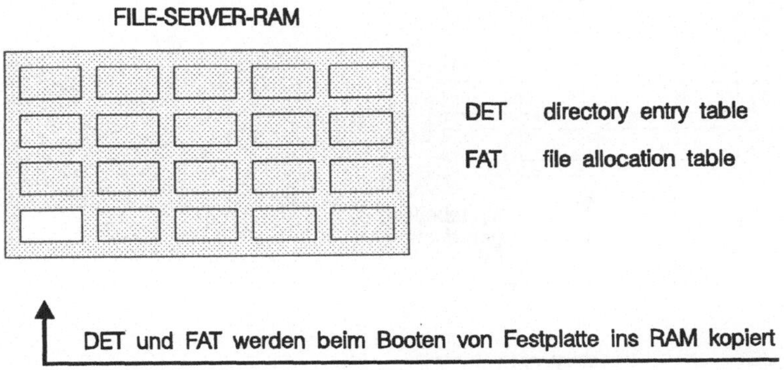

Bild 3.2-1:

Alle NetWare-Verzeichnis-Einträge (DET = directory entry table) und die Datei-Zuordnungs-Tabelle (FAT = file allocation table) werden von der Festplatte in den RAM-Bereich des File-Servers kopiert; dieser Bereich des File-Server-RAMs wird als Cache-Memory benutzt. Aus diesem Cache (Zugriff im ns-Bereich) werden die meisten Dateianforderungen bedient. Ist der Cache-Bereich vollständig gefüllt, wird der am wenigsten benutzte Verzeichnis-Eintrag gelöscht. Im Verzeichnis-Eintrag sind dokumentiert:

- Dateiname (file name)
- Dateierzeuger (file owner)
- Zeit und Datum der letzten Änderung
- die ersten sechs trustee assignments
- die Position des ersten Blocks auf der Festplatte

DIRECTORY HASHING

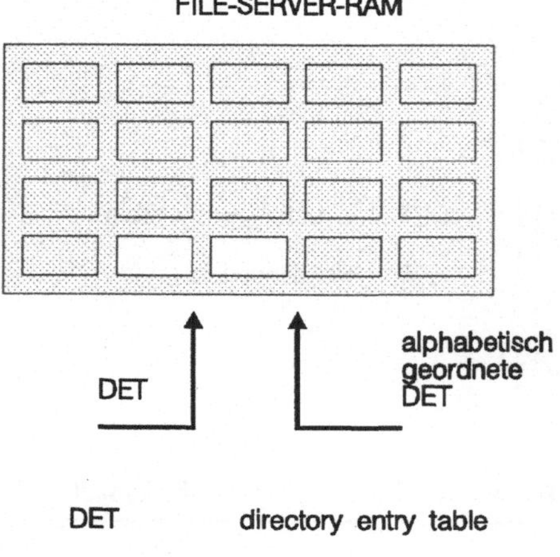

Bild 3.2-2:

Durch das Hashing werden die Verzeichnis-Einträge in alphabetischer Reihenfolge angeordnet und im RAM gehalten. Durch diese Maßnahme werden die Zugriffszeiten um bis zu 30% reduziert.

FILE CACHING

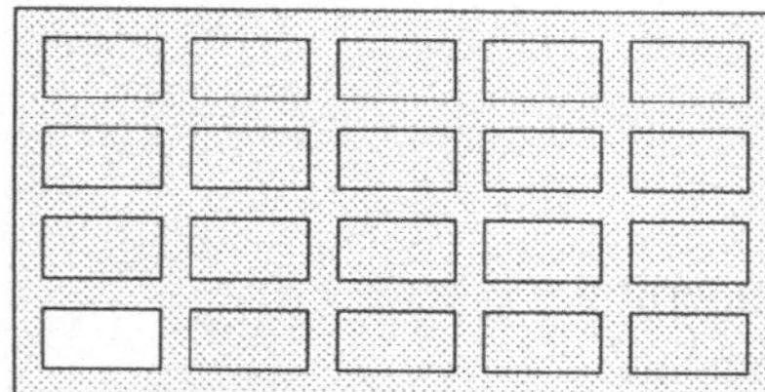

Bild 3.2-3:

Ähnlich wie beim DOS-Befehl FASTOPEN werden die am meisten genutzten Dateien und Programme im RAM-Bereich des Servers gehalten. Die Zugriffszeiten liegen somit im ns-Bereich; sind Zugriffe auf die Festplatte erforderlich, entstehen Wartezeiten im ms-Bereich.

Wird eine Datei zum ersten Male aufgerufen, wird sie zuerst von der Festplatte in diesen reservierten RAM-Bereich kopiert. Standardmäßig werden über 90% aller Dateianforderungen aus dem FILE-CACHE bedient.

ELEVATOR SEEKING

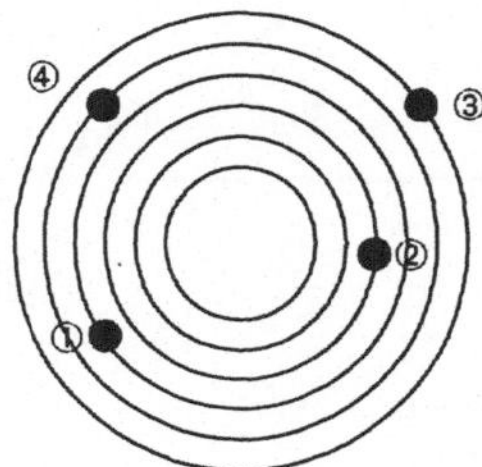

Bild 3.2-4:

Beim Abspeichern auf der Festplatte tritt das Problem der Fragmentierung von Dateien auf, d.h. die Dateien werden auf mehrere, u.U. weit auseinanderliegende Cluster verteilt (z.B. 1, 2, 3 und 4). Beim Wiederherstellen der Datei optimiert NetWare die Kopfbewegung (3, 4, 1 und 2). Damit verkürzen sich die Lesezeiten und die Lebensdauer der Festplattenköpfe erhöht sich.

READ-AFTER-WRITE-VERIFICATION

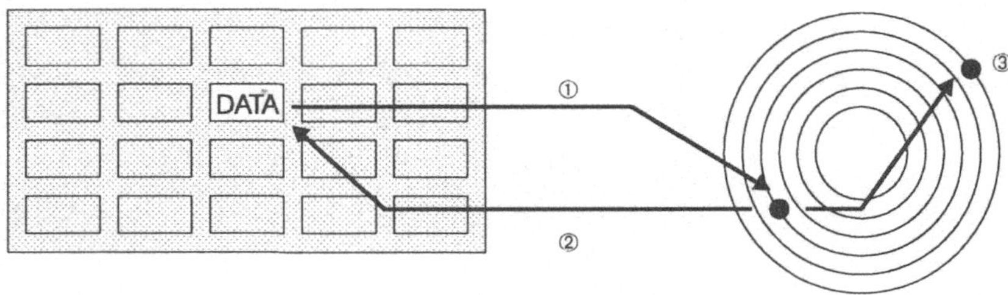

① Daten werden auf Festplatte geschrieben

② Geschriebene Daten werden sofort wieder ausgelesen
   und mit Original verglichen

③ Bei Fehler wird Block als fehlerhaft markiert und
   in einen anderen Bereich ausgelagert (Hot Fix)

Bild 3.2-5:

Die Daten, die aus dem RAM-Bereich auf die Festplatte des File Servers abgespeichert werden, werden unmittelbar danach wieder ausgelesen und mit den Originaldaten verglichen. Fällt dieser Vergleich positiv aus, wird der RAM-Bereich freigegeben und die nächste File-Server-Operation wird ausgeführt.

Stellt das Betriebssystem einen Schreibfehler fest, wird der fehlerhafte Sektor auf der Festplatte als Bad Block markiert und anschließend werden die Daten in einen reservierten Bereich der Festplatte (Hot Fix) ausgelagert.

HOT FIX

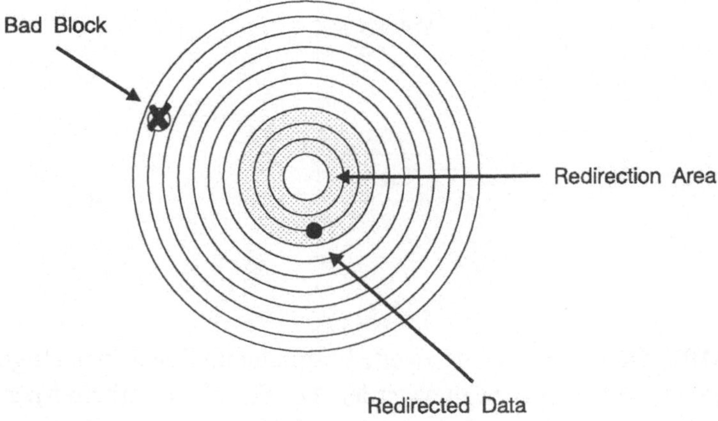

Bild 3.2-6:

Bei der Netzwerk-Installation wird die verwendete File-Server-Platte einem speziellen Zuverlässigkeitstest unterworfen. Dabei werden alle Sektoren der Festplatte überprüft und die fehlerhaften Sektoren von vornherein als Bad Blocks ausgeklammert. Darüber hinaus werden standardmäßig 2% der Festplattenkapazität für spezielle Funktionen reserviert. Dieser Bereich wird HOT FIX genannt.

In diesen Bereich werden grundsätzlich alle Verzeichnis-Einträge (DET) und alle Datei-Zuordnungs-Tabellen (FAT) zusätzlich abgespeichert. Auf diese Weise lassen sich zerstörte FATs bzw. DETs wieder restaurieren.

Darüber hinaus wird dieser Bereich als Dynamic Bad Block Remapping benutzt. Treten während des Betriebs bei der READ-AFTER-WRITE-VERIFICATION fehlerhafte Sektoren auf, werden diese in den HOT-FIX-Bereich ausgelagert. Nehmen die fehlerhaften Sektoren (altersbedingt) zu, meldet NetWare durch eine Fehlermeldung diesen Umstand. Bei Überschreiten der HOT-FIX-Kapazität verweigert NetWare die weitere Arbeit.

DISK MIRRORING

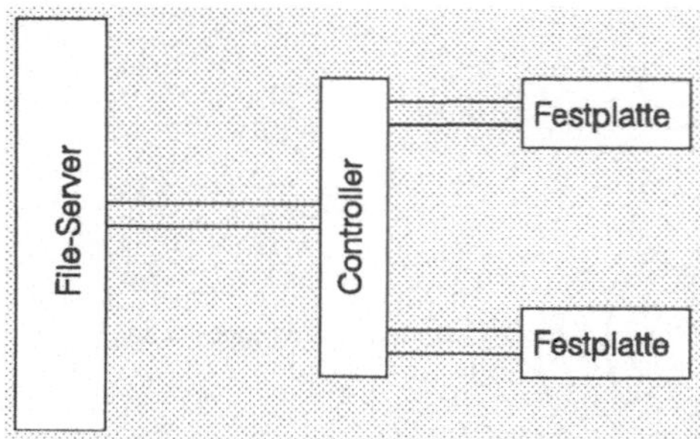

Bild 3.2-7:

Mit DISK MIRRORING wird eine zweite Festplatte im File Server eingebaut, die beide von einem Controller verwaltet werden. Die Festplatten arbeiten parallel, d.h. sie haben immer den gleichen Informationsinhalt. Im Schadensfall kann dann ohne Probleme mit der zweiten Platte weitergearbeitet werden.

DISK DUPLEXING

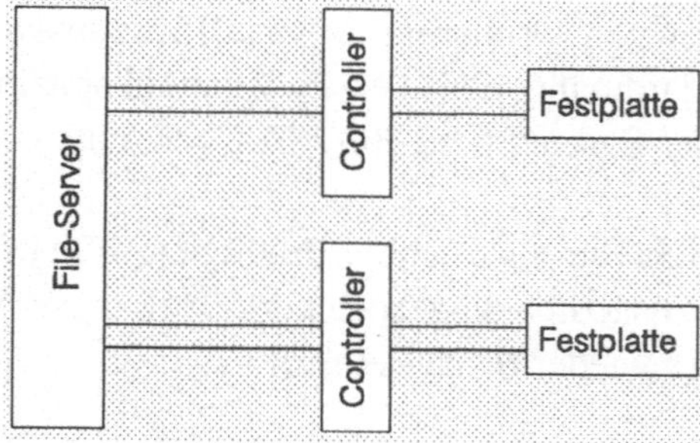

Bild 3.2-8:

Als Unsicherheitsfaktor bleibt dann noch der Festplatten-Controller. Mit DISK DUPLEXING werden beide Festplatten über je einen eigenen Controller verwaltet; es existieren somit zwei komplette parallele Systeme.

TRANSACTION TRACKING SYSTEM (TTS)

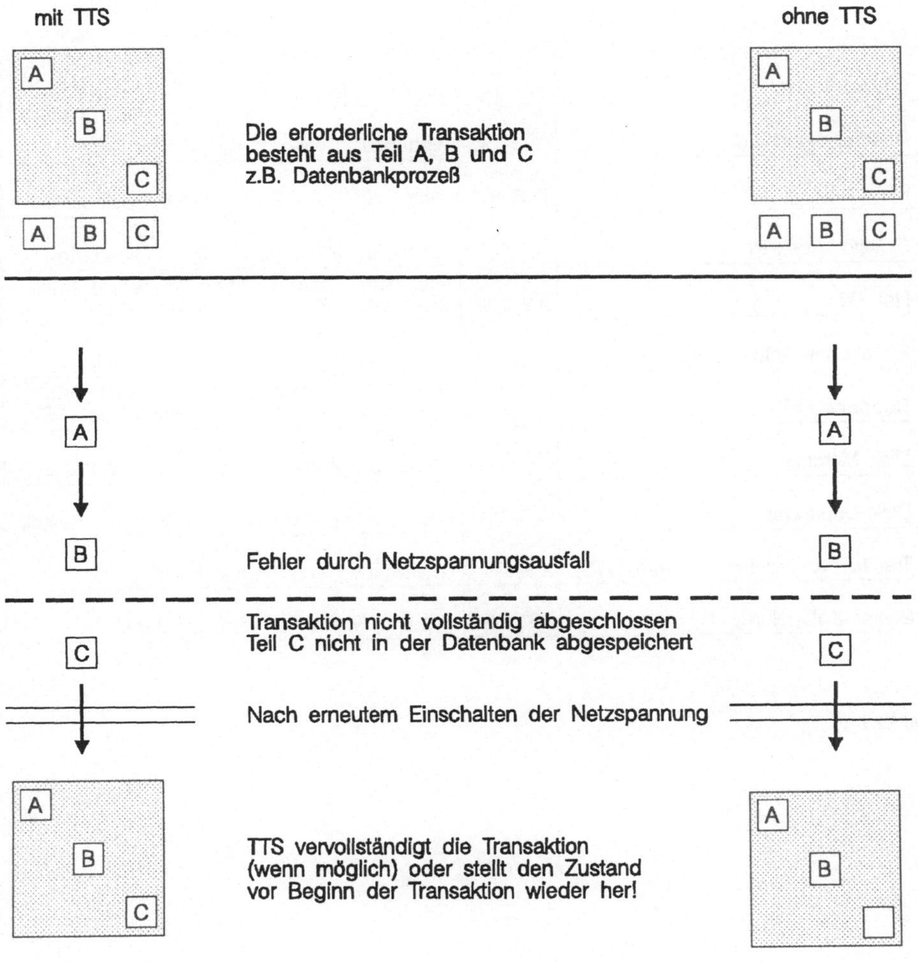

Bild 3.2-9:

Die dritte Sicherheitsfunktion ist das Transaction Tracking System (TTS). Durch einen technischen Fehler können Daten, die von einer Quellstation (Workstation) abgeschickt worden sind, an der Zielstation verloren gehen.

Beispiel: Umbuchung Giro-Konto ➡ Sparkonto

Das Betriebssystem schreibt in diesem Falle den vorherigen Zustand wieder zurück.

Die einzelnen Schutzfunktionen noch einmal in tabellarischer Übersicht:

Funktion	Stufe	Beschreibung
Directory Caching	ELS I	Kurzform der DET und FAT im RAM
Directory Hashing		Alphabetisch geordnete DET im RAM
File Caching	ELS II	vergl. mit FASTOPEN, CACHE-Speicher
Elevator Seeking		optimierter Plattenzugriff (Kopfbewegung)
Hot Fix	AN 286	fehlerhafte Plattensektoren werden in einen reservierten Plattenbereich verlagert
Read after write verification		Überprüfung der geschriebenen Daten
Doppelte FAT		ermöglicht Restaurierung einer zerst. FAT (z.B bei unsachgem. Ausschalten des FS)
Disk Mirroring		Plattenspiegelung (1 Controller + 2 Festpl.
Disk Duplexing	SFT 286	Plattenverdopplung (2 Controller + 2 Festpl.
Transaction Tracking System (TTS)		Überprüfung von Transaktionen
Server Spiegelung	SFT 386	geplant: File-Server wird gespiegelt

Bild 3.2-10:

4. Installation der System-Software

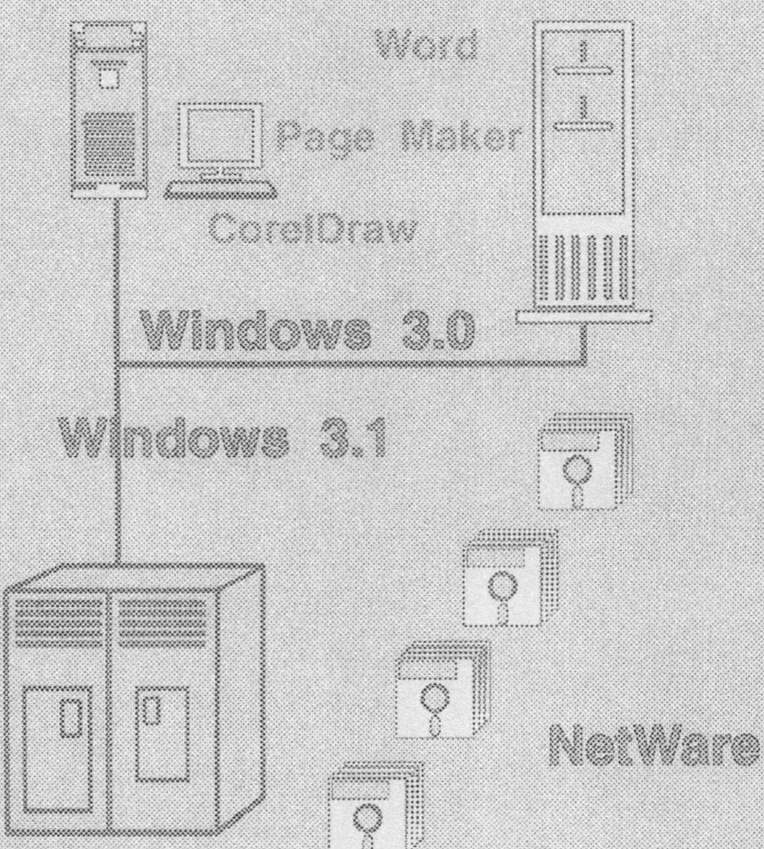

4.1 Server-Installation unter NetWare 3.11

An dieser Stelle kann und soll kein Ersatz für die umfangreichen Handbücher von Novell geschaffen werden. Vielmehr soll dieses Kapitel als ein kurzer Praxis-Leitfaden dienen, der eine konkrete Installation beschreibt.

Um einen File Server unter NetWare 3.11 zu installieren, müssen sowohl hardwaremäßige als auch softwaremäßige Vorbedingungen erfüllt sein:

4.1.1 Voraussetzungen

Hardware-Ausstattung:

- der Server muß mit einem 80386- bzw. 80486-Prozessor ausgerüstet sein,
- er muß mindestens 4 MByte RAM haben,
- es muß eine MFM-, ESDI-, SCSI- oder AT-Bus-Festplatte mit einem entsprechenden Kontroller eingebaut sein. Die Platten müssen mindestens 20 MByte Speicherkapazität haben. Für die Festplatten-Controller müssen die entsprechenden Software-Treiber vorhanden sein.
- er muß mit einer Netzwerkkarte mit 16- bzw. 32-Bit-Datenbus ausgestattet sein, für die ebenfalls ein Net-Ware-Treiber verfügbar ist,
- Festplatten-Controller und Netzwerkkarte müssen hardwaremäßig so eingestellt werden, daß sie konfliktfrei im Server arbeiten können. Dabei müssen der IRQ auf der Netzwerkkarte und die Portadressen auf beiden Karten eingestellt werden.

Software:

- Es muß klar sein, in welche Volumes die Serverplatte eingeteilt werden soll. Darüber hinaus müssen natürlich alle NetWare-Disketten vorhanden sein.

4.1.2 Installation der Software

Server mit MS-DOS booten

Man beginnt damit, daß man den Server mit Hilfe einer DOS-Diskette bootet. Auf dieser Diskette sollten zusätzlich die Dateien **FDISK.EXE** und **FORMAT.COM** (beide sind Bestandteil des Betriebssystems MS-DOS) vorhanden sein.

Eine primäre DOS-Partition mit FDISK einrichten

Man startet das Programm FDISK und richtet eine primäre DOS-Partition von ca. 2 MByte auf der File Server-Festplatte ein. Sollte noch eine alte DOS-Partition vorhanden sein, muß diese zuerst gelöscht werden.

> **DOS-Befehl:**   **FDISK**

DOS-Partition formatieren

Nun muß die DOS-Partition so formatiert werden, daß sie bootfähig wird. Später werden nur die Dateien IO.SYS, MSDOS.SYS und COMMAND.COM benötigt.

> **DOS-Befehl:**   **FORMAT** *C: /S*

Kopieren einiger NetWare-SYSTEM-Dateien in die

DOS-PARTITION

Folgende Dateien müssen von den NetWare-Disketten SYSTEM-1 und SYSTEM-2 in das ROOT-Verzeichnis der DOS-Partition kopiert werden. Außerdem müssen u.U. die Fremdtreiber für die Festplatte bzw. den Controller in die DOS-Partition kopiert werden.

NetWare-Dateien:	**SERVER.EXE**
	VREPAIR.NLM
	INSTALL.*
	***.DSK**
	***.NAM**

Fremd-Dateien:

Als Beispiel für einen Fremd-Treiber wird die Einbindung des ADAPTEC-SCSI-Controllers 1542 beschrieben. Hierbei müssen die beiden folgenden Dateien in die DOS-Partition kopiert werden.

AHA1540.DSK
ASPITRAN.DSK

Starten des Programms SERVER.EXE

Wenn bisher alles vorschriftsmäßig installiert wurde, kann man jetzt von der DOS-PARTITION aus das Programm **SERVER.EXE** starten. Hiermit wird die eigentliche NetWare-Installation eingeleitet.

NetWare-BEFEHL:　　**SERVER**

File Server Name festlegen

NetWare fragt nach einem Namen für den File Server. Man kann hier einen Namen festlegen, der mindesten 2 Zeichen und höchstens 47 Zeichen lang ist. Es dürfen lediglich die Zeichen verwendet werden, die auch für DOS-Dateinamen erlaubt sind.

Beispiel:　　NW311_1

Eingabe einer internen Netzwerk-Nummer

NetWare fragt nun nach einer internen Netzwerknummer, die im **HEX-CODE**
(max. 8-stellig) eingegeben werden muß.

Beispiel: A1

Laden des DISK-Treibers

Nun wird der Treiber für die Festplatte geladen. Standardtreiber für ISA- und EISA-
Platten sind bei NetWare direkt vorhanden. Spezielle Treiber müssen von den
Festplatten- bzw. Kontroller-Herstellern mitgeliefert werden. Wie oben schon
erwähnt wurde, wird hier die Einbindung des ADAPTEC-SCSI-Controllers 1542
beschrieben.

Anmerkung:

Da nicht alle Festplatten von NOVELL unterstützt werden und
auch für einige Platten von den Herstellern keine entsprechenden Treiber angeboten werden, muß man sich unbedingt vor
dem Kauf einer Server-Platte um diesen Punkt kümmern. Wir
empfehlen hier, nur Festplatten bzw. Festplatten-Controller
namhafter Markenhersteller einzusetzen.

NetWare-Befehl: LOAD AHA1540.DSK

Installation der Festplatte

In diesem und den drei folgenden Punkten wird die Festplatte so eingerichtet, daß
sie unter NetWare ansprechbar ist. Als erstes muß das speziell für diesen Zweck
entwickelte Programm **INSTALL** als **NLM** geladen werden.

NetWare-Befehl: LOAD INSTALL

Es erscheint das folgende Menü:

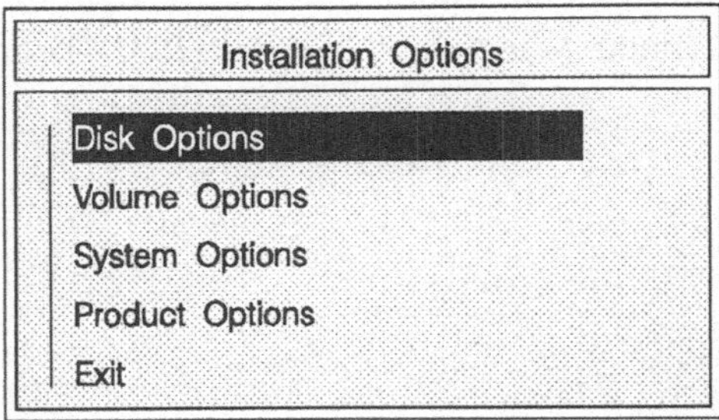

Bild 4.1-1:

Einrichten einer NetWare-Partition

Nachdem im vorhergehenden Punkt das Modul INSTALL geladen wurde, befindet man sich in einem menügeführten Installationsprogramm, in dem lediglich die entsprechenden Menüpunkte ausgewählt werden müssen.
Sie erinnern sich, daß wir bisher lediglich eine DOS-Partition eingerichtet haben. Nun wird zusätzlich eine NetWare-Partition eingerichtet.

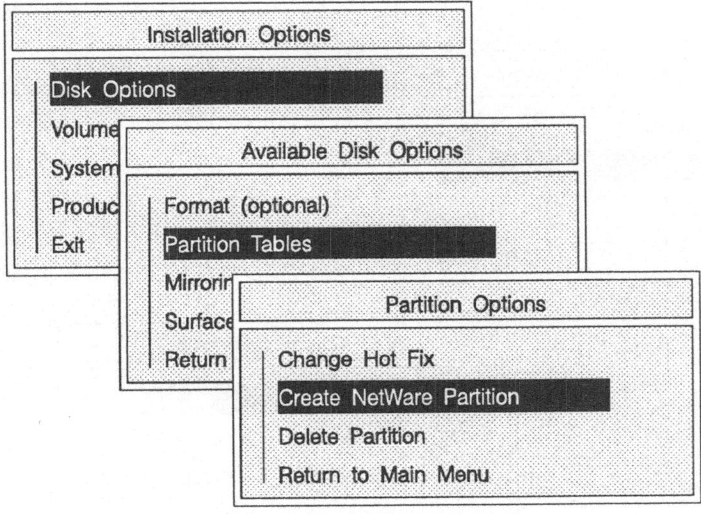

Bild 4.1-2:

VOLUME-Einrichtung

Nun muß man ein oder mehrere Volumes einrichten. Man sollte hierbei die vorgeschlagenen Standardwerte übernehmen. Wir richten hier lediglich das Standard-Volume SYS ein.

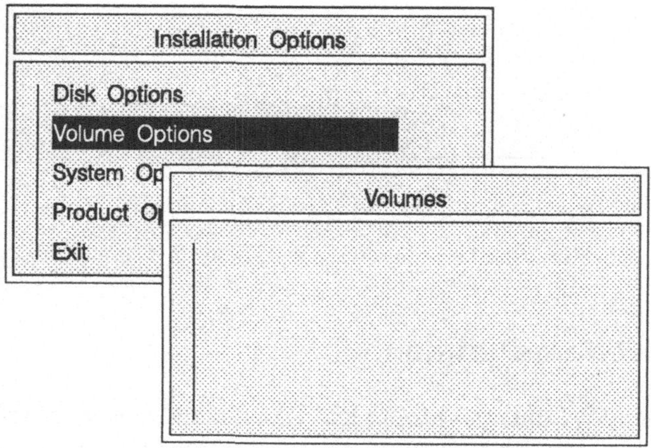

Bild 4.1-3:

Betätigt man in dem leeren Fenster **Volumes** die <Einfg.>-Taste, erhält man den folgenden Vorschlag:

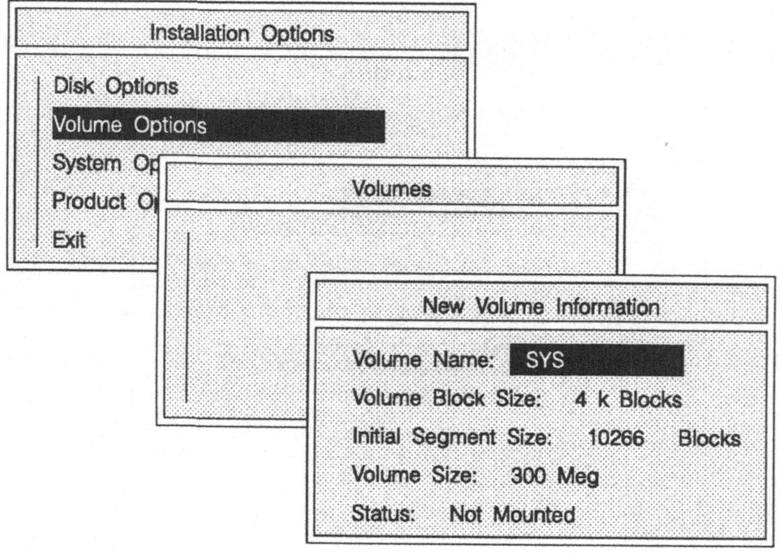

Bild 4.1-4:

Akzeptiert man diese Standard-Einstellungen, muß man die <Esc>-Taste betätigen, damit das Volume SYS eingerichtet wird.

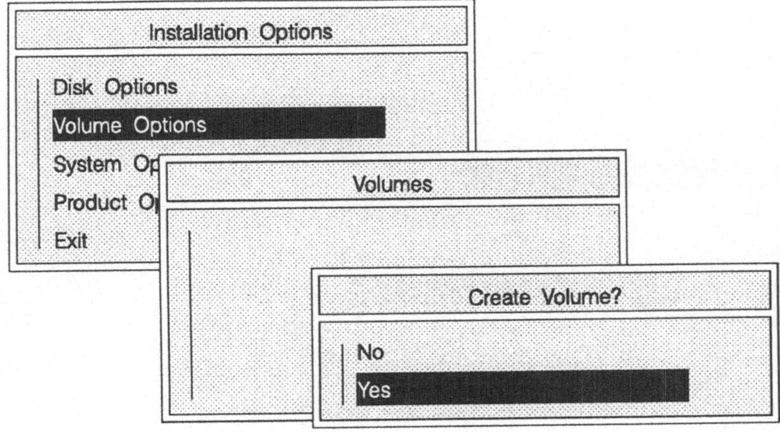

Bild 4.1-5:

Einbindung der Volumes

Die im vorhergehenden Punkt erzeugten Volumes müssen noch eingebunden (mit mount Volume) werden.

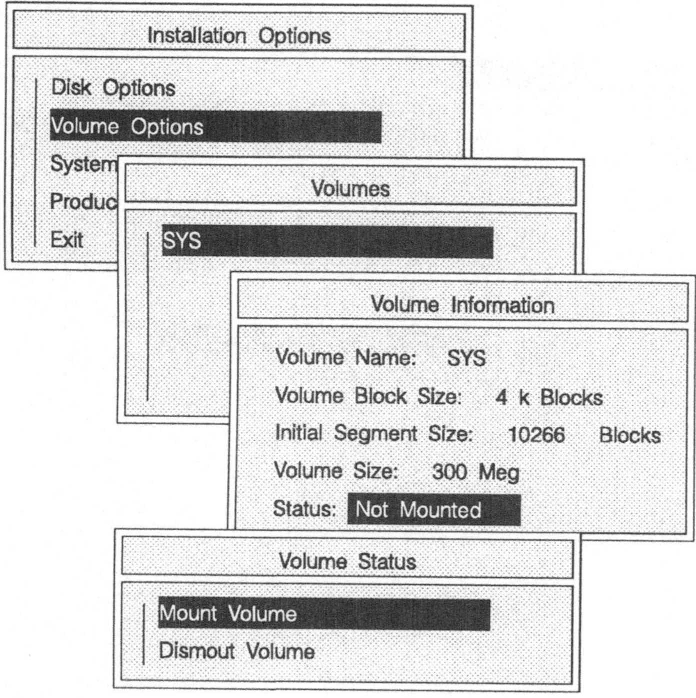

Bild 4.1-6:

SYSTEM- und PUBLIC-Files überspielen

Hier wird man aufgefordert, das Betriebssystem NetWare von den Disketten auf die
Festplatte zu überspielen.

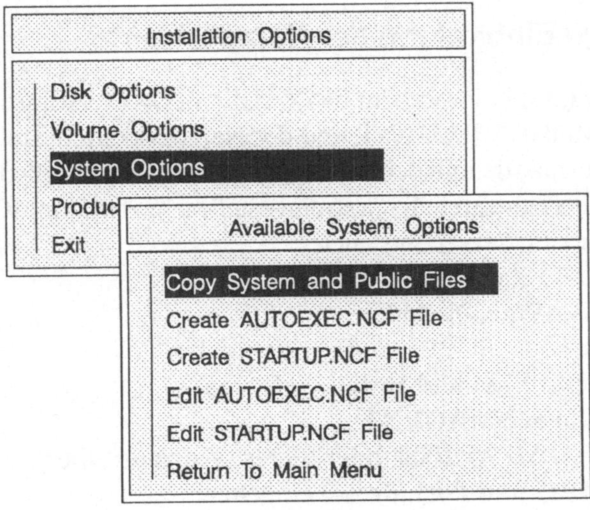

Bild 4.1-7:

Nachdem der Menüpunkt **Copy System and Public Files** angewählt wurde,
müssen folgende Disketten in Reihenfolge in Laufwerk A: eingelegt werden:

> **SYSTEM-2**
> **SYSTEM-1** (Diskette mit der Seriennummer)
> **SYSTEM-3**
> **UPGRADE**
> **DOSUTIL-1**
> **DOSUTIL-2**
> **DOSUTIL-3**
> **DOSUTIL-4**
> **BACKUP-1**
> **BACKUP-2**
> **PRINT-1**
> **PRINT-2**
> **HELP-1**

HELP-2
HELP-3
BETRIEVE

Softwaremäßige Einbindung der Netzwerkkarte

Man muß zuerst das Installationsmodul **INSTALL** mit **EXIT** verlassen. Anschließend müssen das Modul **NMAGENT** und der Netzwerkkarten-Treiber geladen werden. Danach muß man den auf der Karte eingestellten **IRQ** und die **Portadresse** eingeben. IRQ und Portadresse müssen so eingestellt sein, daß keine Konflikte mit der übrigen Hardware im Server entstehen.

NetWare-Befehle:

EXIT (Modul Install verlassen)
Load NMAGENT
LOAD NE2000 (oder andere Kartentreiber)
IRQ und Portadresse eingeben

IPX- und Netzwerkkarten-Treiber müssen gebunden werden

Der Kartentreiber aus dem vorhergehenden Punkt mit den speziellen Einstellungen (IRQ und Portadr.) und eine Netzwerkadresse müssen in den Server-IPX-Treiber eingebunden werden.

Hinweis:
Sind mehrere aktive File Server in einem LAN, dann müssen die Netzwerkadressen dieser Server übereinstimmen.

NetWare-Befehle:

BIND IPX TO NE2000
Eingabe einer hexadezimalen Netzwerkadresse
(max. 8-stellig)

Erzeugung von AUTOEXEC.NCF, STARTUP.NCF und AUTOEXEC.BAT

Eigentlich ist die Server-Installation nach dem vorhergehenden Punkt abgeschlossen. User können sich bereits auf dem Server anmelden. Würde man allerdings den File Server abschalten (natürlich mit Hilfe des Befehls DOWN), müßte man eine ganze Reihe der oben ausgeführten Punkte wiederholen. Zum automatischen Booten bringt man den FileServer nur dann, wenn man noch drei weitere Dateien erzeugt. Hierzu muß man zuerst das Modul INSTALL laden. Dort kann man die Dateien AUTOEXEC.NCF und STARTUP.NCF erzeugen.

Danach kann man das Modul INSTALL verlassen und den Server herunterfahren. Man wechselt dann auf die nach wie vor existierende DOS-Partition und erzeugt dort die Datei AUTOEXEC.BAT.

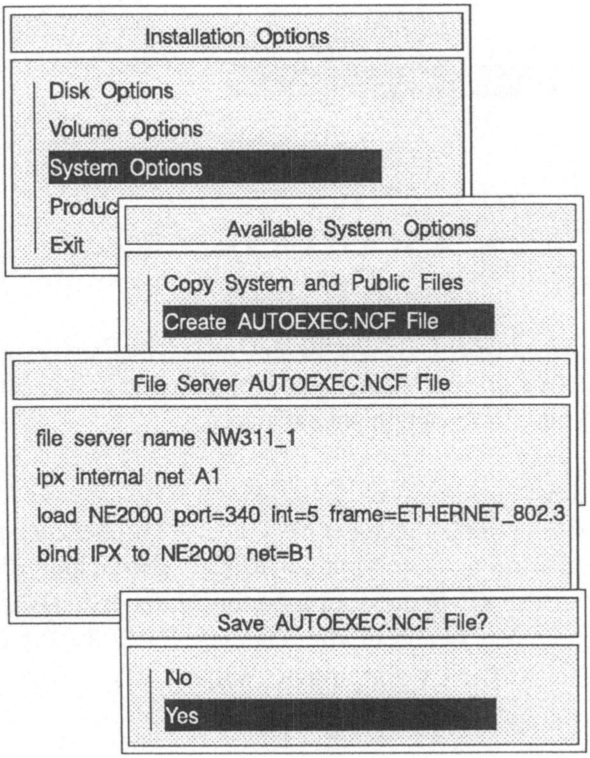

Bild 4.1-8:

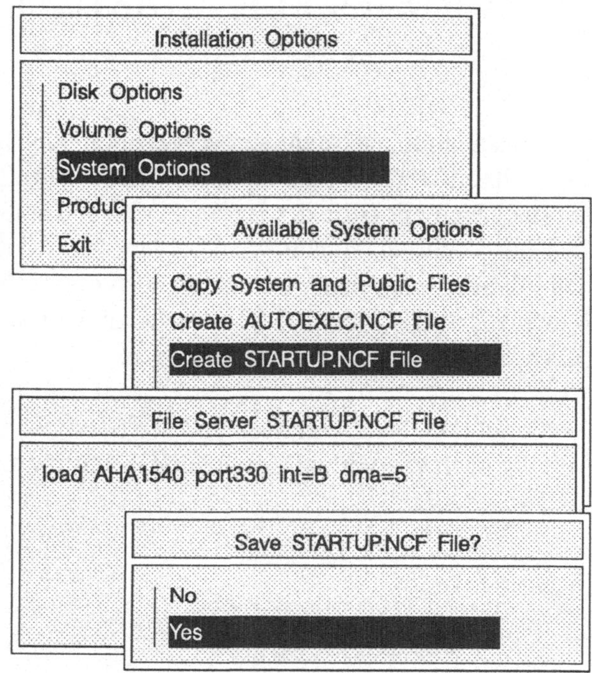

Bild 4.1-9:

DOWN (File Server wird down gefahren)
EXIT (auf DOS-Partition wechseln)

Nun befinden Sie sich wieder auf der DOS-Partition. Dort soll im Root-Verzeichnis die Datei **AUTOEXEC.BAT** erzeugt werden, die lediglich den Befehl **SERVER** enthält. Eine Datei CONFIG.SYS sollte nicht existieren.

Hinweis:
Ein File Server bootet unter NetWare 3.11 immer zuerst auf der DOS-Partition. Dort steht im ROOT-Verzeichnis die Datei SERVER.EXE. Wird sie aufgerufen, läuft der NetWare-Bootvorgang ab, bei dem die Dateien STARTUP.NCF und AUTOEXEC.NCF abgearbeitet werden.

4.2 Server-Installation unter NetWare 2.2

Die folgende Installationsbeschreibung ist relativ kurz gehalten und kann nur als eine Einführung betrachtet werden. Sie soll nicht die Original-Handbücher ersetzen. Außerdem werden auch nicht alle Variationsmöglichkeiten der Installation beschrieben. Wir greifen einen in der Praxis relevanten Fall heraus und glauben, für viele ähnliche Installationen wertvolle Hilfen zu geben.

4.1.1 Voraussetzungen

Hardware-Voraussetzungen

- [ ]   der File Server muß mit einem 80286-, 80386-, 80486-Prozessor ausgerüstet sein,

- [ ]   er muß mit mindestens 2,5 MByte RAM ausgestattet sein,

- [ ]   es muß eine MFM-, ESDI-, SCSI-, oder AT-Bus-Festplatte mit einem entsprechenden Controller und mindestens 10 MByte Speicherkapazität eingebaut sein. Für den Festplatten-Controller müssen die entsprechenden Software-Treiber vorhanden sein.

- [ ]   er muß mit einer Netzwerkkarte mit 8-, 16- oder 32 Bit ausgestattet sein, für die ebenfalls ein Treiber verfügbar sein muß,

- [ ]   Festplatten-Controller und Netzwerkkarte müssen hardwaremäßig so eingestellt sein, daß sie konfliktfrei im File Server arbeiten können. Dabei müssen jeweils der IRQ´s und die Portadressen auf beiden Karten eingestellt werden.

Wir beschreiben die Installation für einen 80386SX-Rechner mit einer 80 MByte SCSI-Festplatte und einem Adaptec-Controller vom Typ 1542B. Die Hardwareeinstellungen sind:

IRQ = 11
DMA-Kanal =5
I/O Port-Adresse = 330H

Bei der verwendeten Netzwerkkarte handelt es sich um eine NE2000 mit den Hardwareeinstellungen:
IRQ = 5
I/O Port-Adresse = 340H

Software

❑ von verschiedenen Disketten müssen vor der Installation sogenannte Arbeitskopien hergestellt werden, da während der ersten Phase der Installation auf sie zurückgeschrieben wird,

❑ die zu installierende Plattenstruktur bezüglich Partitionen und Volumes sollte vorher festgelegt worden sein.

4.2.2 Installation der Software

Die Software-Installation ist in vier Phasen unterteilt:

❑ Generierung des Betriebssystems

❑ Einrichten der Netzwerk-Festplatte

❑ Installation des Betriebssystems

❑ Kopieren der NetWare-Utilities auf den File Server

Bild 4.2-1:

Generierung des Betriebssystems

Während dieses ersten Punktes entstehen das eigentliche Betriebssystem

NET$OS.EXE

und die File-Server Dienstprogramme

ZTEST
INSTOVL
COMPSURF und
VREPAIR.

❐   Bevor man beginnt, sollte man sich folgende 6 Disketten zurechtlegen:

SYSTEM-1*
SYSTEM-2*
OSOBJ*
OSEXE*
LAN_DRV_001
DSK_DRV_209

*   Wie schon weiter oben erwähnt wurde, müssen hier die mit dem DOS-Befehl Diskcopy erzeugten Arbeitsdisketten verwendet werden.

Hinweis:

Die Fa. Adaptec liefert die gesamte Treiber-Software für alle Controller auf einer Diskette. Für die Installation von NetWare 2.2 muß man zusätzlich eine besondere Treiberdiskette herstellen. In unserem Fall muß man die Dateien **ASWNOVL.OBJ** und **ASWNOVL.DSK** auf eine leere Diskette kopieren und dieser Diskette die Bezeichnung **DSK_DRV_209** geben.

❑   **File Server mit MS-DOS booten**

Man bootet den File-Server mit MS-DOS und achtet darauf, daß außer dem Betriebssystem MS-DOS keine weiteren residenten Programme geladen werden.

❑   Die Diskette **SYSTEM-1** in ein Laufwerk legen und das Installations-programm aufrufen:

Hinweis:

Welches Laufwerk genommen werden muß, ist davon abhängig, auf welchem Disketten-Typ (5 1/4" oder 3 1/2") NetWare geliefert wurde und wie die Laufwerksbezeichnung im Installationsrechner ist.

DOS-Befehl: **Install**

Nach einiger Zeit erscheint folgender Bildschirm:

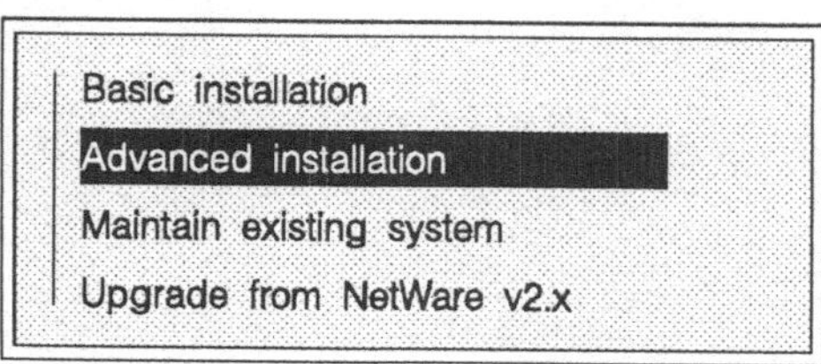

Bild 4.2-2:

❑   Man wählt den Punkt **Advanced installation**, um alle Möglichkeiten offen zu haben.

❏ Es erscheint eine Sicherheitsmeldung, in der davor gewarnt wird, daß alle Daten auf der File Server Festplatte zerstört werden, wenn die Installation komplett durchführt wird. Man betätigt die <Enter>Taste, um die Installation fortzuführen.

❏ Anschließend erscheint ein Fenster mit der Bezeichnung **Operating System Generation**. Hier wird die Konfiguration des Betriebssystems **NET$OS.EXE** definiert.

```
┌──────────────────────────────────────────────┐
│         Operating System Generation            │
├──────────────────────────────────────────────┤
│  Operating System mode:          Dedicated     │
│      Nondedicated network address:             │
│  Number of communication buffers:   150        │
│  Will this maschine be the server?  Yes        │
│  Include core printing services?    No          │
│                                                 │
│  Network board A                                │
│     Driver: (Press <Enter> to see list)         │
│     Configuration Option:                       │
│     Network address:                            │
│  Network board B                                │
│     Driver: (Press <Enter> to see list)         │
│     Configuration Option:                       │
│     Network address:                            │
│  Network board C                                │
│     Driver: (Press <Enter> to see list)         │
│     Configuration Option:                       │
│     Network address:                            │
│  Network board D                                │
│     Driver: (Press <Enter> to see list)         │
│     Configuration Option:                       │
│     Network address:                            │
│  Channel 0                                      │
│     Driver: (Press <Enter> to see list)         │
│     Configuration Option:                       │
│  Channel 1                                      │
│     Driver: (Press <Enter> to see list)         │
│     Configuration Option:                       │
│  Channel 2                                      │
│     Driver: (Press <Enter> to see list)         │
│     Configuration Option:                       │
│  Channel 3                                      │
│     Driver: (Press <Enter> to see list)         │
│     Configuration Option:                       │
└──────────────────────────────────────────────┘
```

Bild 4.2-3:

Kommentare zu Bild 4.2-3

❏ **Operating system mode:**
Man unterscheidet den **Dedicated-** und den **Nondedicated**-Mode. Im ersten Fall, er stellt den Standard-Mode dar, kann der Rechner ausschließlich als File Server genutzt werden. Im Nondedicated-Mode kann man den Rechner auch als DOS-Workstation benutzen. Vom letztgenannten Fall ist allerdings abzuraten, da die Performance des File Server erheblich sinkt.

❏ **Number of communication buffers:**
Communiction buffers sind Kurzzeitspeicher, die Netzwerkdaten von den Workstations solange zwischenspeichern, bis der File Server sie weiterleiten kann. Wird dieser Wert zu gering eingestellt, kann die Datenübertragung im Netz zusammenbrechen. Jeder Buffer benötigt ca. 0,5 kByte RAM-Speicher.

❏ **Will this machine be the server?**
Die Generierung des Betriebssystems (1. Installationspunkt) kann grundsätzlich auf jedem beliebigen DOS-Rechner erfolgen. Wird dieser Punkt jedoch mit **Yes** beantwortet, muß die Installation unbedingt auf dem File Server erfolgen, da in einem späteren Schritt alle Daten der Festplatte gelöscht werden. Trägt man hier **No** ein, wird die Installation nach diesem Punkt, also nachdem die oben angegeben Betriebssystem-Dateien fertig generiert und auf die Arbeitsdisketten zurückgespeichert wurden, unterbrochen. Anschließend muß man unbedingt auf dem File Server weiterarbeiten.

❏ **Include core printing services?**
NetWare 2.2 unterstützt zwei verschiedene Möglichkeiten der Druckverwaltung.

Beim **core printing** werden die Druckdienste in das Netzwerk-Betriebssystem gelinkt. Hierbei werden bis zu fünf Drucker, die direkt am File Server angeschlossen sein müssen, unterstützt. Nachträgliche Veränderungen erfordern eine Neugenerierung des Betriebssystems.

Flexibler ist die NetWare **Print Server** Funktion. Als Value Added Process (VAP) werden bis zu 16 Drucker unterstützt, die verteilt am File Server, an der dedicated Print Server Station und an mehreren Workstations angeschlossen sein können. Detailierte Informationen zur Print Server-Funktion entnehmen Sie bitte Kapitel 7.1 **Drucken im Netz**.

❐   Nachdem die Einstellungen im oberen Teil des Fensters Operating System Generation vorgenommen wurden, muß als nächstes die Netzwerkkarte definiert werden. Man wählt hierzu den Punkt **unter Network bord A** an und betätigt die <Enter>Taste. Es erscheint dann ein weiteres Fenster, aus dem man die passenende Netzwerkkarte selektieren kann.

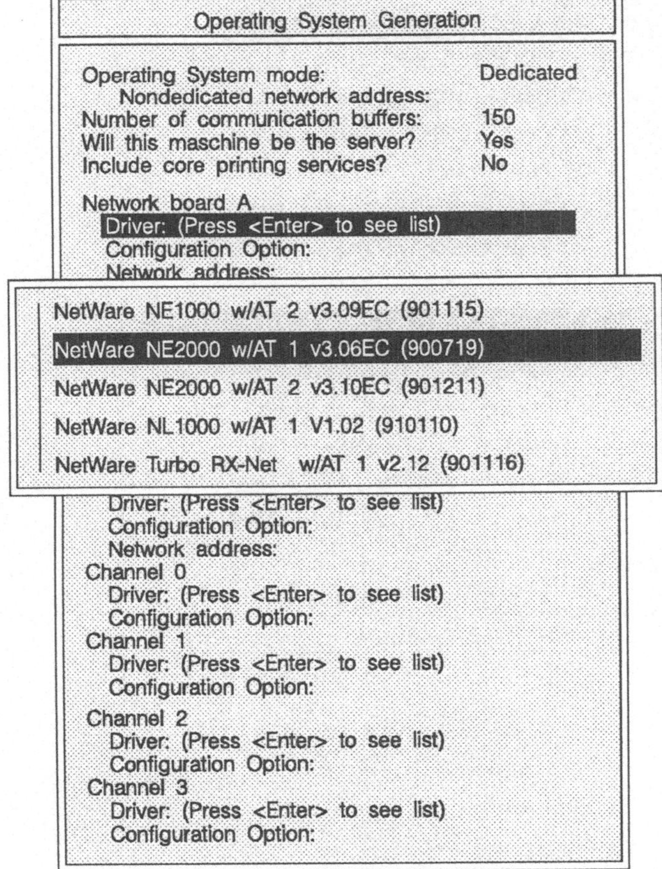

Bild 4.2-4:

❏   Wir wählen die Karte NE2000 vom Typ 1 aus und betätigen die
     <Enter>Taste.

❏   Nun wählen wir **Configuration Options**, drücken die <Enter>Taste
     und wählen die richtige Zeile für die I/O Base-Adresse und den IRQ
     der Netzwerkkarte aus.

```
                    Operating System Generation

    Operating System mode:                  Dedicated
         Nondedicated network address:
    Number of communication buffers:        150
    Will this maschine be the server?       Yes
    Include core printing services?         No

    Network board A
      NetWare NE2000 w/AT 1 v3.06EC (900719)
      Configuration Option:
      Network address:

   0:  IRQ = 3, I/O Base = 300h, no DMA or RAM
   1:  IRQ = 2, I/O Base = 320h, no DMA or RAM
   2:  IRQ = 4, I/O Base = 340h, no DMA or RAM
   3:  IRQ = 5, I/O Base = 360h, no DMA or RAM
   4:  IRQ = 2, I/O Base = 300h, no DMA or RAM
   5:  IRQ = 3, I/O Base = 320h, no DMA or RAM
   6:  IRQ = 5, I/O Base = 340h, no DMA or RAM
   7:  IRQ = 4, I/O Base = 360h, no DMA or RAM
   8:  IRQ = 4, I/O Base = 300h, no DMA or RAM
   9:  IRQ = 5, I/O Base = 320h, no DMA or RAM
   10: IRQ = 2, I/O Base = 340h, no DMA or RAM
   11: IRQ = 3, I/O Base = 360h, no DMA or RAM

      Channel 3
        Driver: (Press <Enter> to see list)
        Configuration Option:
```

Bild 4.2-5:

❏   Nun sind die Werte der Netzwerkkarte eingetragen, und man kann die Voreinstellungen für die Festplatte vornehmen.

```
┌─────────────────────────────────────────────────────┐
│                Operating System Generation            │
├─────────────────────────────────────────────────────┤
│  Operating System mode:              Dedicated        │
│     Nondedicated network address:                     │
│  Number of communication buffers:    150              │
│  Will this maschine be the server?   Yes              │
│  Include core printing services?     No               │
│                                                       │
│  Network board A                                      │
│    NetWare NE2000 w/AT 1 v3.06EC (900719)             │
│    6: IRQ = 5, I/O Base = 340h, no DMA or RAM         │
│    Network address:        1000                       │
│  Network board B                                      │
│    Driver: (Press <Enter> to see list)                │
│    Configuration Option:                              │
│    Network address:                                   │
│  Network board C                                      │
│    Driver: (Press <Enter> to see list)                │
│    Configuration Option:                              │
│    Network address:                                   │
│  Network board D                                      │
│    Driver: (Press <Enter> to see list)                │
│    Configuration Option:                              │
│    Network address:                                   │
│  Channel 0                                            │
│    Driver: (Press <Enter> to see list)                │
│    Configuration Option:                              │
│  Channel 1                                            │
│    Driver: (Press <Enter> to see list)                │
│    Configuration Option:                              │
│  Channel 2                                            │
│    Driver: (Press <Enter> to see list)                │
│    Configuration Option:                              │
│  Channel 3                                            │
│    Driver: (Press <Enter> to see list)                │
│    Configuration Option:                              │
└─────────────────────────────────────────────────────┘
```

Bild 4.2-6:

☐ Man wählt hierzu den Punkt **Driver: (Press <Enter> to see list)** unter dem Punkt **Channel 0** an und betätigt die <Enter>Taste. Es öffnet sich ein Fenter mit drei verschiedenen Festplatten-Treibern.

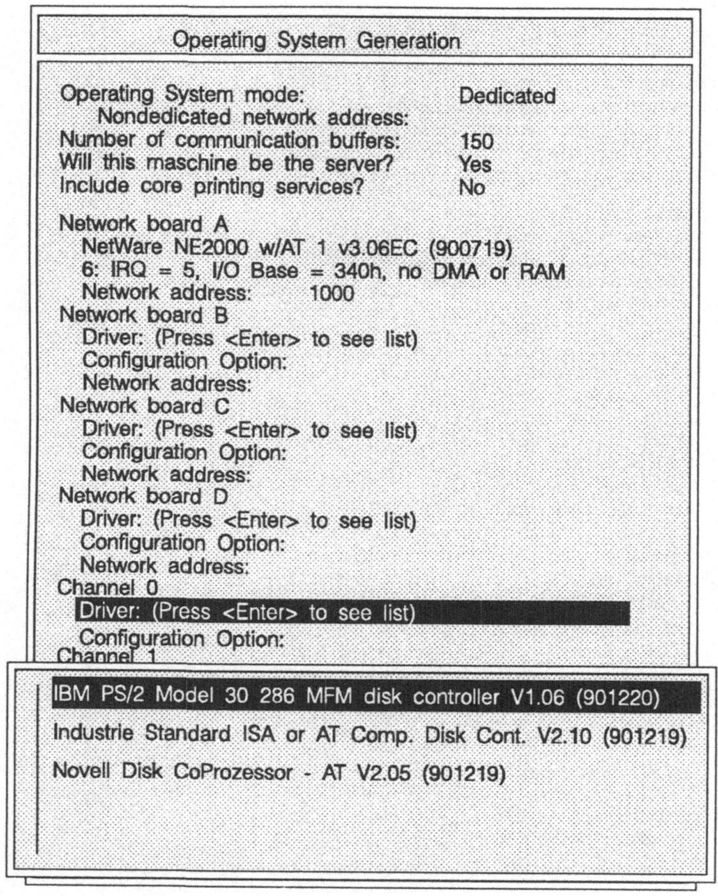

Bild 4.2-7:

❏ Da der Adaptec-Treiber nicht in der Liste steht, betätigen wir die
  <Einfg>Taste, woraufhin wir aufgefordert werden, eine Diskette mit
  der Bezeichnung **DISK_DRV_???** einzulegen. Hier muß jetzt die
  zuvor erzeugt Diskette mit dem Adaptec-Treiber und der Bezeichnung **DIK_DRV_209** verwendet werden.Nachdem diese Diskette
  eingelegt wurde, erscheint im zuletzt geöffneten Fenster der Adaptec-
  Treiber.

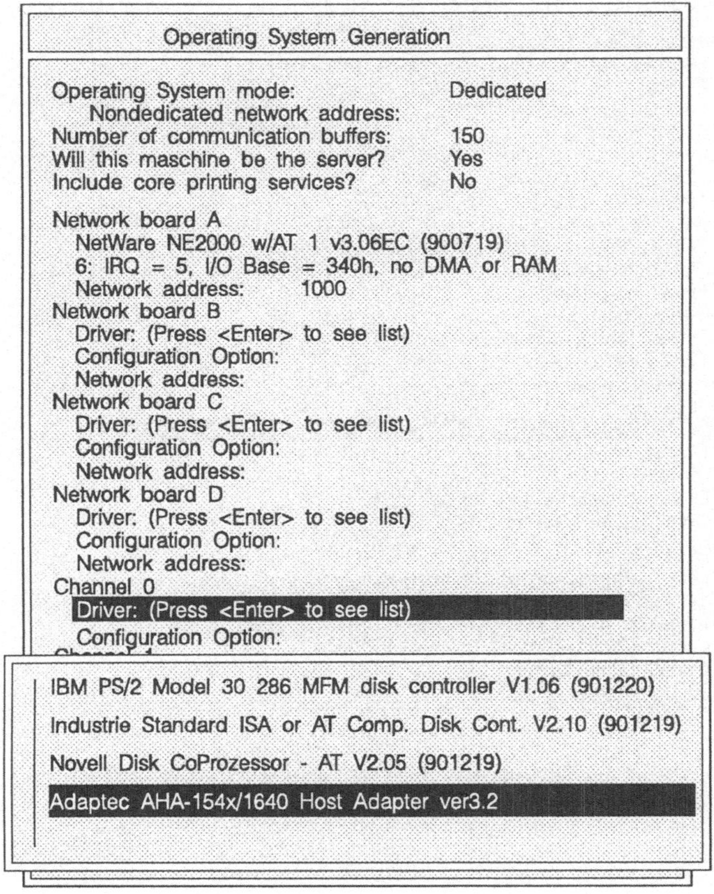

Bild 4.2-8:

❏   Wählt man den Adaptec-Treiber an, wird er übernommen.

```
┌──────────────────────────────────────────────────────┐
│              Operating System Generation               │
├──────────────────────────────────────────────────────┤
│ Operating System mode:              Dedicated          │
│     Nondedicated network address:                      │
│ Number of communication buffers:    150                │
│ Will this maschine be the server?   Yes                │
│ Include core printing services?     No                 │
│                                                        │
│ Network board A                                        │
│   NetWare NE2000 w/AT 1 v3.06EC (900719)               │
│   6: IRQ = 5, I/O Base = 340h, no DMA or RAM           │
│   Network address:     1000                            │
│ Network board B                                        │
│   Driver: (Press <Enter> to see list)                  │
│   Configuration Option:                                │
│   Network address:                                     │
│ Network board C                                        │
│   Driver: (Press <Enter> to see list)                  │
│   Configuration Option:                                │
│   Network address:                                     │
│ Network board D                                        │
│   Driver: (Press <Enter> to see list)                  │
│   Configuration Option:                                │
│   Network address:                                     │
│ Channel 0                                              │
│   Adaptec AHA-154x/1640 Host Adapter ver3.2            │
│   Configuration Option:                                │
│ Channel 1                                              │
│   Driver: (Press <Enter> to see list)                  │
│   Configuration Option:                                │
│ Channel 2                                              │
│   Driver: (Press <Enter> to see list)                  │
│   Configuration Option:                                │
│ Channel 3                                              │
│   Driver: (Press <Enter> to see list)                  │
│   Configuration Option:                                │
└──────────────────────────────────────────────────────┘
```

Bild 4.2-9:

❐   Man muß noch den darunter liegenden Punkt **Configuration Option**
      anwählen, um die I/O Port-Adresse, den IRQ und den DMA-Kanal
      festzulegen.

```
                        Operating System Generation

   Operating System mode:                Dedicated
      Nondedicated network address:
   Number of communication buffers:      150
   Will this maschine be the server?     Yes
   Include core printing services?       No

   Network board A
     NetWare NE2000 w/AT 1 v3.06EC (900719)
     6: IRQ = 5, I/O Base = 340h, no DMA or RAM
     Network address:      1000
   Network board B
     Driver: (Press <Enter> to see list)
     Configuration Option:
     Network address:
   Network board C
     Driver: (Press <Enter> to see list)
     Configuration Option:
     Network address:
   Network board D
     Driver: (Press <Enter> to see list)
     Configuration Option:
     Network address:
   Channel 0
     Adaptec AHA-154x/1640 Host Adapter ver3.2
     Configuration Option:
   Channel 1
     Driver: (Press <Enter> to see list)

    8: I/O Base = 334h, IRQ =15, DMA = 0

    9: I/O Port = 230h, IRQ =14, DMA = 5

   10: I/O Port = 230h, IRQ =9, DMA = 5

   11: I/O Port = 230h, IRQ =14, DMA = 6

   12: I/O Port = 230h, IRQ =9, DMA = 6

   13: I/O Port = 234h, IRQ =10, DMA = 7

   14: I/O Port = 234h, IRQ =15, DMA = 7

   15: I/O Port = 234h, IRQ =10, DMA = 0

   16: I/O Port = 234h, IRQ =15, DMA = 0

   17: I/O Port = 234h, IRQ =11, DMA = 4

   18: I/O Base = 234h, IRQ =12, DMA = 4

   19: For SCSI disk(s) attached to CH 0 AHA-154x/1640 Only
```

Bild 4.2-10:

❏ Die fertige Gesamtkonfiguration geht aus Bild 4.2-11 hervor.

```
                    Operating System Generation

    Operating System mode:              Dedicated
       Nondedicated network address:
    Number of communication buffers:    150
    Will this maschine be the server?   Yes
    Include core printing services?     No

    Network board A
       NetWare NE2000 w/AT 1 v3.06EC (900719)
       6: IRQ = 5, I/O Base = 340h, no DMA or RAM
       Network address:       1000
    Network board B
       Driver: (Press <Enter> to see list)
       Configuration Option:
       Network address:
    Network board C
       Driver: (Press <Enter> to see list)
       Configuration Option:
       Network address:
    Network board D
       Driver: (Press <Enter> to see list)
       Configuration Option:
       Network address:
    Channel 0
       Adaptec AHA-154x/1640 Host Adapter ver3.2
       19: For SCSI disk(s) attached to CH 0 AHA-15x/1640 Only
    Channel 1
       Driver: (Press <Enter> to see list)
       Configuration Option:
    Channel 2
       Driver: (Press <Enter> to see list)
       Configuration Option:
    Channel 3
       Driver: (Press <Enter> to see list)
       Configuration Option:
```

Bild 4.2-11:

❏ Um alles abzuspeichern, betätigt man die <F10>Taste. Jetzt beginnt
   der Vorgang, bei dem das konfigurierte Betriebssystem und verschiedene Dienstprogramme gelinkt und auf die Arbeitsdisketten
   zurückgespeichert werden.

❑ Als nächstes muß man den **track-zero-test** durchführen. Dies ist allerdings nur notwendig, wenn die Festplatte noch nie unter NetWare gelaufen ist. Bei dem track-zero-test wird die Festplatte auf der Spur Null getestet. In dem Fall , daß die Platte einen solchen Test nicht besteht, ist sie unter Novell nicht mehr verwendbar. Man kann heute allerdings sogenannte **NetWare-Ready-Platten** kaufen. Sie wurden schon beim Herstellen nach den Novell-Spezifikationen getestet. Hier wird dieser Test durchgeführt. Es erscheint folgende Meldung auf dem Bildschirm, die mit der <Enter>Taste bestätigt werden muß.

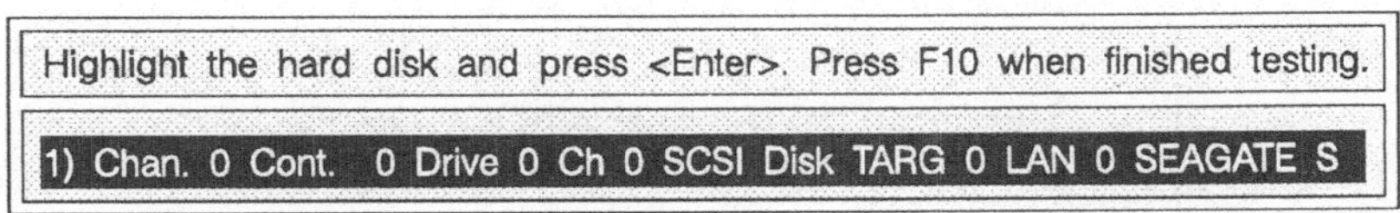

Bild 4.2-12:

Anschließend erscheint noch eine Sicherheitsabfrage, die mit Yes beantwortet werden muß.

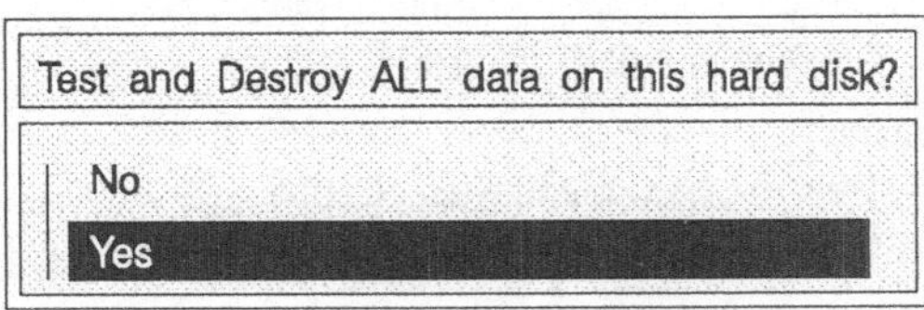

Bild 4.2-13:

Nach erfolgreich durchgeführtem track-zero-test erscheint wieder das aus Bild 4.2-12 bekannte Fenster, das allerdings diesmal mit der <F10>Taste bestätigt werden muß.

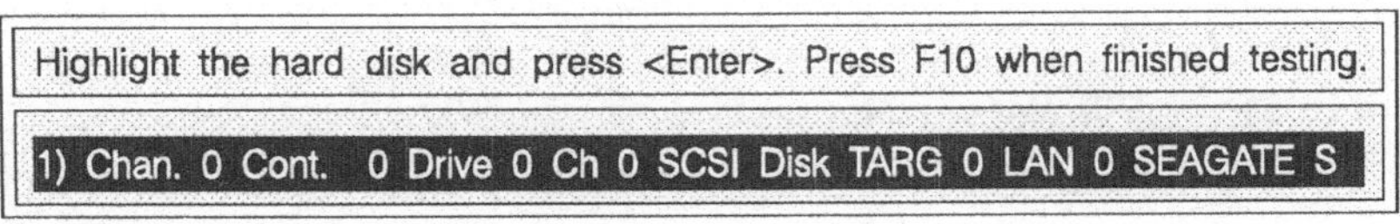

Bild 4.2-14:

❏   Nachdem Sie den track-zero-test durchgeführt haben, öffnet sich das
    Fenster **File Server Definition**. Hier legen Sie den Server-Namen fest,
    übernehmen oder ändern die weiteren vorgeschlagenen Standardwerte
    und bestätigen mit der <F10>Taste.

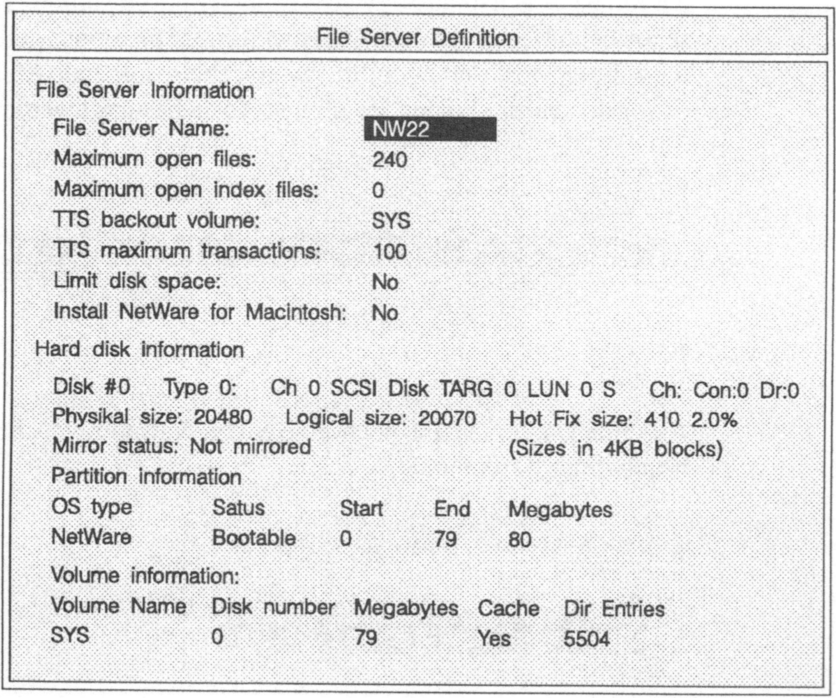

Bild 4.2-15:

Kommentare zu Bild 4.2-15

❏   **File Server Name:**
    Man muß hier den Namen des File Server festlegen. Der Name muß
    mindestens 2 Zeichen und darf maximal 45 Zeichen betragen. Hierbei
    sind nur die Zeichen zugelassen, die auch für DOS Datei-Namen
    gelten.

❐ **Maximum open Files:**
Hier wird die Anzahl der Dateien festgelegt, die maximal im File Server geöffnet sein dürfen.

Minimum: 40
Maximum: 1000
Standard: 240

❐ **Maximum open index files:**
Indizierte Dateien werden erstellt, wenn ihnen Dateiattribute zur Indizierung zugeordnet werden. Darauhin erstellt der File Server einen Index, der angibt, wo sich die Datei auf dem File Server befindet. Durch die Indizierung können Lese- und Schreibzugriffe auf große Dateien, z.B. Datenbankdateien, erheblich beschleunigt werden.

Minimum: 0
Maximum: 1000
Standard: 0

❐ **TTS backout volume:**

Bei einem Systemausfall werden die durch TTS geschützten Netzwerk-Transaktionen entweder vollständig ausgeführt oder vollständig zurückgesetzt. Bis zum Abschluß einer Transaktion müssen die zur Rücksetzung benötigten Informationen auf einem der Festplatten-Volumes des Netzwerks gespeichert werden.

In der Regel hat ein File Server nur ein Volume. Dieses muß den Standard-Namen SYS haben.

❐ **TTS maximum transactions:**
Hier wird die maximale Anzahl aktiver Benutzertransaktionen, die gleichzeitig ausgeführt werden können, festgelegt. Benutzer können die Dateien, die mit TTS geschützt werden sollen, mit dem Dateiattribut **Transactional** markieren.

Minimum: 20
Maximum: 200
Standard: 100

❏ **Limit disk space:**
Mit NetWare 2.2 kann jedem File Server Benutzer die Größe seines nutzbaren Speicherplatzes auf der File Server Platte begrenzt werden. Standardmäßig wird der Speicherplatz aber nicht begrenzt.

❏ Sind im Netzwerk auch Macintosh Arbeitsplatzrechner installiert, so muß **NetWare for Macintosh** installiert werden.

❏ **Mirror statuts:**
NetWare bietet die Möglichkeit der Plattenspiegelung oder der Plattenduplizierung. In beiden Fällen müssen zwei Platten mit der gleichen logischen Größe vorhanden sein, . Beide Maßnahmen erhöhen die Datensicherheit im Netz erheblich, da bei einem Defekt der Hauptplatte im File Server in aller Regel die gespiegelte oder duplizierte Platte mit allen Daten verfügbar ist.

❏ **Partition Information**
Unter Partition versteht man den Teil des physikalischen Speicherplatzes einer Festplatte, der einem bestimmten Betriebssystem (hier NetWare) zugeordnet ist.

   ❏ **OS type**
   Betriebssystem

   ❏ **Status**
   NetWare Partitionen sind standardmäßig bootfähig. Soll ein anderes Betreibssystem den File Server booten, muß an dieser Stelle **nicht bootfähig** eingetragen werden.

   ❏ **Start**
   Startzylinder der Festplatte für die NetWare Partition. NetWare Patitionen müssen bei Zylinder 0 beginnen.

   ❏ **End**
   Endzylinder der Netware Partition. Diese Zahl ist abhängig von der Größe der Festplatte und der Größe der Partition.

   ❏ **Megabytes**
   Diese Zahl gibt die Größe der Partition in MByte an.

❏ **Volume Information**
  Ein Volume stellt unter NetWare die oberste Ebene einer logischen
  Unterteilung in einer Partition dar. Eine Volume ist vergleichbar mit
  dem Root-Directory unter MS-DOS.

❏ **Volume Name**
  Wie schon weiter oben aufgezeigt wurde, installiert man in der
  Regel nur ein Volume innerhalb einer NetWare Partition.
  Dieses Volume muß dann allerdings den Namen des NetWare
  Standard Volume **SYS** haben.

❏ **Disk number**
  Jedem NetWare Volume wird eine logische Nummer zugeordnet.
  Das erste Volume bekommt die Nummer 0.

❏ **Megabytes**
  Diese Zahl gibt die Größe des Volume in MByte an.

❏ **Cache**
  Standardmäßig soll ein hoher Prozentsatz der Plattenzugriffe
  aus dem Cache, also dem Arbeitsspeicher des File Server,
  bedient werden. Wurde der File Server nach minimalen Ge-
  sichtspunkten ausgelegt (2,5 MByte RAM), reicht der freie
  Arbeitsspeicher u. U. nicht aus, um einen Bereich für den
  Platten-Cache zur Verfügung zu stellen.

❏ **Dir Entries**
  Diese Maximalzahl gibt an, wieviele Dateien sich in einem
  Verzeichnis befinden dürfen. Zu berücksichtigen ist, daß auch
  Verzeichnisse, deren Unterverzeichnisse und Gruppen- bzw.
  User-Trustees Verzeichniseinträge haben.

Nachdem die Standard-Vorgaben mit der <F10>Taste bestätigt wurden, lädt das
Programm **INSTALL** automatisch das Betriebssystem **NET$OS.EXE**. Außer-
dem werden dann die **Systemdateien** und die **DOS-Utilities** auf die Server Platte
übertragen. Man muß lediglich den Anforderungen des Install-Programms folgen
und die richtigen Disketten einlegen.

4.3 Workstation-Installation

Bevor man von einer Workstation aus auf einem File Server arbeiten kann, muß auch diese installiert werden. Hierbei sind hard- und softwaremäßige Gesichtspunkte zu berücksichtigen.

Hardware

Die Anbindung eines Einzelrechners (Stand-Alone-PC) und auch des File Server an das Netz erfolgt mit Hilfe einer Netzwerkkarte (network interface card). Auf dieser Netzwerkkarte sind alle erforderlichen Elektronikbauteile vorhanden, die eine störungsfreie Datenkommunikation im Netz gewährleisten. Darüber hinaus benötigt man noch eine entsprechende Kabelverbindung zum File Server.

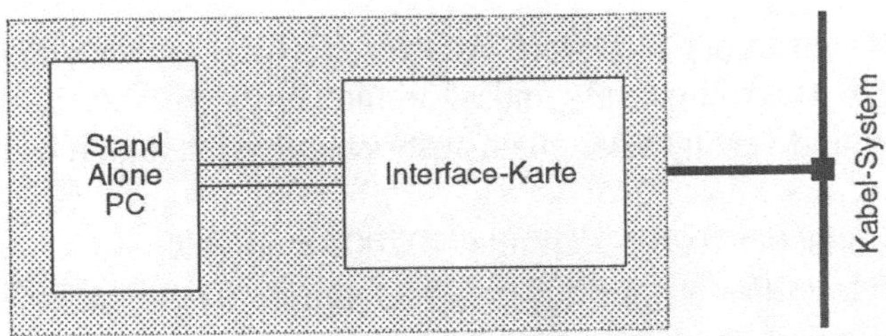

Bild 4.4-1:

Die Netzwerkkarten kann man in verschiedenen Ausführungen bekommen, bei denen im wesentlichen der Datendurchsatz unterschiedlich ist.

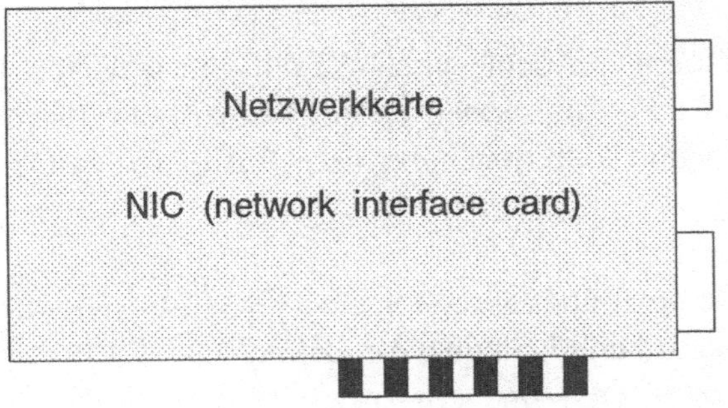

Bild 4.4-2:

Novell hat hier verschiedene Netzwerkkarten entwickelt, die speziell auf das Betriebssystem NetWare zugeschnitten sind.

Typen bezeichnung	Interne Busbreite	PC-Bus
NE-1000	8 Bit	ISA
NE-2000	16 Bit	ISA
NE/2	16 Bit	MCA
NE/2-32	32 Bit	MCA
NE-3200	32 Bit	EISA

Bild 4.4-3:

Für Workstations wurde der Netzwerk-Adapter NE1000 entwickelt. Als 8-Bit-Adapter für den ISA-Bus (industrial standard architecture) ist er mit einem 8-kByte-Puffer ausgerüstet und verfügt über einen ausreichenden Datendurchsatz.

Für den File Server ist die 16-Bit-Variante NE2000 empfehlenswert. Ausgestattet mit einem 16-kByte-Puffer erhöht sich der Datendurchsatz um ca. 50%, was sich positiv auf die Netzwerk-Performance auswirkt.

Bei Verwendung von PCs mit Microchannel-Architektur (IBM-PS/2-Modelle) benötigt man den 16-Bit-Adapter NE/2. Die technischen Daten entsprechen denen der NE2000.

Als 32-Bit-Variante existiert der Adapter NE/2-32, mit dem der 32-Bit-Bus in allen PS/2-Modellen mit den CPU-Bausteinen 80386/486 ausgenutzt werden kann. Damit läßt sich der Datendurchsatz gegenüber den 16-Bit-Adaptern nochmals um 50% steigern.

Der Adapter NE3200 ist eine 32-Bit-Version für PCs mit modernem EISA-Bus (extended industrial standard architecture). Auf der Adapter-Karte organisiert ein eigener Mikroprozessor (80186) und ein spezieller Bus-Master-Chipsatz die Datenkommunikation zwischen Station und Netz.

Die Anzahl von Netzwerkkarten-Herstellern ist in den letzten Jahren sprunghaft angestiegen. Viele dieser Hersteller bieten Karten mit deutlich besseren elektrischen Daten an. Die Preisspanne liegt zwischen 200 DM und 3.000 DM (und mehr).

Hardware-Installation

Bei der Hardware-Installation sind vor allem die Einstellung des Interrupt (IRQ) und der Port-Adresse (I/O-Base) wichtig. Hat man sich für eine falsche Kombination von IRQ und Port-Adresse entschieden, ist es ohne weiteres möglich, daß dadurch Konflikte entstehen können, die einen Rechnerabsturz zur Folge haben. Das besondere Problem hierbei ist, daß PC´s offene Rechner sind, die man hardwaremäßig relativ individuell bestücken kann. Man kann deshalb auch auf kein allgemein gültiges Kochrezept zurückgreifen, sondern muß die Netzwerkkarte an sein vorhandenes System anpassen. Oft sind einige Versuche notwendig, um die richtige Einstellung zu finden. Trotzdem wollen wir mit der folgenden Liste ein wenig weiterhelfen.

Standard-Vorgaben bei einem AT:

IRQ   Funktion

IRQ	Funktion
0	Timer
1	Keyborad
2	2. Interrupt-Controller
3	COM 2
4	COM1
5	LPT2
6	Diskette
7	LPT1
8	Echtzeituhr
9	VGA-Grafik
10	frei
11	frei
12	frei
13	Mathematischer Coprozessor
14	Festplatte
15	frei

Am günstigsten ist es, wenn man einen freien IRQ (d.h. IRQ 10, 11, 12 oder 15) für die Netzwerkkarte nehmen kann. Jedoch lassen oft viele, vor allem kompatible Karten, keinen IRQ oberhalb von 7 zu. Dann ist man gezwungen IRQ 3 oder IRQ 5 zu belegen. Die Folge ist allerdings, daß die zweite serielle Schnittstelle (COM2) oder die zweite parallele Schnittstelle (LPT2) nicht mehr zur Verfügung steht. Bei der Wahl der Port-Adresse kann man überhaupt keine Empfehlung geben. Nachdem man sich für einen Interrupt entschieden hat, muß man im Handbuch der Netzwerkkarte nachschauen, welche Portadressen unterstützt werden. Alles in allem ist es aber nicht so kompliziert wie es vielleicht aussieht. Die meisten Netzwerkkarten werden auf IRQ 3 und Portadresse 300h eingestellt.

Software:

Die einzelnen Workstations können unabhängig vom Netz als eigenständige Rechnerstationen verwendet werden (Stand-Alone-PC). Sie benötigen dazu ein eigenes Bootlaufwerk (meist Festplatte) und bearbeiten alle lokal verfügbaren Applikationen (Programme).
Durch das Starten der Dateien IPX.COM (Internet Packet Exchange) und NETx.COM werden sie in das vorhandene Netz integriert und können dann zusätzlich die auf dem File-Server vorhandenen Applikationen nutzen, sofern sie dazu berechtigt sind (siehe Zugriffsrechte).
Während die Datei NETx.COM (NET3.COM, NET4.COM, NET5.COM oder NETX.COM) von Novell fertig geliefert wird, muß man die Datei IPX.COM selbst generieren. In die Datei IPX.COM müssen der IRQ, die Portadresse und u. U. ein spezieller LAN-Treiber für die Netzwerkkarte eingebunden werden. Novell stellt hierfür eine Diskette mit der Bezeichnung WSGEN zur Verfügung.
Aus Sicherheitsgründen sollte man diese Diskette auf die Festplatte eines lokalen Rechners kopieren und den Generierungsvorgang dort vornehmen. Man erzeugt hierfür das Unterverzeichnis WSGEN und kopiert den gesamten Inhalt dieser Diskette dort hinein. Die Datei WSGEN.EXE muß allerdings auch im ROOT-Verzeichnis der Festplatte stehen.

An dieser Stelle soll beispielhaft die Generierung eines IPX-Treibers für eine NE1000-Netzwerkkarte mit IRQ 3 und Portadresse 300h gezeigt werden.
Der Generierungsvorgang beginnt, indem man die Datei WSGEN.EXE im ROOT-Verzeichnis der Festplatte startet.

DOS-Befehl: **C:\WSGEN**

Es erscheint ein Menü, aus dem man die gewünschten Einstellungen auswählen kann.

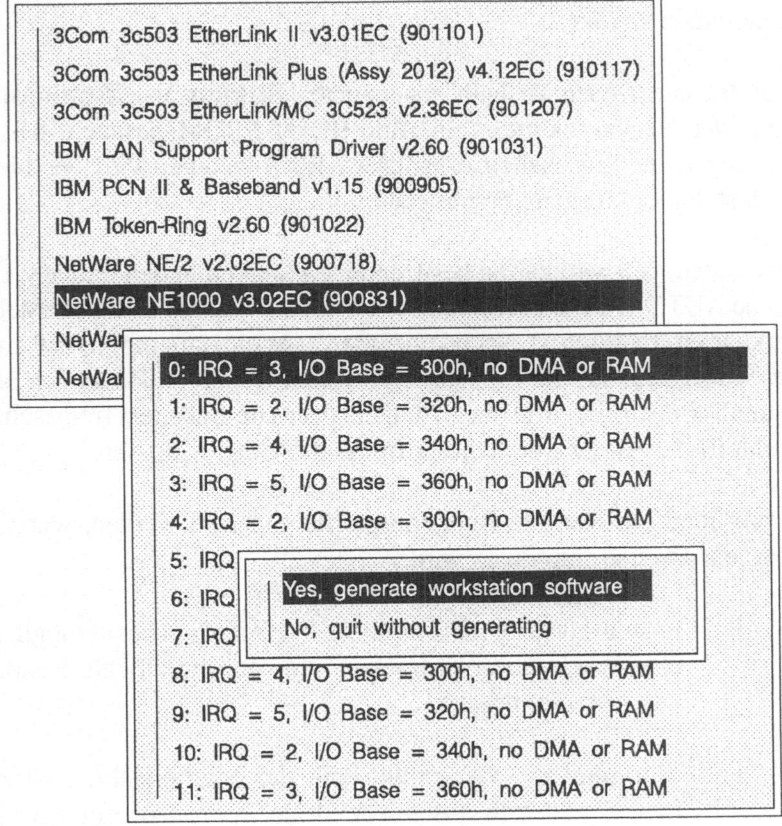

Bild 4.4-4:

Nachdem man alles ausgewählt und bestätigt hat werden alle Einstellungen übernommen und mit Hilfe des Novell Linker in die Datei IPX.COM eingebunden.

Netzwerkkarten mit einem Auto-Boot-PROM:

Das Vorhandensein von Festplatten- und vor allem von Diskettenlaufwerken stellt eine ernstzunehmende Gefahr einer **Viren-Verseuchung** dar. Eingeschleppt durch Disketten am Einzelarbeitsplatz kann so das komplette Netz verseucht werden. Im schlimmsten Fall muß eine komplette Neuinstalltion des Netzwerk-Betriebssystems vorgenommen werden.

Immer mehr Einsatz finden deshalb sogenannte **diskless workstations**, die lediglich (auf der Netzwerkkarte) ein Auto-BOOT-PROM besitzen, das den Netzwerkzugang beim Einschalten organisiert. Im folgenden wird der hierfür notwendige Installationsvorgang beschrieben.

Alle uns bekannten Netzwerkkarten besitzen einen Sockel, in den man das oben angesprochene AUTO-BOOT-PROM einsetzen kann, welches bei den Herstellern der Netzwerkkarten erhältlich ist. Nachdem dieser Baustein ordnungsgemäß eingesetzt wurde, wobei man auf die Einbaurichtung achten muß (s. Handbuch Netzwerkkarte), muß er noch mit Hilfe eines Jumpers oder Dip-Schalters freigeschaltet werden. Damit ist der Hardwareteil dieser Installation abgeschlossen.

Softwaremäßig muß ein **Remote Boot image file** generiert werden, wobei die folgende Vorgehensweise empfohlen wird:

- ☐ Es muß eine Bootdiskette erstellt werden, mit der es möglich ist eine Workstation zu booten, ohne auf eine lokale Festplatte zugreifen zu müssen.

- ☐ Man muß die Workstation mit der oben erstellten Diskette booten und sich anschließend als Supervisor auf dem File Server einloggen.

- ☐ Man wechselt in das Verzeichnis F:\LOGIN und startet das Programm DOSGEN mit folgendem Befehl:

F:\SYSTEM\DOSGEN

Hinweis:
Die oben erzeugte Boot-Diskette muß im geschlossenen Laufwerk A: liegen . Das Programm DOSGEN erzeugt dann, orientiert an der Boot-Diskette, das Remote Boot image file mit der Bezeichnung **NET$DOS.SYS** im Netzwerkverzeichnis F:\LOGIN.

❐   Arbeit man mit DOS 5.0, muß man die Datei NET$DOS.SYS nachträglich noch mit dem Novell-Utility RPLFIX.COM nachbearbeiten.

RPLFIX NET$DOS.SYS

❐   Die Datei NET$DOS.SYS mit dem folgenden Befehl shareable setzen.

FLAG NET$DOS.SYS S

❐   Die Datei AUTOEXEC.BAT von der Boot-Diskette in das Netzwerkverzeichnis F:\LOGIN kopieren.

Anschließend ist es möglich, beim Bootvorgang DOS vom File Server zu laden.

5. Rechts- und Zugriffsstrukturen im Netzwerkbetrieb

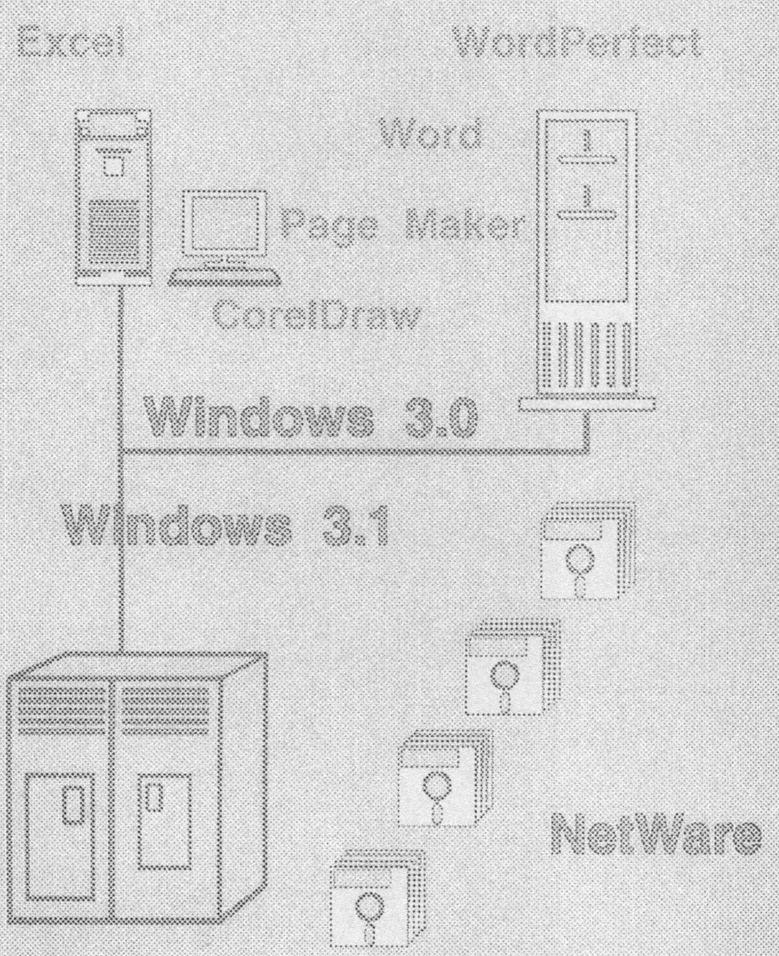

5.1 DRIVE MAPPINGS

Ebenso wie in anderen Betriebssystemen kann man auch unter NetWare Kurzbe-
zeichnungen für Speicherbereiche, Verzeichnisse oder ganze Verzeichnisbäume
vergeben. NetWare unterscheidet dabei normale Drive Pointers von Search Drive
Pointers.

DRIVE POINTERS

DOS DRIVE POINTERS beziehen sich standardmäßig auf lokale, physikalisch
vorhandene Laufwerke (Ausnahme: RAM-DISK und SUBST). Zur Kennzeichnung werden die Buchstaben A:, B:, C: etc. verwendet.

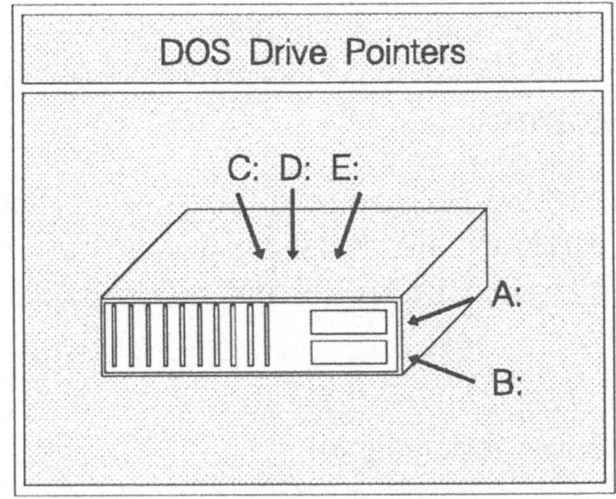

Bild 5.1-1:

NetWare-DRIVE-POINTERS beziehen sich nicht auf physikalische Laufwerke,
sondern basieren immer auf einer logischen Struktur, wie Volumes oder Verzeichnissen. Zur Kennzeichnung werden die restlichen Buchstaben Z:, Y:, X: etc. unseres
Alphabets verwendet.

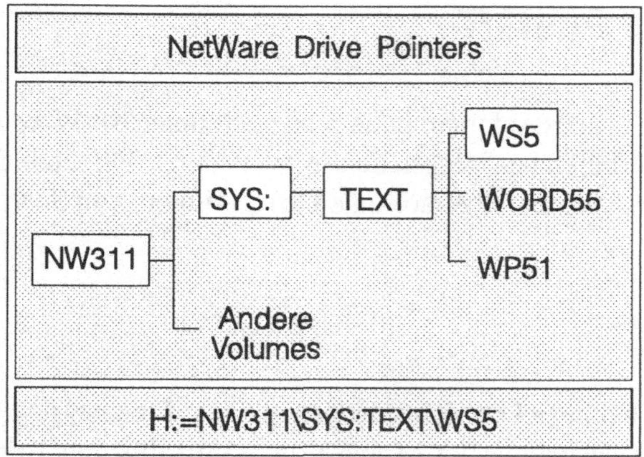

Bild 5.1-2:

Network Drive Assignments

Das folgende Bild soll verdeutlichen, daß jedem beliebigen Ast der gesamten, u.U. fein verästelten, Verzeichnisstruktur unter NetWare jeweils ein Drive Pointer zugewiesen werden kann. Die Gesamtheit aller Vereinbarungen bezeichnet man als **Network Drive Assignments**.

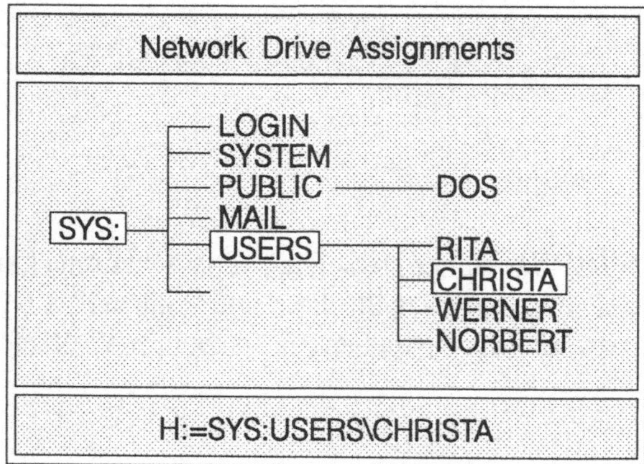

Bild 5.1-3:

Network Drive Letters

Dies ist allerdings nicht ohne Beschränkungen möglich, denn es stehen als Drive Pointers nur die Buchstaben zur Verfügung, die noch nicht durch lokale DOS-Zuweisungen vergeben sind. Die im Netzwerk zu vergebenden Buchstaben nennt man **Network Drive Letters**.

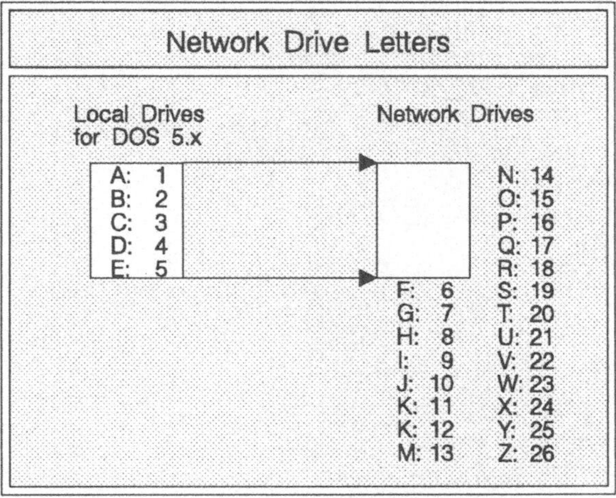

Bild 5.1-4:

Maximal stehen von den insgesamt 26 Buchstaben unseres Alphabets nur 21 für Netzwerkzuweisungen zur Verfügung. Die Zahl erscheint im Moment vielleicht noch recht groß; berücksichtigt man jedoch die Möglichkeiten eines Netzwerkes mit vielen Usern, ihren Anwenderdaten und Programmen, so relativiert sich diese Zahl sehr schnell. Network Drive Assignments werden oft nicht, wie unter MS-DOS auf lokalen Rechnern üblich, statisch vergeben, sondern dynamisch, je nach Anforderung des Anwendungsprogramms und seines Benutzers, verändert. Aus diesem Grund ist das Verständnis dieses Kapitels sehr wichtig .

Search Drive Assignments

Search Drive Pointers bewirken das gleiche wie Suchpfade unter DOS. Bei einem existierenden Search Drive Pointer muß man nicht in ein Verzeichnis wechseln, um ein dort befindliches Programm auszuführen zu können. Um Programme vom **User Home Directory** zu starten, wird z. B. ein Search Drive eingerichtet. Search Drives werden mit Sx: bezeichnet.

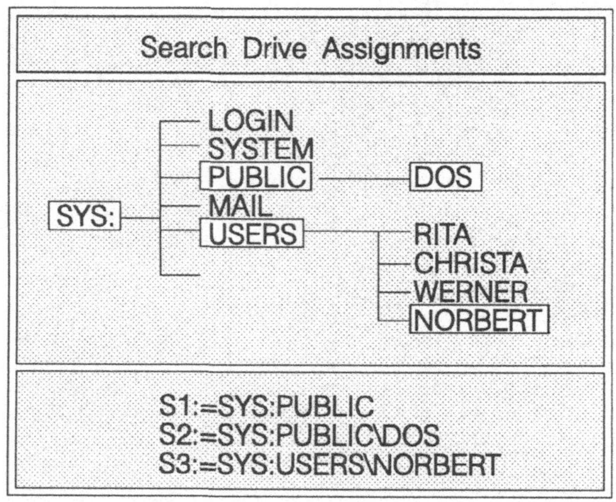

Bild 5.1-5:

Auch bei den Search Drives gibt es zusätzliche Einschränkungen. Maximal lassen sich 16 Search Drives einrichten.

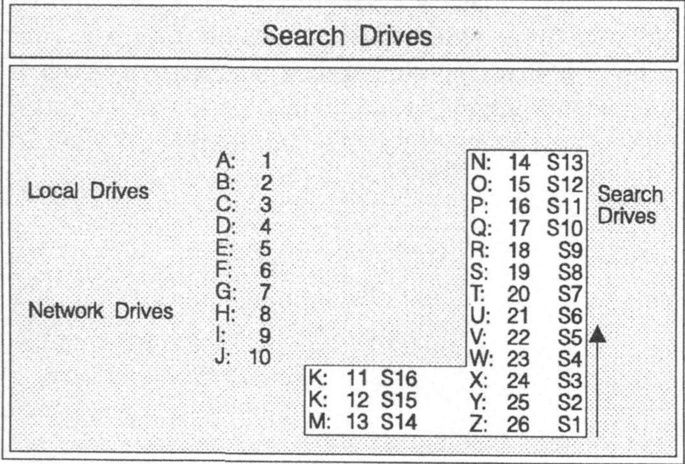

Bild 5.1-6:

Die folgenden Beispiele sollen kurz zeigen, wie man Network Drive Pointer und Search Drive Pointer mit dem **MAP-Utility** von NetWare einrichtet und wieder löscht. Darüber hinaus wird das MAP-Utility ausführlich im Anhang beschrieben.

Beispiel zu den DRIVE-MAPPINGS

Für den File Server NW311 mit der gegebenen Verzeichnisstruktur sollen folgende Network- und Search Drive Assignments eingerichtet werden.

Bild 5.1-7:

Das obige Beispiel zeigt unter anderem auch die etwas andere NetWare-Syntax bei Pfadangaben gegenüber DOS. So kann in eine Pfadangabe der Name des File Servers und der des Volumes angegeben werden. Als Trennstrich kann sowohl der bekannte backslash (\) als auch der slash (/) verwendet werden. Die einzige Ausnahme findet man bei der Bezeichnung von Volumes, welche mit einem Doppelpunkt abgeschlossen werden müssen.

Lösung:

```
MAP I:=NW311\SYS:PROG\WORD55
MAP J:=NW311\SYS:PROG\WP51
MAP K:=NW311\SYS:PROG\WS51

MAP INS S1:=NW311\SYS:SPRACHEN\QUICK_C
MAP INS S2:=NW311\SYS:SPRACHEN\QB45
MAP INS S3:=NW311\SYS:SPRACHEN\COMAL
MAP INS S4:=NW311\SYS:SPRACHEN\TURBO
```

5.2 NetWare Sicherheitsstufen

Ein Betriebssystem, bei dem es möglich ist, daß viele User auf gemeinsame Daten zugreifen können, muß auch die Möglichkeit haben, bestimmte Daten nur ausgesuchten Personen zugänglich zu machen. Es darf auch nicht so sein, daß User, die sich z. B. von außen, d.h. über ein Post-Modem, in einem Netzwerk anmelden, ohne weiteres Zugriff auf alle Daten haben. MS-DOS bietet solche einschränkenden Möglichkeiten nicht. NetWare dagegen besitzt ein fein ausgeklügeltes System von Sicherheitsmechanismen.

System-Sicherheit

Das NetWare-Sicherheitssystem kontrolliert folgendes:

- wer in einem Netzwerk arbeiten kann
- mit welchen Dateien und in welchen Verzeichnissen ein User arbeiten kann
- was ein User mit den Dateien tun kann (Rechte)
- wer an der File-Server-Console arbeiten darf

Sicherheitsstufen

NetWare hat vier Sicherheitsstufen:

- Login-/Password-Sicherheit
- Rechte-Sicherheit
- File-/Attribut-Sicherheit
- File-Server-Sicherheit

Sicherheitsstufen und ihre Auswirkung	
Sicherheitsstufe	Auswirkung
Login-/Password-Sicherheit	Netzwerkeinstieg
Rechte-Sicherheit	Zugriff auf Directory/File
Attribut-Sicherheit	Zugriff auf Directory/File
File Server	Zugriff auf FCONSOLE

Bild 5.2-1:

5.2.1 Login-/Password-Sicherheit

Mit der Login-/Password-Sicherheit wird der Zugang zum Netzwerk überwacht.
Hier hat der Supervisor die Möglichkeit festzulegen, welche optionalen Sicherheitskriterien greifen sollen. Konkret hat er folgende Möglichkeiten:

❏ Festlegung von Usernames
❏ Forderung von passwords, verbunden mit weiteren Einschränkungsmöglichkeiten:

   ❏ minimale Password-Länge
   ❏ periodisches Wechseln des passwords
   ❏ einmalige Password-Eingabe (Der File Server überwacht
   die eingegebenen passwords und verhindert, daß ein
   User, der aus Sicherheitsgründen sein password ständig
   wechseln muß, z.B. immer nur zwischen zwei favorisier-
   ten passwords wechselt)
   ❏ Gnaden-Login nach Überschreiten der Zeit für einen
   Password-Tausch.

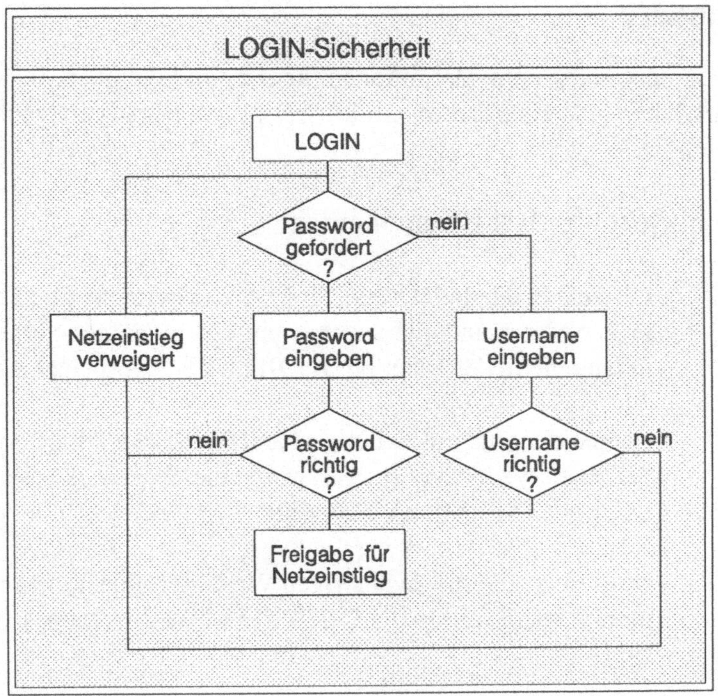

Bild 5.2-2:

Darüber hinaus gibt es noch allgemeine optionale Einschränkungsmöglichkeiten:

Station Restrictions

❏ User dürfen sich nicht an jeder WS einloggen.

Time Restrictions

❏ User dürfen nur zu bestimmten Zeiten im Netz arbeiten.

Account Restrictions

❏ Das Arbeiten im Netz wird mit einem Punktesystem bewertet. Beim Arbeiten verliert der User Punkte. Ohne Punkte ist kein Arbeiten möglich.

NetWare Bindery

Die NetWare Bindery enthält alle Definitionen für User und Gruppen. In ihr sind auch alle definierbaren Sicherheitskriterien, die user-, gruppen- und geräteabhängig sein können, definiert.

Die Bindery besteht aus drei Komponenten:

❏ **Objects** beinhalten Users, Groups, Workgroups, File Servers, Print Servers und alle anderen mit einem Namen versehenen Dinge, die in der Datei **NET$OBJ.SYS** abgespeichert sind.

❏ **Properties** sind zusätzliche, charakteristische Dinge eines jeden bindery object (z.B.: password eines Users), die alle in der Datei **NET$PROP.SYS** abgespeichert sind.

❏ **Data Sets** sind die zugehörigen Werte der object bindery und properties, die alle in der Datei **NET$VAL.SYS** abgespeichert sind.

Die drei zugehörigen Dateien sind versteckt (hidden files) und vor jedem Zugriff geschützt. Sie befinden sich im Verzeichnis **SYS:SYSTEM**.

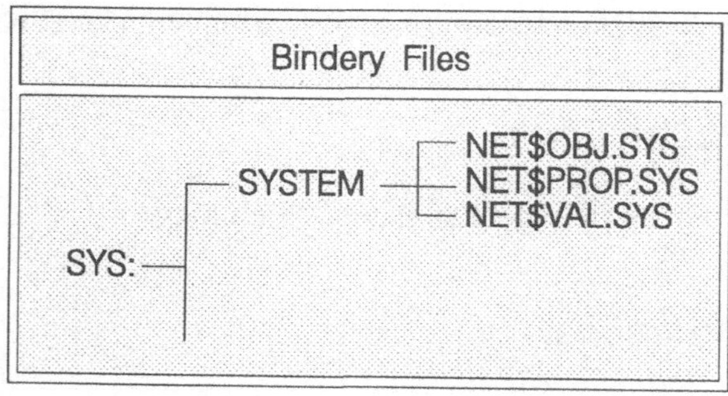

Bild 5.2-3:

Unterscheidung Supervisor/User/Group

Nachdem NetWare neu installiert wurde, existieren bereits zwei User und eine
Gruppe:

- **Supervisor (User)**
- **Guest (User)**
- **Everyone (Group)**

Der Supervisor hat alle Rechte und sonst auch uneingeschränkte Möglichkeiten im
System. Er darf z.B. User einrichten und alle optionalen Sicherheitseinschränkun-
gen festlegen und aufheben.

Der User **GUEST** hat sehr eingeschränkte Rechte und wird deshalb eingerichtet,
weil damit zumindest das Drucken auf einem non-default server möglich ist.

Die Gruppe **EVERYONE** beinhaltet automatisch jeden eingerichteten User.

Der Supervisor darf außerdem Netzwerkverantwortlichkeiten delegieren, indem er
bestimmte Netzwerk Manager einrichtet. Auch hier hat Novell für das Produkt
NetWare bestimmte Begriffe geprägt, die nachfolgend kurz erläutert werden:

Netzwerk Manager

Supervisor Equivalent

Ein Manager mit der Sicherheitstufe **Supervisor Equivalent** hat die gleichen
Rechte wie Supervisor selbst.

Workgroup Manager

Ein Workgroup Manager wird für eine bestimmte Gruppe eingerichtet und hat dort
Supervisor-Rechte. Er ist gleichzeitig Account Manager.

User Account Manager

Er ist für die Abrechnung (z.B. Rechenzeit) einer oder mehrerer Gruppen zuständig.

File Server Console Operator

Der File Server Console Operator hat die notwendigen Rechte, um mit dem **FCONSOLE-Utility** zu arbeiten und dort z.B. Grundeinstellungen zu verändern. Allerdings ist es nicht so, daß er alle Möglichkeiten, die das FCONSOLE-Utility bietet, nutzen kann. Seine Möglichkeiten hören z. B. dort auf, wo er Einschränkungen vornehmen würde, für die er nicht genügend Rechte besitzt.

Print Server Operator

Er besitzt alle Rechte, um einen Print Server zu verwalten. So kann er beispielsweise Printjobs löschen oder einen Printer kurzzeitig aus einer Print Queue herausnehmen um, ihn zu reparieren.

Print Queue Operator

Er untersteht dem Print Server Operator und hat alle Rechte, um Print Queues zu verwalten.

The folgende Tabelle soll verdeutlichen, welche Möglichkeiten die o.a. Netzwerk
Manager haben oder anders ausgedrückt, welchen Einschränkungen sie unterlie-
gen.

Tätigkeit \ Manager	S	SE	WGM	UAM	CO	PQO	PSO
Supervisor Equiv. gewähren	x	x					
Alle Rechte auf alle Dir./Files ausüben	x	x					
Neue user oder Gruppen einrichten	x	x	x				
Verwaltung des user account	x	x	x_1	x_1			
Einrichten von Workgroup Manager	x	x					
Löschen von users bzw. groups	x	x	x_1	x_1			
Ausführ. von Superv. Aufg. mit FCONSOLE	x	x			x_2		
Einrichten neuer Print Queues	x	x					
Arbeiten in Print Queues	x	x				x	
Löschen von Print Queues	x	x					
Löschen von Eintrag. in Print Queues	x	x				x	
Einrichten eines Print Server	x	x					
Verwalten eines Print Server	x	x					x

S	Supervisor	CO Console Operator
SE	Supervisor Equivalent	PQO Print Queue Operator
WGM	Workgroup Manager	PSO Print Server Operator
UAM	User Account Manager	

1   nur wenn er ihn selbst eingerichtet hat
2   mit eingeschränkten Funktionen

Bild 5.2-4:

5.2.2 Rechte

Mit Hilfe der Rechte-Sicherheit hat der Supervisor unter Novell die Möglichkeit, jedem User ein für ihn passendes Umfeld auf dem File Server zu schaffen. Ein neu eingerichteter User hat erst einmal nur sehr eingeschränkte Möglichkeiten. Ein User, der bestimmte Rechte nicht hat, kann noch nicht einmal die gesamte Verzeichnisstruktur der File Server Platte sehen. Erst der Supervisor oder sein Workgroup Manager können es ihm ermöglichen, mit Anwenderprogrammen wie z.B. Windows zu arbeiten, indem sie ihm die hierfür notwendigen Rechte geben.

❐ Diese für den User neuen Rechte können für einzelne Files oder ganze Directories gegeben werden.

NetWare überwacht mit Hilfe der Rechte-Sicherheit alle Zugriffe auf Directories, Subdirectories und Files. In der folgenden Tabelle sind alle Rechte, die unter NetWare 3.11 zu vergeben sind, aufgeführt.

Rechte unter NetWare 3.11	
S	Supervisory
R	Read
W	Write
C	Create
E	Erase
M	Modify
F	File Scan
A	Access Control

Bild 5.3-1:

❐ Jedes Recht, das ein User zusätzlich bekommt, erweitert seine Möglichkeiten.

❑   Rechte können sowohl für einzelne User als auch für Gruppen vergeben werden. Gehört ein User einer speziellen Gruppe an, so bekommt er automatisch alle Rechte der Gruppe, d.h. man muß diesem User die Gruppenrechte nicht noch einmal individuell geben.

Weiter oben wurde schon erwähnt, daß Rechte für ganze Directories und auch gezielter für einzelne Files vergeben werden können.

❑   NetWare unterscheidet deshalb auch **Trustee Directory Assignments** und **Trustee File Assignments** (Trustee = Treuhänder).

❑   Trustee Directory Assignment vererben sich im Verzeichnisbaum nach unten fort.

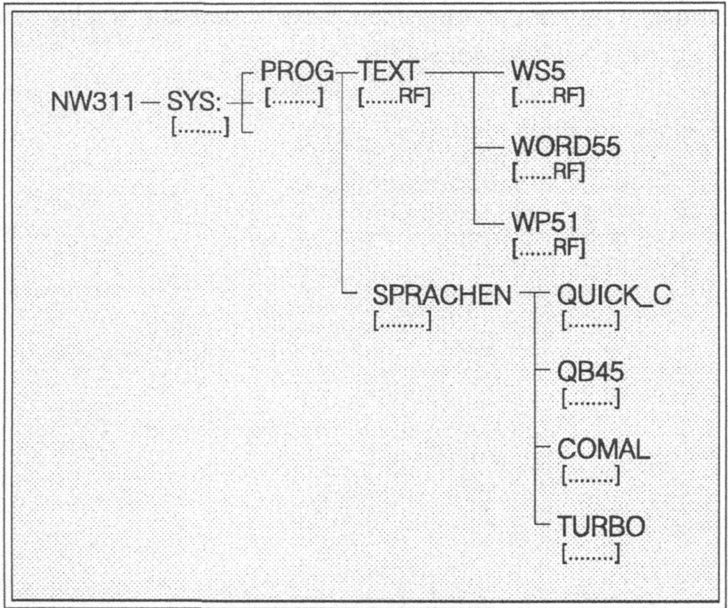

Bild 5.3-2

❏ Directory-Rechte und File-Rechte sind über eine logische ODER-Verknüpfung verbunden. Vereinfacht ausgedrückt, entspricht das der Summe der beiden Einzelrechte.

> Directory Right ∨ File Right

Bild 5.3-3:

❏ Von **Trustee Assignments** spricht man, wenn man beide Rechte gemeinsam meint.

Beispiel:

In einem Verzeichnis wurden einem User die Rechte **R** und **F** gegeben. Für eine besondere Datei dieses Verzeichnisses erhielt er das **W-Recht**. Damit hat der User die Rechte R und F für alle Dateien. **Zusätzlich** hat er jedoch für diese eine Datei das W-Recht.

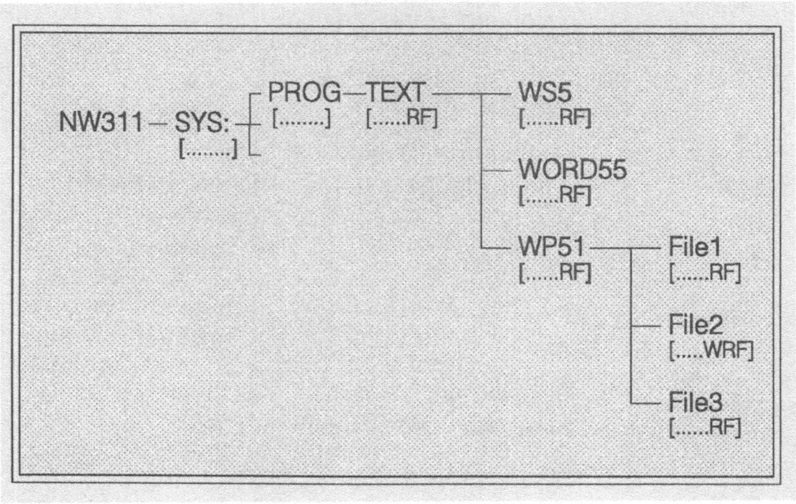

Bild 5.3-4:

Die Bedeutung der einzelnen Rechte wurde bisher noch nicht angesprochen. Da die gleichen Rechte sowohl für eine einzelne Datei, als auch für ein ganzes Verzeichnis vergeben werden können, muß die unterschiedliche Wirkung noch geklärt werden. Die folgende Tabelle soll hier Hilfestellung leisten.

Rechte	Wirkung auf ein Directory	Wirkung auf eine Datei
(S) Supervisory	uneingeschränkte Rechte über den gesamten File Server	s.links
(R) Read	s. rechts	Öffnen und Lesen
(W) Write	s. rechts	Inhalt einer Datei verändern
(C) Create	Erzeugen von Verzeichnissen, Unterverzeichnissen und Dateien	Erzeugen von Dateien
(E) Erase	Löschen von Directories, Subdirectories und deren Dateien	Löschen von Dateien, wenn Directory-Ebene dieses Recht entzogen wurde
(M) Modify	Verändern von Directory- und Dateiattributen	Verändern von Dateiattributen
(F) File Scan	Sichtbarmachen von Directories und Dateien	Sichtbarmachen von Dateien
(A) Access Control	Recht auf Veränderung von Trustee Assignments	Recht auf Veränderung von File Assignments

Bild 5.3-5:

Eine abstrakte Beschreibung nutzt oft wenig, wenn man schnell herausbekommen möchte, welche Rechte unbedingt notwendig sind, um bestimmte Tätigkeiten im Netz ausführen zu können. Auch hierfür wurde eine spezielle Tabelle entwickelt.

Lesen von geschlossen Dateien	Read
Den Inhalt eines Directories ansehen	File Scan
In einem Directory nach Dateien suchen	File Scan
Schreiben in geschlossene Dateien	Write, Create, Erase, Modify
Aufrufen einer EXE-Datei	Read, File Scan
Erzeugen und schreiben in eine Datei	Create
Kopieren von Dateien aus einem Quellverzeichnis	Read File Scan
Kopieren von Dateien in ein Zielverzeichnis	Write, Create, File Scan
Löschen einer Datei	Erase
Erzeugen eines neuen Verzeichnisses	Create
Restaurieren gelöschter Dateien	Read, Write, Create, File Scan für Dateien und Create für ein Directotry
Verändern von Verzeichnis- bzw. Datei-Attributen	Modify
Umbenennen von Dateien oder Verzeichnissen	Modify
Verändern der Inherited rights mask	Access Control
Verändern der Trustee Assignments	Access Control
Verändern der Speicherlimitierung für User	Access Control

Bild 5.3-6:

Effektive Rechte

Trustee Rights erweitern immer die Rechte eines einzelnen Users oder einer Gruppe. Trustee Directory Assignments vererben sich sogar in der Verzeichnisstruktur nach unten fort. Damit liegt es eigentlich auf der Hand, daß es auch einschränkende Möglichkeiten in Bezug auf die Rechte geben muß.

- Novell hat dafür die **Inherited Rights Mask** (inherit = erben) entwikkelt.

- Diese Inherited Rights Mask (IRM) kann sowohl für ein gesamtes directory als auch für eine einzelne Datei vergeben werden.

- Während Trustee Rights user- bzw. gruppenabhängig für eine Datei oder ein Directory vergeben werden, ist die **IRM user- und gruppenunabhängig**.

- Obwohl die IRM etwas mit Erben bzw. Vererben zu tun hat, vererbt sie sich selbst nicht, sondern nur ihre Wirkung nach unten fort.

- Die IRM wirkt einschränkend auf Trustee rights die von einer Verzeichnisebene höher geerbt werden. Diese Einschränkung wird auch nach unten weitergegeben.

- Trustee Rights und die IRM wirken zusammen wie eine logische UND-Verknüpfung.

Anschaulich kann man die IRM auch mit einem Sieb vergleichen, bei dem nur dort Löcher vorhanden sind, wo auch Rechte vergeben wurden. Somit werden maximal nur die Rechte hindurchgelassen, die auch in der IRM vergeben wurden.

- Als **effektive Rechte** bezeichnet man das, was letztendlich auf eine Datei oder in einem Verzeichnis wirkt.

Das Zusammenspiel der unterschiedlichen Rechtszuweisungen bzw. -Beschneidungen soll mit der folgenden Grafik gezeigt werden.

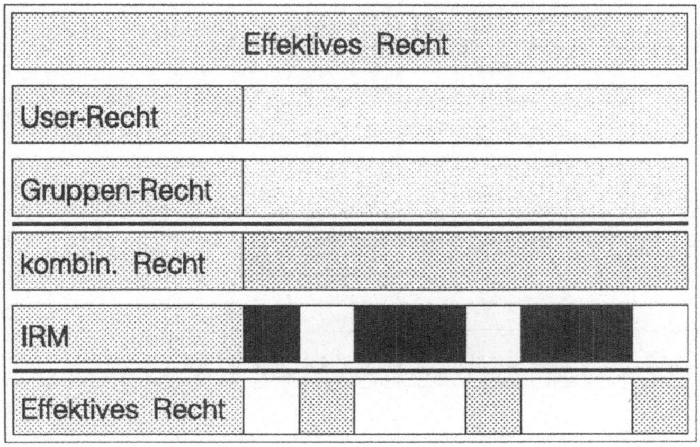

Effektives Recht	
User-Recht	
Gruppen-Recht	
kombin. Recht	
IRM	▨ □ ▨ □ ▨ □
Effektives Recht	□ □ □ □ □ □

Bild 5.3-7:

Einige weitere, kommentierte Beispiele sollen die Wirkung der IRM etwas anschaulicher verdeutlichen.

Wirkung der IRM								
eff. Userrechte in Dir1		R	W	C	E	M	F	A
IRM von SUBDIR1	S	R		C	E		F	A
eff. Userr. in Subdir1		R		C	E		F	A
IRM von SUBDIR1a	S	R	W	C	E	M	F	A
eff. Userr. in SUBDIR1a		R		C	E		F	A
IRM von File 1	S	R					F	
eff. Userr. auf File 1		R					F	

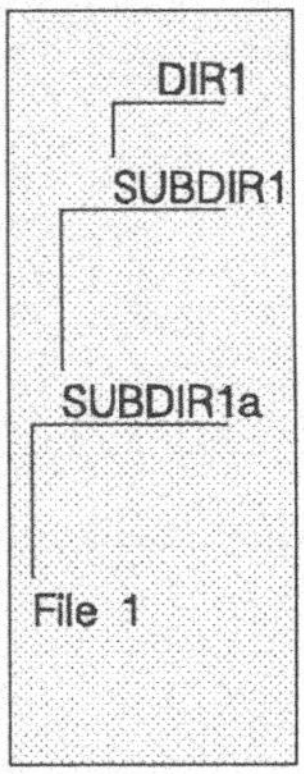

```
DIR1
 └─ SUBDIR1
      └─ SUBDIR1a
           └─ File 1
```

Bild 5.3-8:

Beispiel zur IRM								
eff. Userrechte in Dir1	S	R	W	C	E	M	F	A
IRM von SUBDIR1	S	R	W		E	M	F	A
eff. Userr. in Subdir1	S	R	W	C	E	M	F	A
IRM von SUBDIR1a		R	W	C	E		F	A
eff. Userr. in SUBDIR1a	S	R	W	C	E	M	F	A
IRM von File 1		R	W				F	
eff. Userr. auf File 1	S	R	W	C	E	M	F	A

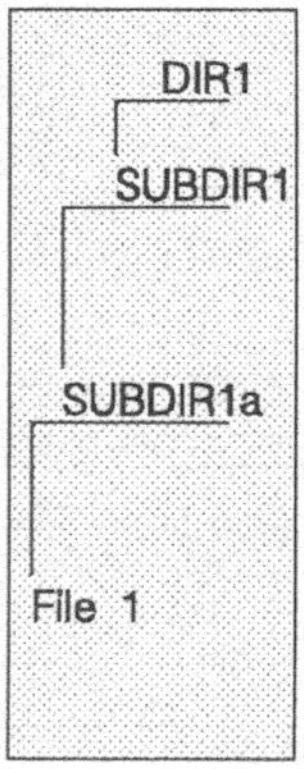

DIR1
SUBDIR1
SUBDIR1a
File 1

Bild 5.3-9:

Bild 5.3-9 zeigt einen User, der in DIR1 alle Rechte, eingeschlossen das Supervisory-Recht, hat. Die in SUBDIR1 befindliche IRM kann ihn nicht einschränken, da der Supervisor grundsätzlich durch eine IRM eingeschränkt werden kann. Deshalb können auch die weiteren IRM´s in den tieferen Subdirectorys den Supervisor nicht einschränken.

Beispiel zur IRM								
Trustees in DIR1	R					F		DIR1
IRM von DIR1	R	W		E	M	F	A	
eff. Userr. in DIR1	R					F		
Trustees in SUBDIR1	R	W	C	E		F		SUBDIR1
IRM von SUBDIR1	R			E		F		
eff. Userr. in SUBDIR1	R			E		F		
IRM von SUBDIR1a	R				M	F		SUBDIR1a
eff. Userr. i. SUBDIR1a	R					F		
IRM von File1	R	W				F		File 1
eff. Userr. auf File1	R					F		

Bild 5.3-10:

Bild 5.3-10 zeigt, daß die Rechte (Trustee Directory Assignments) R und F einem User für das Verzeichnis DIR1 gegegen wurden. Da er diese Rechte nicht von oben geerbt hat, kann für ihn die IRM in DIR1 auch nicht wirken. Damit sind hier seine effektiven Userrechte R und F. In SUBDIR1 werden ihm höhere Rechte gegeben. Deshalb kann auch hier die IRM für nicht einschränkend wirken. Die effektiven Rechte in SUBDIR1 sind damit RWCEF. Diese Rechte werden nach unten in SUBDIR1a vererbt. Dort wirkt die IRM einschränkend, so daß er dort wiederum nur die effektiven Rechte R und F besitzt. Die IRM von File1 in SUBDIR1a wirkt deshalb nicht weiter einschränkend, da er in diesem Verzeichnis ohnehin nur noch die Rechte R und F besitzt.

Während Trustee Assignments mit dem Befehl **GRANT** oder mit dem Utility **SYSCON** verändert werden können, hat man bei der Inherited Rights Mask den Befehl **ALLOW** oder das Utility **FILER** zur Verfügung. Diese Befehle und auch die Utilities werden sowohl in einem Beispiel am Ende dieses Kapitels, als auch im Anhang ausführlich kommentiert.

5.2.3 Attribut-Sicherheit

Attribute unter NetWare 3.11	
A	Archive Needed
C	Copy Inhibit
D*	Delete Inhibit
X	Execute Only
H*	Hidden
P*	Purge
Ra	Read Audit
Ro/Rw	Read Only/Read Write
R*	Rename Inhibit
S	Shareable
Sy*	System
T	Transactional
WA	Write Audit

*Bild 5.3-11: * Attribute können für ein Direktory vergeben werden*

Vom Betriebssystem MS-DOS her sind **Datei-Attribute** wie **read only** oder **hidden** schon bekannt.

☐ Prinzipiell wirken die Datei-Attribute unter NetWare auch nicht anders, bis auf den Unterschied, daß sich einige Attribute auch auf ein ganzes Directory anwenden lassen.

☐ Darüber hinaus sind sie user- bzw. gruppenunabhängig und stellen zusätzliche Hilfsmittel dar, die softwaremäßige Sicherheit im Netz zu erhöhen.

☐   Datei-Attribute können nur verändert werden, wenn der entsprechende User für die Datei das Modify-Recht besitzt.

Die Wirkung der einzelnen Datei-Attribute soll mit der folgenden Tabelle erklärt werden.

Attribute	Dir.	File	Wirkung
(A) Archive Needed		✗	Dateien, die nach dem letzten Backup verändert wurden, werden automatisch gekennzeichnet.
(C) Copy Inhibit		✗	Dateien können von Macintosh-Benutzern nicht kopiert werden.
(D) Delete Inhibit	✗	✗	Dateien oder Verzeichnisse können nicht gelöscht werden. Die Attribut steht über dem Erase-Recht.
(X) Execute Only		✗	Dateien können nicht mehr kopiert oder gesichert (mit Backup) werden. Dieses Attribut kann nur an .EXE- und .COM-Dateien vergeben werden. Es wird mit dem Utility Filer gesetzt und kann nicht mehr zurückgenommen werden.
(H) Hidden	✗	✗	Dateien und Directories sind für das DOS-Kommando DIR unsichtbar und gegen Kopieren und Löschen geschützt. Mit dem NetWare-Kommando NDIR und dem File Scan-Recht kann man diese Dateien sichtbar machen.
(I) Indexed		✗	Für große Dateien mit über 64 FAT-Einträgen wird dieses Attribut automatisch gesetzt. Es beschleunigt den Datei-Zugriff.
(P) Purge	✗	✗	Dateien oder Verzeichnisse mit diesem Flag sind nach dem Löschen nicht mehr restaurierbar.
(Ra) Read Audit		✗	Dieses Attribut kann zwar gesetzt werden, hat aber zur Zeit keine Bedeutung.

Bild 5.3-12:

Attribute	Dir.	File	Wirkung
(Ro/Rw) Read Only/Read Write		X	Dateien, die das Flag Ro besitzen, können weder gelöscht noch verändert werden. Im Normalfall werden alle Dateien Rw geflaggt.
(R) Rename Inhibit	X	X	Dateien bzw. Directories können nicht mehr umbenannt werden.
(S) Shareable		X	Mehrere User können gleichzeitig eine mit Shareable geflaggte Datei benutzen.
(Sy) System	X	X	Systemdateien und -Verzeichnisse werden so gegen Kopieren und Löschen geschützt. Die Wirkung ist ähnlich wie beim H-Attribut.
(T) Tranactional		X	Hiermit wird das Transactional Tracking System (TTS) für einzelne Dateien aktiviert. Für Datenbank-Dateien ist dieses Flag besonders wichtig.
(Wa) Write Audit		X	Dieses Attribut kann zwar gesetzt werden, hat aber zur Zeit keine Bedeutung.

Bild 5.3-13:

Sofern man das Modify-Recht in einem Verzeichnis besitzt, kann man mit Hilfe des **FLAG**-Befehls auf die einzelnen Attribute einwirken.

Auch hierzu einige Beispiele:

FLAG *.* <Enter>Taste   zeigt alle Attribute aller Dateien im aktuellen Directory

FLAG SYSTEM.EXE + T Ro   gibt der Datei SYSTEM.EXE zusätzlich
<Enter>Taste   das T- und das Ro-Flag

FLAG *.* ALL <Enter>Taste   gibt allen Dateien alle Flags im aktuellen Verzeichnis

FLAG *.TXT N <Enter>Taste   setzt alle Dateien mit der Endung .TXT auf Rw (normale DOS-Flags)

Beispiel zu Rechten

Um die Gesamtproblematik der Trustee Assignments, der IRM und der Attribute noch einmal darzustellen, dient das folgende Beispiel. Anhand einer konkreten Netzwerksituation wird gezeigt, mit welchen NetWare-Hilfsmitteln man einem User Trustee Assignments gibt, IRM's einem Verzeichnis zuordnet und Datei-Attribute vergibt.
Anschließend werden einige Fragen bezüglich des Beispiels gestellt, die auch am Ende des Kapitels beantwortet werden.

Firmensituation:

Nicole, Philipp und Lisa sind Mitarbeiter einer Firma. Sie arbeiten als EDV-Fachkräfte in einem Netzwerk. Die folgende Grafik zeigt die Rechte-Situation.

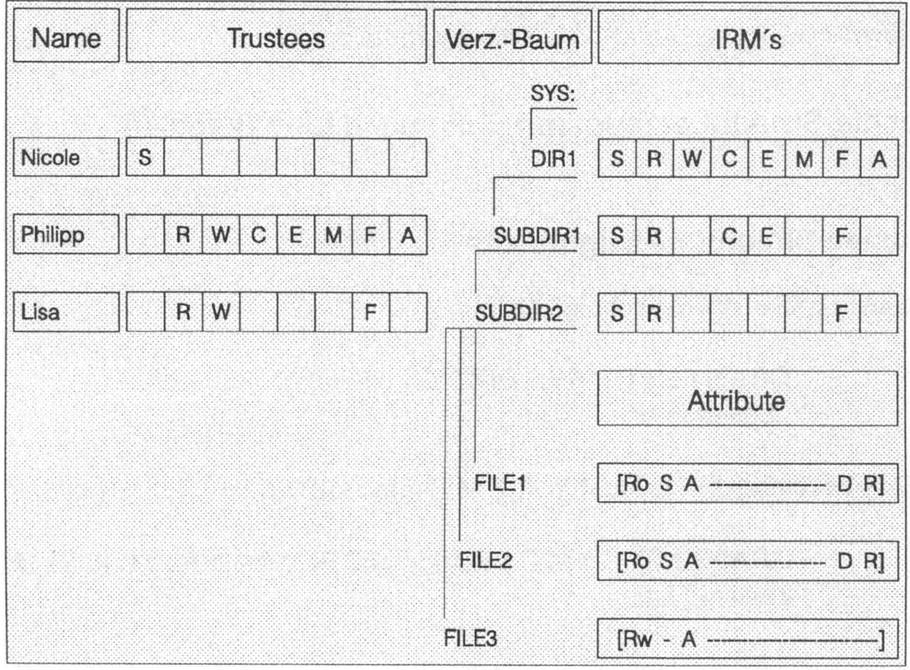

Bild 5.3-14:

Will man die in Bild 5.3-14 dargestellte Firmensituation auf dem Netzwerk Server installieren, hat man zwei Möglichkeiten. Zum einen kann man die Trustee Directory Assignments und Datei-Attribute mit Hilfe von einzelnen Command Line Befehlen vergeben. Andererseits besteht jedoch auch die Möglichkeit, die relativ komfortablen NetWare Utilities Syscon und Filer zu benutzen. Hier werden Ihnen beide Möglichkeiten vorgestellt.

Sicherlich werden Sie sich fragen, warum denn auch die unkomfortablere Möglichkeit mit den Command Line Befehlen gezeigt wird. Hierzu kann man sagen, daß man z.B. mit Hilfe von selbsterstellten Menüs oder auch einfachen Batch-Files ganze Netzwerksituationen einspielen und auch wieder löschen kann. So erfordert der Betrieb mancher Anwendersoftware im Netz höhere Rechte, als es im Standardfall notwendig ist.

Will man hingegen eher statische Netzwerkumgebungen schaffen, so wird man sich in aller Regel der komfortableren NetWare Utilities bedienen.

Rechte-Struktur erzeugt mit Command Line Befehlen

Trustee Directory Assignments

Nicole bekommt das S-Recht in DIR1:

> **GRANT S FOR SYS:DIR1 TO NICOLE**
> <Enter>Taste

Philipp bekommt die Rechte R W C E M F A in SUBDIR1:

> **GRANT R W C E M F A FOR SYS:DIR!\SUBDIR1 TO PHILIPP**
> <Enter>Taste

Lisa bekommt die Rechte R W F in SUBDIR2:

> **GRANT R W F FOR SYS:DIR1\SUBDIR1\SUBDIR2 TO LISA**
> <Enter>Taste

Einrichten der IRM´s

Die IRM von DIR1 muß nicht erzeugt werden, da sie kein Recht einschränkt.

Einrichten der IRM von SUBDIR1:

> **ALLOW SYS:DIR1\SUBDIR1 S R C E F**
> <Enter>Taste

Einrichten der IRM von SUBDIR2:

> **ALLOW SYS:DIR1\SUBDIR1\SUBDIR2 S R F**
> <Enter>Taste

Vergabe der Datei-Attribute

Datei-Attribute für File1:

> **FLAG SYS:DIR1\SUBDIR1\SUBDIR2\FILE1 Ro S A D R**
> <Enter>Taste

Datei-Attribute für File2:

> **FLAG SYS:DIR1\SUBDIR1\SUBDIR2\FILE2 Ro S A D R**
> <Enter>Taste

Datei-Attribute für File3:

> **FLAG SYS:DIR1\SUBDIR1\SUBDIR2\FILE3 Rw A**
> <Enter>Taste

Rechte-Struktur, erzeugt mit NetWare Utilities

Trustee Directory Assignments

Nicole bekommt das S-Recht in DIR1 mit Hilfe von **SYSCON**:

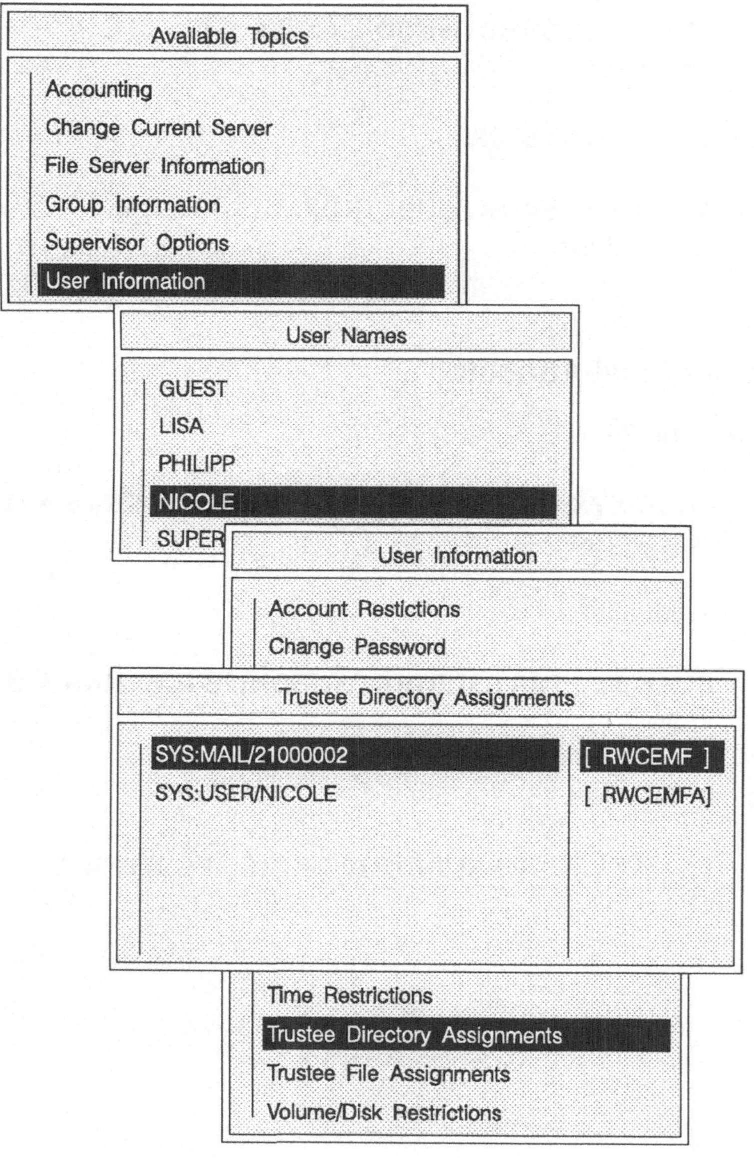

Bild 5.3-15:

Betätigt man nun die <Einfg>Taste, öffnet sich ein leeres Feld:

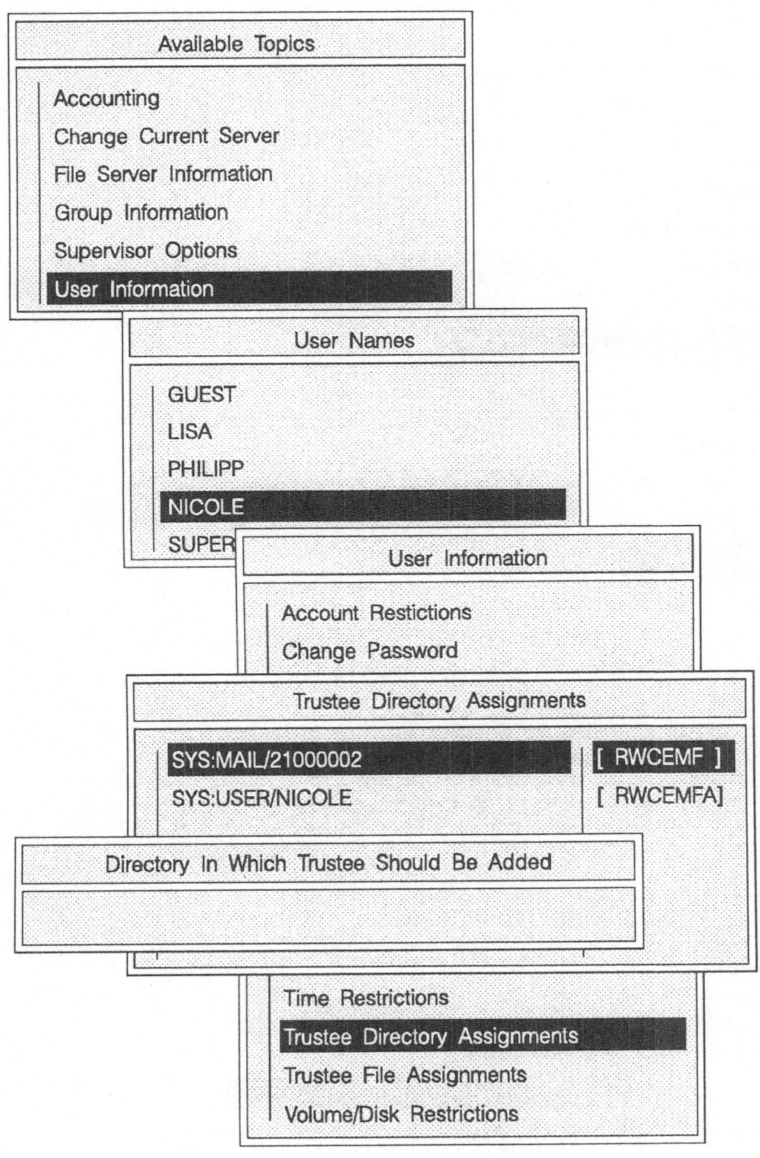

Bild 5.3-16:

Man betätigt wiederum die <Einfg.>Taste und kann den File Server als erste
Eintragung für die Pfadangabe auswählen:

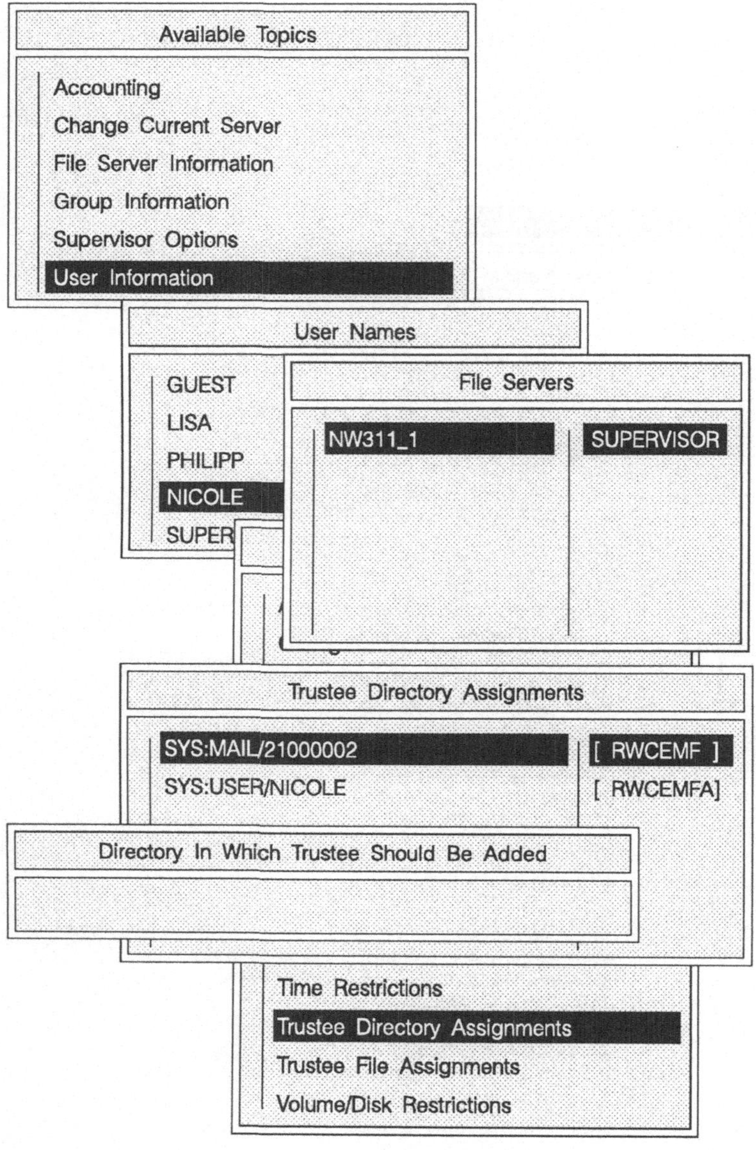

Bild 5.3-17:

Die Auswahl erfolgt mit Hilfe der <Enter>Taste. Damit wird der File Server in die Pfadangabe übernommen und es erscheint ein weiters Fenster, indem man ein Volume auswählen kann:

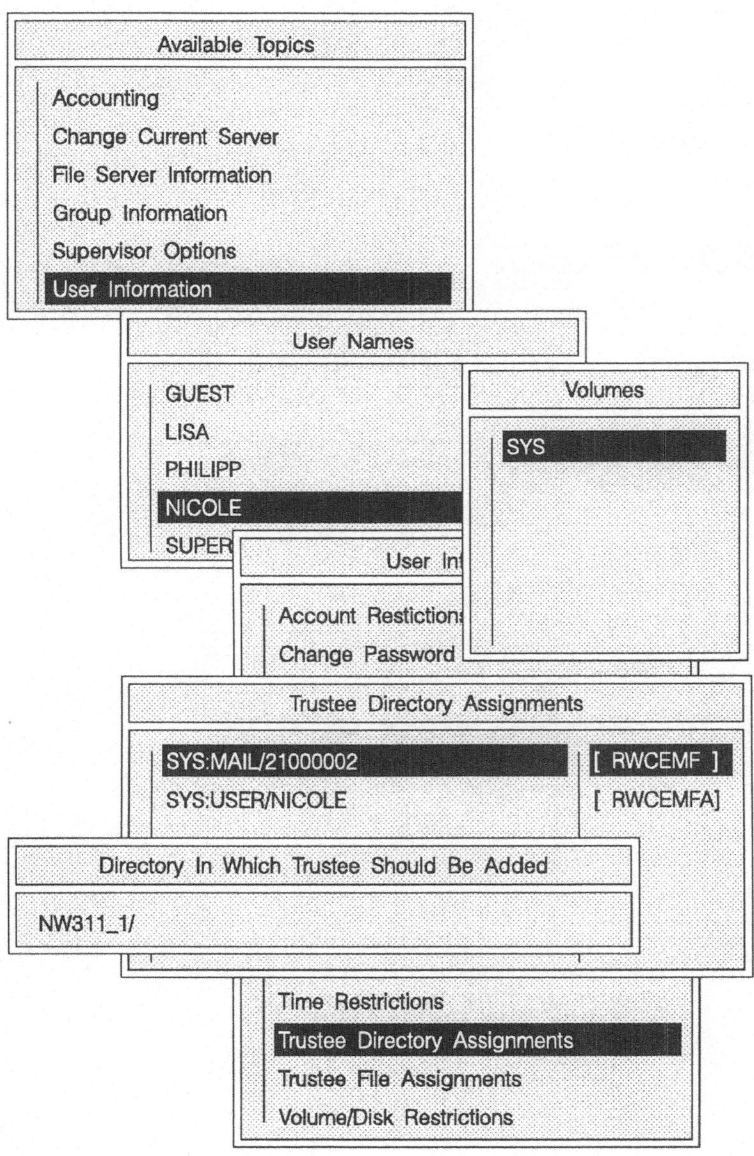

Bild 5.3-18:

Die Auswahl erfolgt wieder mit Hilfe der <Enter>Taste. Damit wird das Volume
SYS: in die Pfadangabe übernommen, und es erscheint ein weiters Fenster, indem
man ein Subdirectoy auswählen kann:

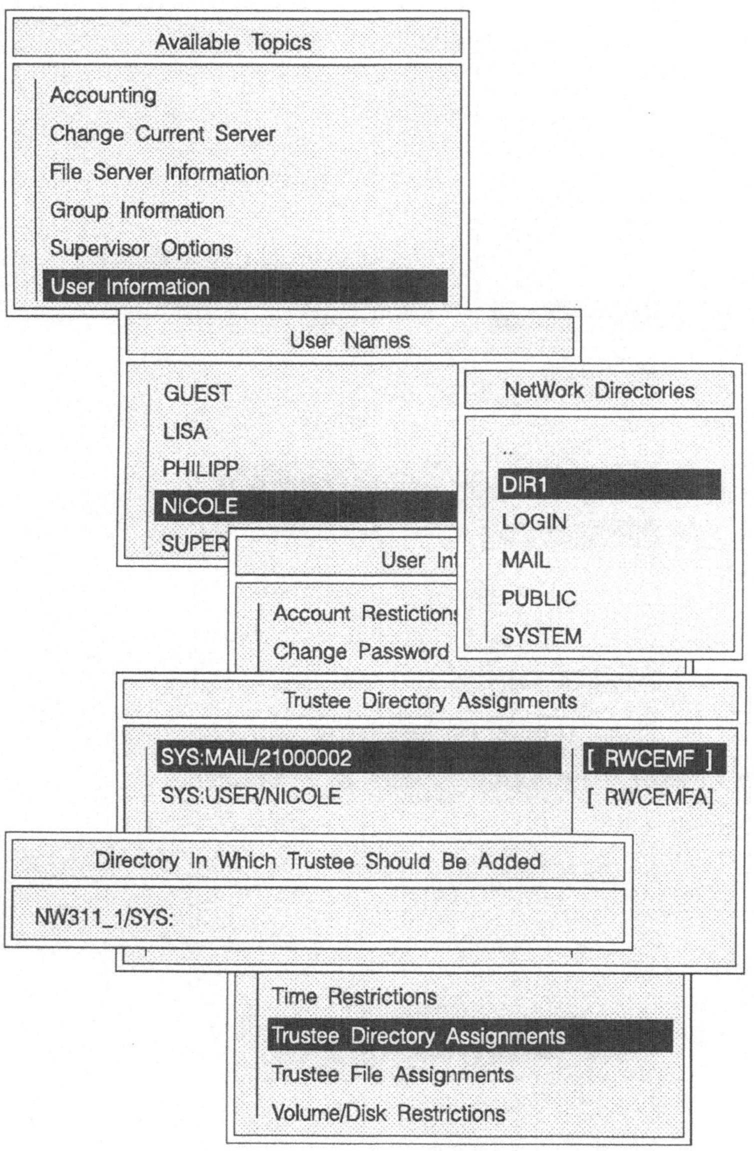

Bild 5.3-19:

Da Nicole im Unterverzeichnis des Volume SYS: das Supervisory-Recht bekommen soll, erfolgt die Auswahl auch hier mit der <Enter>Taste. Damit wird das Subdirectory DIR1 in die Pfadangabe übernommen, und es erscheint ein weiters Fenster, indem man das Subdirectory SUBDIR1 in die Pfadangabe übernehmen könnte. Unser Pfad ist allerdings schon komplett, und wir beenden die Pfadauswahl mit der <ESC>Taste.

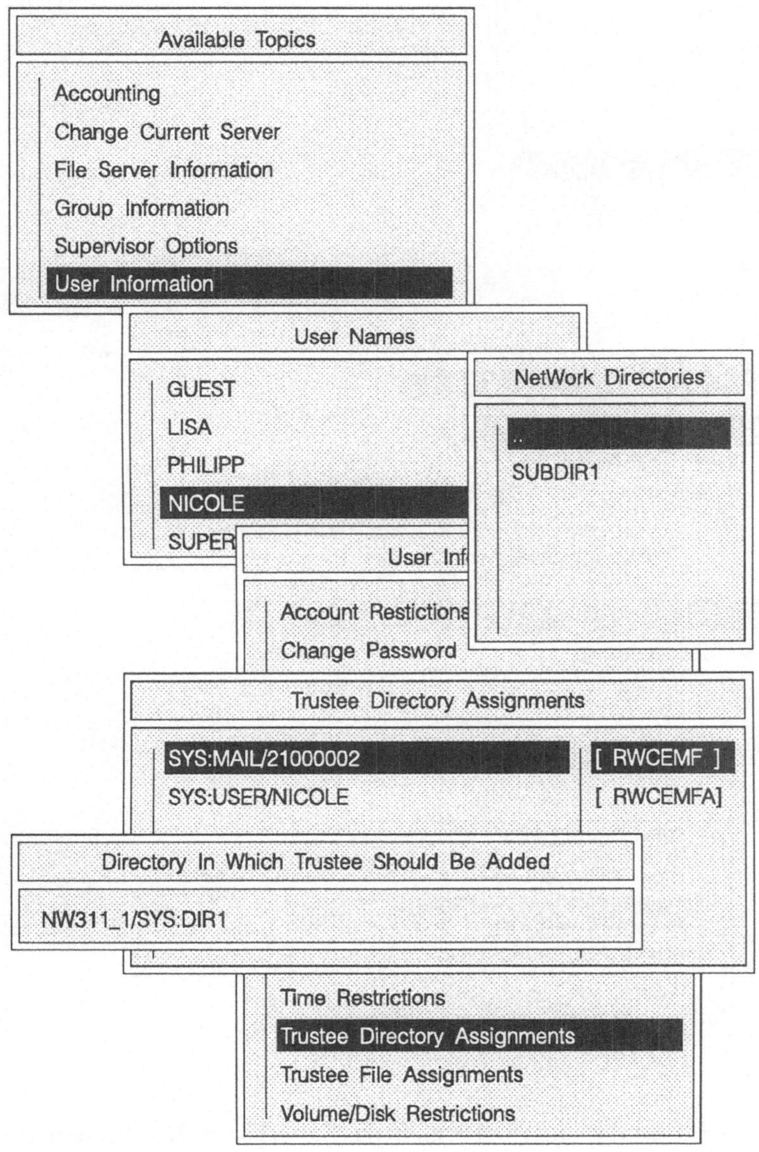

Bild 5.3-20:

Nachdem das Unterverzeichnis DIR1 in die Pfadangabe übernommen wurde, muß
noch einmal die <Enter>Taste betätigt werden, und es erscheint folgendes Menü:

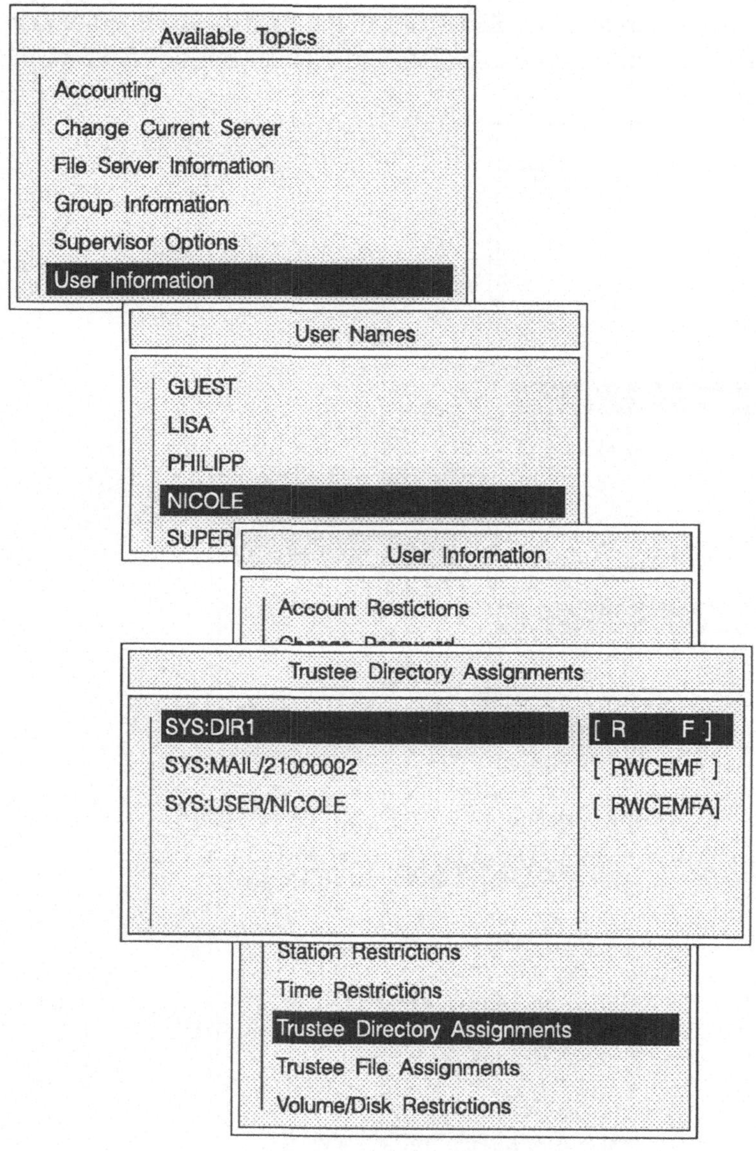

Bild 5.3-21:

Man sieht, daß Nicole im Subdirectory DIR1 nicht das Supervisory-Recht, sondern
die Rechte R und F bekommen hat.

Dies geschieht standardmäßig immer so. Will man dem User andere Rechte geben, muß man weitere Eingaben vornehmen. Zuerst werden Nicole die Rechte R und F entzogen. Anschließend bekommt sie dann das S-Recht. Zuerst betätigt man die <Enter>Taste. Dann erscheint folgendes Menü.

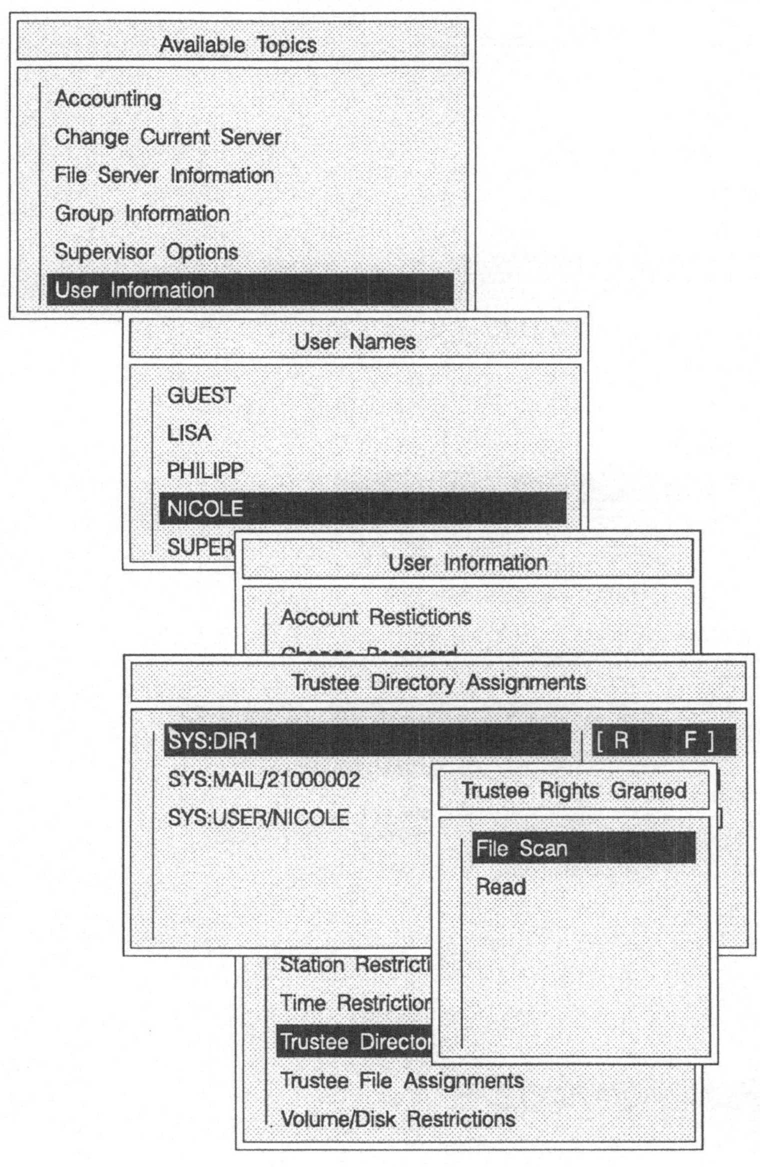

Bild 5.3-22:

Mit der <Entf>Taste kann man nun das invers dargestellte Recht löschen. Die folgende Sicherheitsabfrage muß noch mit Yes bestätigt werden, und anschließend ist das entsprechende Recht gelöscht. Dies muß man für das F- und das R-Recht vornehmen.

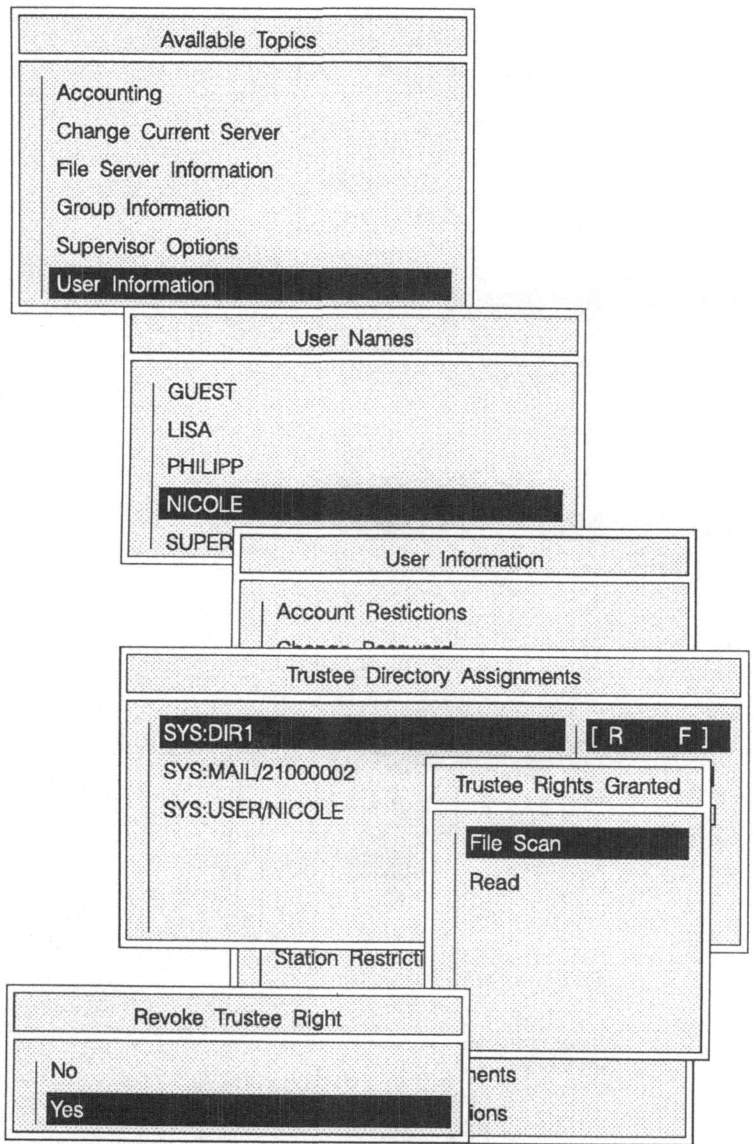

Bild 5.3-23:

Nachdem man die Rechte R und F entfernt hat, kann man neue Trustees für den User in dem speziellen Directory vergeben. Hierzu wählt man mit dem Cursor zuerst das Direktory an und betätigt anschließend die <Enter-Taste>. Es erscheint dann das leere **Feld Trustee Rights Granted**. Hier kann man mit der <Einfg>Taste alle noch nicht vergebenen Rechte zuordnen. Wir benötigen allerdings lediglich das Supervisory-Recht.

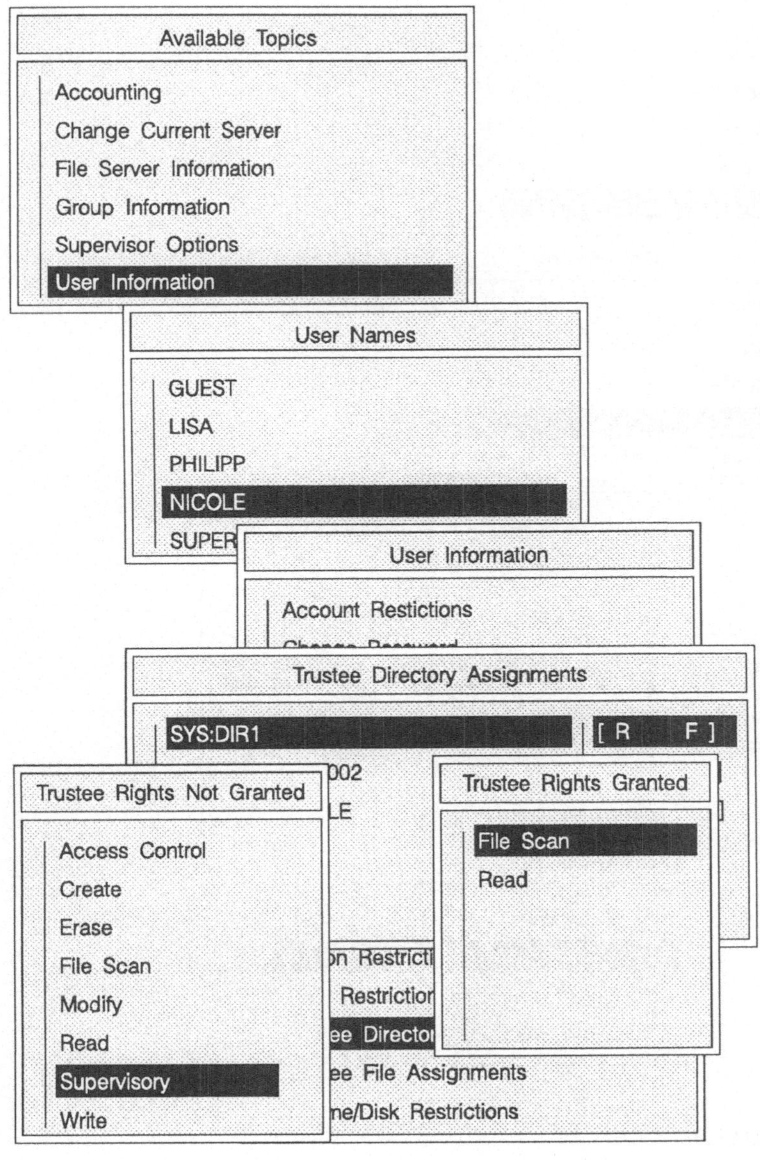

Bild 5.3-24:

Es erscheint das Fenster Trustee Rights Not Granted. Wir wählen das Supervisory-
Recht aus und bestätigen es mit der <Enter>Taste. Anschließend muß noch einmal
die <Esc>Taste betätigt werden, um das S-Recht letztendlich dem User Nicole für
das Directory DIR1 zuzuweisen.

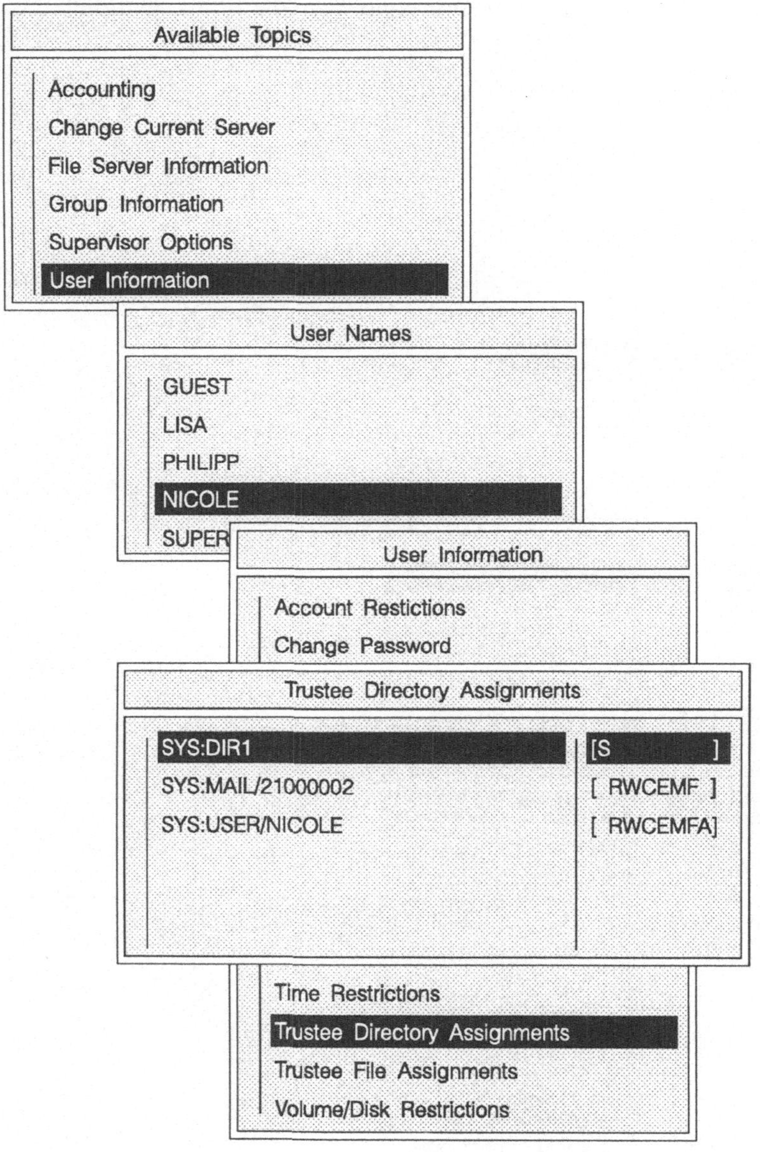

Bild 5.3-25:

Philipp und Lisa können in ähnlicher Weise mit der Utility Syscon Trustees bekommen. An dieser Stelle sollen lediglich die Ergebnisse (Bild 5.3-26 und Bild 5.3-27) gezeigt werden.

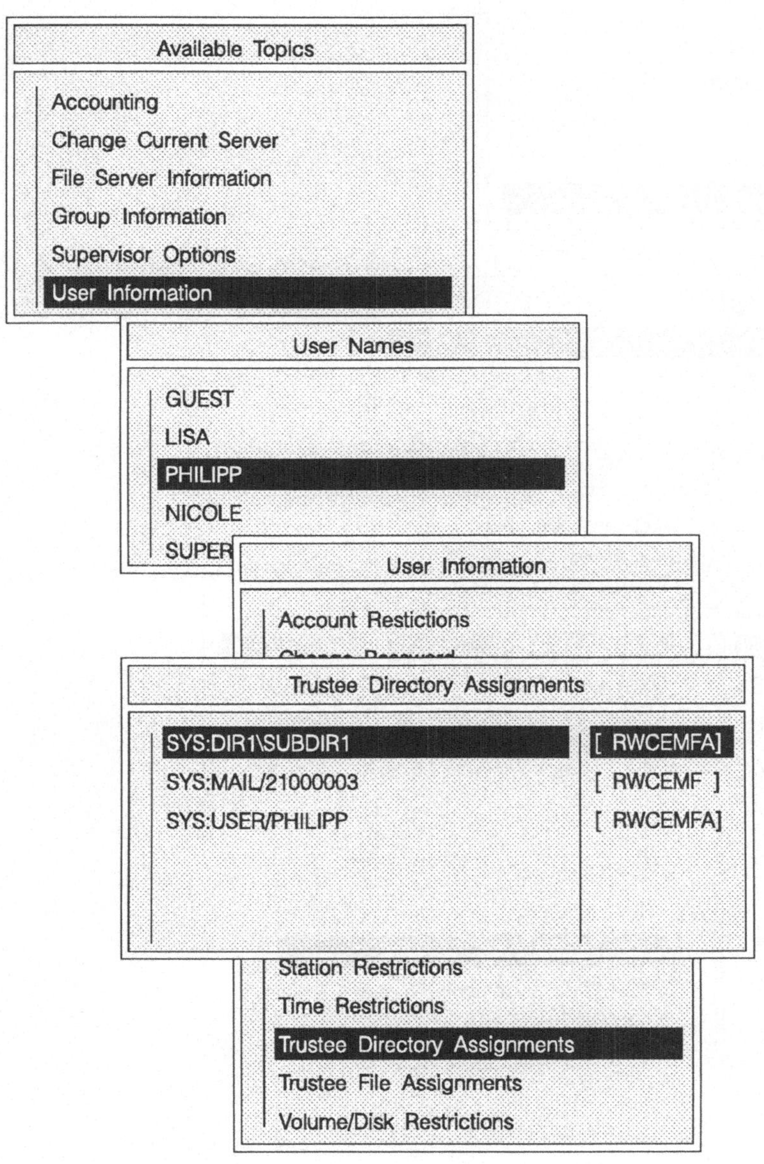

Bild 5.3-26:

Available Topics
Accounting
Change Current Server
File Server Information
Group Information
Supervisor Options
User Information
User Names
GUEST
LISA
PHILIPP
NICOLE
SUPER
User Information
Account Restrictions
Trustee Directory Assignments
SYS:DIR1\SUBDIR1\SUBDIR2   [RW   F]
SYS:MAIL/21000004   [RWCEMF]
SYS:USER/LISA   [RWCEMFA]
Station Restrictions
Time Restrictions
Trustee Directory Assignments
Trustee File Assignments
Volume/Disk Restrictions

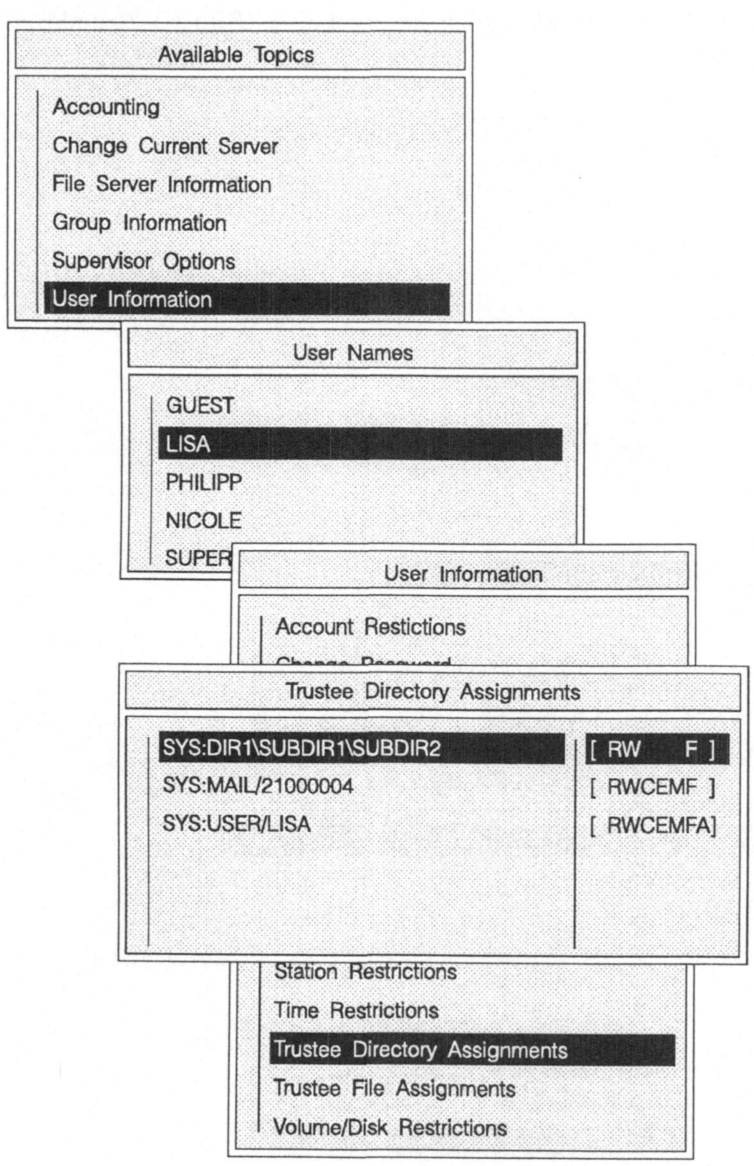

Bild 5.3-27:

Einrichten der IRM´s

Zur Einrichtung von IRM steht das Utility Filer zu Verfügung. Im folgenden wird beschrieben, wie die IRM in SUBDIR1, bezogen auf das Beispiel in Bild 5.3-14, eingerichtet wird.

Einrichten der IRM [SR CE F] von SUBDIR1:
Man ruft das Utility Filer auf und erhält folgenden Bildschirm:

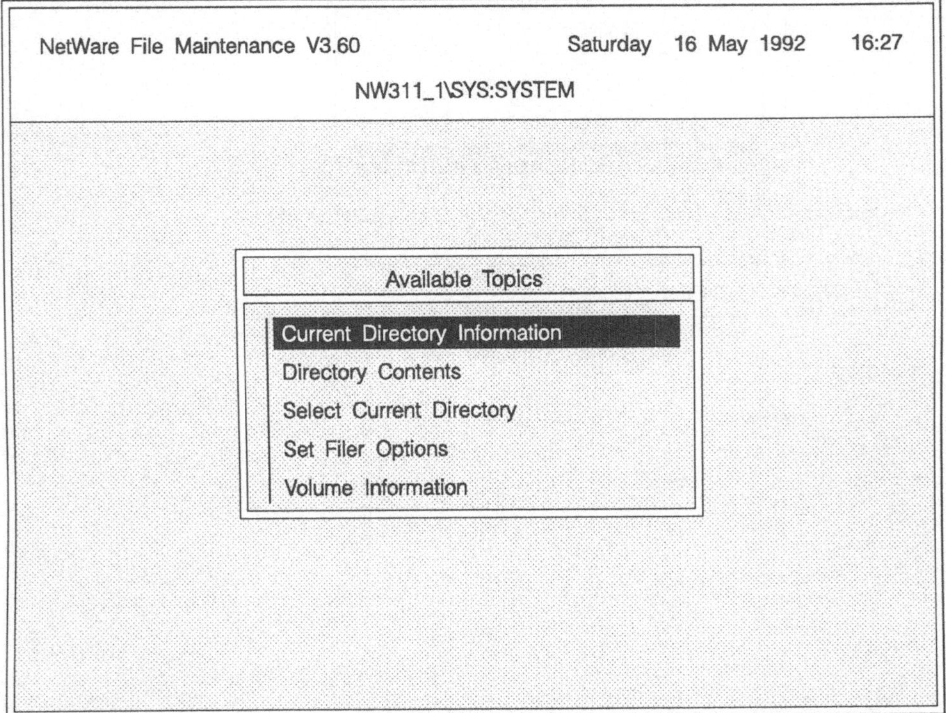

Bild 5.3-28:

Aus dem oberen Eintrag von Bild 5.3-26 kann man entnehmen, daß wir uns derzeit im Unterverzeichnis SYS:SYSTEM befinden.

Zuerst muß also das richtige Subdirectory angewählt werden. Man wählt hierzu den Menüpunkt **Select Current Directory** aus und betätigt die <Enter>Taste. Es öffnet sich dann ein weiteres Fenster mit der Bezeichnung **Current Directory Path**, indem man editieren, also den neuen Pfad mit der Tastatur eingeben kann. Nachdem man den richtigen Pfad eingegeben hat, betätigt man erneut die <Enter>Taste und befindet sich im neuen Unterverzeichnis.

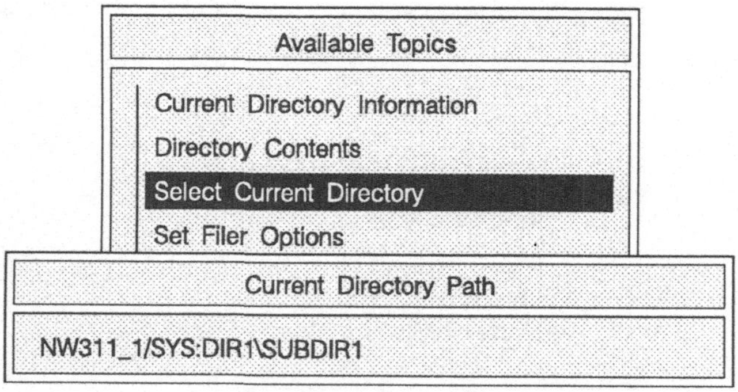

Bild 5.3-29:

Nachdem das richtige Directory angewählt wurde, ist es möglich, über den Menüpunkt **Current Directory Information** eine IRM für SUBDIR1 zu definieren.

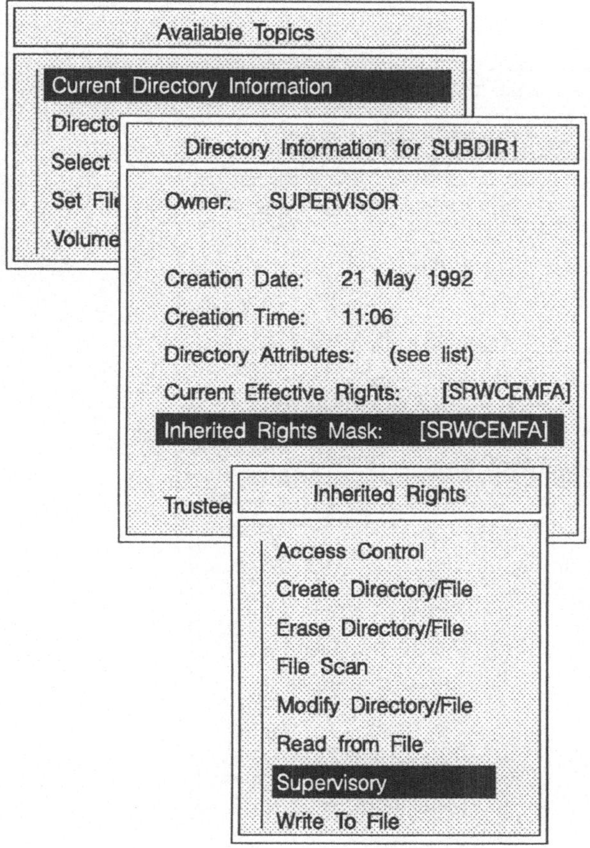

Bild 5.3-30:

Nun muß man alle Rechte, die nicht in der IRM enthalten sein sollen, entfernen. Hierzu markiert man mit der <F5>Taste die überzähligen Rechte und betätigt anschließend die <Entf>Taste. Die Meldung **Revoke All Marked Rights** beantwortet man mit Yes.

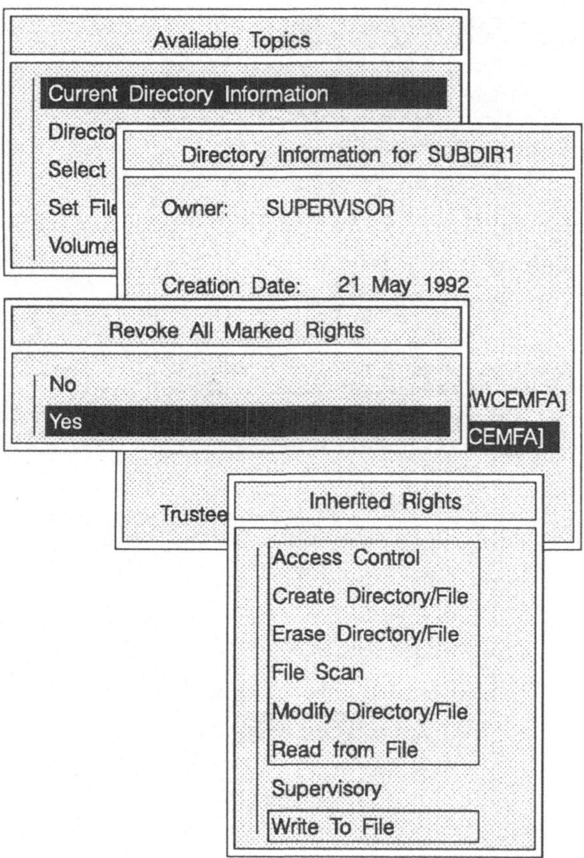

Bild 5.3-31:

Betätigt man die <Enter>Taste und die <Esc>Taste, wird die IRM in das Verzeichnis SUBDIR1 übernommen.

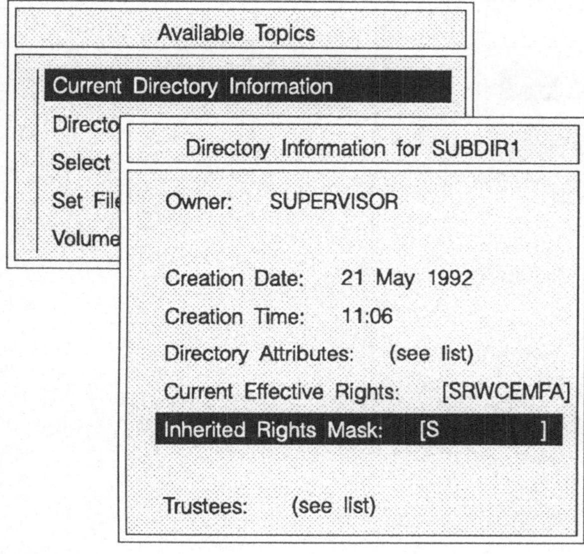

Bild 5.3-32:

Nach dem vorstehenden Muster kann man auch die IRM in SUBDIR2 einrichten. Hier wird nur das Ergebnis gezeigt (Bild 5.3-33):

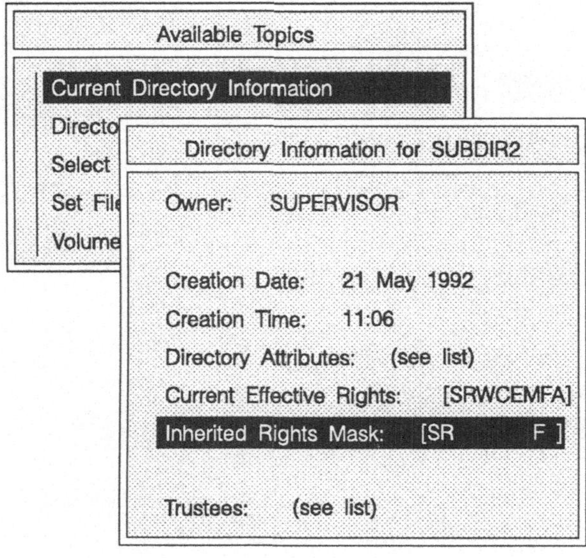

Bild 5.3-33:

Vergabe der Datei-Attribute

Zur Vergabe von Verzeichnis- bzw. Dateiattributen steht ebenfalls das Utility Filer zu Verfügung. Im folgenden wird beschrieben, wie die Dateiattribute für File1 in SUBDIR2, bezogen auf das Beispiel in Bild 5.3-14, eingerichtet werden.

Datei-Attribute für File1: [Ro S A   D R]

Man ruf das Utility Filer auf und stellt in der Regel fest, daß das aktuelle Direktory falsch ist. Also muß man zuerst das Directory anwählen, in dem die File1 ist. In unserem Fall handelt es sich um das Unterverzeichnis SUBDIR2. Zur richtigen Verzeichniswahl wählt man den Menüpunkt Select Current Directory an, betätigt die <Enter>Taste und editiert den aktuellen Pfad im neuen Fenter. Anschließend muß folgender Bildschirm erscheinen:

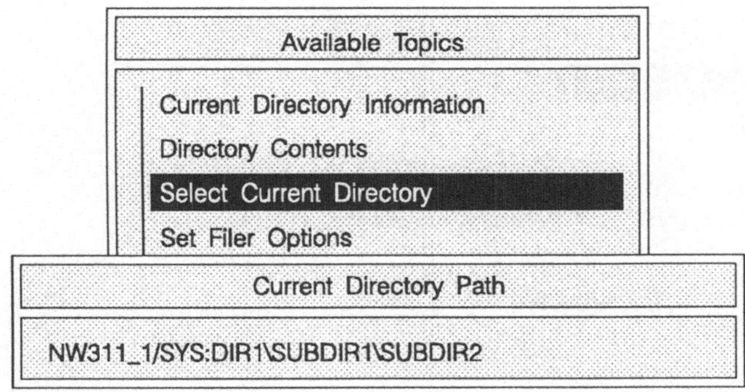

Bild 5.3-34:

Man betätigt die <Enter>Taste und befindet sich im richtigen Verzeichnis.

Zur Vergabe der einzelnen Flags muß der Menüpunkt **Directory Contents** angewählt und mit der <Enter>Taste bestätigt werden.

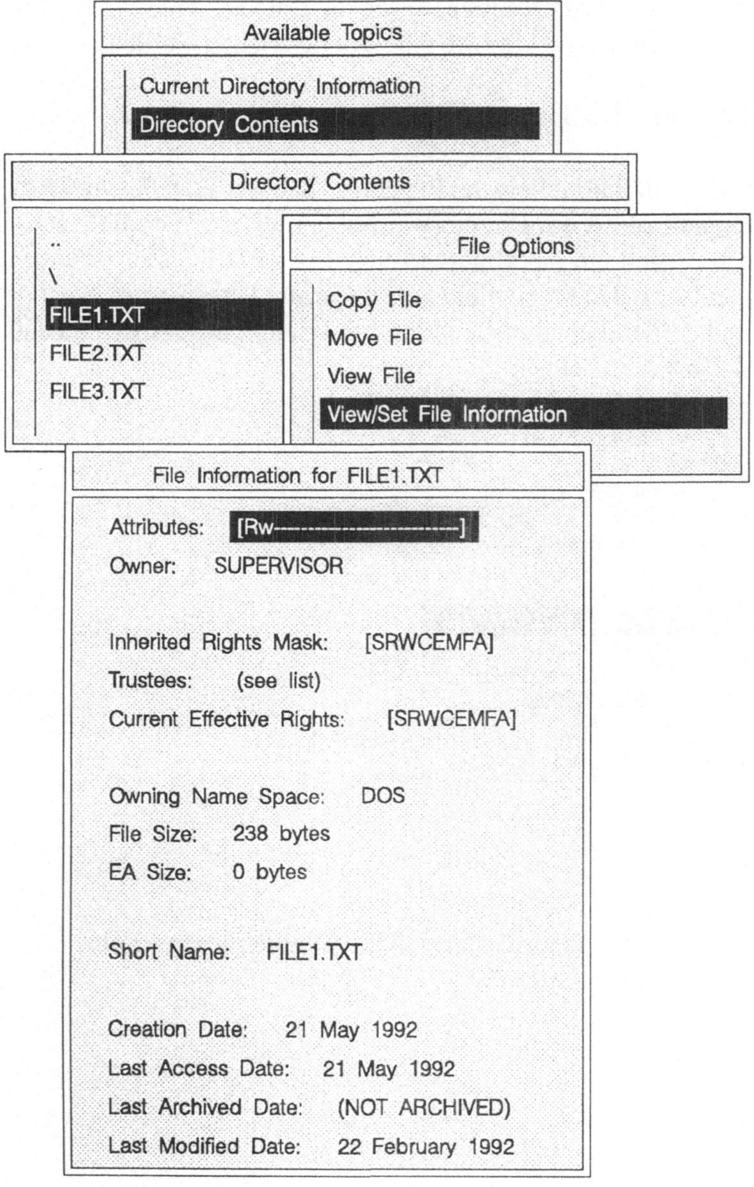

Bild 5.3-35:

Im letzten geöffneten Fenster (s. Bild 5.3-35) muß der Cursor auf dem Punkt **Attributes** stehen und die <Enter>Taste betätigt werden. Es öffnet sich dann ein weiters leeres Fenster mit der Überschrift **Current File Attributes**.

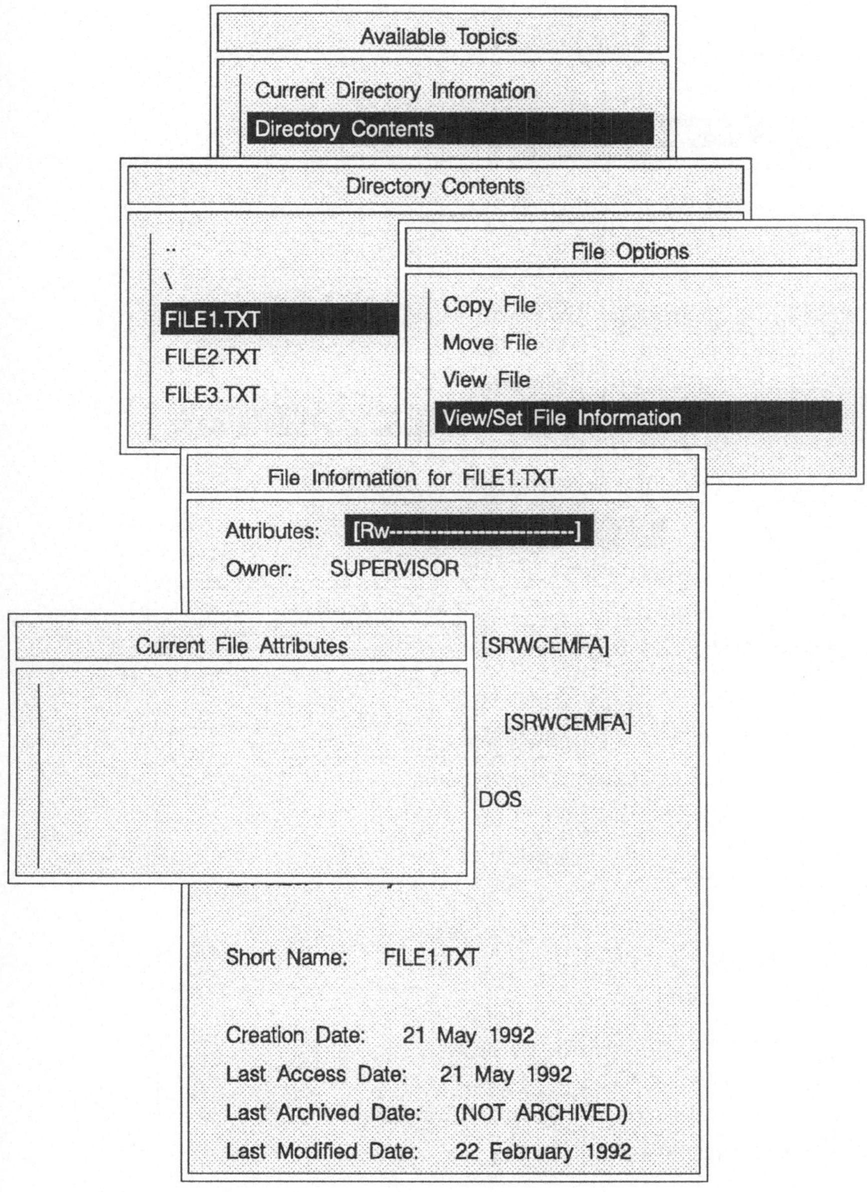

Bild 5.3-36:

Hier betätigt man die <Einfg>Taste, woraufhin sich ein Fenter mit dem Namen
Other File Attributes öffnet. Mit der <F5>Taste kann man hier die Attribute
markieren, die der Datei FILE1.TXT zugeordnet werden sollen.

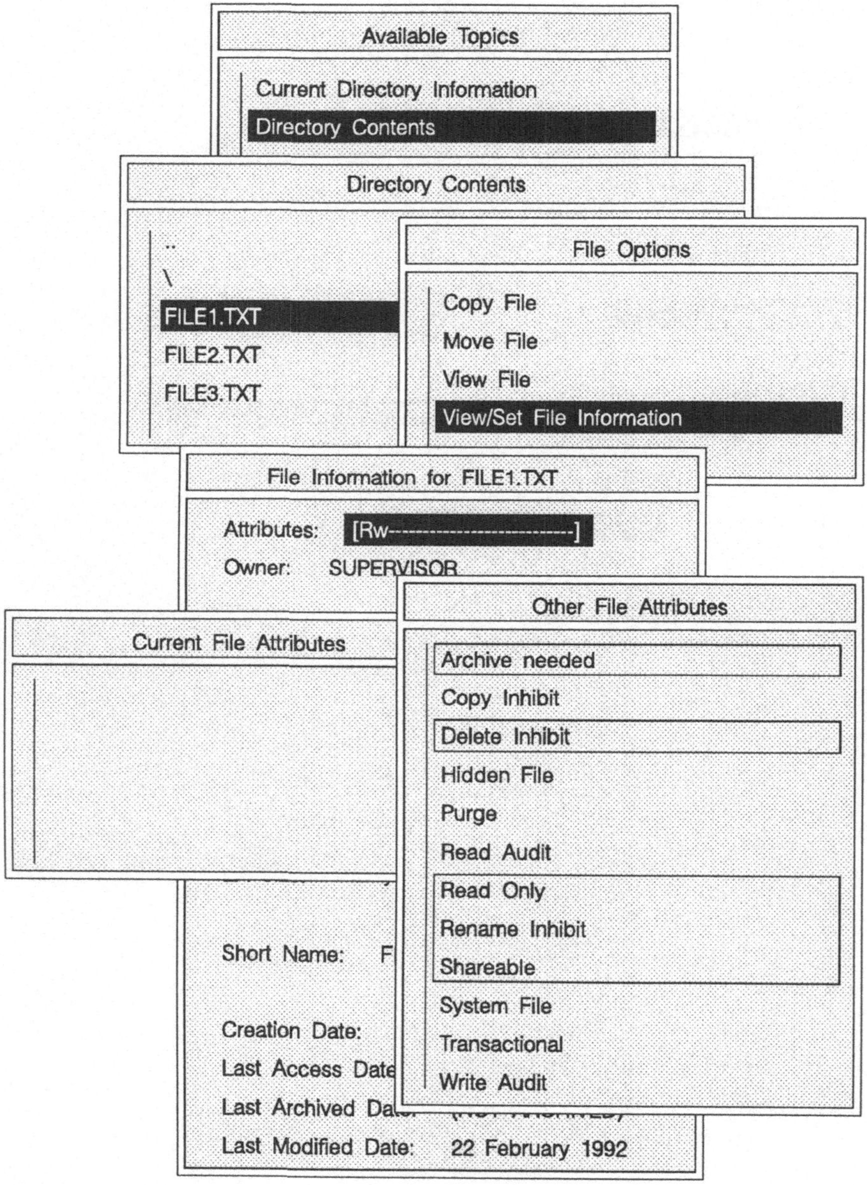

Bild 5.3-37:

Anschließend wird die <Enter>Taste betätigt, damit die markierten Attribute als
Current File Attributes übernommen werden.

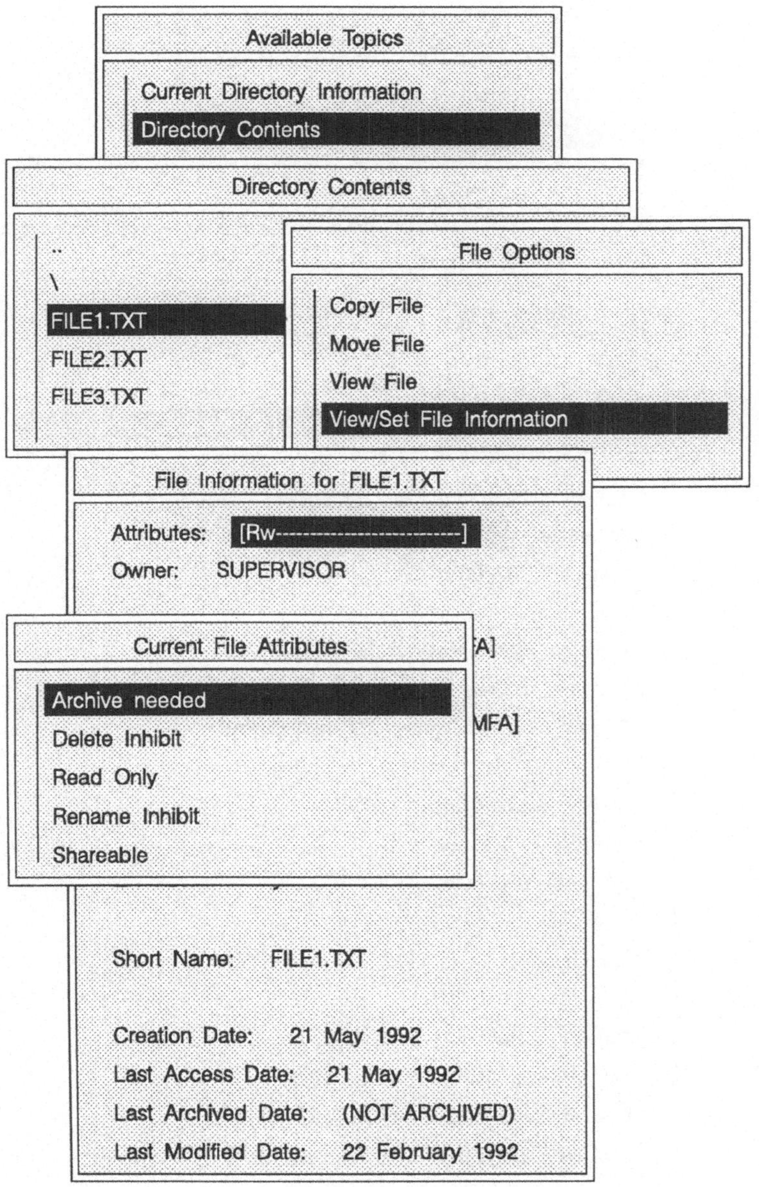

Bild 5.3-38:

Betätigt man noch einmal die <Esc>Taste, werden die neu zugewiesenen Attribute auch im Fenster **File Information for FILE1.TXT** angezeigt.

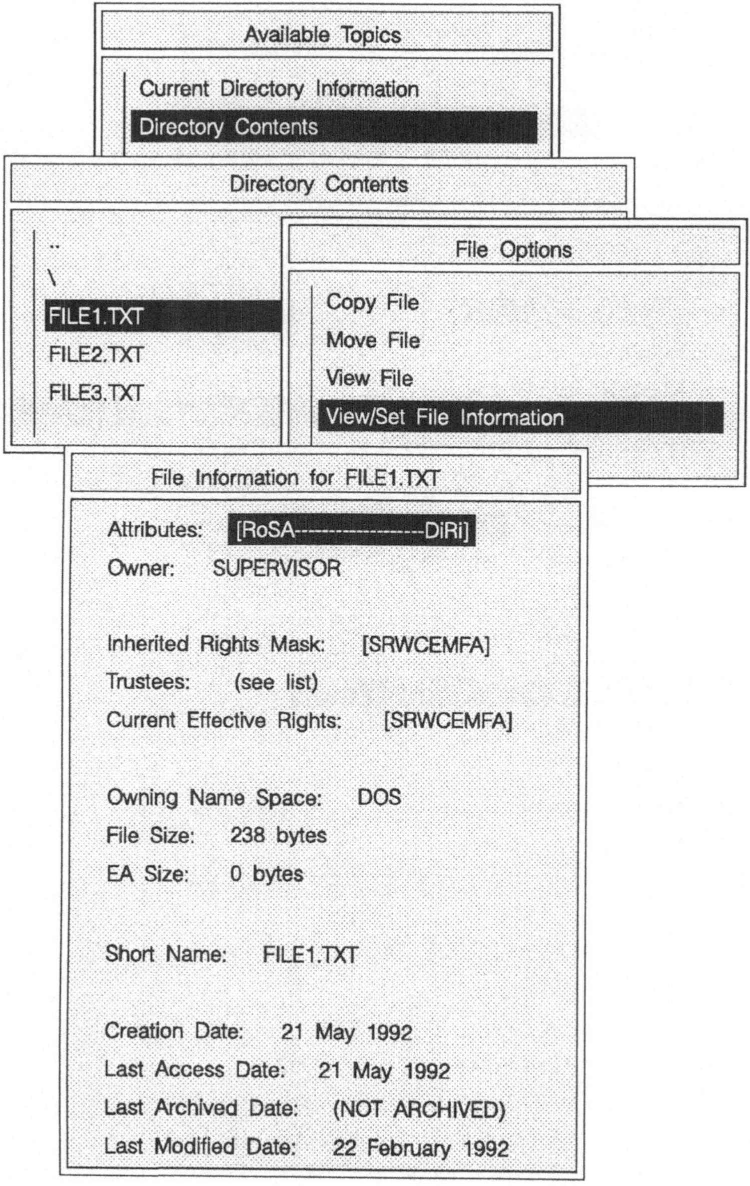

Bild 5.3-39:

In ähnlicher Weise kann man auch die Attribute für FILE2 und FILE3 vergeben. Die folgenden Bilder (Bild 5.3-40 und Bild 5.3-41) zeigen die Ergebnisse.

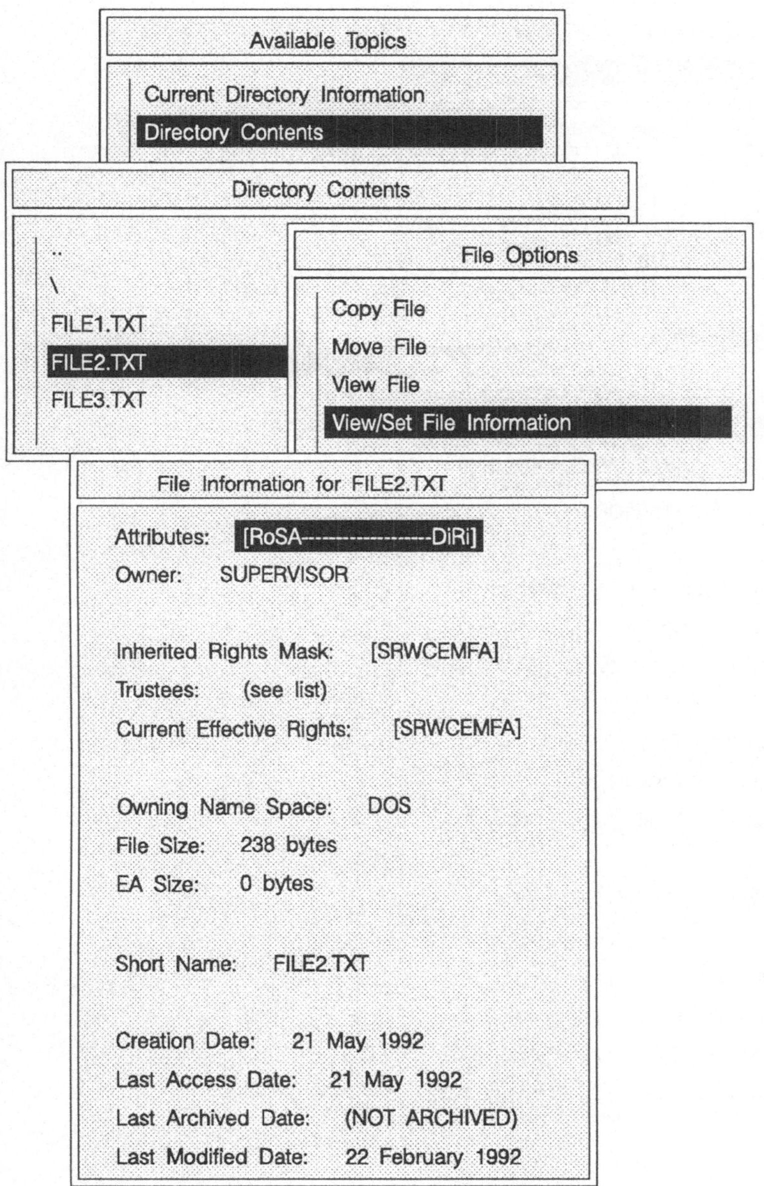

Bild 5.3-40:

Available Topics
Current Directory Information
Directory Contents
Directory Contents
..
\
FILE1.TXT
FILE2.TXT
FILE3.TXT
File Options
Copy File
Move File
View File
View/Set File Information
File Information for FILE3.TXT
Attributes: [Rw-A----------------------]
Owner: SUPERVISOR
Inherited Rights Mask: [SRWCEMFA]
Trustees: (see list)
Current Effective Rights: [SRWCEMFA]
Owning Name Space: DOS
File Size: 238 bytes
EA Size: 0 bytes
Short Name: FILE3.TXT
Creation Date: 21 May 1992
Last Access Date: 21 May 1992
Last Archived Date: (NOT ARCHIVED)
Last Modified Date: 22 February 1992

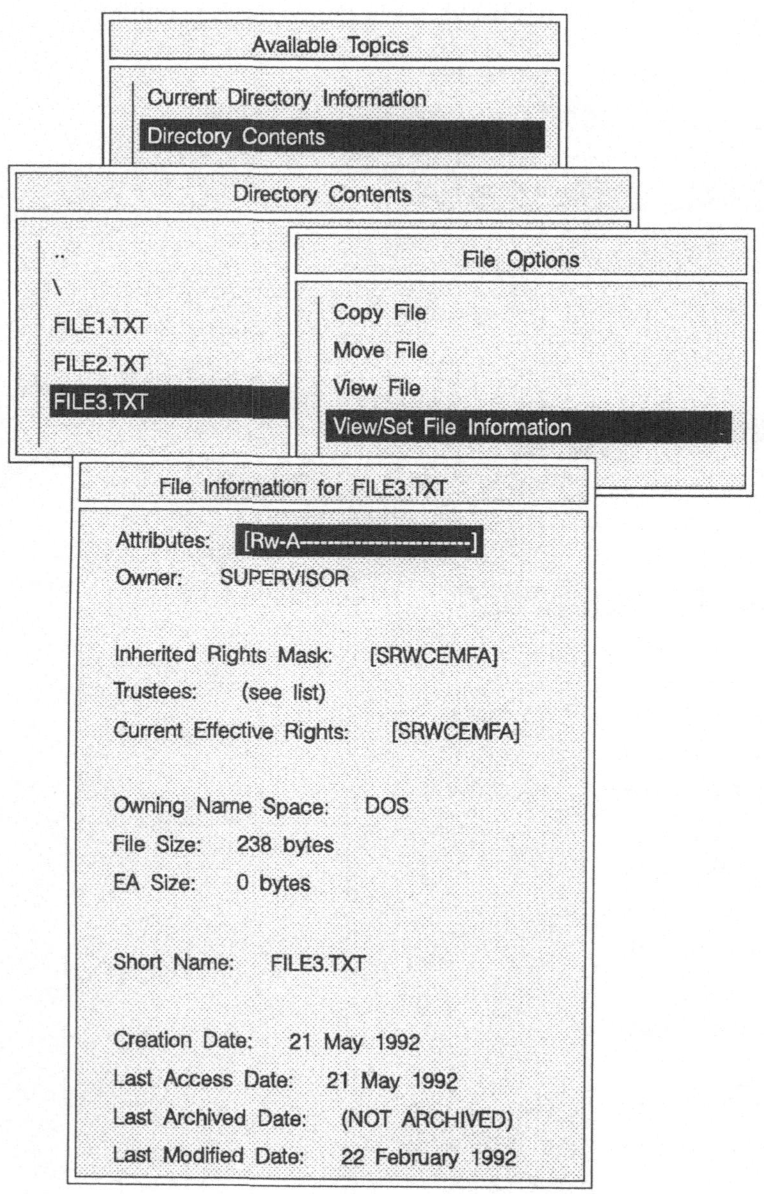

Bild 5.3-41:

Fragen zu Bild 5.3-14

Stellen Sie sich vor, Sie sind der Supervisor und sollen zu den folgenden Fragen Antworten finden.

1.) Sie haben Nicole das S-Recht in DIR1 gegeben.

    a.) Welche Rechte hat Nicole in DIR1?
    b.) Welche Rechte hat sie in SUBDIR1?
    c.) Was müssen Sie tun, damit Nicole nicht länger die Möglichkeit hat, Trustee Rights in SUBDIR1 zu vergeben?

2.) Sie haben Philipp die Rechte RWCEMFA in SUBDIR1 gegeben.

    a.) Welche effektiven Rechte hat Philipp in SUBDIR1.?
    b.) Welche Rechte hat er in SUBDIR2?

3.) Welcher Unterschied besteht zwischen der Gewährung des S-Rechts allein und der Gewährung aller anderen Rechte (ausgenommen dem S-Recht) in einem directory?

4.) Sie haben Lisa die Rechte RWF in SUBDIR2 gegeben.

    a.) Welche effektiven Rechte hat Lisa in SUBDIR2?

5.) Philipp möchte den Inhalt von File 3 (Datenfile) verändern. Was müssen Sie tun, damit Philipp diese Möglichkeit hat.

6.) File 2 hat folgende Datei-Attribute Ro S A D R. Kann Nicole den Inhalt von File 2 verändern?

7.) Wie sind Nicole´s effektiven Rechte bezüglich File 1? Welche Möglichkeiten hat sie bzgl. File 1?

8.) Wie sind Philipp´s effektiven Rechte bezüglich File 1? Was kann er mit der Datei tun?

Anworten

Zu 1.:

a.)   Sie hat alle Rechte, denn das S-Recht beinhaltet alle Rechte.

b.)   Sie hat dort alle Rechte, denn das S-Recht von DIR1 pflanzt sich abwärts fort. Außerdem kann das S-Recht nicht durch eine IRM eingeschränkt werden.

c.)   Man muß Nicole das S-Recht in DIR1 entziehen.

Zu 2.:

a.)   Philipp besitzt in SUBDIR1 uneingeschränkt die Rechte RWCEMFA, da die IRM in SUBDIR1 nur einschränkend auf von oben vererbte Rechte wirkt.

b.)   In SUBDIR2 hat Philipp lediglich die Rechte R und F. Hier kommt die IRM mit den Rechten SRF zur Wirkung.

Zu 3.:

Das S-Recht allein ist höher zu bewerten, da es nicht durch eine IRM eingeschränkt werden kann.

Zu 4.:

Lisa hat die effektiven Rechte RWF, da auch für sie die IRM in SUBDIR2 nicht wirken kann.

Zu 5.:

Philipp muß das Schreibrecht (W) für File3 bekommen.

Zu 6.:

Nein, außer Nicole nutzt ihr Modify-Recht (M), um das notwendige Rw-Attribut zu setzen.

Zu 7.:

Nicole hat alle Rechte, kann allerdings mit File1 nur das tun, was die Attribute von File1 zulassen. Nutzt Sie ihr M-Recht, kann Sie zusätzliche Attribute einräumen.

Zu 8.:

Philipp besitzt die Rechte R und F in SUBDIR2. Damit kann er die Datei sehen und lesen.

Fragen zu verschiedenen Command Line Befehlen

Nun sollten Sie bitte, wenn Sie Netzwerk-Neuling sind, im Anhang alles durcharbeiten, was über die Befehle

> **ALLOW**
> **FLAG**
> **FLAGDIR**
> **REMOVE**
> **REVOKE**
> **SETPASS**
> **WHOAMI**
> **GRANT**
> **RIGHTS**
> **TLIST**   und
> **USERLIST**

geschrieben wurde. Im Anschluß daran sollten Sie dann in der Lage sein, die folgenden Fragen zu beantworten. Lösungen finden Sie wieder sofort im Anschluß an diese Fragen.

Übungs-Beispiel

Mit welchen NetWare-Kommandos können Sie im Netz folgende Fragen beantworten?

1.)   Wer sind Sie im Netz?

2.)   Welche Rechte haben Sie?

3.)   Welchen Gruppen gehören Sie an?

4.)   Wer außer mir kann in meinem home-directory lesen?

5.)   Geben Sie einem anderen User alle Rechte in Ihrem home- directory.

6.)   Überprüfen Sie das Ergebnis von Punkt 5.

7.)   Nehmen Sie dem neuen User aus Punkt 5 das Access Control-Recht
        und das File Scan-Recht.

8.)   Nehmen Sie dem neuen User aus Punkt 5 alle Rechte in Ihrem home
        directory.

9.)   Untersuchen Sie alle Datei-Attribute aller Dateien in Ihrem home
        directory.

Lösungen:

Zu 1.:   Wer sind Sie im Netz?

               WHOAMI

Zu 2.:   Welche Rechte haben Sie?

               RIGHTS

Zu 3.:   Welchen Gruppen gehören Sie an?

               WHOAMI/G

Zu 4.:   Wer außer mir kann in meinem home-directory lesen?

               TLIST

Zu 5.:   Geben Sie einem anderen User alle Rechte in Ihrem home-
               directory.

               GRANT

Zu 6.:   Überprüfen Sie das Ergebnis von Punkt 5.

               TLIST

Zu 7.:   Nehmen Sie dem neuen User aus Punkt 5 das Access Control-
               Recht und das File Scan-Recht.

               REVOKE

Zu 8.:   Nehmen Sie dem neuen User aus Punkt 5 alle Rechte in Ihrem
               home directory.

               REMOVE

Zu 10.:   Untersuchen Sie alle Datei-Attribute aller Dateien in Ihrem home directory.

FLAG

Gruppen

Nachdem einzelne User eingerichtet, ihnen individuelle Rechte zugewiesen wurden und die Auswirkungen von IRM´s und Attributen ausführlich beschrieben wurden, soll dem Gedanken, daß es auch einige User gibt, die identische Rechte haben, noch einmal gezielt nachgegangen werden.

Solche User werden, wie eingangs in diesem Kapitel erwähnt einer Gruppe zugewiesen.

☐ Alle Benutzer gehören automatisch der Gruppe **EVERYONE,** die bei der Installation von NetWare eingerichtet wird, an.

☐ Neue Gruppen werden normalerweise nach Aufgabenbereichen getrennt eingerichtet.

☐ Definierte Gruppenrechte gehen ohne Einschränkungen an alle Gruppenmitglieder über.

☐ Alle individuellen Userrechte sind auch auf Gruppen übertragbar.

Einrichten von Gruppen

Für die schon bekannten User Nicole, Philipp und Lisa soll eine Gruppe mit der Bezeichnung **SCHREIBE** eingerichtet werden. Der Gruppe sollen bestimmte Rechte zugewiesen werden. Die beiden folgenden Grafiken sollen (Bild 5.3-42 und Bild 5.3-43) die Aufgabenstellung verdeutlichen.

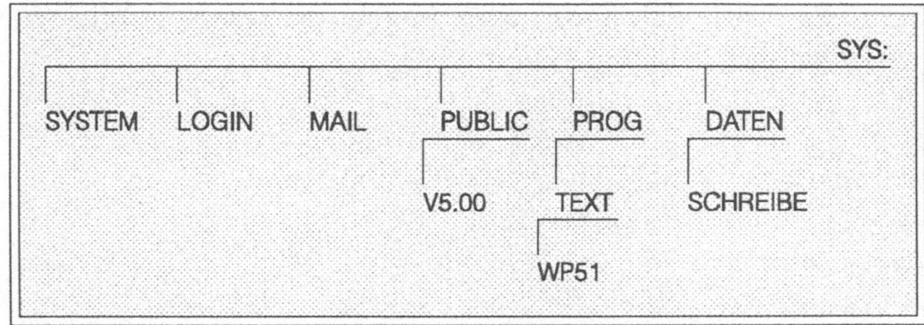

Bild 5.3-42:

Verzeichnisse / Gruppen und Mitglieder	Schreibe (Nicole Philipp Lisa)	Gruppen	
SYS:PUBLIC	[R F]		
SYS:MAIL	[W C]		
SYS:PUBLIC\V5.00	[R F]		
SYS:PROG\TEXT\WP51	[R F]		
SYS:DATEN\SCHREIBE	[RWC F]		

Bild 5.3-43:

Gruppe einrichten mit SYSCON

Mit dem Utility Syscon können Gruppen eingerichtet und mit Trutee-Assignments versehen werden. Dabei ist es ohne weiters möglich, Benutzer in existierende Gruppen nachträglich aufzunehmen.

Um die Aufgabenstellung in Bild 5.3-42 und Bild 5.3-43 zu realisieren, startet man das Programm Syscon, wählt den Menüpunkt **Group Information** an und betätigt die <Enter>Taste. Es öffnet sich ein Fenster, in dem die bereits existierenden Gruppen angezeigt werden.

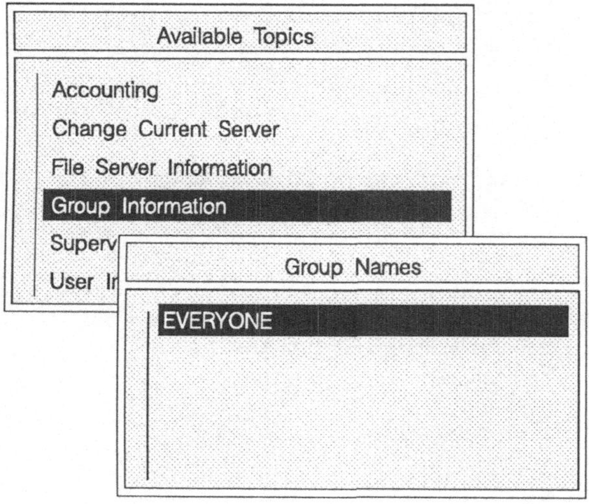

Bild 5.3-44:

Um die neue Gruppe **SCHREIBE** einzurichten, muß man die <Einfg>Taste betätigen und im Fenster **New Group Name** den Gruppennamen eingeben.

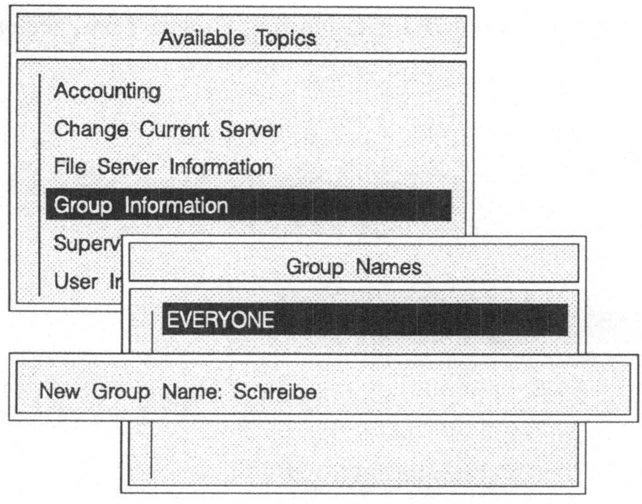

Bild 5.3-45:

Nachdem der Grupenname eingegeben wurde, betätigt man wiederum die <Enter>Taste, woraufhin die Gruppe eingerichtet wird.

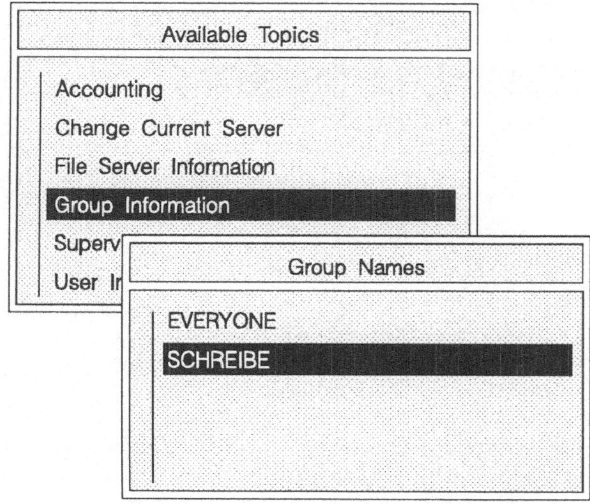

Bild 5.3-46:

Im nächsten Schritt geht es darum, der Gruppe SCHREIBE Trustee Directory Assignments zuzuweisen. Hierzu wählt man die Gruppe an und betätigt die <Enter>Taste. Es öffnet sich das Fenster Group Information, in dem der Punkt **Trustee Directory Assignments** durch Betätigen der <Enter>Taste angewählt werden muß.

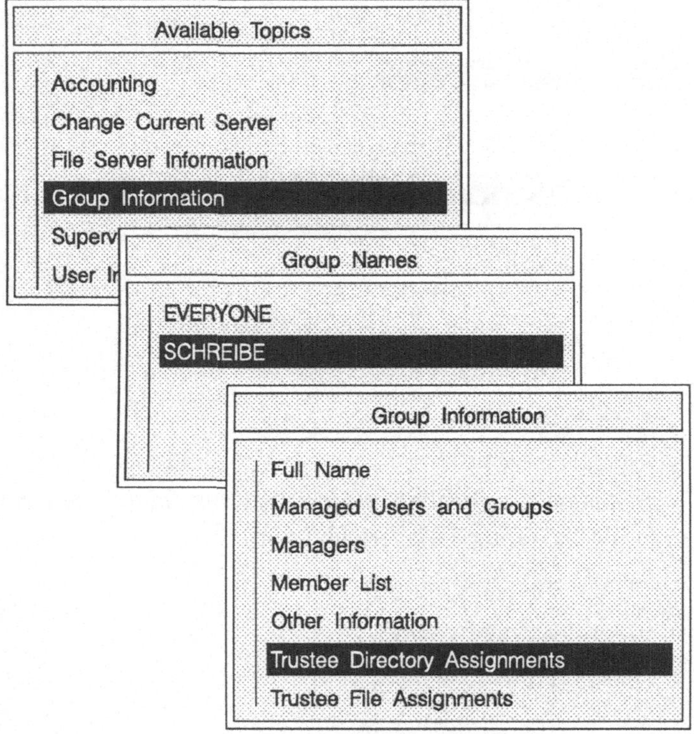

Bild 5.3-47:

Nun öffnet sich ein leeres Fenster mit der Bezeichnung **Trustee Directory Assignments**. Betätigt man die <Einfg>Taste, öffnet sich ein weiteres leeres Fenster mit der Bezeichnung **Directory In Which Trustee Should Be Added**, in das der Trustee-Pfad von Hand eingetragen werden könnte.

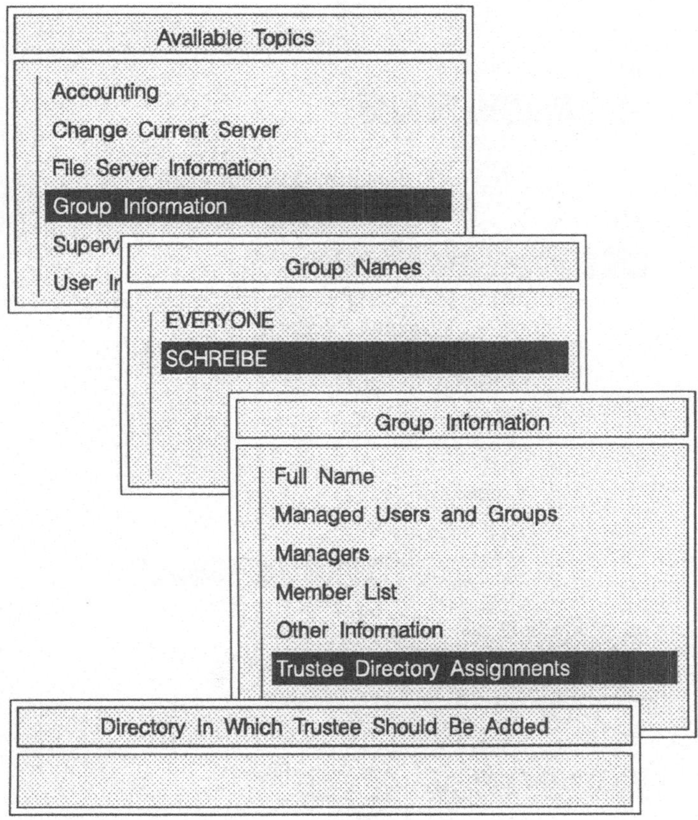

Bild 5.3-48:

Am einfachsten ist es jedoch, wenn man erneut die <Einfg>Taste betätigt, weil man dann den gesamten Trustee-Pfad vorgeschlagen bekommt.

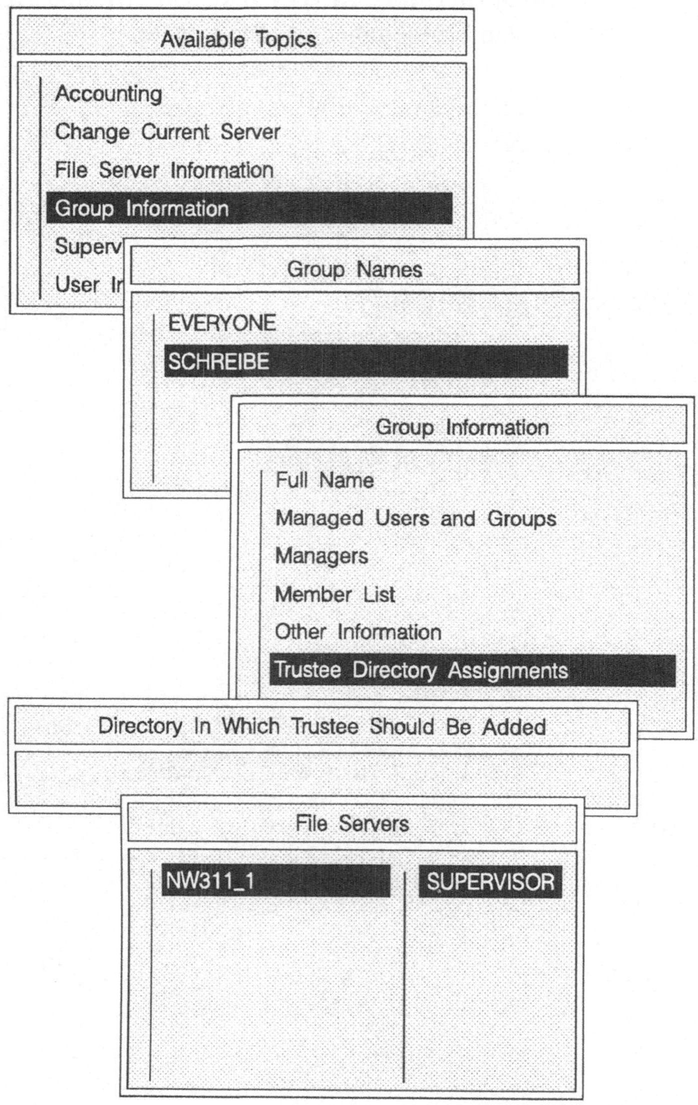

Bild 5.3-49:

Als erstes wird der File Server Name in die Pfadangabe nach Betätigung der
<Enter>Taste übernommen.

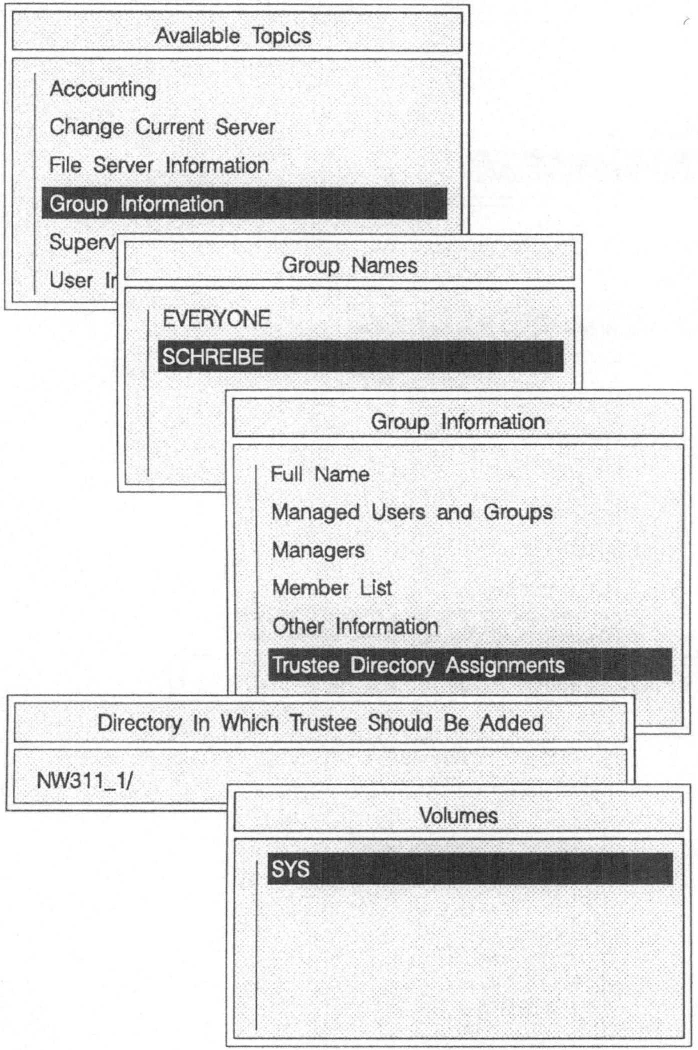

Bild 5.3-50:

Als nächstes kann man das Volume übenehmen.

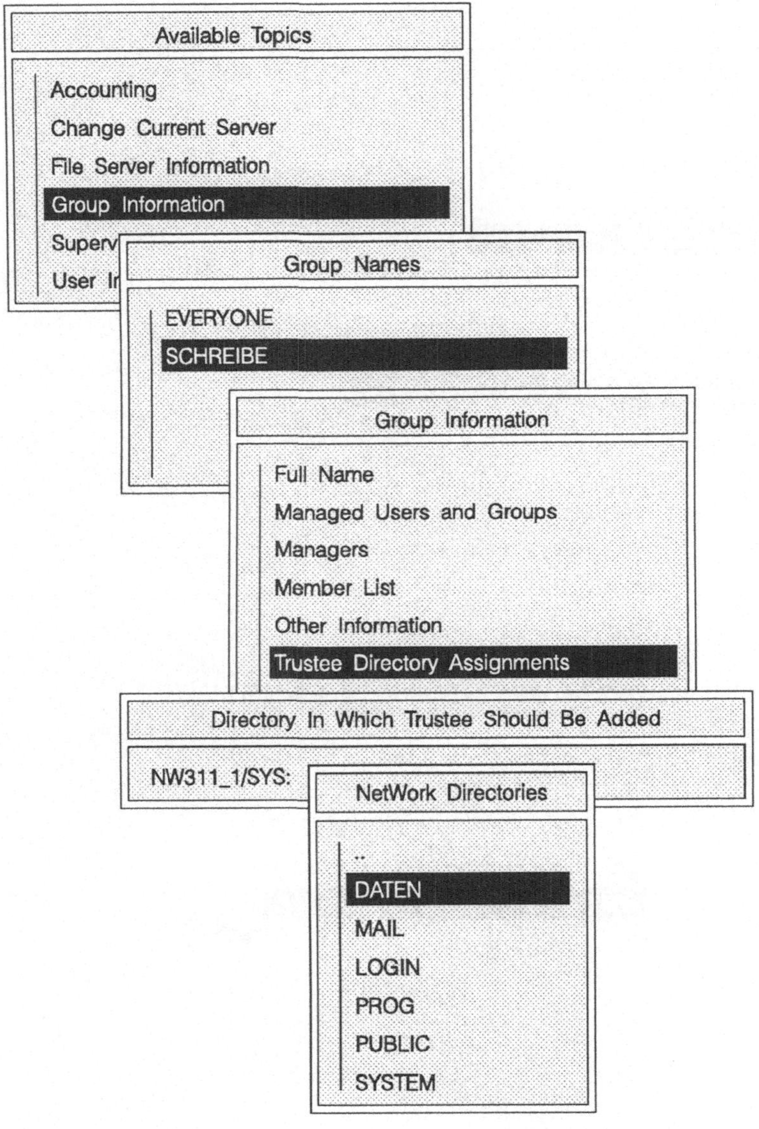

Bild 5.3-51:

Danach wählt man das erste Unterverzeichnis (SYS:PUBLIC) aus, betätigt die
<Enter>Taste, die <Esc>Taste und noch einmal die <Enter>Taste und hat schließ-
lich die ersten Trustees für die Gruppe Schreibe eingerichtet. Standardmäßig
werden die Rechte R und F vergeben, was in unserem Fall ausreichend ist.

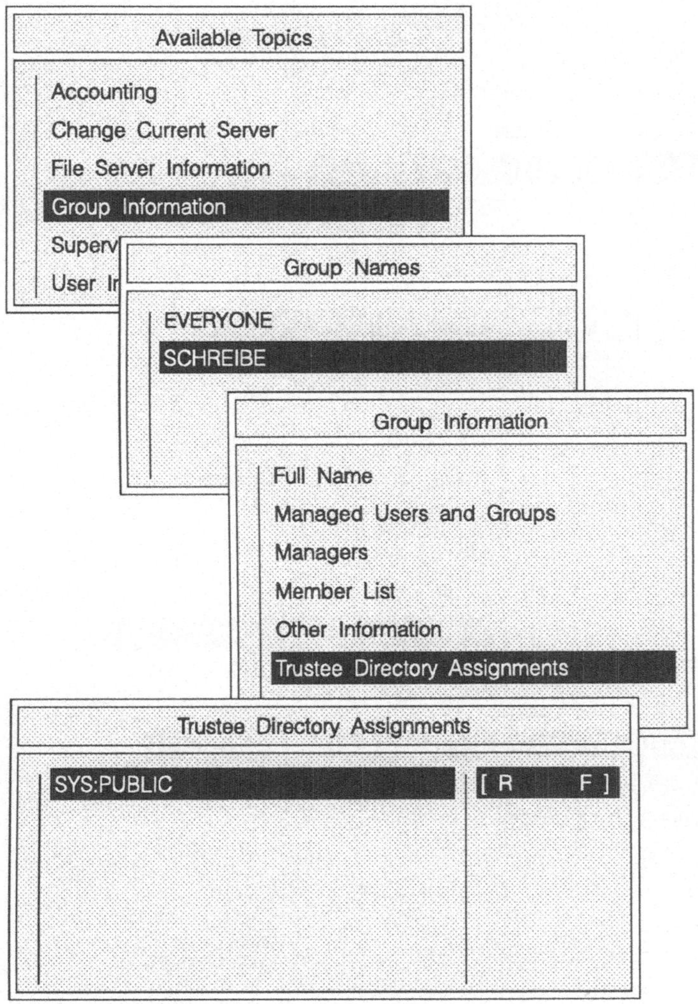

Bild 5.3-52:

Mit der gleichen Eingabeprozedur vergibt man Trustees für die Unterverzeichnisse
SYS:PUBLIC\V5.00 und SYS:PROG\TEXT\WP51. Mit dem Bild 5.3-52 wird
lediglich das Ergebnis dargestellt.

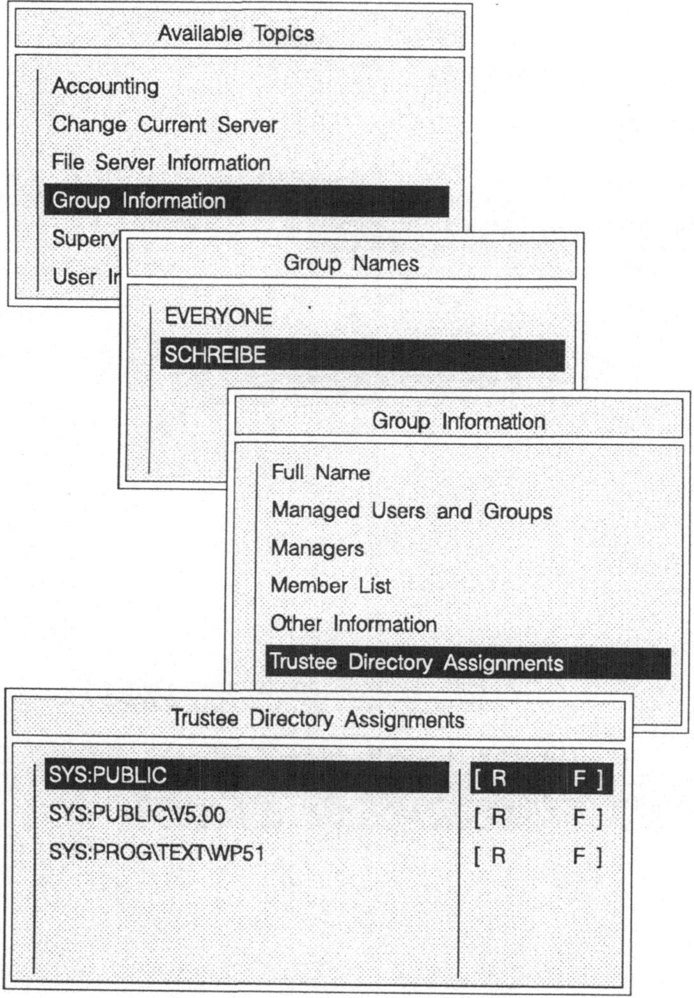

Bild 5.3-53:

Die Trustees in SYS:MAIL brauchen nicht besonders eingegeben zu werden, da sie
von NetWare automatisch bei der Einrichtung der Gruppe zugeordnet werden.

Es fehlen noch die Trustees im Verzeichnis SYS:DATEN\SCHREIBE. In diesem
Verzeichnis sollen Nicole, Philipp und Lisa die Möglichkeit haben, Daten auszu-
tauschen. Deshalb werden hier höhere Rechte vergeben. Zuerst werden nach der
schon bekannten Methode die Rechte R und F vergeben. Das Ergebnis wird im
folgenden Bild 5.3-54 gezeigt.

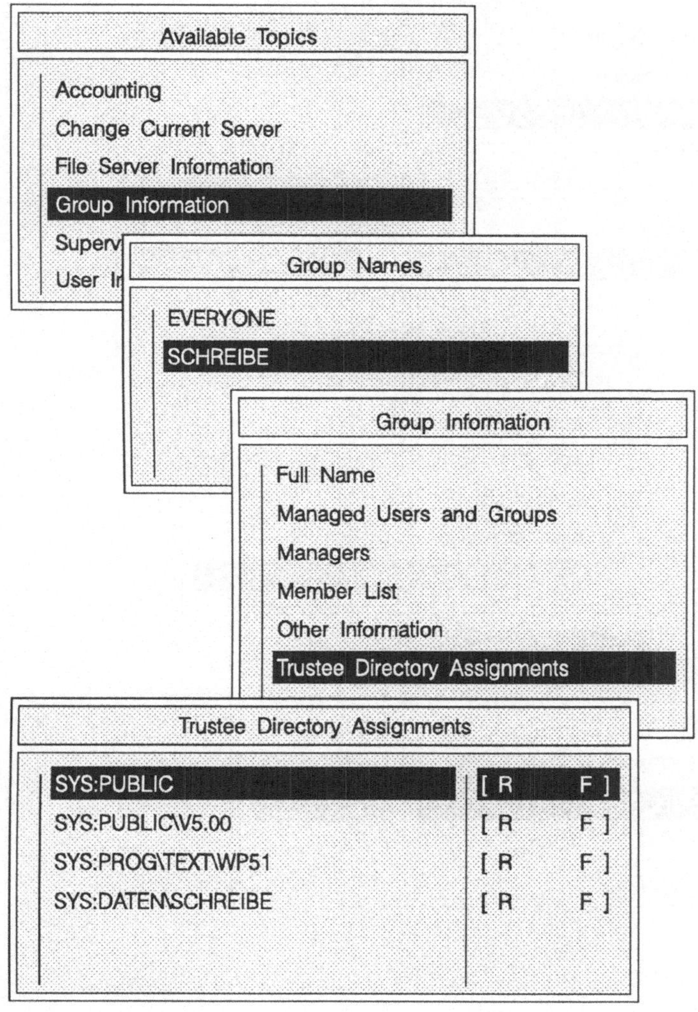

Bild 5.3-54:

Um die beiden Rechte W und C noch hinzuzufügen, stellt man den Cursor auf das Verzeichnis SYS:DATEN\SCHREIBE und betätigt die <Enter>Taste. Es erscheint ein neues Fenster mit der Bezeichnung **Trustee Rights Granted**.

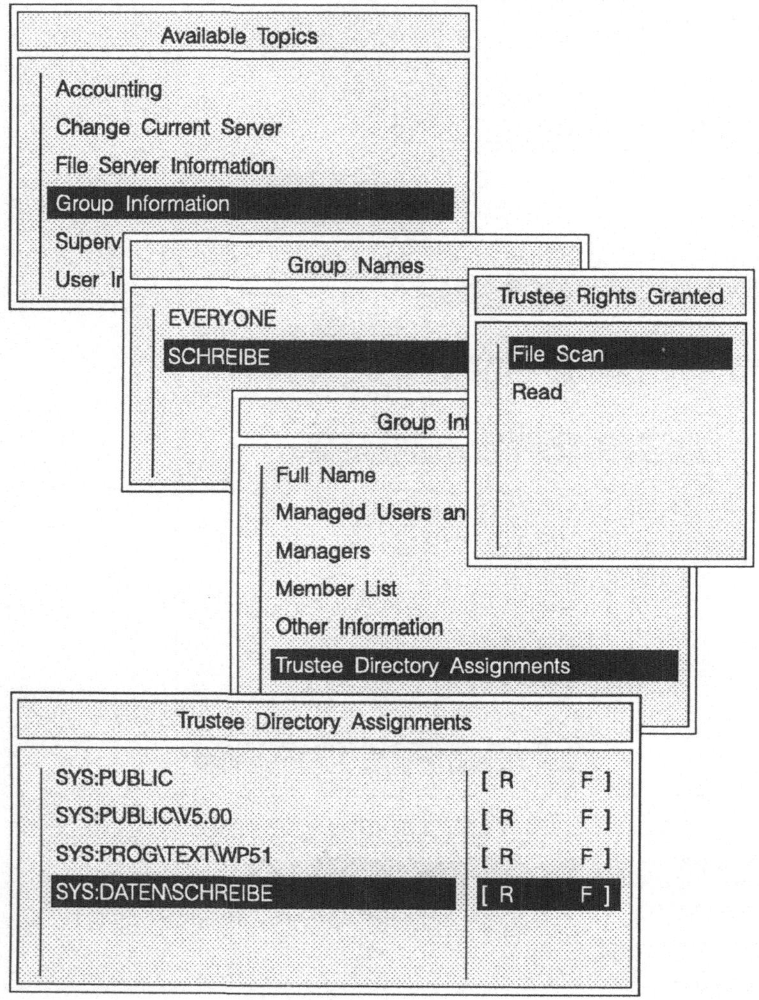

Bild 5.3-55:

Hier betätigt man die <Einfg>Taste, woraufhin das neue Fenster **Trustee Rights Not Granted** geöffnet wird. Mit Hilfe der <F5>Taste kann man die Rechte Create und Write markieren.

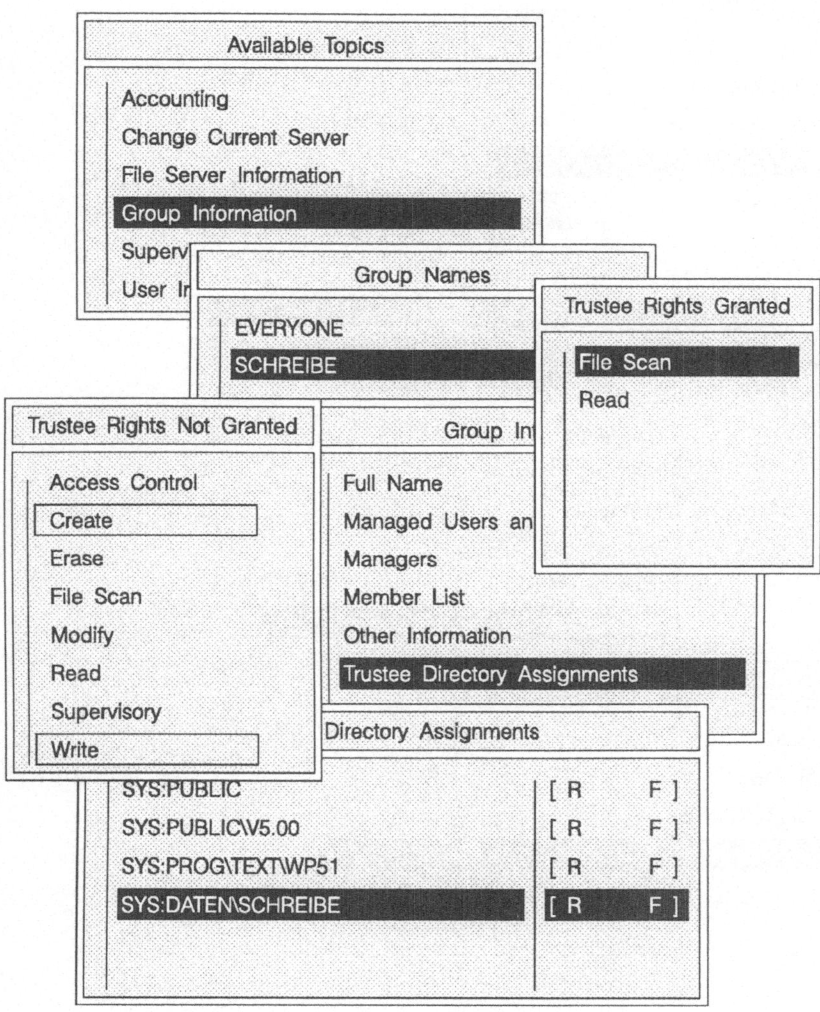

Bild 5.3-56:

Anschließend werden nach Betätigung der <Enter>Taste die ausgewählten Rechte in das Fenster **Trustee Rights Granted** übernommen.

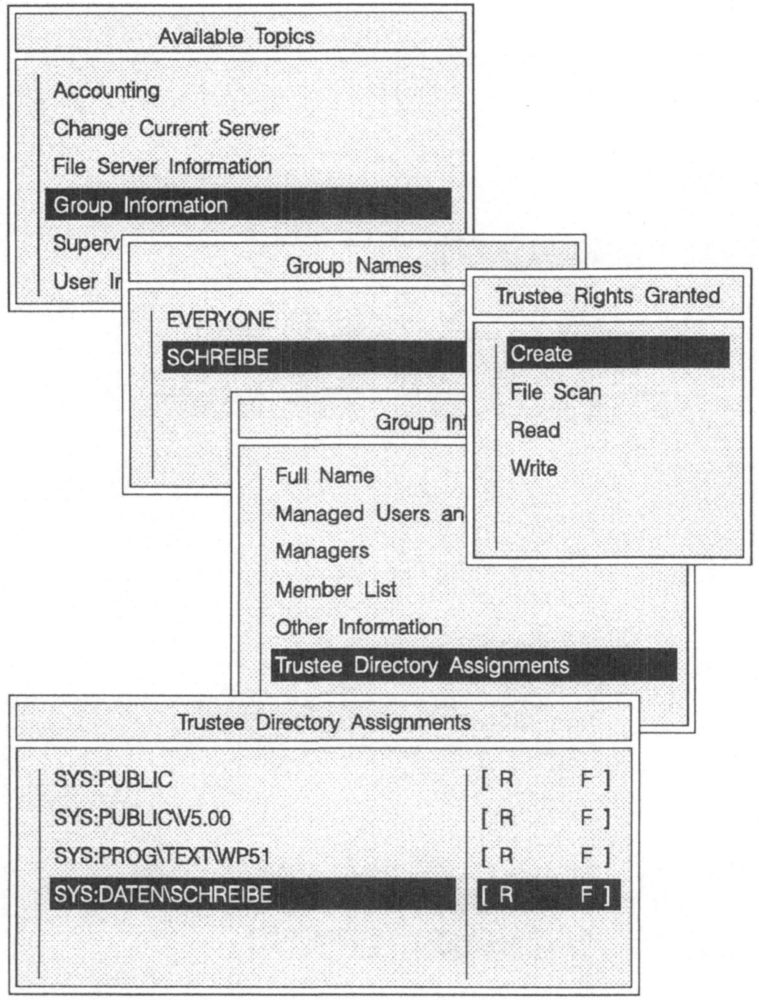

Bild 5.3-57:

Nach Betätigung der <Esc>Taste werden diese zusätzlichen Rechte der Gruppe SCHREIBE zugewiesen.

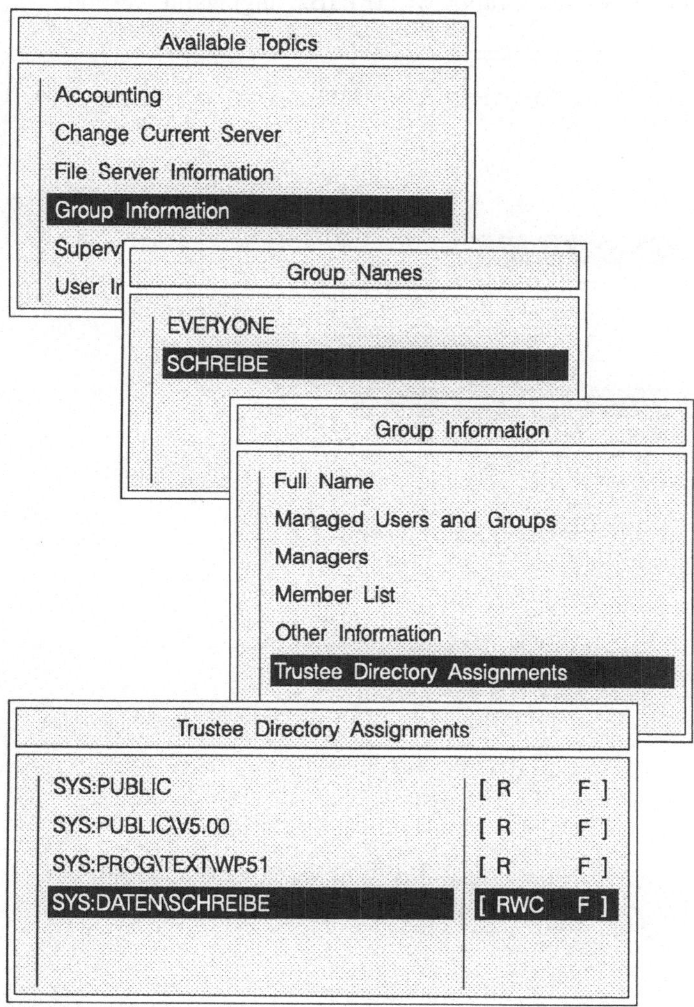

Bild 5.3-58:

Benutzer der Gruppe SCHREIBE zuweisen

Zuerst muß das Utility Syscon aufgerufen und der Menüpunkt **Group Information** angewählt und mit dem Cursor die Gruppe SCHREIBE angewählt werden.

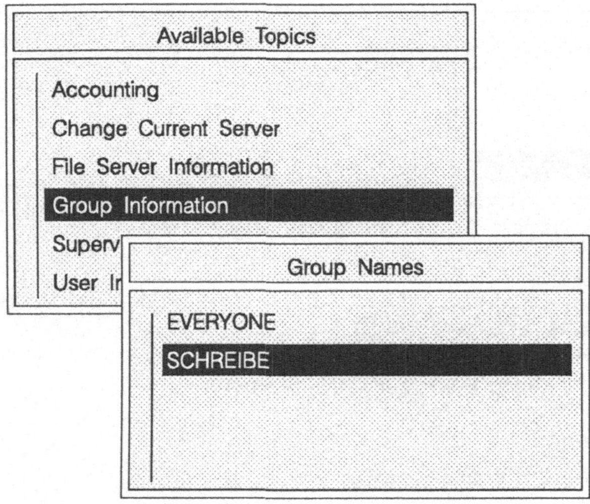

Bild 5.3-59:

Nun wird die <Enter>Taste betätigt. Daraufhin öffnet sich das **Fenster Group Information**. Hier wird der Menüpunkt Member List angewählt und die <Enter>Taste betätigt. Es öffnet sich das leere Fenster mit der Bezeichnung **Group Members**.

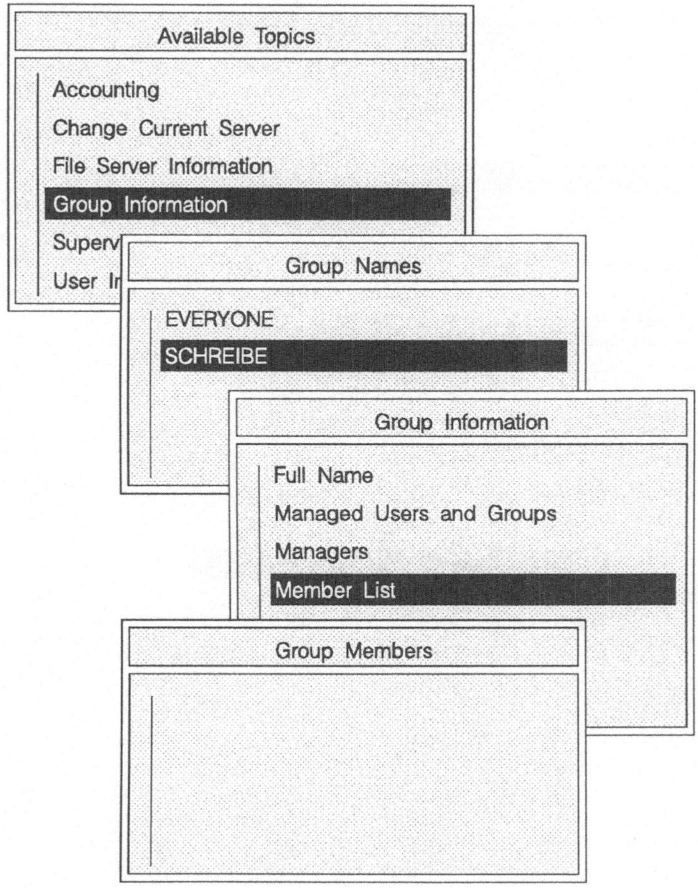

Bild 5.3-60:

Um neue Gruppenmitglieder einzufügen betätigt man die <Einfg>Taste. Es erscheint das Fenster **Not Group Members**, in dem die neuen Gruppenmitglieder Nicole, Philipp und Lisa mit der <F5>Taste markiert werden.

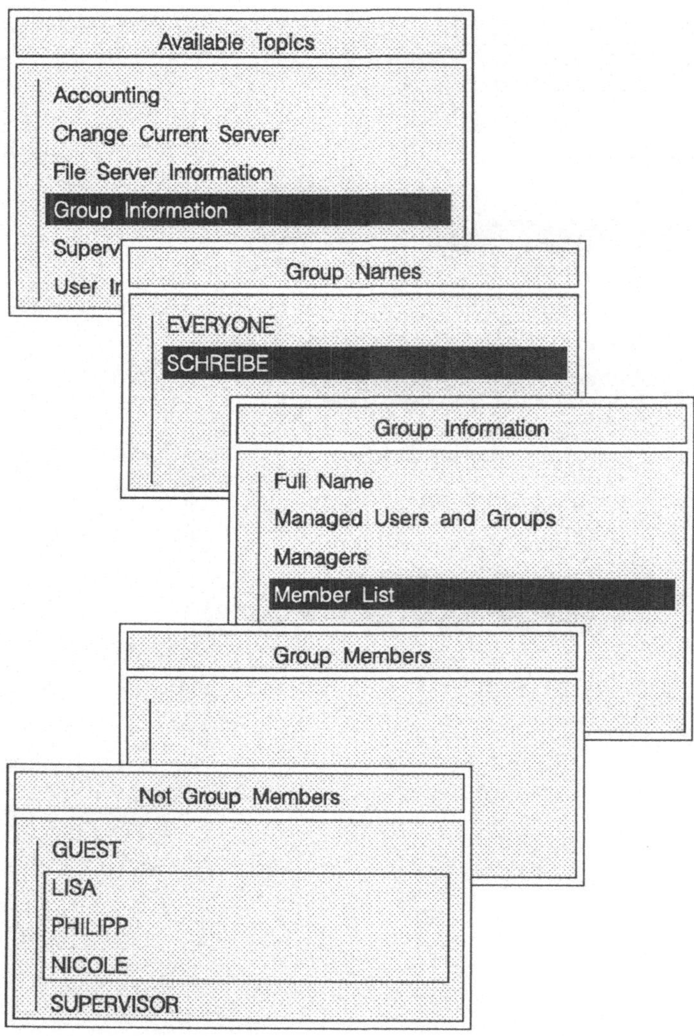

Bild 5.3-61:

Mit Hilfe der <Enter>Taste können die markierten User in die Gruppe übernommen werden.

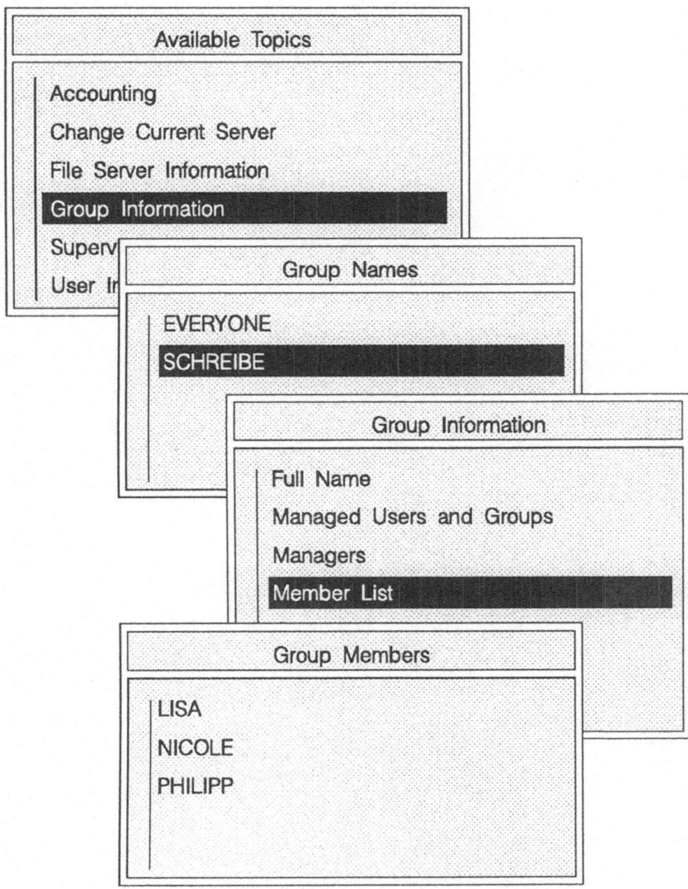

Bild 5.3-62:

5.3 Login Script

Als letzte Phase beim Wandel eines lokalen Rechners (Stand-Alone-PC) in einen Netzwerk-Rechner (Workstation) wird das Login Script abgearbeitet.

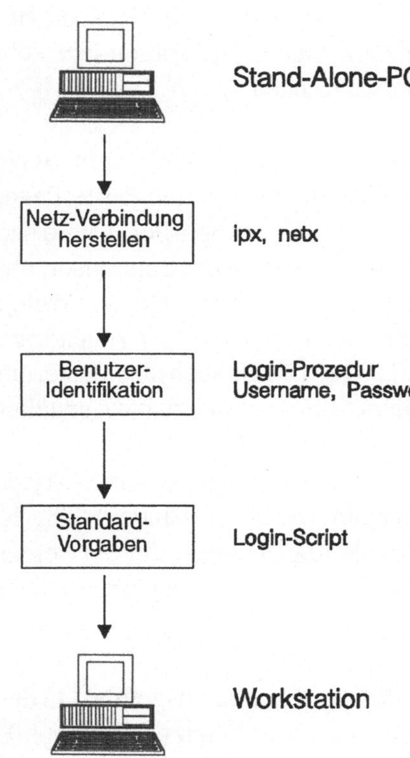

Bild 5.3-1:

Ein Login Script umfaßt mehrere Befehle, die bei jedem Einloggvorgang automatisch ausgeführt werden. Typische Beispiele für erforderliche Standardvorgaben sind Drive Mappings, Search Mappings, Zuweisung vom Home-Directory, Umlenkung lokaler Druckerschnittstellen (Capture) usw.

Innerhalb eines Login Script können sowohl spezielle Login-Script-Befehle als auch diverse NetWare-Befehle (command line) und diverse DOS-Befehle verwendet werden.

Hinweis:
Alle Befehle, die nicht interne Login-Script-Befehle sind, müssen durch # gekennzeichnet sein, damit sie ausgeführt werden können.

Beispiel:
#COMMAND.COM /C CLS

Es existieren drei verschiedene Login Scripts, die beim Einloggen eines Users ausgeführt werden können:

- **System Login Script**
- **User Login Script**
- **Default Login Script**

Im **System Login Script** werden die erforderlichen Drive Mappings festgelegt, die für alle Benutzer notwendig sind. Es lassen sich Mitteilungen an die Benutzer formulieren sowie benutzerabhängige Menüs aktivieren.

Das System Login Script kann mit Hilfe des Utility SYSCON nur vom Supervisor erzeugt und verändert werden . Die so erzeugte Datei steht in SYS:PUBLIC unter der Bezeichnung NET$LOG.DAT. Diese Datei ist eine reine ASCII-Datei, die auch mit jedem Editor bearbeitet werden kann. Die einzelnen User sollten hier keine Rechte besitzen, diese Datei zu verändern oder zu löschen.

Für jeden vorhandenen User wird automatisch ein leeres **User Login Script** angelegt. Darin lassen sich spezielle benutzerabhängige Einstellungen festlegen, z.B. die Zuweisung eines bestimmten Druckers. Dieser User Login Script wird nach Ausführen des System Login Scripts abgearbeitet. Es kann vom Supervisor, aber auch von jedem Benutzer selbst erzeugt und verändert werden. Die so erzeugte Datei (Dateinname: LOGIN) steht unterhalb von SYS:MAIL im zugehörigen Benutzer-Unterverzeichnis (z.B.: SYS:MAIL\12312312). Da auch diese Datei eine reine ASCII-Datei ist, läßt sie sich auch mit jedem Editor verändern bzw. erstellen.

Der Einsatz von User Login Scripts bereitet aber mitunter einige Probleme. Da jeder User sein eigenes User Login Script verändern kann (Rechte vorhanden), läßt sich nicht immer gewährleisten, das unerlaubte Veränderungen vorgenommen werden. Es ist deshalb empfehlenswert, alle benutzerspezifischen Angaben innerhalb des System Login Scripts einzuarbeiten.

Ist das User Login Script leer, wird das **Default Login Script** ausgeführt. In dem Default Login Script stehen die Basisinformationen für das Netzwerksystem. Es kann nicht verändert werden. Diese Informationen sind Bestandteil der Datei LOGIN.EXE und wurden von NOVELL erstellt. Sie dient eigentlich nur dazu, bei der Erstinstallation (also beim ersten Einloggen des Supervisors) einen Zugriff auf die Verzeichnisse SYSTEM und PUBLIC zu besitzen. Im laufenden Betrieb werden normalerweise alle Mappings etc. innerhalb des System Login Scripts auf die firmenspezifische Situation angepaßt.

Login-Script-Ausführung

Das Zusammenspiel der einzelnen Login Scripts zeigt folgender Ablaufplan:

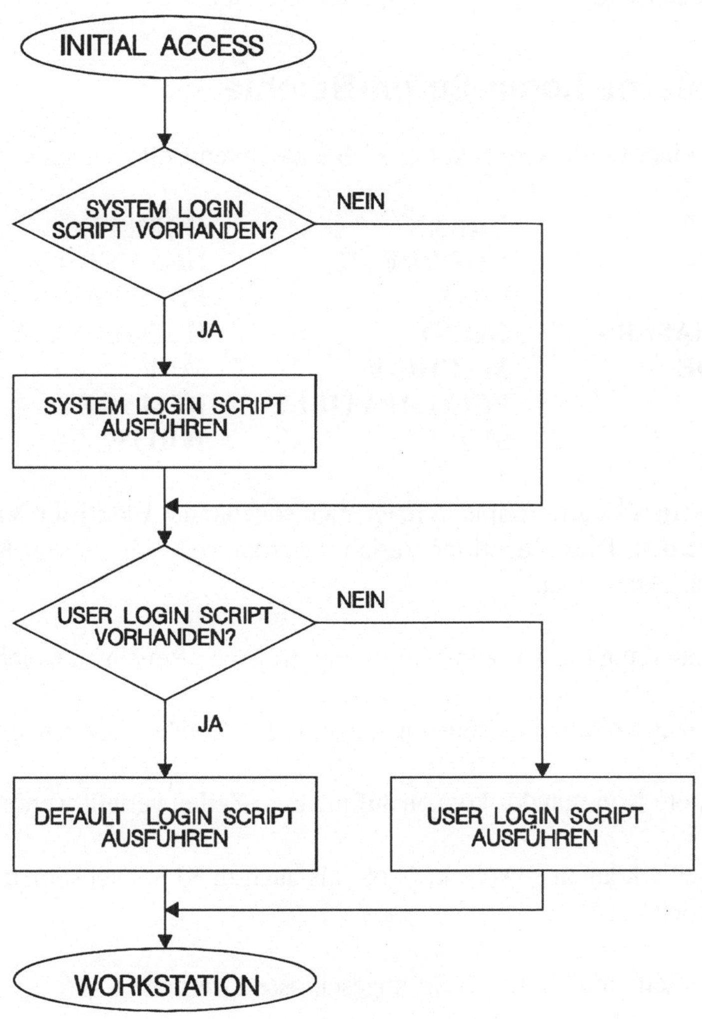

Bild 5.3-2:

Hinweis:
Besteht das User Login Script nur aus einem Leerzeichen, wird das Default Login Script nicht mehr abgearbeitet!

Will man grundsätzlich die Ausführung des User Login Scripts unterbinden, beendet man das System Login Script mit dem Befehl EXIT.

5.3.1 Interne Login-Script-Befehle

Innerhalb eines Login Scripts können folgende Befehle direkt angewendet werden:

ATTACH	**BREAK**	**COMSPEC**
DISPLAY	**DOS BREAK**	**DOS VERÍFY**
DRIVE	**EXIT**	**FDISPLAY**
FIRE PHASERS	**GOTO**	**IF...THEN...ELSE**
INCLUDE	**MACHINE**	**MAP**
PAUSE	**PCCOMPATIBLE**	**REMARK**
SHIFT	**SET**	**WRITE**

Innerhalb eines Login-Scripts können auch sogenannte **Identifier Variable** verwendet werden. Diese Identifier Variable werden später in diesem Kapitel noch ausführlich beschrieben.

Bei der Erstellung eines Login-Scripts sind folgende Regeln zu beachten:

❐   in einer Kommando-Zeile dürfen max. 150 Zeichen verwendet werden

❐   längere Kommandos können auf mehrere Zeilen verteilt werden

❐   Befehle können sowohl in Groß- als auch in Kleinbuchstaben eingegeben werden

❐   jede Zeile muß mit ENTER abgeschlossen werden

❐   in jeder Zeile darf nur ein Befehl stehen

❐   Identifier Variable können in Groß- wie Kleinbuchstaben geschrieben werden

❏ Werden Identifier Variable in Anführungszeichen gesetzt, muß sowohl ein %-Zeichen vorgesetzt werden, und es dürfen nur Großbuchstaben verwendet werden.

Beispiel:
IF "%ERROR_LEVEL" = "1" THEN .....

❏ werden externe Login-Befehle (div. NETWARE- und DOS-Befehle) verwendet, muß ein # vorgesetzt werden

Beispiel:
#COMMAND.COM /C CLS

Kurzbeschreibung der internen Login-Script-Befehle

Allgemeiner Hinweis:
In der folgenden Syntax-Beschreibung der internen Login-Script-Befehle sind alle optionalen Parameter in [....] gesetzt, d.h. diese Angaben müssen nicht unbedingt gemacht werden.

```
ATTACH [fileserver[/username[;password]]]
```

Funktion: ermöglicht Zugriff auf einen zusätzlich im Netz vorhandenen File Server, ohne die existierende Verbindung zu trennen.

Beispiel: **ATTACH NW311/NORBERT;TINA**
Benutzer NORBERT mit dem Password TINA stellt die Verbindung zum File Server NW311 her.

Kommentar: Verwendet man den ATTACH-Befehl ohne jede Option, werden diese auf dem Bildschirm vom User abgefragt. Es ist nicht empfehlenswert, das Password des Benutzers in das Login Script aufzunehmen.

BREAK [ON | OFF]

Funktion:	bei BREAK ON kann die Abarbeitung des LOGIN-SCRIPTs mit <CTRL>-C bzw. <CTRL>-BREAK vorzeitig abgebrochen werden.
Default:	BREAK OFF

COMSPEC = [path] filename

Funktion:	legt das Verzeichnis fest, aus dem der transiente Teil des Kommando-Interpreters (meist COMMAND.COM) nachgeladen wird.
Beispiel:	**COMSPEC = SYS:PUBLIC\V5.00\COMMAND.COM**
Hinweis:	Die COMSPEC-Variable in der AUTOEXEC.BAT (DOS) wird verändert!

DOS VERIFY [ON | OFF]

Funktion:	überprüft, ob die kopierten Daten ohne Fehler gelesen werden können.
Default:	DOS VERIFY OFF

Hinweis: um sicherzustellen, daß Daten auf ein lokales Laufwerk korrekt
                    kopiert wurden, sind drei Vorgehensweisen möglich:

❒   DOS VERIFY ON im Login-Script
❒   NCOPY verwenden
❒   DOS COPY mit der Option /v verwenden

Beispiel: COPY TEST.TXT A:/v

```
DRIVE  [d:]  [*n:]
```

Funktion: a)   schaltet auf das entsprechende logische Laufwerk (d:)
                           um (ersetzt den DOS-Befehl CD).

                   b)   schaltet auf das n-te logische Netzwerk-Laufwerk um.

Beispiel: DRIVE H:
                   DRIVE *2:

```
DISPLAY  [directory/]  filename
```

Funktion: ermöglicht innerhalb des Login-Scripts die Ausgabe eines
                   Textfiles incl. vorhandener Steuerzeichen auf den Bildschirm.

Beispiel: **DISPLAY SYS:PUBLIC\TEXTE\TEXT.TXT**
                   Der Inhalt der Textdatei TEXT.TXT wird beim Einloggen
                   automatisch auf dem Bildschirm ausgegeben.

                   Ist der angegebene Pfad falsch bzw. die angegebene Datei nicht
                   vorhanden, erfolgt <u>keine</u> Fehlermeldung.

DOS BREAK [ON | OFF]

Funktion: bei DOS BREAK ON können laufende Programme unterbro-
                 chen werden (siehe DOS-Befehl BREAK).

Default: DOS BREAK OFF

[option] DOS] SET name = "value"

Funktion: ermöglicht die Festlegung einer Umgebungsvariablen (siehe
                 DOS-Befehl SET).

Beispiel: **DOS SET PROMPT = "pg"**
                 Wirkt wie der DOS-Befehl; die Variable muß in "...." gesetzt
                 werden. Das obige Beispiel überschreibt eine evtl. gesetzte
                 Prompt-Anweisung innerhalb der AUTOEXEC.BAT.

                 LOCAL DOS SET PROMPT = "pg"
                 Als Option kann benutzt werden: LOCAL, TEMP oder
                 TEMPORARY. Die definierte Variable gilt dann <u>nur</u> in der
                 Umgebung des Login-Scripts, nicht aber in der PC-Umgebung.

                 SET X = "4"
                 .....
                 SET X = <X> + "1"
                 Innerhalb einer Programmschleife kann eine Laufvariable defi-
                 niert und inkrementiert werden.

Hinweis: Der Backslash (\) innerhalb eines Login-Script-Befehls wird als Steuerzeichen interpretiert. Benötigen Sie innerhalb der SET-Anweisung den normalen Backslash, müssen Sie ihn zweimal eingeben. Um die Variable TEST dem Verzeichnis F:\PROGR\APPL zuzuordnen, gilt folgende Schreibweise:

SET TEST = "F:\\PROGR\\APPL"

```
EXIT ["filename"]
```

Funktion: a)   beendet die Ausführung eines Login Scripts.

b)   ermöglicht den Aufruf einer COM-, EXE- oder BAT-Datei innerhalb des Login Scripts; nach Ausführung dieser Datei wird die Ausführung des Login Scripts beendet.

Beispiel: **EXIT**
Beendet man z.B. das System Login Script mit EXIT, wird ein evtl. vorhandenes User Login Script und das Default Login Script nicht mehr ausgeführt.

EXIT "MENU"
ermöglicht den Aufruf eines Menüs innerhalb des Login-Scripts (günstig bei menügesteuerter Benutzerführung).

Hinweis: Das Argument hinter EXIT darf max. 14 Zeichen lang sein!

    FDISPLAY [directory/][filename]

Funktion: ermöglicht innerhalb des Login-Scripts die Ausgabe eines Textfiles auf Bildschirm. Evtl. vorhandene Steuerzeichen werden herausgefiltert.
sonst wie DISPLAY

    FIRE PHASERS n TIMES

Funktion: erzeugt n akustische Zeichen.

Beispiel: **FIRE PHASERS 4 TIMES oder FIRE PHASERS 4**

    GOTO label

Funktion: Sprungbefehl; Login-Script wird bei der definierten Marke (label) fortgesetzt. Befehl findet Anwendung in Zusammenhang mit IF...THEN...ELSE

Beispiel: **IF <X> = "5" THEN GOTO LOOP**
....
....
LOOP:
ab hier Programmfortsetzung

```
IF conditional(s) [AND/OR/NOR] conditional(s)
THEN command ELSE command END
```

Funktion: ermöglicht Formulierung von Bedingungen, bei denen bestimmte Login-Script-Zeilen ausgeführt bzw. übersprungen werden. IF-Anweisungen können bis zu einer Tiefe von 10 Schleifen geschachtelt werden.
Als Bedingungen können Identifier Variable, Command Line Parameters oder auch Dos Enviroment Varaible benutzt werden.
Um Mehrfach-Bedingungen aufstellen zu können, benutzt man die logischen Verknüpfungen AND, OR und NOR.
Jede IF-Schleife muß mit END angeschlossen werden.

Beispiel:
```
SET X = "5"
IF <X> = "5" THEN
WRITE "X = 5"
ELSE
WRITE "X <> 5"
END
```

Als Operatoren können sechs Bedingungen verwendet werden:

GLEICH	=, ==, IS, EQUALS
UNGLEICH	<>, !=, IS NOT, DOES NOT EQUAL, NOT EQUAL TO
GRÖßER ALS	>, IS GREATER THAN
KLEINER ALS	<, IS LESS THAN
GRÖßER GLEICH	>=, IS GREATER THAN OR EQUAL TO
KLEINER GLEICH	<=, IS LESS THAN OR EQUAL TO

Bild 5.3-3:

Folgen nach einer IF...THEN...Anweisung mehrere Befehle, ist folgende Schreibweise erforderlich:

```
IF conditional(s) THEN BEGIN
1. Befehl
2. Befehl
....
n. Befehl
ELSE
1. Befehl
2. Befehl
....
n. Befehl
END
```

```
INCLUDE [path] filename
```

Funktion: ermöglicht das Einbinden einer Text-Datei mit gültigen Login-Script-Befehlen. Auf diese Weise lassen sich "Login-Script-Textbausteine" erstellen und einbinden. Innerhalb dieser Bausteine können wiederum INCLUDE-Anweisungen verwendet werden (Anzahl nur begrenzt durch verfügbaren Speicherplatz).

Beispiel: **INCLUDE F:\TEXT\NEWS.TXT**

Hinweis: Um diese INCLUDE-Datei ausführen zu können, benötigen alle User File-Scan- und Read-Rechte in dem Verzeichnis TEXT.

    MACHINE = "name"

Funktion: Die PCs verschiedener Markenhersteller (EPSON, TANDON
                  usw.) müssen auf diese Weise dem System bekannt gemacht
                  werden.

Default: IBM_PC

    MAP [option] [drive:=[path[;,,,] [variable]]

Funktion: ermöglicht die Zuordnung von Verzeichnisstrukturen als logi-
                  sche Netzwerk-Laufwerke (Drive Mapping) und Festlegung
                  von Suchpfaden (Search Drive Mapping).

Options: **DISPLAY ON|OFF**
                  zeigt mit MAP DISPLAY ON (Default) alle definierten Drive-
                  Mappings an, mit MAP DISPLAY OFF wird Anzeige unter-
                  drückt.

                  ROOT
                  mit MAP ROOT K: wird Laufwerk K: zu einem ROOT-
                  Laufwerk.

                  ERRORS ON|OFF
                  mit MAP ERRORS ON (Default) wird ein Fehlerreport auf
                  Bildschirm ausgegeben, mit MAP ERRORS OFF wird Anzei-
                  ge unterdrückt.

                  INS
                  mit MAP INS S1:=...... wird ein neuer erster Suchpfad (S1)
                  eingefügt. Vorhandene Such-Pfade bleiben erhalten (nur um
                  eine Stelle verschoben).

DEL
mit MAP DEL S1: wird vorhandener Suchpfad (S1) gelöscht,
mit MAP DEL K: wird logisches Laufwerk K: gelöscht.

Die Zuordnung logischer Laufwerke (Drive Mapping) innerhalb des Netzwerkes wird auch bestimmt durch die in der
CONFIG.SYS gemachte Eintragung LASTDRIVE = xx.
Standardmäßig werden die Laufwerksbuchstaben A: - E: für die
lokalen Laufwerke reserviert. Der erste freie (Netzwerk-)Buch-
stabe ist dann F:. Um unabhängig von der beim Booten der
Workstation festgelegten Buchstabenvergabe zu sein, kann
man auch eine relative Laufwerkszuordnung definieren.

Mit der Angabe

MAP *1:=NW311\SYS:\SYSTEM

wird immer der erste frei verfügbare Netzwerkbuchstabe verwendet.

Die Ziffer hinter der Kennung * gibt den entsprechenden
Laufwerksbuchstaben an.

Bei der Definition der Suchlaufwerke (Search Drive Mapping)
ist auf folgendes zu achten.

Mit der Angabe

MAP S1:=NW311\SYS:\PUBLIC

wird der erste Suchpfad auf das Verzeichnis PUBLIC gesetzt.
Ein evtl. beim Booten der Workstation gesetzter Pfad (PATH-
Anweisung innerhalb der AUTOEXEC.BAT) wird dabei über-
schrieben.

Mit der Angabe

MAP S8:=NW311\SYS:\PROG

wird der 8. Suchpfad auf das Unterverzeichnis PROG gesetzt. Existieren aber nur 4 Suchpfade, hängt NetWare den oben definierten Suchpfaden als 5. Suchpfad an.

Mit der Angabe

MAP INS S16:=NW311\SYS:\PROG

wird an 16. Stelle der Suchpfad auf das Unterverzeichnis PROG eingefügt. Existieren nicht so viele Suchpfade, wird auch hier die Angabe ersetzt durch den nächsten freien Suchpfad. Auf diese Weise kann man einfach verhindern, daß bestehende Suchpfade versehentlich überschrieben (gelöscht) werden.

PAUSE oder WAIT

Funktion: Die Ausführung des Login Scripts wird solange unterbrochen, bis eine Taste betätigt wird. Auf dem Bildschirm erscheint die Meldung *Strike any key when ready . . .*

[PC]COMPATIBLE

Funktion: Verschiedene Markenhersteller liefern ihre PCs mit einer speziellen DOS-Version aus (EPSON, TANDON ...). In der Datei SHELL.CFG (befindet sich im gleichen Verzeichnis wie ipx.com und netx.com) muß ein entsprechender Hinweis eingetragen sein.

Default: IBM_PC

Mit [PC]COMPATIBLE wird dem Betriebssystem im Login Script mitgeteilt, daß der angeschlossene Computer IBM-kompatibel ist.

```
REM[ARK] [text]  oder  *[text]  oder  ;[text]
```

Funktion: ermöglicht das Einfügen von Kommentarzeilen innerhalb des
                   Login-Scripts.

Beispiel: **REM Einrichtung aller Search Drives**


```
SHIFT [n]
```

Funktion: wie DOS SHIFT; Command Line Argumente werden als
                   Variable abgespeichert.


```
WRITE "text"
```

Funktion: ermöglicht die Ausgabe von Text auf Bildschirm. Der Text-
                   String muß in Anführungszeichen stehen.

Beispiel: **WRITE "Dies ist ein Text"**

                   Folgende Steuerzeichen innerhalb eines Text-Strings sind ver-
                   fügbar:

                   \r   für Carriage Return (Zeilenanfang ohne Zeilenvorschub)
                   \n   für neue Zeile (inkl. carriage retrun)
                   \"   für Anführungszeichen
                   \7   für akustisches Signal

Beispiel: **WRITE "\"1. Zeile\"\n2.Zeile"**

ergibt auf Bildschirm folgende Darstellung:

"1. Zeile"
2. Zeile

5.3.2 Identifier Variables

Außer den vorgestellten internen Login-Script-Befehlen können innerhalb eines Login-Scripts zusätzlich Identifier Variables eingesetzt werden. Diese Identifier Variablen sind in einer Tabelle auf der nächsten Seite dargestellt.

Diese Variablen können innerhalb einiger Login-Befehle (z.B. IF...THEN, MAP, WRITE) als Platzhalter verwendet werden. Bei der Abarbeitung des Login-Scripts werden diese Platzhalter ersetzt durch die entsprechenden aktuellen Werte bzw. Angaben.

Werden Identifier Variables innerhalb des WRITE-Befehls verwendet, gelten folgende Syntax-Regeln:

Beispiel: WRITE "Guten Tag %GREETING_TIME, %LOGIN_NAME"

1. nur Großbuchstaben erlaubt,
2. %-Zeichen muß vorangestellt werden

Alternative Schreibweise:
WRITE "Guten Tag"; greeting_time;" ";login_name

1. Groß- oder Kleinbuchstaben erlaubt,
2. Identifier müssen durch Semikolon abgetrennt werden

CONDITIONAL	
ACCESS_SERVER	gibt WAHR zurück, wenn Server-Zugriff erfolgreich, sonst FALSCH
ERROR_LEVEL	Bei Fehler Zahl, sonst 0 (= kein Fehler)
MEMBER OF "group"	gibt WAHR zurück, wenn Gruppenmitglied, sonst FALSCH
DATE	
DAY	Nummer des Monatstages (01-31)
DAY_OF_WEEK	Name des Wochentages (Monday, Tuesday....)
MONTH	Nummer des Monats (01-12)
MONTH_NAME	Name des Monats (January, February...)
NDAY_OF_WEEK	Nummer des Wochentages (1=Sunday, 2=Monday ....)
SHORT_YEAR	Jahresangabe in Kurzformat (89, 90, 91 ...)
YEAR	vollständige Jahresangabe (1989, 1990, 1991 ...)
DOS ENVIRONMENT	
< >	benutzt jede DOS-Variable als Zeichenkette (String)
NETWORK	
NETWORK_ADDRESS	Netzwerk-Adresse des Kabelsystems (8stellige HEX-Zahl)
FILE_SERVER	Name des angemeldeten File-Servers
TIME	
AM_PM	Tag oder Nacht (am oder pm)
GREETING_TIME	Begrüßungstext (Morning, afternoon oder evening)
HOUR	Tages- bzw. Nachtstunden in Kurzform (1-12)
HOUR24	Europäische Zeitangabe (00-23)
MINUTE	Minutenangabe (00-59)
SECOND	Sekundenangabe (00-59)
USER	
FULL_NAME	Vollständiger Benutzername (wird angegeben in SYSCON)
LOGIN_NAME	Benutzerkennung beim LOGIN
USER_ID	eine jedem Benutzer zugeordnete Identitätsnummer (Bindery)
WORKSTATION	
MACHINE	Typ des verwendeten Computers (z.B. IBMPC)
OS	von der Arbeitsstation verwendetes Betriebssystem (z.B. MSDOS)
OS_VERSION	Version des verwendeten Betriebssystem (z.B. V5.00)
P_STATION	Station-Nummer bzw. Node-Adresse (12stellige HEX-Zahl)
SHELL_TYPE	
SMACHINE	Kurzname des verwendeten PC-Typs (z.B. IBM)
STATION	Verbindungsnummer

5.3.3 Externe Login-Script-Befehle

Innerhalb eines Login-Scripts können auch die meisten NetWare- und DOS-Befehle eingesetzt werden. Sie müssen jedoch durch # besonders gekennzeichnet werden:

Beispiel:
```
....
....
#whoami
PAUSE
....


oder


....
#COMMAND /C VER
#COMMAND /C  COPY F:\TEST\TEST.TXT C:\KOPIE
....


oder


....
#CAPTURE L=1 S=NW311 Q=HPIIISI
....
```

Auf den folgenden Seiten werden einige Beispiele von Login Scripts kommentiert. Sie stellen eine Anregung dar und können auf die spezifischen Netzwerksituationen zugeschnitten werden. Das Analysieren bzw. das Erstellen dieser Login Scripts erfordert immer auch Kenntnis der Struktur der Netzwerkplatte (welche Verzeichnisse existieren bzw. wo befinden sich bestimmte Informationen).

Werden z.B. innerhalb dieser Login Scripts logische Laufwerke definiert (Drive Mappings), deren Verzeichnisse auf der Festplatte nicht existieren, können natürlich diese Mappings nicht durchgeführt werden. Man erhält die zugehörigen Fehlermeldungen, wenn sie nicht durch die Anweisung MAP ERRORS OFF unterdrückt werden.

Beispiel 1:

Das untere Listing zeigt den Inhalt des Default Login Scripts, das Bestandteil der Systemdatei LOGIN.EXE ist.

Zur besseren Orientierung sind die einzelnen Zeilen durchnummeriert.

1.   WRITE "Good %GREETING_TIME, %LOGIN_NAME."
2.   MAP DISPLAY OFF
3.   MAP ERRORS OFF
4.   Rem: Set 1st drive to most appropriate directory.
5.   MAP *1:=SYS:;*1:=SYS:%LOGIN_NAME
6.   If "%1"="SUPERVISOR" THEN MAP *1:=SYS:SYSTEM
7.   Rem: Set search drives (S2 machine-OS dependent).
8.   MAP INS S1:=SYS:PUBLIC
9.   MAP INS S2:=S1:%MACHINE/%OS/%OS_VERSION
10.   Rem: Now display all the current drive settings
11.   MAP DISPLAY ON
12.   MAP

Die Wirkung dieses Default Login Scripts hängt direkt mit der von NOVELL vorausgesetzten Verzeichnisstruktur auf der Server-Platte ab. Um alle gemachten Angaben fehlerfrei ausführen zu können, müßte die Verzeichnisstruktur folgendes Aussehen haben:

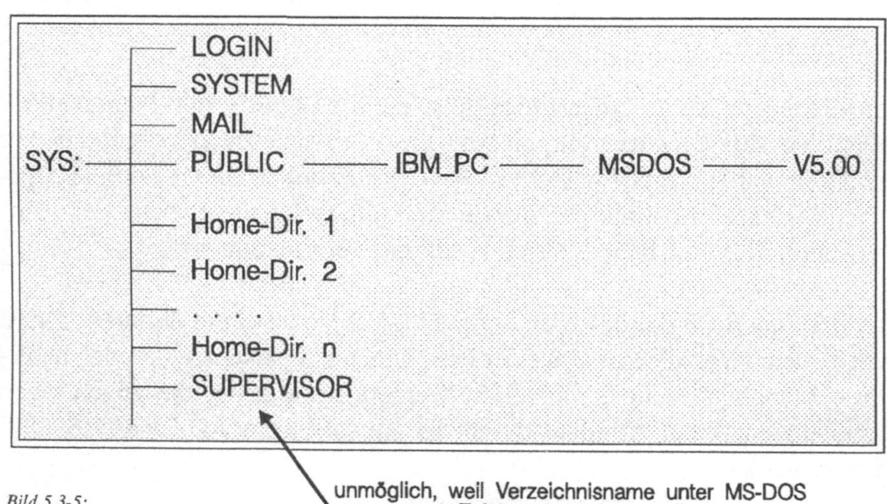

Bild 5.3-5:

Die Verzeichnisnamen der Home-Directories sind gleichlautend mit den Namen der einloggenden User. Loggt sich ein User z.B. unter dem Namen CHRISTA ein, so muß auch das entsprechende Home-Directory CHRISTA heißen. Auch der Supervisor besitzt ein Unterverzeichnis mit dem Namen SUPERVISOR; dieses Verzeichnis kann aber (unter MS-DOS) nicht angelegt werden, da die maximal erlaubten acht Zeichen überschritten werden.

Eine weitere Voraussetzung für die fehlerfreie Bearbeitung des angegebenen Default Login Scripts heißt, unter dem Verzeichnis PUBLIC muß ein Verzeichnis für den verwendeten Rechnertyp (z.B IBM_PC) vorhanden sein. Für diesen speziellen Rechnertyp wird ein entsprechendes Unterverzeichnis für das Betriebssystem (z.B. MSDOS) eingerichtet. Darunter wiederum muß ein Verzeichnis für die benötigte Betriebssystem-Version (z.B. V5.00) vorhanden sein.

Diese drei Identifier Variablen %MACHINE, %OS und %OS_VERSION werden beim Booten der Workstation entsprechend ersetzt. Auf diese Weise ist es möglich, innerhalb eines Netzwerkes mit sehr unterschiedlichen Rechnertypen, Betriebssystemen und Betriebssystem-Versionen zu arbeiten. Jede Workstation erhält den für sie erforderlichen Zugriff auf die Betriebssystem-Dateien.

Wird nur dieses Default Login Script **nach** dem **Einloggen des Supervisors** abgearbeitet, erscheint auf dem Bildschirm folgende Anzeige:

```
Good  evening,SUPERVISOR.
Drive A   :    maps to a local disk.
Drive B   :    maps to a local disk.
Drive C   :    maps to a local disk.
Drive D   :    maps to a local disk.
Drive E   :    maps to a local disk.
Drive F   : = NW311\SYS:    \SYSTEM

          -----

SEARCH1 : = Z:. [NW311\SYS:    \PUBLIC]
SEARCH2 : = Y:. [NW311\SYS:    \PUBLIC\IBM_PC\MSDOS\V5.00]
SEARCH3 : = C:\DOS500
SEARCH4 : = C:\WINDOWS
```

Bild 5.3-6:

Kommentar:

Zeile 1   Abhängig von der Systemzeit des File Servers wird der User mit seinem (Login-)Namen begrüßt.

Zeile 2   Alle Bildschirmausgaben werden unterdrückt.

Zeile 3   Alle Fehlermeldungen werden unterdrückt.

Zeile 4   Kommentarzeile

Zeile 5   In dieser Zeile wird das erste verfügbare Netzwerk-Laufwerk zweimal definiert.

NOVELL bedient sich hier eines kleinen Tricks. Loggt sich ein User ein, der auch das gleichnamige Home-Directory besitzt, wird die zuerst gemachte Zuweisung MAP *1:=SYS: überschrieben durch die Zuweisung MAP *1:=SYS:%LOGIN_NAME. Der User TINA erhält also als Drive Mapping die Zuordnung F:=SYS:\TINA.

Besitzt der eingeloggte User kein gleichnamiges Unterverzeichnis, wird auch die zweite Zuweisung MAP *1:=SYS:%LOGIN_NAME nicht ausgeführt. Die entstehende Fehlermeldung bleibt unterdrückt wegen MAP ERRORS OFF. Die für diesen User gültige Zuweisung lautet: F:=SYS:. Dieser Fall trifft auch für den SUPERVISOR zu, da es dieses Home-Directory nicht geben kann.

Zeile 6   Diese Abfrage überschreibt die in Zeile 5 getroffene Zuweisung für den Supervisor in F:=SYS:\SYSTEM.

Zeile 7   Kommentarzeile

Zeile 8   Für alle User wird der 1.Suchpfad (Search Drive Mapping) auf das Verzeichnis SYS:PUBLIC gesetzt. Alle beim Booten der Workstation gesetzten Suchpfade werden entsprechend verschoben.

Zeile 9   Für alle User wird der 2. Suchpfad auf das entsprechende DOS-Verzeichnis gesetzt.

Zeile 10   Kommentarzeile

Zeile 11   Alle Bildschirmausgaben werden wieder zugelassen

Zeile 12   Alle zugewiesenen Drive Mappings und Search Drive Mappings
             werden auf dem Bildschirm angezeigt.

Die gemachten Angaben SEARCH3: und SEARCH4: resultieren aus der in der
AUTOEXEC.BAT gemachten PATH-Anweisung:

$$PATH = C:\backslash DOS500;C:\backslash WINDOWS$$

Wird nur dieses Default Login Script **nach** dem **Einloggen des User TINA**
abgearbeitet, erscheint auf dem Bildschirm folgende Anzeige (vorausgesetzt, es
existiert das Home-Directory TINA):

```
Good evening,TINA.
Drive A   :    maps to a local disk.
Drive B   :    maps to a local disk.
Drive C   :    maps to a local disk.
Drive D   :    maps to a local disk.
Drive E   :    maps to a local disk.
Drive F   : = NW311\SYS:    \TINA
          -----
SEARCH1 : = Z:. [NW311\SYS:    \PUBLIC]
SEARCH2 : = Y:. [NW311\SYS:    \PUBLIC\IBM_PC\MSDOS\V5.00]
SEARCH3 : = C:\DOS500
SEARCH4 : = C:\WINDOWS
```

Bild 5.3-7:

Beispiel 2:

Analysieren Sie das gegebe System Login Script. Dabei können Sie voraussetzen, daß alle benötigten Verzeichnisse auf der Festplatte des File Servers existieren.

```
1.    WRITE "GOOD %GREETING_TIME, %LOGIN_NAME"
2.    WRITE" Sie sind eingeloggt auf Station %STATION"
3.    WRITE
4.    MAP DISPLAY OFF
5.    IF LOGIN_NAME <> "SUPERVISOR" THEN BEGIN
6.         MAP *1:=NW311/SYS:%LOGIN_NAME
7.         MAP *2:=NW311/SYS:PROGR.
8.         MAP *3:=NW311/SYS:TOOLS/USER
9.    END
10.   MAP INS S1:=SYS:PUBLIC
11.   MAP INS S2:=S1:%OS_VERSION
12.   COMSPEC=S2:COMMAND.COM
13.   MAP INS S3:=SYS:MAIL
14.   #CAPTURE L=1 S=NW311 Q=HPIIISI
15.   MAP DISPLAY ON
16.   MAP
17.   EXIT
```

Kommentar:

Zeile 1   Abhängig von der Systemzeit des File Servers wird der User mit seinem (Login-)Namen begrüßt.

Zeile 2   Die aktuelle Stationsnummer (z.B. Station 1) wird ausgegeben.

Zeile 3   Eine Leerzeile wird erzeugt.

Zeile 4   Alle Bildschirmausgaben werden unterdrückt.

Zeile 5   Der Supervisor überspringt die Zeilen 6 bis 9. Alle anderen User arbeiten mit Zeile 6 weiter.

Zeile 6   Alle User erhalten die Search-Drive-Zuweisung
               F:=NW311/SYS:Home-Directory

Zeile 7   Alle User erhalten die Search-Drive-Zuweisung
               G:=NW311/SYS:PROGR

Zeile 8   Alle User erhalten die Search-Drive-Zuweisung
               H:=NW311/SYS:TOOLS/USER

Zeile 9   Ende der IF-Schleife

Zeile 10   Alle erhalten als 1. Suchlaufwerk SYS:PUBLIC

Zeile 11   Alle erhalten als 2. Suchlaufwerk SYS:PUBLIC\V5.00

Zeile 12   Der Kommando-Interpreter COMMAND.COM befindet sich im
               Verzeichnis SYS:PUBLIC\V5.00

Zeile 13   Alle erhalten als 3. Suchlaufwerk SYS:MAIL

Zeile 14   Als externer Login-Script-Befehl muß die CAPTURE-Anweisung
               mit # gekennzeichnet sein. Die lokale parallele Schnittstelle LPT1
               wird umgelenkt auf den File Server NW311 und die Druckjobs in die
               Druckerwarteschlange HPIII_SI eingeordnet.

Zeile 15   Alle Bildschirmausgaben werden wieder zugelassen.

Zeile 16   Alle zugewiesenen Drive Mappings und Search Drive Mappings
               werden auf dem Bildschirm angezeigt.

Zeile 17   Mit EXIT wird die weitere Ausführung eines User Login Scripts und
               des User Login Scripts verhindert.

Beispiel 3:

Nach dem Einloggen wird folgendes SYSTEM-LOGIN-SCRIPT ausgeführt:

```
MAP DISPLAY OFF
MAP INS S1:=SYS:PUBLIC
MAP INS S2:=SYS:PUBLIC\%OS_VERSION
COMSPEC=S2:COMMAND.COM
MAP ROOT H:=NW311\SYS:USER\%LOGIN_NAME
DRIVE H:
```

Erstellen Sie ein USER-LOGIN-SCRIPT, in dem folgende zusätzlichen Vereinbarungen getroffen werden:

1. Weisen Sie folgenden Verzeichnissen logische Laufwerke zu:

    ```
    L:    NW311—SYS:—PROGRAMS—WP51
    M:    NW311—SYS:—PROGRAMS—WORD5
    N:    NW311—SYS:—PROGRAMS—WINWORD
    ```

2. Richten Sie zu obigen Verzeichnissen entsprechende Such-Laufwerke ein!

3. Begrüßen Sie jeden Benutzer mit einer deutschen Begrüßung:

    Guten Morgen (Tag) (Abend), Benutzername,
    Sie sind ordnungsgemäß eingeloggt an Station xx
    Einloggzeit: xx.xx Uhr

4. Erfolgt das Einloggen freitags nach 14.00 Uhr, wird eine entsprechende Sicherungsmeldung ausgegeben:

    Bald ist Wochenende; um 15.00 Uhr wird der File-Server abgeschaltet.
    !!! Bitte sichern Sie Ihre Daten !!!

5. Am Ende des Einloggvorganges sollen alle Drive Mappings angezeigt werden.

6. WINDOWS im Netz

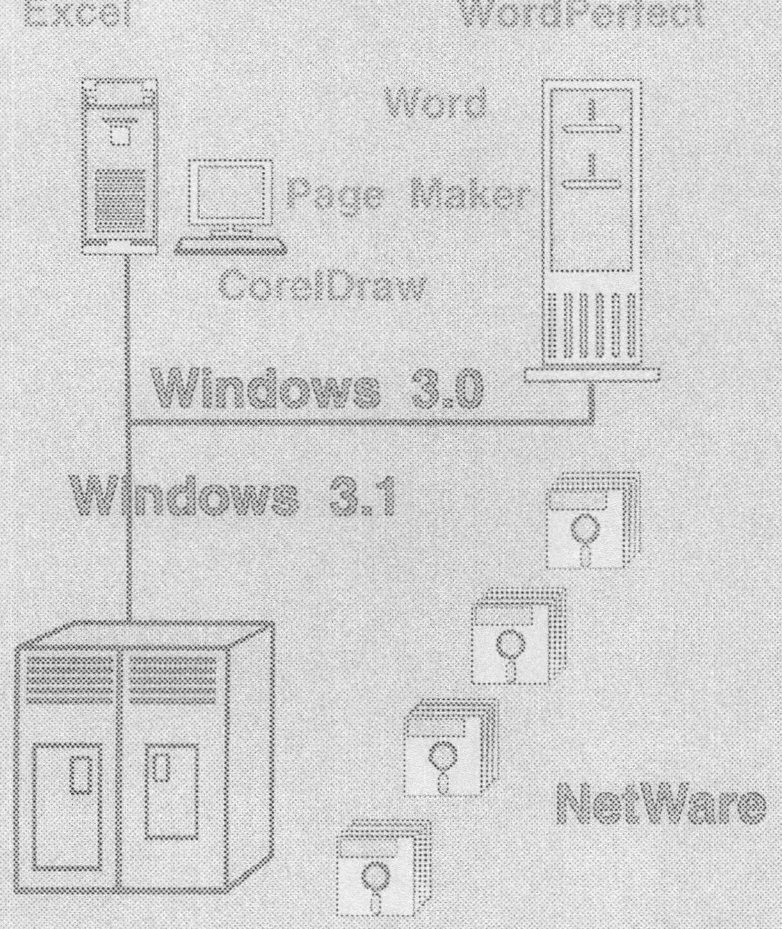

6.1 Netzwerk-Installation von WINDOWS 3.0

Der Einsatz der Betriebssystem-Erweiterung WINDOWS 3.0 und der zugehörigen Applikationen erfreut sich wegen der großen Anwenderfreundlichkeit einer großen Beliebtheit. Dieses Programm auch innerhalb des Netzwerkbetriebes verfügbar zu machen, ist somit eine logische Folge.

Die Installation von WINDOWS 3.0 und den entsprechenden Applikationen auf einem Stand-Alone-PC ist recht einfach. Man durchläuft eine Installations-Routine und konfiguriert seine persönliche WINDOWS-Version. Maus-Typ, Grafikkarte, angeschlossene(r) Drucker sind nur einige Punkte, die innerhalb des SETUPs in das WINDOWS-Programm integriert werden. Nach Abschluß der Installations-Routine besitzt man eine lauffähige, individuell zugeschnitte WINDOWS-Version.

Anschließend werden alle weiteren WINDOWS-Apllikationen, z.B. CorelDraw, Word for Windows, Pagemaker, Excel usw. mit Hilfe beiliegender SETUP-Routinen installiert.

Auf einem Stand-Alone-PC bereitet all dies keine wesentlichen Schwierigkeiten, da der Benutzer auf seinem PC alleine arbeitet und in allen Verzeichnissen alle Rechte besitzt.

Diese Vorgehensweisen lassen sich auf die Netz-Installationen nicht übertragen.

Eine Vielzahl von Usern arbeitet auf verschiedenen Workstations mit unterschiedlichen Hardware-Konfigurationen und mit vom Supervisor ausgewählten Programmen.

WINDOWS 3.0 ist von hause aus netzwerk-tauglich. Bei der Netz-Installation müssen aber einige Initialisierungsdateien verändert werden, damit das Programm innerhalb des Netzwerkes einsetzbar ist. Da diese erforderlichen Veränderungen im WINDOWS-Handbuch nur unzureichend dokumentiert sind, werden im folgenden sehr detailliert die Installation von WINDOWS 3.0 und mehreren WINDOWS-Applikationen beschrieben.

Hinweis: Kurz vor Redaktionsschluß wurden die ersten offiziellen Versionen von WINDOWS 3.1 ausgeliefert. Da die Installationsschritte gegenüber WINDOWS 3.0 unterschiedlich sind, wird in Kap. 6.6 die Netzwerk-Installation von WINDOWS 3.1 beschrieben.

Die detailliert beschriebene Netzwerk-Installation geht von einer konkreten Firmensituation aus. Vorhanden sind zwei verschiedene Rechner-Konfigurationen:

❑   **Rechner-Typ1** ist eine Standard-Workstation mit VGA-Ausstattung.

❑   **Rechner-Typ2** ist eine DTP-Workstation, ausgestattet mit einem hochauflösenden monochromen 19"-Monitor (DualPage 120 von Cornerstone) und eigenem grafischen Sub-System. Der Hersteller liefert dazu auf einer Diskette die zugehörigen Windows-Treiber.

Die durchzuführende Installation von WINDOWS 3.0 muß auf jedem Rechner-Typ separat durchgeführt werden, da die Installationsroutine SETUP die jeweilige WINDOWS-Version arbeitsplatzabhängig installiert, d.h. die besonderen Hardware-Komponenten werden in die verschiedenen .INI- und .EXE-Dateien integriert. Verändern sich die Hardware-Komponenten, muß WINDOWS 3.0 neu installiert werden.

Beim Installationsvorgang werden sowohl hardware-unabhängige als auch hardware-abhänige Dateien erzeugt. Die Netzwerk-Option /N im SETUP erlaubt die Aufteilung dieser beiden Datei-Typen in unterschiedliche Verzeichnisse.

Unsere Installationsphilosophie besteht nun darin, alle hardware-unabhängigen Dateien in einem gemeinsamen Basis-Verzeichnis zu installieren, auf die alle WINDOWS-User - unabhängig von ihren Hardware-Konfigurationen und ihren individuellen Rechten - zugreifen können. Die anfallenden hardware-abhängigen Dateien werden in entsprechend verschiedenen Verzeichnissen installiert, auf die auch nur die User zugreifen können, für die dies erforderlich ist.

❏   Alle hardware-unabhängigen WINDOWS-Dateien werden in das Basis-Verzeichnis **SYS:PRG\WIN30** installiert.

❏   Alle hardware-abhängigen WINDOWS-Dateien für den Rechner-Typ1 gelangen in das Verzeichnis **SYS:PRG\WIN30\WIN_VGA.**

❏   Alle hardware-abhängigen WINDOWS-Dateien für den Rechner-Typ2 gelangen in das Verzeichnis **SYS:PRG\WIN30\WIN_CORN.**

Diese Verzeichnisse werden während des SETUPs angelegt.

Die nachstehend aufgelisteten Installationsbeschreibungen gehen von folgender Verzeichnisstruktur aus:

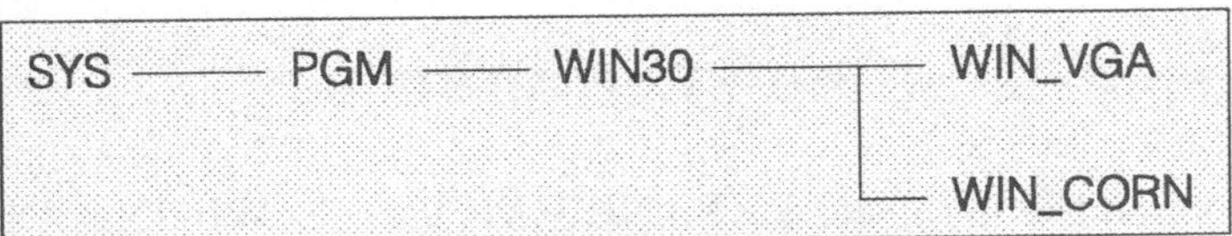

Bild 6.1-1:

In der ersten Phase wird eine benutzer-unabhängige Programm-Version von WINDOWS 3.0 erzeugt, in der die unterschiedlichen Hardware-Konfigurationen berücksichtigt sind. Dazu ist folgender Ablauf notwendig:

❏   WINDOWS-Dateien ins Basis-Verzeichnis kopieren

❏   Installation einer lauffähigen WINDOWS-Version für Rechner-Typ 1

❏   Installation einer lauffähigen WINDOWS-Version für Rechner-Typ 2

❏   Installation einer lauffähigen WINDOWS-Version für jeden weiteren vorhandenen Rechner-Typ

WINDOWS-Dateien ins Basis-Verzeichnis kopieren

Die Windows-Dateien liegen auf den Disketten teilweise in komprimierter Form vor. Mit Hilfe der Datei EXPAND.EXE (befindet sich auf der Windows-Diskette Nr. 2) und eine speziellen Batch-Datei EXPALL.BAT (muß selbst erstellt werden) werden die Windows-Dateien von den Disketten auf die File-Server-Platte übertragen.

Hinweis: Alle Anwendungsprogramme werden unterhalb des Verzeichnisses SYS:PGM auf der File-Server-Platte installiert. Als Quell-Laufwerk wird A: angenommen.

Führen Sie folgende Arbeitsschritte durch:

❏   Loggen Sie sich als Supervisor ein.

❏   Legen Sie ein Verzeichnis **SYS:PGM\WIN30** an.

❏   Kopieren Sie die Datei **EXPAND.EXE** von der Windows-Diskette Nr.2 in das Verzeichnis **SYS:PGM\WIN30**.

❏   Erstellen Sie im Verzeichnis **SYS:PGM\WIN30** die Batch-Datei **EXPALL.BAT** mit folgendem Inhalt:

```
A:
FOR %%I IN (*.*) DO F:\PGM\WIN30\EXPAND %%I F:\PGM\WIN30\%%I
F:
```

❏   Wechseln Sie in das Verzeichnis **SYS:PGM\WIN30**, legen die Windows-Diskette Nr. 1 ein und starten die Batch-Datei mit: EXPALL

❏   Verfahren Sie mit den restlichen Windows-Disketten und den zusätzlichen Treiber-Disketten in gleicher Weise.

Installation einer lauffähigen WINDOWS-Version für Rechner-Typ 1

Hinweis: Die lauffähige Windows-Version muß auf einer Station erzeugt werden, für die sie gelten soll.

☐ Starten Sie im Basis-Verzeichnis **SYS:PGM\WIN30** das Installationsprogramm SETUP mit der Netzwerkoption /N.

Befehl: SETUP/N

☐ Geben Sie innerhalb des Installationsprogramms als Installationsverzeichnis **SYS:PGM\WIN30\WIN_VGA** an.

Nach Feststellung der vorliegenden Hardware-Konfiguration durch das SETUP-Programm können Sie die erforderlichen Änderungen vornehmen. Die beschriebene Installation basiert auf folgender Konfiguration:

Computer: Alle Hewlett-Packard Maschinen
Bildschirm: VGA
Maus: Microsoft oder IMB PS/2
Tastatur: Erweiterte 101-/102-Tasten-US oder andere
Tastaturlayout: Deutsch
Sprache: Deutsch
Netzwerk: Novell NetWare 386 oder 2.10 und höher

Keine Änderungen: Obige Liste stimmt mit meinem Computer überein.

Nach Bestätigung dieser Angaben läuft die weitere Windows-Installation wie auf einem Einzelplatzrechner ab. Installieren Sie auch alle vorhandenene Drucker, damit die entsprechenden Windows-Treiber geladen werden.

Installations-Test

Nachdem der Installationsvorgang beendet ist, führen Sie eine erste Überprüfung der korrekten Installation durch.

❐   Wechseln Sie hierzu als Supervisor in das Verzeichnis

SYS:PRG\WIN30\WIN_VGA,

richten mit

MAP INS S1:=SYS:PRG\WIN30

einen Suchpfad auf das Basis-Verzeichnis ein und starten WINDOWS.

Nach kurzer Wartezeit sollten alle Windows-Funktionen für den Supervisor verfügbar sein.

Startet WINDOWS nicht einwandfrei, haben Sie bei der Installation einen Fehler gemacht und müssen diesen Punkt wiederholen.

Installation einer lauffähigen WINDOWS-Version für Rechner-Typ 2

Hinweis: Die lauffähige Windows-Version muß auf einer Station erzeugt werden, für die sie gelten soll.

❐   Starten Sie im Basis-Verzeichnis **SYS:PGM\WIN30** das Installationsprogramm SETUP mit der Netzwerkoption /N.

Befehl: SETUP/N

❐   Geben Sie innerhalb des Installationsprogramms als Installations-verzeichnis **SYS:PGM\WIN30\WIN_CORN** an.

Nach Feststellung der vorliegenden Hardware-Konfiguration durch das SETUP-Programm können Sie die erforderlichen Änderungen vornehmen. Die beschriebene Installation basiert auf folgender Konfiguration:

Computer: Alle Hewlett-Packard Maschinen
Bildschirm: Hercules Monochrom
Maus: Microsoft oder IMB PS/2
Tastatur: Erweiterte 101-/102-Tasten-US oder andere
Tastaturlayout: Deutsch
Sprache: Deutsch
Netzwerk: Novell NetWare 386 oder 2.10 und höher

Keine Änderungen: Obige Liste stimmt mit meinem Computer überein.

Hinweis: Die Treiber für das grafische Sub-System können erst nach Installation mit **Hercules Monochrom** eingebunden werden.

Nach Bestätigung dieser Angaben läuft die weitere Windows-Installation wie auf einem Einzelplatzrechner ab. Installieren Sie auch alle vorhandenene Drucker, damit die entsprechenden Windows-Treiber geladen werden.

Installations-Test

Nachdem der Installationsvorgang beendet ist, führen Sie eine erste Überprüfung der korrekten Installation durch.

❐ Wechseln Sie hierzu als Supervisor in das Verzeichnis **SYS:PRG\WIN30\WIN_CORN,**

richten mit

MAP INS S1:=SYS:PRG\WIN30

einen Suchpfad auf das Basis-Verzeichnis ein und starten WINDOWS.

Nach kurzer Wartezeit sollten alle Windows-Funktionen für den Supervisor verfügbar sein.

Startet WINDOWS 3.0 nicht einwandfrei, haben Sie bei der Installation einen Fehler gemacht und müssen diesen Punkt wiederholen.

Nachträgliche Installation des Bildschirm-Treiber für den DualPage 120 (Fa. Cornerstone)

Die grafische Darstellung ist noch unzureichend und wird durch einen weiteren Installationsvorgang auf das grafische Sub-System angepaßt. Mit einer Auflösung von 1600x1280 Bildpunkten bei einer Bildwiederholfrequenz von 76 HZ (Non-interlaced) besitzt man eine für den professionellen DTP-Einsatz angemessene Oberfläche.

Der zugehörige WINDOWS-Display-Driver wurde zu Beginn der WINDOWS-Installation in das Basis-Verzeichnis SYS:PROG\WIN30 eingespielt.

> ❐ Starten Sie als Supervisor im Verzeichnis **SYS:PRG\WIN30** erneut SETUP/N (Ziel-Verzeichnis: F:\PRG\WIN30\WIN_CORN)
>
> wählen Sie den **Menüpunkt Bildschirm** an,
>
> wählen den Punkt **Anderer (Erfordert Diskette vom Hersteller)**,
>
> geben als Quell-Laufwerk **F:\PRG\WIN30** an und bestätigen erneut mit <ENTER>.
>
> Wählen Sie anschließend den gewünschten Bildschirmtreiber-Typ (z.B. Windows Display Driver - Small).
>
> Im Eingangs-SETUP-Menü wird dieser Treiber übernommen.

Computer: Alle Hewlett-Packard Maschinen
Bildschirm: Windows Display Driver - Small
Maus: Microsoft oder IMB PS/2
Tastatur: Erweiterte 101-/102-Tasten-US oder andere
Tastaturlayout: Deutsch
Sprache: Deutsch
Netzwerk: Novell NetWare 386 oder 2.10 und höher

Keine Änderungen: Obige Liste stimmt mit meinem Computer überein.

Die zusätzlichen Bildschirm-Treiber werden geladen.

Installations-Test

Nachdem der Installationsvorgang beendet ist, führen Sie eine weitere Überprüfung der korrekten Installation durch.

❐ Wechseln Sie hierzu als Supervisor in das Verzeichnis **SYS:PRG\WIN30\WIN_CORN,**

richten mit

MAP INS S1:=SYS:PRG\WIN30

einen Suchpfad auf das Basis-Verzeichnis ein und starten WINDOWS.

Nach kurzer Wartezeit sollten alle Windows-Funktionen für den Supervisor verfügbar sein.

Startet WINDOWS 3.0 nicht einwandfrei, haben Sie bei der Installation einen Fehler gemacht und müssen diesen Punkt wiederholen. Die deutlich verbesserte Grafik-Auflösung kennzeichnet die korrekte Installation.

Die User-unabhängige Windows-Installation ist damit erfolgreich beendet.

Sollten Sie noch weitere unterschiedliche Rechner-Konfigurationen in ihrem Netz einbinden müssen, verfahren Sie in analoger Weise wie vorher beschrieben.

Gruppenspezifische WINDOWS-Versionen

Um die weitere Vorgehensweise verständlich zu machen, sind einige grundsätzliche Informationen zur Arbeitsweise von WINDOWS erforderlich.

Während des SETUPs werden verschiedene Dateien erzeugt, die beim Aufruf von WINDOWS benutzt werden:

WIN.COM   Mit WIN.COM wird WINDOWS gestartet. In dieser Datei befinden sich ausschließlich hardware-abhängige Informationen. Für jede Hardware-Konfiguration existiert also eine bestimmte WIN.COM.

WINVER.EXE   Beim Starten von WINDOWS wird standardmäßig das WINDOWS-Logo angezeigt. Da die Darstellung von der verwendeten Grafikkarte abhängig ist, ist auch der Inhalt dieser Datei hardware-abhängig.

SYSTEM.INI   In dieser Datei sind alle Hardware-Informationen der WINDOWS-Installation vorhanden. Der Inhalt dieser Datei sollte nur mit dem SETUP-Programm verändert werden.

CONTROL.INI In dieser Datei sind im wesentlichen alle Farb- und Musterwerte der installierten WINDOWS-Version abgespeichert. Auch diese Datei gehört zu den hardware-abhängigen Dateien.

WIN.INI   Diese Datei gestattet es dem einzelnen Anwender, seine WINDOWS-Oberfläche individuell zu gestalten. Die Anordnung der einzelnen Fenster, welche(r) Drucker verfügbar sind (ist) oder welche Schriften genutzt werden können, werden anwender-abhängig in dieser Datei gespeichert. Beim Ausstieg aus WINDOWS erfolgt die Abfrage, ob gemachte Änderungen gespeichert werden sollen. Damit wird der Inhalt der Datei WIN.INI verändert.

PROGMAN.INI Standardmäßig werden mit Hilfe des Programm-Manager die verfügbaren Programme gestartet. Diese Programme sind in Gruppen organisiert, deren Definition in einer jeweiligen Datei *.GRP abgespeichert ist. Bei der Standard-Installation von

WINDOWS werden die Gruppen **ZUBEHÖR.GRP**, **HAUPTGRU.GRP** und **SPIELE.GRP** innerhalb der PROGMAN.INI angelegt. Dabei werden automatisch die Pfade mit eingetragen, aus denen hervorgeht, in welchem Verzeichnis die einzelnen Gruppen-Dateien zu finden sind.

Diese Eigenschaft nutzen wir aus, um den einzelnen Gruppen nur die Programme anzubieten, auf die sie zugreifen dürfen.

Werden später weitere WINDOWS-Applikationen installiert, kommen entsprechende Gruppen-Dateien hinzu (z.B. WINWORD.GRP, ALDUS.GRP, PM4.GRP ....).

Aus diesem Grunde schlagen wir vor, unter dem Verzeichnis PGM ein weiteres Unterverzeichnis PROGMAN anzulegen , in dem alle gruppenspezifischen Informationen abgelegt werden.

Auf diese Weise können - ausgehend von einer einheitlichen (hardware-abhängigen) Basis-Installation - unterschiedlichen Usern und Gruppen in Abhängigkeit ihrer Rechte unterschiedliche WINDOWS-Applikationen zur Verfügung gestellt werden. Jede Anwendungsgruppe erhält eine eigene PROGMAN.INI-Datei, die zusammen mit den zugehörigen Gruppen-Dateien *.GRP unterhalb SYS:PGM\PROGMAN in dem jeweiligen gruppenspezifischen Verzeichnis abgespeichert sind.

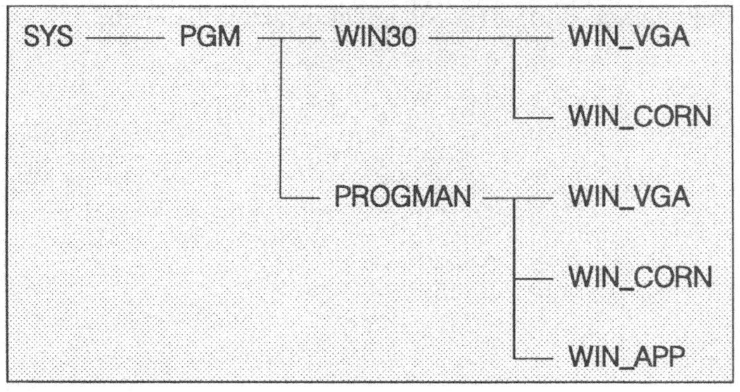

Bild 6.1-2:

Zur besseren Übersicht haben wir diesen gruppenspezifischen Verzeichnissen den gleichen Namen gegeben wie der Gruppe selbst, d.h. die Gruppe WIN_VGA erhält auch das Verzeichnis SYS:PGM\PROGMAN\WIN_VGA.

Installation gruppenspezifischer WINDOWS-Versionen

Da Sie als Supervisor in allen Verzeichnissen alle Rechte besitzen, konnten Sie die installierten WINDOWS-Versionen auf den jeweiligen Arbeitsplätzen problemlos starten. Normale Netzwerk-User haben allerdings eingeschränkte Rechte, besonders in den Programm-Verzeichnissen. Nach dem Einloggvorgang sollte sich jeder User in seinem eigenen Home-Directory befinden, in dem er alle Rechte (außer Supervisory) besitzt. Um aus diesem Home-Directory WINDOWS starten zu können, müssen entsprechende Such-Pfade gesetzt werden und verschiedene Dateien im Home-Directory vorhanden sein. Weiterhin muß der User entsprechende Trustee Directory Assignments (Read, File Scan) auf das Verzeichnis SYS:PROG\WIN30 besitzen.

Diese gruppengerechte Startprozedur läßt sich entweder menügesteuert, mit Hilfe von Batch-Dateien, mit individuellen User Login Scripts oder innerhalb des System Login Scripts organisieren. Der Menü-Generator von NetWare ist recht speicherintensiv und die aufgerufenen Menüs lassen sich immer mit <ESC> verlassen. Da der User sich anschließend auf der Netzwerk-Betriebssystem-Ebene befindet, können wir diese Form nicht empfehlen.

Wir haben diese Startprozedur innerhalb des System Login Scripts realisiert. Die erforderlichen Maßnahmen sind so für Sie leicht nachzuvollziehen.

Installationsziel

Die nun praktisch orientierte Installation geht von einem konkreten Fall aus.

In einer Firma existieren zwei verschiedene Hardware-Ausstattungen (Rechner-Typ 1 und Rechner-Typ 2) und drei verschiedene Anwender-Gruppen mit mehreren Gruppenmitgliedern. Diese Anwender-Gruppen arbeiten mit unterschiedlichen WINDOWS-Applikationen:

❐   **Gruppe WIN_VGA**   darf nur mit WINDOWS 3.0 ohne zusätzliche Applikationen arbeiten. Sie verwendet den Rechner-Typ 1.

❐   **Gruppe WIN_CORN**   darf mit WINDOWS 3.0 und den zusätzlichen Applikationen PAGEMAKER 4.0 und CORELDRW 2.01 arbeiten. Sie verwendet den Rechner-Typ 2.

❐   **Gruppe WIN_APP**   darf mit WINDOWS 3.0 und den zusätzlichen Applikationen EXCEL 3.0 und WINWORD 1.1 arbeiten. Sie verwendet den Rechner-Typ 1.

Hier wird die eigentliche Problematik der WINDOWS-Installation innerhalb eines Netzwerkes deutlich. Die erforderliche Installations-Version ist abhängig

❐   vom verwendeten Rechner-Typ,
❐   von der Gruppenzugehörigkeit,
❐   von den bereitgestellten Programmen.

Hinweis:

Neben den notwendigen Programm-Installationen müssen diese Gruppen auch die erforderlichen Trustee Directory Assignments besitzen, die in nachfolgender Grafik dargestellt sind.

Verzeichnisse \ Gruppen und Mitglieder	WIN_VGA (WIN1 WIN2 WIN3)	WIN_CORN (CORN1 CORN2 CORN3)	WIN_APP (WINAPP1 WINAPP2 WINAPP3)
SYS:PGM\WIN30	[R F]	[R F]	[R F]
SYS:PGM\PROGMAN\WIN_VGA	[R F]		
SYS:PGM\PROGMAN\WIN_CORN		[R F]	
SYS:PGM\ALDUS		[R F]	
SYS:PGM\PM4		[R F]	
SYS:PGM\CORELDRW		[R F]	
SYS:PGM\PROGMAN\WIN_APP			[R F]
SYS:PGM\EXCEL3			[R F]
SYS:PGM\WINWORD			[R F]

Bild 6.1-3:

Installation der Windows-Version für die Gruppen WIN_VGA und WIN_APP (Rechner-Typ 1)

❐ Loggen Sie sich als Supervisor ein, und wechseln Sie in das hardware-abhängige Verzeichnis

SYS:PRG\WIN30\WIN_VGA.

Dort befindet sich die Datei ZUBEHÖR.GRP, die in ZUBEHOER.GRP umbenannt werden muß.

❐ Anschließend muß der Inhalt der Datei PROGMAN.INI verändert werden. Im ersten Abschnitt [Settings] wird das Aussehen der WINDOWS-Oberfläche beim Starten definiert. Hier nehmen Sie keine Änderungen vor. Im Abschnitt [Groups] werden die im Programm-Manager verwalteten Gruppen aufgeführt. Ändern Sie die vorhandenen Einträge wie folgt ab, und kopieren Sie die veränderte Datei in die Verzeichnisse **SYS:PGM\PROGMAN\WIN_VGA** und **SYS:PGM\PROGMAN\WIN_APP** .

Ursprünglicher Zustand:
[Groups]
Group1=F:\PGM\WIN30\WIN_VGA\ZUBEHÖR.GRP
Group2=F:\PGM\WIN30\WIN_VGA\SPIELE.GRP
Group3=F:\PGM\WIN30\WIN_VGA\HAUPTGRU.GRP

Veränderter Zustand:
[Groups]
Group1=H:\ZUBEHOER.GRP
Group2=H:\SPIELE.GRP
Group3=H:\HAUPTGRU.GRP

Die Veränderungen sind notwendig, damit der User später WINDOWS 3.0 ohne jede weitere WINDOWS-Applikation aus seinem Home-Directory H:\ starten kann. Achten Sie auch auf die Umbenennung der Datei ZUBEHÖR.GRP in ZUBEHOER.GRP.

❐ Löschen Sie die Datei **PROGMAN.INI** im Verzeichnis **SYS:\PROG\WIN30\WIN_VGA.**

❏   Kopieren Sie alle Gruppen-Dateien aus dem Verzeichnis
SYS:\PROG\WIN30\WIN_VGA mit

NCOPY *.GRP \PROG\PROGMAN\WIN_VGA

und

NCOPY *.GRP \PROG\PROGMAN\WIN_APP

in die angegebenen Ziel-Verzeichnisse.

Damit sind die ersten Installationsschritte, die von Ihnen manual durchgeführt
werden müssen, abgeschlossen

Die folgenden, notwendigen Maßnahmen werden alle im System Login Script
automatisch bei jedem Einloggen des Users durchgeführt.

Im Home-Directory des einzelnen Users müssen vor Aufruf von WINDOWS
folgende Dateien vorhanden sein:

CONTROL.INI	SYSTEM.INI	WIN.INI
WIN.COM	WINNVER.EXE	_DEFAULT.PIF
HAUPTGRU.GRP	SPIELE.GRP	ZUBEHOER.GRP
PROGMAN.INI		

Außerdem müssen für den User Suchpfade auf **SYS:PGM\WIN30** und
SYS:PGM\WIN30\WIN_VGA eingerichtet sein.

Installation der Windows-Version für die Gruppe WIN_CORN(Rechner-Typ 2)

❑   Loggen Sie sich als Supervisor ein, und wechseln Sie in das hardware-abhängige Verzeichnis

SYS:PRG\WIN30\WIN_CORN.

Dort befindet sich die Datei ZUBEHÖR.GRP, die in ZUBEHOER.GRP umbenannt werden muß.

❑   Anschließend muß der Inhalt der Datei PROGMAN.INI verändert werden. Im ersten Abschnitt [Settings] wird das Aussehen der WINDOWS-Oberfläche beim Starten definiert. Hier nehmen Sie keine Änderungen vor. Im Abschnitt [Groups] werden die im Programm-Manager verwalteten Gruppen aufgeführt. Ändern Sie die vorhandenen Einträge wie folgt ab, und kopieren Sie die veränderte Datei in das Verzeichnis **SYS:PGM\PROGMAN\WIN_CORN.**

Ursprünglicher Zustand:
[Groups]
Group1=F:\PGM\WIN30\WIN_VGA\ZUBEHÖR.GRP
Group2=F:\PGM\WIN30\WIN_VGA\SPIELE.GRP
Group3=F:\PGM\WIN30\WIN_VGA\HAUPTGRU.GRP

Veränderter Zustand:
[Groups]
Group1=H:\ZUBEHOER.GRP
Group2=H:\SPIELE.GRP
Group3=H:\HAUPTGRU.GRP

Die Veränderungen sind notwendig, damit der User später WINDOWS ohne jede weitere WINDOWS-Applikation aus seinem Home-Directory H:\ starten kann. Achten Sie auch auf die Umbenennung der Datei ZUBEHÖR.GRP in ZUBEHOER.GRP.

❑   Löschen Sie die Datei **PROGMAN.INI** im Verzeichnis **SYS:\PROG\WIN30\WIN_CORN.**

❑   Kopieren Sie alle Gruppen-Dateien aus dem Verzeichnis
      SYS:\PROG\WIN30\WIN_CORN mit

      NCOPY *.GRP \PROG\PROGMAN\WIN_CORN

      in das angegebene Ziel-Verzeichnis.

Damit sind die ersten Installationsschritte, die von Ihnen manual durchgeführt
werden müssen, abgeschlossen.

Die folgenden, notwendigen Maßnahmen werden alle im System Login Script
automatisch bei jedem Einloggen des Users durchgeführt.

Im Home-Directory des einzelnen Users müssen vor Aufruf von WINDOWS
folgende Dateien vorhanden sein:

CONTROL.INI   SYSTEM.INI   WIN.INI
WIN.COM   WINNVER.EXE   _DEFAULT.PIF
HAUPTGRU.GRP   SPIELE.GRP   ZUBEHOER.GRP
PROGMAN.INI

Außerdem müssen für den User Suchpfade auf **SYS:PGM\WIN30** und
SYS:PGM\WIN30\WIN_VGA eingerichtet sein.

Erstellen Sie das erforderliche System Login Script:

map ins S1:=sys:public
map ins S2:=sys:public\v5.00
comspec=S2:command.com
map root H:=Sys:user\%login_name
drive h:
set temp="H:"

if member of "WIN_VGA" then begin
map ins S3:=sys:pgm\win30
map ins S4:=sys:pgm\win30\win_vga
#command /c if not exist win.com copy F:\pgm\win30\win_vga\win.com >nul
#command /c if not exist winver.exe copy F:\pgm\win30\win_vga\winver.exe >nul
#command /c if not exist _default.pif copy F:\pgm\win30\win_vga_default.pif >nul
*#command /c if not exist *.grp copy f:\pgm\progman\win_vga*.grp >nul*
*#command /c if not exist *.ini copy f:\pgm\win30\win_vga*.ini >nul*
#command /c if not exist progman.ini copy f:\pgm\progman\win_vga\progman.ini >nul
#command /c win
map del s4:
map del s3:
end

if member of "WIN_CORN" then begin
map ins S3:=sys:pgm\win30
map ins S4:=sys:pgm\win30\win_corn
#command /c if not exist win.com copy F:\pgm\win30\win_corn\win.com >nul
#command /c if not exist winver.exe copy F:\pgm\win30\win_corn\winver.exe >nul
#command /c if not exist _default.pif copy F:\pgm\win30\win_corn_default.pif >nul
*#command /c if not exist *.grp copy f:\pgm\progman\win_corn*.grp >nul*
*#command /c if not exist *.ini copy f:\pgm\win30\win_corn*.ini >nul*
#command /c if not exist progman.ini copy f:\pgm\progman\win_corn\progman.ini >nul
#command /c win
map del s4:
map del s3:
end

if member of "WIN_APP" then begin
map ins S3:=sys:pgm\win30
map ins S4:=sys:pgm\win30\win_VGA
#command /c if not exist win.com copy F:\pgm\win30\win_vga\win.com >nul
#command /c if not exist winver.exe copy F:\pgm\win30\win_vga\winver.exe >nul
#command /c if not exist _default.pif copy F:\pgm\win30\win_vga_default.pif >nul
*#command /c if not exist *.grp copy f:\pgm\progman\win_app*.grp >nul*
#command /c if not exist control.ini copy f:\pgm\win30\win_vga\control.ini >nul
#command /c if not exist system.ini copy f:\pgm\win30\win_vga\system.ini >nul

```
#command /c if not exist win.ini copy f:\pgm\win30\win_vga\win.ini >nul
#command /c if not exist progman.ini copy f:\pgm\progman\win_app\progman.ini >nul
#command /c win
map del s4:
map del s3:
end
```

Installations-Test

Nachden Sie als Supervisor das oben angegebene System Login Script eingegeben haben, können Sie WINDOWS als User im Netz testen.

Achten Sie darauf, daß **vor dem <u>ersten</u> Test** im jeweiligen Home-Directory des Users **keine Windows-Dateien** vorhanden sind.

- ☐ Loggen Sie sich nun als Mitglied der Gruppe WIN_VGA (z.B. WIN1) auf einer Workstation (Rechner-Typ 1) ein, und überprüfen Sie die ordnungsgemäße Funktion von WINDOWS. Sie müssen sich im Home-Directory H:\ befinden.

- ☐ Loggen Sie sich anschließend als Mitglied der Gruppe WIN_APP (z.B. WINAPP1) auf einer weiteren Workstation (Rechner-Typ 1) ein, und überprüfen Sie die ordnungsgemäße Funktion von WINDOWS. Sie müssen sich im Home-Directory H:\ befinden.

- ☐ Loggen Sie sich nun als Mitglied der Gruppe WIN_CORN (z.B. CORN1) auf einer Workstation (Rechner-Typ 2) ein, und überprüfen Sie die ordnungsgemäße Funktion von WINDOWS. Sie müssen sich im Home-Directory H:\ befinden.

Damit ist die gruppenspezifische WINDOWS-Installation für die Gruppen WIN_VGA, WIN_APP und WIN_CORN abgeschlossen.

6.2 Netzwerk-Installation von WINWORD 1.1

In unserem Installationsbeispiel soll die Anwender-Gruppe WIN_APP zusätzlich zu WINDOWS 3.0 auch noch Zugriff auf das Textverarbeitungsprogramm WINWORD 1.1 haben.

Auch hier weicht die Installations-Prozedur von der einer Stand-Alone-PC-Installation ab. Ähnlich wie bei der Netzwerk-Installation von WINDOWS 3.0 muß man auch hier in zwei Schritten vorgehen.

Zuerst wird WINWORD 1.1 als Basis-Version im Verzeichnis **SYS:PGM\WINWORD** installiert. Anschließend wird eine gruppenabhängige Arbeitsplatz-Version installiert und deren Integration in den Programm-Manager von WINDOWS 3.0 vorgenommen.

Es wird vorausgesetzt, daß jeder User ein eigenes Home-Directory besitzt und diese Home-Directories unter **SYS:USER\home-directory** angelegt sind.

Noch einmal zur Erinnerung:
Die Anwender-Gruppe WIN_APP besitzt eine WINDOWS-Version, die auf den Rechner-Typ 1 zugeschnitten ist. Die zugehörigen Hardware-Informationen befinden sich im Verzeichnis **SYS:PGM\WIN30\WIN_VGA**.

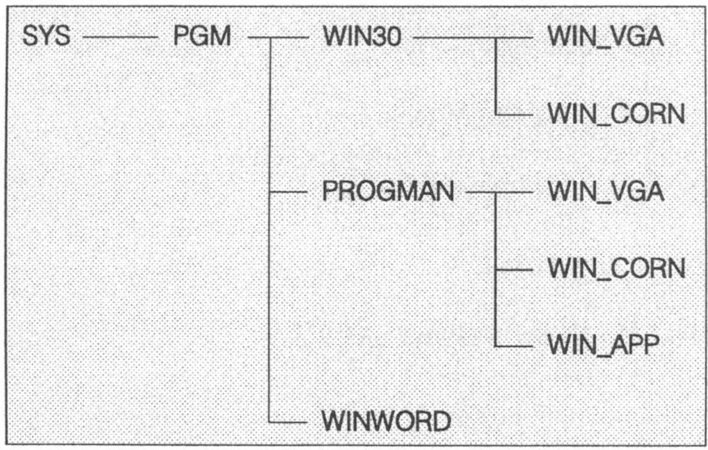

Bild 6.2-1:

Ebenso wurde der Inhalt der Datei PROGMAN.INI verändert. Die einzelnen Pfade für die Gruppen-Dateien *.GRP wurden auf H:\ umdefiniert. Dies ist bei der weiteren Installation zu beachten.

Installation einer Basis-Version von WINWORD 1.1

❑   Loggen Sie sich als Supervisor ein und legen Sie die Installations-Diskette Nr. 1 von WINWORD 1.1 in Laufwerk A: oder B:, und starten Sie dort das Programm SETUP. Als Programm-Laufwerk geben Sie **F:** ein, als Programm-Verzeichnis müssen Sie **F:\PGM\WINWORD** eingeben.

Nun läuft die Installationsroutine wie bei einer Einzelplatz-Installation ab. Konfigurieren Sie das Programm nach Ihren Wünschen, d.h. Installation des Lernprogramms, der Grafik- und Textfilter, Fonts usw.

Installation einer gruppenspezifischen Version von WINWORD 1.1

❑   Wechseln Sie in das Home-Directory eines Gruppen-Mitgliedes, z.B. in das Verzeichnis **SYS:USER\WINAPP1**.

❑   Richten Sie drei Suchlaufwerke mit

MAP INS S1:=SYS:\PGM\WIN30
MAP INS S1:=SYS:\PGM\WIN30\WIN_VGA
MAP INS S1:=SYS:\PGM\WINWORD

und ein Root-Laufwerk mit

MAP ROOT H:=SYS:USER\WINAPP1

ein.

❑   **Stellen Sie sicher, daß Sie sich in diesem Root-Laufwerk H:\ befinden.**

❐   Starten Sie jetzt WINDOWS.

Es erscheint der Programm-Manager (natürlich noch ohne die Anwendungsgruppe Word for Windows).

❐   **Programm-Gruppe WINWORD neu einrichten**

Aktivieren Sie den Menüpunkt **DATEI** und dann **NEU**. Wählen Sie **PROGRAMMGRUPPE** und machen Sie folgende Eintragungen:

Beschreibung: **WINWORD**
Gruppendatei: **WINWORD**

Übernehmen Sie diese Eintragungen mit <OK> und schließen das Gruppen-Fenster WINWORD. Es erscheint als kleines Icon am unteren Rand des Programm-Managers.

Markieren Sie das Icon WINWORD (aber nicht öffnen) und wählen erneut den Menüpunkt **DATEI** und anschließend **NEU** an. Wählen Sie **PROGRAMM** und machen Sie folgende Eintragungen:

Beschreibung: **WINWORD**
Befehlszeile: **WINWORD**

Übernehmen Sie diese Eintragungen mit <OK>. Evtl. angegebene Fehlermeldungen ignorieren.

❐   Verlassen Sie WINDOWS wieder mit der Option **Änderungen speichern**, und kopieren Sie die Datei **WINWORD.GRP** aus dem Verzeichnis **H:** in das Verzeichnis **SYS:PGM\PROGMAN\WIN_APP**.

❐   Wechseln Sie in das Verzeichnis **SYS:PGM\PROGMAN\WIN_APP**, und verändern Sie den Inhalt der Datei **PROGMAN.INI**.

Fügen Sie unter dem Punkt [Groups] folgende Ergänzung ein:

Group4=H:\WINWORD.GRP

Damit hat der Programm-Manager Zugriff auf die neue Gruppen-Datei WINWORD.GRP.

❏   Zum Abschluß müssen Sie noch das System Login Script erweitern. Für die Gruppen-Mitglieder WIN_APP müssen die fett markierten Zeilen hinzugefügt werden.

❏   Abschließend müssen Sie der Gruppe WIN_APP die Trustee Directory Assignments (Read, File Scan) in dem Verzeichnis SYS:PGM\WINWORD einräumen.

Ergänzen Sie das erforderliche System Login Script:

```
map ins S1:=sys:public
map ins S2:=sys:public\v5.00
comspec=S2:command.com
map root H:=Sys:user\%login_name
drive h:
set temp="H:"

if member of "WIN_VGA" then begin
map ins S3:=sys:pgm\win30
map ins S4:=sys:pgm\win30\win_vga
#command /c if not exist win.com copy F:\pgm\win30\win_vga\win.com >nul
#command /c if not exist winver.exe copy F:\pgm\win30\win_vga\winver.exe >nul
#command /c if not exist _default.pif copy F:\pgm\win30\win_vga\_default.pif >nul
#command /c if not exist *.grp copy f:\pgm\progman\win_vga\*.grp >nul
#command /c if not exist *.ini copy f:\pgm\win30\win_vga\*.ini >nul
#command /c if not exist progman.ini copy f:\pgm\progman\win_vga\progman.ini >nul
#command /c win
map del s4:
map del s3:
end

if member of "WIN_CORN" then begin
map ins S3:=sys:pgm\win30
map ins S4:=sys:pgm\win30\win_corn
#command /c if not exist win.com copy F:\pgm\win30\win_corn\win.com >nul
#command /c if not exist winver.exe copy F:\pgm\win30\win_corn\winver.exe >nul
#command /c if not exist _default.pif copy F:\pgm\win30\win_corn\_default.pif >nul
#command /c if not exist *.grp copy f:\pgm\progman\win_corn\*.grp >nul
#command /c if not exist *.ini copy f:\pgm\win30\win_corn\*.ini >nul
#command /c if not exist progman.ini copy f:\pgm\progman\win_corn\progman.ini >nul
```

```
#command /c win
map del s4:
map del s3:
end

if member of "WIN_APP" then begin
map ins S3:=sys:pgm\win30
map insS4:=sys:pgm\win30\win_VGA
map ins S5:=sys:pgm\winword
#command /c if not exist win.com copy F:\pgm\win30\win_vga\win.com >nul
#command /c if not exist winver.exe copy F:\pgm\win30\win_vga\winver.exe >nul
#command /c if not exist _default.pif copy F:\pgm\win30\win_vga\_default.pif >nul
#command /c if not exist *.grp copy f:\pgm\progman\win_app\*.grp >nul
#command /c if not exist control.ini copy f:\pgm\win30\win_vga\control.ini >nul
#command /c if not exist system.ini copy f:\pgm\win30\win_vga\system.ini >nul
#command /c if not exist win.ini copy f:\pgm\win30\win_vga\win.ini >nul
#command /c if not exist progman.ini copy f:\pgm\progman\win_app\progman.ini >nul
#command /c if not exist winword.ini copy f:\pgm\winword\winword.ini >nul
#command /c win
map del s5:
map del s4:
map del s3:
end
```

Installations-Test

Nachdem Sie als Supervisor das bestehende System Login Script in obiger Weise
ergänzt haben, können Sie die Installation als User testen.

- ❏   Loggen Sie sich z.B. als User WINAPP1 (Mitglied der Gruppe
  WIN_APP) auf einer Workstation (Rechner-Typ 1) ein und überprüfen Sie die ordnungsgemäße Funktion von WINDOWS und
  WINWORD. Ihr aktuelles Verzeichnis muß Ihr Home-Directory H:\
  sein.

- ❏   Loggen Sie sich z.B. als User WIN1 (Mitglied der Gruppe WIN_VGA)
  auf einer Workstation (Rechner-Typ 1) ein. Sie werden feststellen, daß
  Ihnen nur WINDOWS ohne WINWORD zur Verfügung steht.

Damit ist die Installation für WINWORD 1.1 abgeschlossen.

6.3 Netzwerk-Installation von EXCEL 3.0

In unserem Installationsbeispiel soll die Anwender-Gruppe WIN_APP zusätzlich zu WINDOWS und WINWORD 1.1 auch noch Zugriff auf das Tabellenkalkulationsprogramm EXCEL 3.0 haben.

Auch hier weicht die Installations-Prozedur von der einer Stand-Alone-PC-Installation ab. Ähnlich wie bei der Netzwerk-Installation von WINDOWS 3.0 muß man auch hier in zwei Schritten vorgehen.

Zuerst wird EXCEL 3.0 als Basis-Version im Verzeichnis **SYS:PGM\EXCEL3** installiert. Anschließend wird eine gruppenabhängige Arbeitsplatz-Version installiert und deren Integration in den Programm-Manager von WINDOWS vorgenommen.

Es wird vorausgesetzt, daß jeder User ein eigenes Home-Directory besitzt und diese Home-Directories unter **SYS:USER\home-directory** angelegt sind.

Noch einmal zur Erinnerung:
Die Anwender-Gruppe WIN_APP besitzt eine WINDOWS-Version, die auf den Rechner-Typ 1 zugeschnitten ist. Die zugehörigen Hardware-Informationen befinden sich im Verzeichnis **SYS:PGM\WIN30\WIN_VGA**.

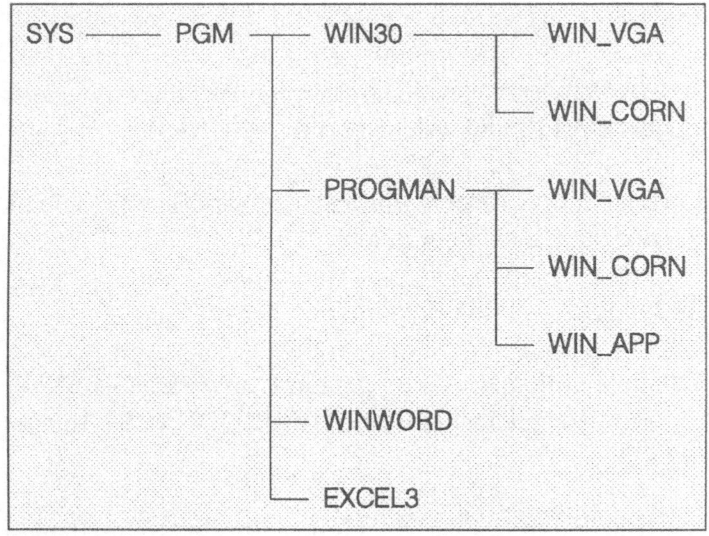

Bild 6.2-5:

Ebenso wurde der Inhalt der Datei PROGMAN.INI verändert. Die einzelnen Pfade für die Gruppen-Dateien *.GRP wurden auf H:\ umdefiniert. Dies ist bei der weiteren Installation zu beachten.

Installation von EXCEL 3.0

❑ Loggen Sie sich als Supervisor ein und wechseln Sie in das Home-Directory eines Gruppen-Mitgliedes, z.B. in das Verzeichnis **SYS:USER\WINAPP1.**

❑ Richten Sie drei Suchlaufwerke mit

MAP INS S1:=SYS:\PGM\WIN30
MAP INS S1:=SYS:\PGM\WIN30\WIN_VGA
MAP INS S1:=SYS:\PGM\EXCEL3

und ein Root-Laufwerk mit

MAP ROOT H:=SYS:USER\WINAPP1

ein.

❑ **Stellen Sie sicher, daß Sie sich in diesem Root-Laufwerk H:\ befinden.**

❑ Starten Sie jetzt WINDOWS und aktivieren im Programm-Manager den Menüpunkt **DATEI** und wählen dort **AUSFÜHREN** aus.

❑ Legen Sie in Laufwerk A: (oder B:) die Installations-Diskette Nr.1 von EXCEL 3.0 und starten mit dem Befehl

A:INSTALL

das Installations-Programm. Als Programm-Laufwerk geben Sie **F:** ein, als Programm-Verzeichnis müssen Sie **F:\PGM\EXCEL3** eingeben.

Nun läuft die Installationsroutine wie bei einer Einzelplatz-Installation ab. Konfigurieren Sie das Programm nach Ihren Wünschen.

Zum Abschluß der Installation wird die Programm-Gruppe Excel 3.0 aufgebaut. Die dort eingetragenen Pfad-Namen müssen noch geändert werden.

❏ **Vorhandene Programm-Gruppe Excel 3.0 verändern**

Markieren Sie das Icon Excel 3.0 (aber nicht öffnen) und wählen erneut den Menüpunkt **DATEI** und anschließend **EIGENSCHAF-TEN** an. Die hier gemachte Eintragung im Feld Gruppendatei muß in

Gruppendatei: H:\EXCEL.GRP

geändert werden.

Übernehmen Sie diese Eintragungen mit <OK>. Evtl. angegebene Fehlermeldungen ignorieren.

❏ Verlassen Sie WINDOWS wieder mit der Option **Änderungen spei-chern** und kopieren Sie die Datei **EXCEL.GRP** aus dem Verzeichnis **H:** in das Verzeichnis **SYS:PGM\PROGMAN\WIN_APP**.

❏ Wechseln Sie in das Verzeichnis **SYS:PGM\PROGMAN\WIN_APP** und verändern Sie den Inhalt der Datei **PROGMAN.INI**.

Fügen Sie unter dem Punkt [Groups] folgende Ergänzung ein:

Group5=H:\EXCEL.GRP

Damit hat der Programm-Manager Zugriff auf die neue Gruppen-Datei EXCEL.GRP.

❏ Zum Abschluß müssen Sie noch das System Login Script erweitern. Für die Gruppen-Mitglieder WIN_APP müssen die fett markierten Zeilen hinzugefügt werden.

❏ Abschließend müssen Sie der Gruppe WIN_APP die Trustee Directory Assignments (Read, File Scan) in dem Verzeichnis SYS:PGM\EXCEL3 einräumen.

Ergänzen Sie das erforderliche System Login Script:

```
map ins S1:=sys:public
map ins S2:=sys:public\v5.00
comspec=S2:command.com
map root H:=Sys:user\%login_name
drive h:
set temp="H:"

if member of "WIN_VGA" then begin
map ins S3:=sys:pgm\win30
map ins S4:=sys:pgm\win30\win_vga
#command /c if not exist win.com copy F:\pgm\win30\win_vga\win.com >nul
#command /c if not exist winver.exe copy F:\pgm\win30\win_vga\winver.exe >nul
#command /c if not exist _default.pif copy F:\pgm\win30\win_vga\_default.pif >nul
#command /c if not exist *.grp copy f:\pgm\progman\win_vga\*.grp >nul
#command /c if not exist *.ini copy f:\pgm\win30\win_vga\*.ini >nul
#command /c if not exist progman.ini copy f:\pgm\progman\win_vga\progman.ini >nul
#command /c win
map del s4:
map del s3:
end

if member of "WIN_CORN" then begin
map ins S3:=sys:pgm\win30
map ins S4:=sys:pgm\win30\win_corn
#command /c if not exist win.com copy F:\pgm\win30\win_corn\win.com >nul
#command /c if not exist winver.exe copy F:\pgm\win30\win_corn\winver.exe >nul
#command /c if not exist _default.pif copy F:\pgm\win30\win_corn\_default.pif >nul
#command /c if not exist *.grp copy f:\pgm\progman\win_corn\*.grp >nul
#command /c if not exist *.ini copy f:\pgm\win30\win_corn\*.ini >nul
#command /c if not exist progman.ini copy f:\pgm\progman\win_corn\progman.ini >nul
#command /c win
map del s4:
map del s3:
end

if member of "WIN_APP" then begin
map ins S3:=sys:pgm\win30
map insS4:=sys:pgm\win30\win_VGA
map ins S5:=sys:pgm\winword
map ins S6:=sys:pgm\excel3
#command /c if not exist win.com copy F:\pgm\win30\win_vga\win.com >nul
#command /c if not exist winver.exe copy F:\pgm\win30\win_vga\winver.exe >nul
#command /c if not exist _default.pif copy F:\pgm\win30\win_vga\_default.pif >nul
#command /c if not exist *.grp copy f:\pgm\progman\win_app\*.grp >nul
#command /c if not exist control.ini copy f:\pgm\win30\win_vga\control.ini >nul
```

```
#command /c if not exist system.ini copy f:\pgm\win30\win_vga\system.ini >nul
#command /c if not exist win.ini copy f:\pgm\win30\win_vga\win.ini >nul
#command /c if not exist progman.ini copy f:\pgm\progman\win_app\progman.ini >nul
#command /c if not exist winword.ini copy f:\pgm\winword\winword.ini >nul
#command /c if not exist excel.ini copy f:\pgm\excel3\excel.ini >nul
#command /c win
map del s6:
map del s5:
map del s4:
map del s3:
end
```

Installations-Test

Nachdem Sie als Supervisor das bestehende System Login Script in obiger Weise
ergänzt haben, können Sie die Installation als User testen.

- ❑ Loggen Sie sich z.B. als User WINAPP1 (Mitglied der Gruppe WIN_APP) auf einer Workstation (Rechner-Typ 1) ein, und überprüfen Sie die ordnungsgemäße Funktion von WINDOWS, WINWORD und EXCEL. Ihr aktuelles Verzeichnis muß Ihr Home-Directory H:\ sein.

- ❑ Loggen Sie sich z.B. als User WIN1 (Mitglied der Gruppe WIN_VGA) auf einer Workstation (Rechner-Typ 1) ein. Sie werden feststellen, daß Ihnen nur WINDOWS ohne jede weitere Applikation zur Verfügung steht.

Damit ist die Installation für EXCEL 3.0 abgeschlossen.

6.4 Netzwerk-Installation von CorelDraw 2.01

In unserem Installationsbeispiel soll die Anwender-Gruppe WIN_CORN zusätzlich zu WINDOWS auch noch Zugriff auf das Grafikprogramm CorelDraw 2.01 haben.

Auch hier weicht die Installations-Prozedur von der einer Stand-Alone-PC-Installation ab. Ähnlich wie bei der Netzwerk-Installation von WINDOWS 3.0 muß man auch hier in zwei Schritten vorgehen.

Zuerst wird CorelDraw 2.01 als Basis-Version im Verzeichnis **SYS:PGM\EXCEL3** installiert. Anschließend wird eine gruppenabhängige Arbeitsplatz-Version installiert und deren Integration in den Programm-Manager von WINDOWS vorgenommen.

Es wird vorausgesetzt, daß jeder User ein eigenes Home-Directory besitzt und diese Home-Directories unter **SYS:USER\home-directory** angelegt sind.

Noch einmal zur Erinnerung:
Die Anwender-Gruppe WIN_CORN besitzt eine WINDOWS-Version, die auf den Rechner-Typ 2 zugeschnitten ist. Die zugehörigen Hardware-Informationen befinden sich im Verzeichnis **SYS:PGM\WIN30\WIN_CORN**.

Ebenso wurde der Inhalt der Datei PROGMAN.INI verändert. Die einzelnen Pfade für die Gruppen-Dateien *.GRP wurden auf H:\ umdefiniert. Dies ist bei der weiteren Installation zu beachten.

Die bestehende Verzeichnis-Struktur auf der File-Server-Platte erweitert sich um das Verzeichnis **SYS:PGM\CORELDRW**.

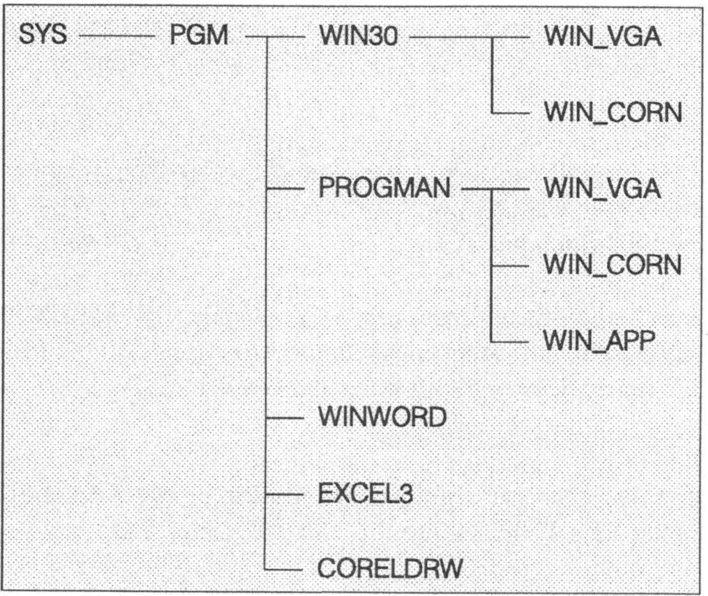

Bild 6.4-1:

Installation von CorelDraw 2.01

❏   Loggen Sie sich als Supervisor ein und wechseln Sie in das Home-Directory eines Gruppen-Mitgliedes, z.B. in das Verzeichnis **SYS:USER\CORN1.**

❏   Richten Sie drei Suchlaufwerke mit

MAP INS S1:=SYS:\PGM\WIN30
MAP INS S1:=SYS:\PGM\WIN30\WIN_VGA
MAP INS S1:=SYS:\PGM\CORELDRW

und ein Root-Laufwerk mit

MAP ROOT H:=SYS:USER\CORN1

ein.

❑ **Stellen Sie sicher, daß Sie sich in diesem Root-Laufwerk H:\ befinden.**

❑ Starten Sie jetzt WINDOWS und aktivieren im Programm-Manager den Menüpunkt **DATEI** und wählen dort **AUSFÜHREN** aus.

❑ Legen Sie in Laufwerk A: (oder B:) die Installations-Diskette Nr. 1 von CorelDraw 2.01 und starten mit dem Befehl

A:\INSTINFO\CDINST

das Installations-Programm. Als Programm-Verzeichnis müssen Sie **F:\PGM\CORELDRW** eingeben.

Nun läuft die Installationsroutine wie bei einer Einzelplatz-Installation ab. Konfigurieren Sie das Programm nach Ihren Wünschen.

Zum Abschluß der Installation wird die Programm-Gruppe Corel aufgebaut. Die dort eingetragenen Pfad-Namen müssen noch geändert werden.

❑ **Vorhandene Programm-Gruppe Corel verändern**

Markieren Sie das Icon CorelDraw (aber nicht öffnen) und wählen erneut den Menüpunkt **DATEI** und anschließend **EIGENSCHAF-TEN** an. Die hier gemachte Eintragung im Feld Gruppendatei muß in

Gruppendatei: H:\COREL.GRP

geändert werden.

Übernehmen Sie diese Eintragungen mit <OK>. Evtl. angegebene Fehlermeldungen ignorieren.

❐   Verlassen Sie WINDOWS wieder mit der Option **Änderungen spei-
      chern** und kopieren Sie die Datei **COREL.GRP** aus dem Verzeichnis
      H: in das Verzeichnis **SYS:PGM\PROGMAN\WIN_CORN**.

❐   Wechseln Sie in das Verzeichnis

      SYS:PGM\PROGMAN\WIN_CORN

      und verändern den Inhalt der Datei **PROGMAN.INI**.

      Fügen Sie unter dem Punkt [Groups] folgende Ergänzung ein:

      Group4=H:COREL\.GRP

      Damit hat der Programm-Manager Zugriff auf die neue Gruppen-
      Datei COREL.GRP.

❐   Zum Abschluß müssen Sie noch das System Login Script erweitern.
      Für die Gruppen-Mitglieder WIN_CORN müssen die fett markierten
      Zeilen hinzugefügt werden.

❐   Abschließend müssen Sie der Gruppe WIN_CORN die Trustee
      Directory Assignments (Read, File Scan) in dem Verzeichnis
      SYS:PGM\CORELDRW einräumen.

Ergänzen Sie das erforderliche System Login Script:

```
map ins S1:=sys:public
map ins S2:=sys:public\v5.00
comspec=S2:command.com
map root H:=Sys:user\%login_name
drive h:
set temp="H:"

if member of "WIN_VGA" then begin
map ins S3:=sys:pgm\win30
map ins S4:=sys:pgm\win30\win_vga
#command /c if not exist win.com copy F:\pgm\win30\win_vga\win.com >nul
#command /c if not exist winver.exe copy F:\pgm\win30\win_vga\winver.exe >nul
#command /c if not exist _default.pif copy F:\pgm\win30\win_vga\_default.pif >nul
#command /c if not exist *.grp copy f:\pgm\progman\win_vga\*.grp >nul
```

```
#command /c if not exist *.ini copy f:\pgm\win30\win_vga\*.ini >nul
#command /c if not exist progman.ini copy f:\pgm\progman\win_vga\progman.ini >nul
#command /c win
map del s4:
map del s3:
end

if member of "WIN_CORN" then begin
map ins S3:=sys:pgm\win30
map ins S4:=sys:pgm\win30\win_corn
map ins S5:=sys:\pgm\coreldrw
#command /c if not exist win.com copy F:\pgm\win30\win_corn\win.com >nul
#command /c if not exist winver.exe copy F:\pgm\win30\win_corn\winver.exe >nul
#command /c if not exist _default.pif copy F:\pgm\win30\win_corn\_default.pif >nul
#command /c if not exist *.grp copy f:\pgm\progman\win_corn\*.grp >nul
#command /c if not exist *.ini copy f:\pgm\win30\win_corn\*.ini >nul
#command /c if not exist progman.ini copy f:\pgm\progman\win_corn\progman.ini >nul
#command /c if not exist corel*.ini copy f:\pgm\coreldrw\corel*.ini >nul
#command /c if not exist symbols.ini copy f:\pgm\coreldrw\symbols.ini >nul
#command /c if not exist wfnboss.ini copy f:\pgm\coreldrw\wfnboss.ini >nul
#command /c win
map del s5:
map del s4:
map del s3:
end

if member of "WIN_APP" then begin
map ins S3:=sys:pgm\win30
map insS4:=sys:pgm\win30\win_VGA
map ins S5:=sys:pgm\winword
map ins S6:=sys:pgm\excel3
#command /c if not exist win.com copy F:\pgm\win30\win_vga\win.com >nul
#command /c if not exist winver.exe copy F:\pgm\win30\win_vga\winver.exe >nul
#command /c if not exist _default.pif copy F:\pgm\win30\win_vga\_default.pif >nul
#command /c if not exist *.grp copy f:\pgm\progman\win_app\*.grp >nul
#command /c if not exist control.ini copy f:\pgm\win30\win_vga\control.ini >nul
#command /c if not exist system.ini copy f:\pgm\win30\win_vga\system.ini >nul
#command /c if not exist win.ini copy f:\pgm\win30\win_vga\win.ini >nul
#command /c if not exist progman.ini copy f:\pgm\progman\win_app\progman.ini >nul
#command /c if not exist winword.ini copy f:\pgm\winword\winword.ini >nul
#command /c if not exist excel.ini copy f:\pgm\excel3\excel.ini >nul
#command /c win
map del s6:
map del s5:
map del s4:
map del s3:
end
```

Installations-Test

Nachdem Sie als Supervisor das bestehende System Login Script in obiger Weise ergänzt haben, können Sie die Installation als User testen.

❏ Loggen Sie sich z.B. als User CORN1 (Mitglied der Gruppe WIN_CORN) auf einer Workstation (Rechner-Typ 2) ein und überprüfen Sie die ordnungsgemäße Funktion von WINDOWS und CorelDraw 2.01. Ihr aktuelles Verzeichnis muß Ihr Home-Directory H:\ sein.

Damit ist die Installation für CorelDraw 2.01 abgeschlossen.

6.5 Netzwerk-Installation von PageMaker 4.0

In unserem Installationsbeispiel soll die Anwender-Gruppe WIN_CORN zusätzlich zu WINDOWS und CorelDraw 2.01 auch noch Zugriff auf das DTP-Programm PageMaker 4.0 haben.

Auch hier weicht die Installations-Prozedur von der einer Stand-Alone-PC-Installation ab. Ähnlich wie bei der Netzwerk-Installation von WINDOWS 3.0 muß man auch hier in zwei Schritten vorgehen.

Zuerst wird PageMakter 4.0 als Basis-Version im Verzeichnis **SYS:PGM\PM4** installiert. Anschließend wird eine gruppenabhängige Arbeitsplatz-Version installiert und deren Integration in den Programm-Manager von WINDOWS vorgenommen. Bei der Installation wird ebenfalls das Verzeichnis **SYS:PGM\ALDUS** angelegt.

Es wird vorausgesetzt, daß jeder User ein eigenes Home-Directory besitzt und diese Home-Directories unter **SYS:USER\home-directory** angelegt sind.

Noch einmal zur Erinnerung:
Die Anwender-Gruppe WIN_CORN besitzt eine WINDOWS-Version, die auf den Rechner-Typ 2 zugeschnitten ist. Die zugehörigen Hardware-Informationen befinden sich im Verzeichnis **SYS:PGM\WIN30\WIN_CORN**.

Ebenso wurde der Inhalt der Datei PROGMAN.INI verändert. Die einzelnen Pfade für die Gruppen-Dateien *.GRP wurden auf H:\ umdefiniert. Dies ist bei der weiteren Installation zu beachten.

Die bestehende Verzeichnis-Struktur auf der File-Server-Platte erweitert sich um das Verzeichnis **SYS:PGM\PM4** und **SYS:PGM\ALDUS**.

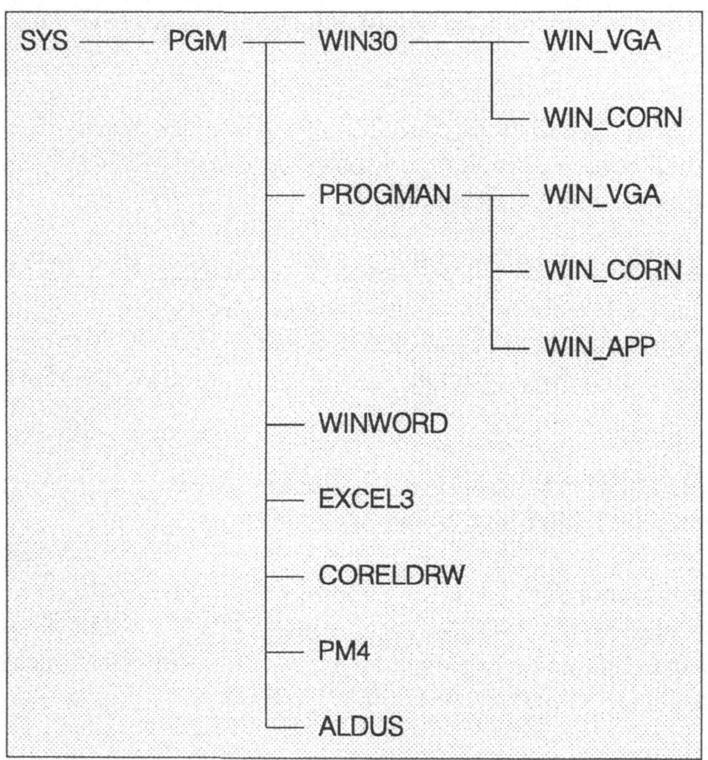

Bild 6.5-1::

Installation von PageMaker 4.0

❐   Loggen Sie sich als Supervisor ein, und wechseln Sie in das Home-Directory eines Gruppen-Mitgliedes, z.B. in das Verzeichnis **SYS:USER\CORN1.**

❑   Richten Sie vier Suchlaufwerke mit

MAP INS S1:=SYS:\PGM\WIN30
MAP INS S1:=SYS:\PGM\WIN30\WIN_VGA
MAP INS S1:=SYS:\PGM\PM4
MAP INS S1:=SYS:\PGM\ALDUS

und ein Root-Laufwerk mit

MAP ROOT H:=SYS:USER\CORN1

ein.

❑   **Stellen Sie sicher, daß Sie sich in diesem Root-Laufwerk H:\ befinden.**

❑   Starten Sie jetzt WINDOWS und aktivieren im Programm-Manager den Menüpunkt **DATEI** und wählen dort **AUSFÜHREN** aus.

❑   Legen Sie in Laufwerk A: (oder B:) die Installations-Diskette Nr. 1 von PageMaker 4.0 und starten mit dem Befehl

A:\ALDSETUP

das Installations-Programm. Als Programm-Verzeichnis geben Sie

F:\PGM\PM4

ein.

Nach Eingabe des Namens und vor allem der Serien-Nummer läuft die Installationsroutine wie bei einer Einzelplatz-Installation ab. Konfigurieren Sie das Programm nach Ihren Wünschen.

Zum Abschluß der Installation wird die Programm-Gruppe ALDUS aufgebaut. Die dort eingetragenen Pfad-Namen müssen noch geändert werden.

❏ **Vorhandene Programm-Gruppe PM4 verändern**

Markieren Sie das Icon ALDUS (aber nicht öffnen) und wählen erneut den Menüpunkt **DATEI** und anschließend **EIGENSCHAFTEN** an. Die hier gemachte Eintragung im Feld Gruppendatei muß in

Gruppendatei: H:\PM4.GRP

geändert werden.

Übernehmen Sie diese Eintragungen mit <OK>. Evtl. angegebene Fehlermeldungen ignorieren.

❏ Verlassen Sie WINDOWS wieder mit der Option **Änderungen spei-chern** und kopieren Sie die Datei **PM4.GRP** aus dem Verzeichnis **H:** in das Verzeichnis **SYS:PGM\PROGMAN\WIN_CORN**.

❏ Wechseln Sie in das Verzeichnis

SYS:PGM\PROGMAN\WIN_CORN

und verändern Sie den Inhalt der Datei **PROGMAN.INI**.

Fügen Sie unter dem Punkt [Groups] folgende Ergänzung ein:

Group5=H:PM4\.GRP

Damit hat der Programm-Manager Zugriff auf die neue Gruppen-Datei PM4.GRP.

❏ Zum Abschluß müssen Sie noch das System Login Script erweitern. Für die Gruppen-Mitglieder WIN_CORN müssen die fett markierten Zeilen hinzugefügt werden.

❏ Abschließend müssen Sie der Gruppe WIN_CORN die Trustee Directory Assignments (Read, File Scan) in den Verzeichnissen **SYS:PGM\ALDUS** und **SYS:PGM\PM4** einräumen.

Ergänzen Sie das erforderliche System Login Script:

```
map ins S1:=sys:public
map ins S2:=sys:public\v5.00
comspec=S2:command.com
map root H:=Sys:user\%login_name
drive h:
set temp="H:"

if member of "WIN_VGA" then begin
map ins S3:=sys:pgm\win30
map ins S4:=sys:pgm\win30\win_vga
#command /c if not exist win.com copy F:\pgm\win30\win_vga\win.com >nul
#command /c if not exist winver.exe copy F:\pgm\win30\win_vga\winver.exe >nul
#command /c if not exist _default.pif copy F:\pgm\win30\win_vga\_default.pif >nul
#command /c if not exist *.grp copy f:\pgm\progman\win_vga\*.grp >nul
#command /c if not exist *.ini copy f:\pgm\win30\win_vga\*.ini >nul
#command /c if not exist progman.ini copy f:\pgm\progman\win_vga\progman.ini >nul
#command /c win
map del s4:
map del s3:
end

if member of "WIN_CORN" then begin
map ins S3:=sys:pgm\win30
map ins S4:=sys:pgm\win30\win_corn
map ins S5:=sys:\pgm\coreldrw
map ins S6:=sys:\pgm\aldus
map ins S7:=sys:\pgm\pm4
#command /c if not exist win.com copy F:\pgm\win30\win_corn\win.com >nul
#command /c if not exist winver.exe copy F:\pgm\win30\win_corn\winver.exe >nul
#command /c if not exist _default.pif copy F:\pgm\win30\win_corn\_default.pif >nul
#command /c if not exist *.grp copy f:\pgm\progman\win_corn\*.grp >nul
#command /c if not exist *.ini copy f:\pgm\win30\win_corn\*.ini >nul
#command /c if not exist progman.ini copy f:\pgm\progman\win_corn\progman.ini >nul
#command /c if not exist corel*.ini copy f:\pgm\coreldrw\corel*.ini >nul
#command /c if not exist symbols.ini copy f:\pgm\coreldrw\symbols.ini >nul
#command /c if not exist wfnboss.ini copy f:\pgm\coreldrw\wfnboss.ini >nul
#command /c if not exist aldus.ini copy f:\pgm\aldus\deutsch\aldus.ini >nul
#command /c win
map del s7:
map del s6:
map del s5:
map del s4:
map del s3:
end
```

```
if member of "WIN_APP" then begin
map ins S3:=sys:pgm\win30
map insS4:=sys:pgm\win30\win_VGA
map ins S5:=sys:pgm\winword
map ins S6:=sys:pgm\excel3
#command /c if not exist win.com copy F:\pgm\win30\win_vga\win.com >nul
#command /c if not exist winver.exe copy F:\pgm\win30\win_vga\winver.exe >nul
#command /c if not exist _default.pif copy F:\pgm\win30\win_vga\_default.pif >nul
#command /c if not exist *.grp copy f:\pgm\progman\win_app\*.grp >nul
#command /c if not exist control.ini copy f:\pgm\win30\win_vga\control.ini >nul
#command /c if not exist system.ini copy f:\pgm\win30\win_vga\system.ini >nul
#command /c if not exist win.ini copy f:\pgm\win30\win_vga\win.ini >nul
#command /c if not exist progman.ini copy f:\pgm\progman\win_app\progman.ini >nul
#command /c if not exist winword.ini copy f:\pgm\winword\winword.ini >nul
#command /c if not exist excel.ini copy f:\pgm\excel3\excel.ini >nul
#command /c win
map del s6:
map del s5:
map del s4:
map del s3:
end
```

Installations-Test

Nachdem Sie als Supervisor das bestehende System Login Script in obiger Weise
ergänzt haben, können Sie die Installation als User testen.

☐   Loggen Sie sich z.B. als User CORN1 (Mitglied der Gruppe
    WIN_CORN) auf einer Workstation (Rechner-Typ 2) ein und über-
    prüfen Sie die ordnungsgemäße Funktion von WINDOWS, CorelDraw
    2.01 und PageMaker 4.0. Ihr aktuelles Verzeichnis muß Ihr Home-
    Directory H:\ sein.

Damit ist die Installation für PageMaker 4.0 abgeschlossen.

6.6 Netzwerk-Installation von WINDOWS 3.1

Die erforderlichen Installationsschritte haben sich gegenüber der Version 3.0 etwas verändert. Da anzunehmen ist, daß die meisten Firmen in kurzer Zeit auf die neue WINDOWS-Version updaten werden, wird die Netzwerk-Installation von WINDOWS 3.1 vollständig beschrieben, wobei wieder von einer konkreten Firmensituation ausgegangen wird.

Vorhanden sind zwei verschiedene Rechner-Konfigurationen:

- **Rechner-Typ1** ist eine Standard-Workstation mit VGA-Ausstattung.

- **Rechner-Typ2** ist eine DTP-Workstation, ausgestattet mit einem hochauflösenden monochromen 19"-Monitor (DualPage 120 von Cornerstone) und eigenem grafischen Sub-System. Der Hersteller liefert dazu auf einer Diskette die zugehörigen Windows-Treiber.

Die durchzuführende Installation von WINDOWS 3.1 muß auf jedem Rechner-Typ separat durchgeführt werden, da die Installationsroutine SETUP die jeweilige WINDOWS-Version arbeitsplatzabhängig installiert, d.h. die besonderen Hardware-Komponenten werden in die verschiedenen .INI- und .EXE-Dateien integriert. Verändern sich die Hardware-Komponenten, muß WINDOWS 3.1 neu installiert werden.

Beim Installationsvorgang werden sowohl hardware-unabhängige als auch hardware-abhänige Dateien erzeugt. Die Netzwerk-Option /N im SETUP erlaubt die Aufteilung dieser beiden Datei-Typen in unterschiedliche Verzeichnisse.

Unsere Installationsphilosophie besteht nun darin, alle hardware-unabhängigen Dateien in einem gemeinsamen Basis-Verzeichnis zu installieren, auf die alle WINDOWS-User - unabhängig von ihren Hardware-Konfigurationen und ihren individuellen Rechten - zugreifen können. Die anfallenden hardware-abhängigen Dateien werden in entsprechend verschiedenen Verzeichnissen installiert, auf die auch nur die User zugreifen können, für die dies erforderlich ist.

❏   Alle hardware-unabhängigen WINDOWS-Dateien werden in das Basis-Verzeichnis **SYS:PRG\WIN31** installiert.

❏   Alle hardware-abhängigen WINDOWS-Dateien für den Rechner-Typ1 gelangen in das Verzeichnis **SYS:PRG\WIN31\WIN_VGA**.

❏   Alle hardware-abhängigen WINDOWS-Dateien für den Rechner-Typ2 gelangen in das Verzeichnis **SYS:PRG\WIN31\WIN_CORN**.

Diese Verzeichnisse werden während des SETUPs angelegt.

Die nachstehend aufgelisteten Installationsbeschreibungen gehen von folgender Verzeichnisstruktur aus:

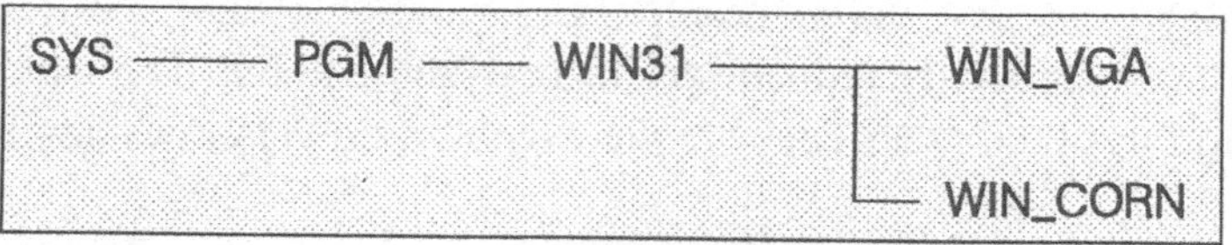

Bild 6.6-1:

In der ersten Phase wird eine benutzer-unabhängige Programm-Version von WINDOWS 3.1 erzeugt, in der die unterschiedlichen Hardware-Konfigurationen berücksichtigt sind. Dazu ist folgender Ablauf notwendig:

❏   WINDOWS-Dateien ins Basis-Verzeichnis kopieren

❏   Installation einer lauffähigen WINDOWS-Version für Rechner-Typ 1

❏   Installation einer lauffähigen WINDOWS-Version für Rechner-Typ 2

❏   Installation einer lauffähigen WINDOWS-Version für jeden weiteren vorhandenen Rechner-Typ

WINDOWS-Dateien ins Basis-Verzeichnis kopieren

Die Windows-Dateien liegen auf den Disketten teilweise in komprimierter Form vor. Mit Hilfe der SETUP-Otion /A werden die Windows-Dateien von den Disketten auf die File-Server-Platte übertragen.

Führen Sie folgende Arbeitsschritte durch:

☐   Loggen Sie sich als Supervisor ein.

☐   Wechseln Sie auf Laufwerk A: (bzw. B:), legen die Windows-Diskette Nr. 1 ein und starten die Installationsroutine mit

SETUP /A

Als Zielverzeichnis geben Sie **SYS:PGM\WIN31** an. Anschließend werden alle Disketten nacheinander in dieses Zielverzeichnis dekomprimiert.

Installation einer lauffähigen WINDOWS-Version für Rechner-Typ 1

Hinweis: Die lauffähige Windows-Version muß auf einer Station erzeugt werden, für die sie gelten soll.

☐   Starten Sie im Basis-Verzeichnis **SYS:PGM\WIN31** das Installationsprogramm SETUP mit der Netzwerkoption /N.

Befehl: SETUP/N

Wählen Sie **Benutzerdefiniertes Setup** aus.

☐   Geben Sie innerhalb des Installationsprogramms als Installations-verzeichnis **SYS:PGM\WIN31\WIN_VGA** an.

Nach Feststellung der vorliegenden Hardware-Konfiguration durch das SETUP-Programm können Sie die erforderlichen Änderungen vornehmen. Die beschriebene Installation basiert auf folgender Konfiguration:

Computer: Alle Hewlett-Packard Maschinen
Bildschirm: VGA
Maus: Microsoft oder IMB PS/2
Tastatur: Erweiterte 101-/102-Tasten-US oder andere
Tastaturlayout: Deutsch
Sprache: Deutsch
Netzwerk: Novell NetWare 386 oder 2.10 und höher

Keine Änderungen: Obige Liste stimmt mit meinem Computer überein.

Nach Bestätigung dieser Angaben läuft die weitere Windows-Installation wie auf einem Einzelplatzrechner ab. Installieren Sie auch alle vorhandenene Drucker, damit die entsprechenden Windows-Treiber geladen werden.

Installations-Test

Nachdem der Installationsvorgang beendet ist, führen Sie eine erste Überprüfung der korrekten Installation durch.

❐ Wechseln Sie hierzu als Supervisor in das Verzeichnis

SYS:PRG\WIN31\WIN_VGA,

richten mit

MAP INS S1:=SYS:PRG\WIN31

einen Suchpfad auf das Basis-Verzeichnis ein und starten WINDOWS.

Nach kurzer Wartezeit sollten alle Windows-Funktionen für den Supervisor verfügbar sein.

Startet WINDOWS nicht einwandfrei, haben Sie bei der Installation
einen Fehler gemacht und müssen diesen Punkt wiederholen.

Installation einer lauffähigen WINDOWS-Version für Rechner-Typ 2

Hinweis: Die lauffähige Windows-Version muß auf einer Station erzeugt
werden, für die sie gelten soll.

☐   Starten Sie im Basis-Verzeichnis **SYS:PGM\WIN31** das
Installationsprogramm SETUP mit der Netzwerkoption /N.

Befehl: SETUP/N

Wählen Sie **Benutzerdefiniertes Setup** aus.

☐   Geben Sie innerhalb des Installationsprogramms als Installations-
verzeichnis **SYS:PGM\WIN31\WIN_CORN** an.

Nach Feststellung der vorliegenden Hardware-Konfiguration durch
das SETUP-Programm können Sie die erforderlichen Änderungen
vornehmen. Die beschriebene Installation basiert auf folgender
Konfiguration:

Computer: Alle Hewlett-Packard Maschinen
Bildschirm: Hercules Monochrom
Maus: Microsoft oder IMB PS/2
Tastatur: Erweiterte 101-/102-Tasten-US oder andere
Tastaturlayout: Deutsch
Sprache: Deutsch
Netzwerk: Novell NetWare 386 oder 2.10 und höher

*Keine Änderungen: Obige Liste stimmt mit meinem Computer über-
ein.*

Hinweis: Die Treiber für das grafische Sub-System können erst nach Installation
mit **Hercules Monochrom** eingebunden werden.

Nach Bestätigung dieser Angaben läuft die weitere Windows-
Installation wie auf einem Einzelplatzrechner ab. Installieren Sie auch
alle vorhandenene Drucker, damit die entsprechenden Windows-
Treiber geladen werden.

Installations-Test

Nachdem der Installationsvorgang beendet ist, führen Sie eine erste Überprüfung
der korrekten Installation durch.

❐   Wechseln Sie hierzu als Supervisor in das Verzeichnis
SYS:PRG\WIN31\WIN_CORN,

richten mit

MAP INS S1:=SYS:PRG\WIN31

einen Suchpfad auf das Basis-Verzeichnis ein und starten WINDOWS.

Nach kurzer Wartezeit sollten alle Windows-Funktionen für den
Supervisor verfügbar sein.

Startet WINDOWS 3.1 nicht einwandfrei, haben Sie bei der Installation
einen Fehler gemacht und müssen diesen Punkt wiederholen.

Nachträgliche Installation des Bildschirm-Treiber für den DualPage 120 (Fa. Cornerstone)

Die grafische Darstellung ist noch unzureichend und wird durch einen weiteren Installationsvorgang auf das grafische Sub-System angepaßt. Mit einer Auflösung von 1600x1280 Bildpunkten bei einer Bildwiederholfrequenz von 76 HZ (Non-interlaced) besitzt man eine für den professionellen DTP-Einsatz angemessene Oberfläche.

Der zugehörige WINDOWS-Display-Driver wurde zu Beginn der WINDOWS-Installation in das Basis-Verzeichnis SYS:PROG\WIN31 eingespielt.

❏   Starten Sie als Supervisor im Verzeichnis **SYS:PRG\WIN31** erneut

     SETUP/N.

     Wählen Sie **Benutzerdefiniertes Setup** aus.

❏   Geben Sie innerhalb des Installationsprogramms als Installations-verzeichnis **SYS:PGM\WIN31\WIN_CORN** an.

     Wählen Sie den **Menüpunkt Bildschirm** an,

     wählen den Punkt **Anderer (Erfordert Diskette vom Hersteller)**,

     geben als Quell-Laufwerk **F:\PRG\WIN31** an und bestätigen erneut mit <ENTER>.

     Wählen Sie anschließend den gewünschten Bildschirmtreiber-Typ (z.B. Windows Display Driver - Small).

     Im Eingangs-SETUP-Menü wird dieser Treiber übernommen.

Computer: Alle Hewlett-Packard Maschinen
Bildschirm: Windows Display Driver - Small
Maus: Microsoft oder IMB PS/2
Tastatur: Erweiterte 101-/102-Tasten-US oder andere
Tastaturlayout: Deutsch
Sprache: Deutsch
Netzwerk: Novell NetWare 386 oder 2.10 und höher

*Keine Änderungen: Obige Liste stimmt mit meinem Computer über-
ein.*

Die zusätzlichen Bildschirm-Treiber werden geladen.

Installations-Test

Nachdem der Installationsvorgang beendet ist, führen Sie eine weitere Überprüfung
der korrekten Installation durch.

❐ Wechseln Sie hierzu als Supervisor in das Verzeichnis
SYS:PRG\WIN31\WIN_CORN,

richten mit

MAP INS S1:=SYS:PRG\WIN31

einen Suchpfad auf das Basis-Verzeichnis ein und starten WINDOWS.

Nach kurzer Wartezeit sollten alle Windows-Funktionen für den
Supervisor verfügbar sein.

Startet WINDOWS 3.1 nicht einwandfrei, haben Sie bei der Installation
einen Fehler gemacht und müssen diesen Punkt wiederholen. Die
deutlich verbesserte Grafik-Auflösung kennzeichnet die korrekte
Installation.

Die User-unabhängige Windows-Installation ist damit erfolgreich beendet.

Sollten Sie noch weitere unterschiedliche Rechner-Konfigurationen in ihrem Netz
einbinden müssen, verfahren Sie in analoger Weise wie vorher beschrieben.

Gruppenspezifische WINDOWS-Versionen

Um die weitere Vorgehensweise verständlich zu machen, sind einige grundsätzliche Informationen zur Arbeitsweise von WINDOWS erforderlich.

Während des SETUPs werden verschiedene Dateien erzeugt, die beim Aufruf von WINDOWS benutzt werden:

WIN.COM Mit WIN.COM wird WINDOWS gestartet. In dieser Datei befinden sich ausschließliche hardware-abhängige Informationen. Für jede Hardware-Konfiguration existiert also eine bestimmte WIN.COM.

WINVER.EXE Beim Starten von WINDOWS wird standardmäßig das WINDOWS-Logo angezeigt. Da die Darstellung von der verwendeten Grafikkarte abhängig ist, ist auch der Inhalt dieser Datei hardware-abhängig.

SYSTEM.INI In dieser Datei sind alle Hardware-Informationen der WINDOWS-Installation vorhanden. Der Inhalt dieser Datei sollte nur mit dem SETUP-Programm verändert werden.

CONTROL.INI In dieser Datei sind im wesentlichen alle Farb- und Musterwerte der installierten WINDOWS-Version abgespeichert. Auch diese Datei gehört zu den hardware-abhängigen Dateien.

WIN.INI Diese Datei gestattet es dem einzelnen Anwender, seine WINDOWS-Oberfläche individuell zu gestalten. Die Anordnung der einzelnen Fenster, welche(r) Drucker verfügbar sind (ist) oder welche Schriften genutzt werden können, werden anwender-abhängig in dieser Datei gespeichert. Beim Ausstieg aus WINDOWS erfolgt die Abfrage, ob gemachte Änderungen gespeichert werden sollen. Damit wird der Inhalt der Datei WIN.INI verändert.

PROGMAN.INI Standardmäßig werden mit Hilfe des Programm-Manager die verfügbaren Programme gestartet. Diese verfügbaren Programme werden in Gruppen organisiert, deren Definition in einer jeweiligen Datei *.GRP abgespeichert ist. Bei der Standard-

Installation von WINDOWS werden die Gruppen
ZUBEHÖR.GRP, HAUPTGRU.GRP , SPIELE.GRP und
AUTOSTAR.GRP innerhalb der PROGMAN.INI angelegt.
Dabei werden automatisch die Pfade mit eingetragen, aus denen
hervorgeht, in welchem Verzeichnis die einzelnen Gruppen-
Dateien zu finden sind.

Diese Eigenschaft nutzen wir aus, um den einzelnen Gruppen
nur die Programme anzubieten, auf die sie zugreifen dürfen.

Werden später weitere WINDOWS-Applikationen installiert,
kommen entsprechende Gruppen-Dateien hinzu (z.B.
WINWORD.GRP, ALDUS.GRP, PM4.GRP ....).

Aus diesem Grunde schlagen wir vor, unter dem Verzeichnis PGM ein weiteres
Unterverzeichnis PROGMAN anzulegen , in dem alle gruppenspezifischen Informationen abgelegt werden.

Auf diese Weise können - ausgehend von einer einheitlichen (hardware-abhängigen) Basis-Installation - unterschiedlichen Usern und Gruppen in Abhängigkeit
ihrer Rechte unterschiedliche WINDOWS-Applikationen zur Verfügung gestellt
werden. Jede Anwendungsgruppe erhält eine eigene PROGMAN.INI-Datei, die
zusammen mit den zugehörigen Gruppen-Dateien *.GRP unterhalb
SYS:PGM\PROGMAN in dem jeweiligen gruppenspezifischen Verzeichnis abgespeichert sind.

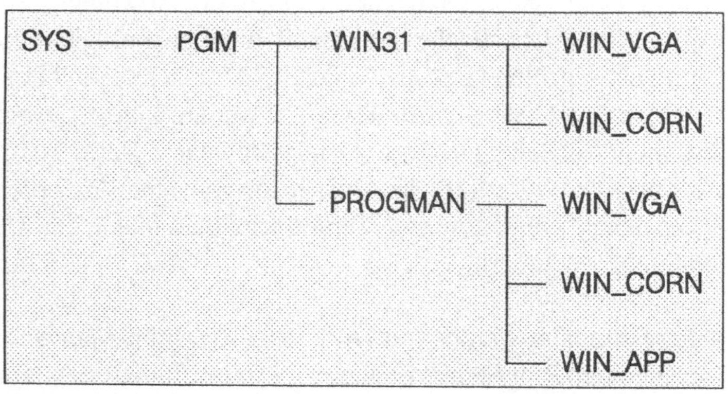

Bild 6.6-2:

Zur besseren Übersicht haben wir diesen gruppenspezifischen Verzeichnissen den gleichen Namen gegeben wie der Gruppe selbst, d.h. die Gruppe WIN_VGA erhält auch das Verzeichnis SYS:PGM\PROGMAN\WIN_VGA.

Installation gruppenspezifischer WINDOWS-Versionen

Da Sie als Supervisor in allen Verzeichnissen alle Rechte besitzen, konnten Sie die installierten WINDOWS-Versionen auf den jeweiligen Arbeitsplätzen problemlos starten. Normale Netzwerk-User haben allerdings eingeschränkte Rechte, besonders in den Programm-Verzeichnissen. Nach dem Einloggvorgang sollte sich jeder User in seinem eigenen Home-Directory befinden, in dem er alle Rechte (außer Supervisory) besitzt. Um aus diesem Home-Directory WINDOWS starten zu können, müssen entsprechende Such-Pfade gesetzt werden und verschiedene Dateien im Home-Directory vorhanden sein. Weiterhin muß der User entsprechende Trustee Directory Assignments (Read, File Scan) auf das Verzeichnis SYS:PROG\WIN31 besitzen.

Diese gruppengerechte Startprozedur läßt sich entweder menügesteuert, mit Hilfe von Batch-Dateien, mit individuellen User Login Scripts oder innerhalb des System Login Scripts organisieren. Der Menü-Generator von NetWare ist recht speicherintensiv, und die aufgerufenen Menüs lassen sich immer mit <ESC> verlassen. Da der User sich anschließend auf der Netzwerk-Betriebssystem-Ebene befindet, können wir diese Form nicht empfehlen.

Wir haben diese Startprozedur innerhalb des System Login Scripts realisiert. Die erforderlichen Maßnahmen sind so für Sie leicht nachzuvollziehen.

Da diese gruppenspezifische Installation ausführlich in Kap. 6.1 beschrieben wurde, soll hier stellvertretend nur noch eine weitere Applikation eingebunden werden.

Installationsziel

Die nun praktisch orientierte Installation geht von einem konkreten Fall aus.

In einer Firma existieren zwei verschiedene Anwender-Gruppen mit mehreren Gruppenmitgliedern. Diese Anwender-Gruppen arbeiten mit unterschiedlichen WINDOWS-Applikationen:

❏ **Gruppe WIN_VGA**   darf nur mit WINDOWS ohne zusätzliche Applikationen arbeiten.

❏ **Gruppe WIN_APP**   darf mit WINDOWS und der zusätzlichen Applikationen WINWORD 2.0 arbeiten.

Wie bei WINDOWS 3.0 ist auch hier die erforderliche Installations-Version abhängig:

❏   vom verwendeten Rechner-Typ,
❏   von der Gruppenzugehörigkeit,
❏   von den bereitgestellten Programmen.

Installation der Windows-Version für die Gruppen WIN_VGA und WIN_APP (Rechner-Typ 1)

❏   Loggen Sie sich als Supervisor ein, und wechseln Sie in das hardware-abhängige Verzeichnis

SYS:PRG\WIN31\WIN_VGA.

Dort befindet sich die Datei ZUBEHÖR.GRP, die in ZUBEHOER.GRP umbenannt werden muß.

❏ Anschließend muß der Inhalt der Datei PROGMAN.INI verändert werden. Im ersten Abschnitt [Settings] wird das Aussehen der WINDOWS-Oberfläche beim Starten definiert. Hier nehmen Sie keine Änderungen vor. Im Abschnitt [Groups] werden die im Programm-Manager verwalteten Gruppen aufgeführt. Ändern Sie die vorhandenen Einträge wie folgt ab, und kopieren Sie die veränderte Datei in die Verzeichnisse **SYS:PGM\PROGMAN\WIN_VGA** und **SYS:PGM\PROGMAN\WIN_APP** .

Ursprünglicher Zustand:
[Groups]
Group1=F:\PGM\WIN31\WIN_VGA\ZUBEHÖR.GRP
Group2=F:\PGM\WIN31\WIN_VGA\SPIELE.GRP
Group3=F:\PGM\WIN31\WIN_VGA\HAUPTGRU.GRP
Group4=F:\PGM\WIN31\WIN_VGA\AUTOSTAR.GRP

Veränderter Zustand:
[Groups]
Group1=H:\ZUBEHOER.GRP
Group2=H:\SPIELE.GRP
Group3=H:\HAUPTGRU.GRP
Group4=H:\AUTOSTAR.GRP

Die Veränderungen sind notwendig, damit der User später WINDOWS 3.1 ohne jede weitere WINDOWS-Applikation aus seinem Home-Directory H:\ starten kann. Achten Sie auch auf die Umbenennung der Datei ZUBEHÖR.GRP in ZUBEHOER.GRP.

❏ Löschen Sie die Datei **PROGMAN.INI** im Verzeichnis **SYS:\PROG\WIN31\WIN_VGA.**

❏ Kopieren Sie alle Gruppen-Dateien aus dem Verzeichnis **SYS:\PROG\WIN31\WIN_VGA** mit

NCOPY *.GRP \PROG\PROGMAN\WIN_VGA

und

NCOPY *.GRP \PROG\PROGMAN\WIN_APP

in die angegebenen Ziel-Verzeichnisse.

Damit sind die ersten Installationsschritte, die von Ihnen manual durchgeführt werden müssen, abgeschlossen.

Die folgenden, notwendigen Maßnahmen werden alle im System Login Script automatisch bei jedem Einloggen des Users durchgeführt.

Im Home-Directory des einzelnen Users müssen vor Aufruf von WINDOWS folgende Dateien vorhanden sein:

CONTROL.INI	SYSTEM.INI	WIN.INI
WIN.COM	WINNVER.EXE	_DEFAULT.PIF
HAUPTGRU.GRP	SPIELE.GRP	ZUBEHOER.GRP
PROGMAN.INI		

Außerdem müssen für den User Suchpfade auf **SYS:PGM\WIN31** und **SYS:PGM\WIN31\WIN_VGA** eingerichtet sein.

Erstellen Sie das erforderliche System Login Script:

```
map ins S1:=sys:public
map ins S2:=sys:public\v5.00
comspec=S2:command.com
map root H:=Sys:user\%login_name
drive h:
set temp="H:"

if member of "WIN_VGA" then begin
map ins S3:=sys:pgm\win31
map ins S4:=sys:pgm\win31\win_vga
#command /c if not exist win.com copy F:\pgm\win31\win_vga\win.com >nul
#command /c if not exist winver.exe copy F:\pgm\win31\win_vga\winver.exe >nul
#command /c if not exist _default.pif copy F:\pgm\win31\win_vga\_default.pif >nul
#command /c if not exist *.grp copy f:\pgm\progman\win_vga\*.grp >nul
#command /c if not exist *.ini copy f:\pgm\win31\win_vga\*.ini >nul
#command /c if not exist progman.ini copy f:\pgm\progman\win_vga\progman.ini >nul
#command /c win
map del s4:
map del s3:
end

if member of "WIN_APP" then begin
map ins S3:=sys:pgm\win31
map ins S4:=sys:pgm\win31\win_VGA
#command /c if not exist win.com copy F:\pgm\win31\win_vga\win.com >nul
#command /c if not exist winver.exe copy F:\pgm\win31\win_vga\winver.exe >nul
#command /c if not exist _default.pif copy F:\pgm\win31\win_vga\_default.pif >nul
#command /c if not exist *.grp copy f:\pgm\progman\win_app\*.grp >nul
#command /c if not exist control.ini copy f:\pgm\win31\win_vga\control.ini >nul
#command /c if not exist system.ini copy f:\pgm\win31\win_vga\system.ini >nul
#command /c if not exist win.ini copy f:\pgm\win31\win_vga\win.ini >nul
#command /c if not exist progman.ini copy f:\pgm\progman\win_app\progman.ini >nul
#command /c win
map del s4:
map del s3:
end
```

Installations-Test

Nachden Sie als Supervisor das oben angegebene System Login Script eingegeben haben, können Sie WINDOWS 3.1 als User im Netz testen.

Achten Sie darauf, daß **vor dem <u>ersten</u> Test** im jeweiligen Home-Directory des Users **keine Windows-Dateien** vorhanden sind.

❑   Loggen Sie sich nun als Mitglied der Gruppe WIN_VGA (z.B. WIN1) auf einer Workstation (Rechner-Typ 1) ein, und überprüfen Sie die ordnungsgemäße Funktion von WINDOWS. Sie müssen sich im Home-Directory H:\ befinden.

❑   Loggen Sie sich anschließend als Mitglied der Gruppe WIN_APP (z.B. WINAPP1) auf einer weiteren Workstation (Rechner-Typ 1) ein, und überprüfen Sie die ordnungsgemäße Funktion von WINDOWS. Sie müssen sich im Home-Directory H:\ befinden.

Damit ist die gruppenspezifische WINDOWS-Installation für die Gruppen WIN_VGA und WIN_APP abgeschlossen.

7. DOS-Applikationen im Netz

7.1 Netzwerk-Installation von Word 5.5

Die Installation des Anwenderprogramms WORD 5.5 auf der File-Server-Festplatte und der gemeinsame Zugriff mehrerer User auf das Programm wird in den folgenden Installationsanweisungen detailliert beschrieben.

Dabei wird vorausgesetzt, der jeder User ein eigenes Home-Directory besitzt und diese Home-Directories unter **SYS:USER\home-directory** angelegt sind.

Das Programm wird auf der File-Server-Platte im Verzeichnis **SYS:PGM\WORD55** installiert.

Es wird später eine Anwender-Gruppe **WORD_VGA** eingerichtet, deren Mitglieder durch die im System Login Script gemachten Angaben auf die Textverarbeitung WORD 5.5 zugreifen können. Die Eintragungen sind so formuliert, daß nach dem Einloggen des Users (Mitglied der Gruppe WORD_VGA) WORD 5.5 automatisch gestartet wird.

Die Mitglieder dieser Gruppe sind WORD1, WORD2, WORD3, ...

Die Installation des Programms ist auch hardware-abhängig, d.h. die vorhandene Grafikkarte, die angeschlossene Maus usw. werden in der Installationsroutine erkannt bzw. abgefragt. Ähnlich wie bei den von uns vorgeschlagenen WINDOWS-Installationen kann man durch Anlegen mehrerer hardwarespezifischer Programm-Versionen von unterschiedlich konfigurierten Workstations auf das Programm zugreifen.

Die Programm-Version für die Anwender-Gruppe WORD_VGA wurde für einen Rechner-Typ installiert, der mit einer VGA-Grafikkarte und einer Microsoft-Maus ausgestattet ist.

Installationsschritte für WORD 5.5

☐ Loggen Sie sich als Supervisor ein und legen Sie die Installations-Diskette Nr. 1 von WORD 5.5 in Laufwerk A: oder B:, und starten Sie dort das Installations-Programm mit dem Befehl

SETUP.

Als Installationsmethode wählen Sie aus:

Installieren in einem Netzwerk

Die nächste Frage beantworten Sie mit

Installieren einer neuen Version von Word

Als Programm-Laufwerk geben Sie **F:**,

als Programm-Verzeichnis **F:\PGM\WORD55** ein.

Nun läuft die Installationsroutine ab. Konfigurieren Sie das Programm nach Ihren Wünschen, d.h. Installation des Lernprogramms, der Grafik- und Textfilter, Fonts usw.

Nach Abschluß dieser Erst-Installation wird eine Arbeitsplatz-Version installiert. Hierbei wird die Hardware-Konfiguration der Workstations berücksichtigt.

☐ Wechseln Sie in das Programm-Verzeichnis **F:\PGM\WORD55**.

☐ Starten Sie die Arbeitsplatz-Installation mit

SETUP USER.

☐ Als Zielverzeichnis können Sie wieder **F:\PGM\WORD55** angeben.

☐ Beantworten Sie alle hardwarespezifischen Fragen während der Installationsroutine. Nach Abschluß dieser Installationsprozedur können Sie als Supervisor das Programm mit

WORD

starten.

❏ Testen Sie als Supervisor das installierte Programm. Arbeitet das Programm nicht einwandfrei, haben Sie bei der Installation einen Fehler gemacht und müssen diesen Punkt wiederholen.

Nach der erfolgreichen Programm-Installation muß es der Anwender-Gruppe WORD_VGA zur Verfügung gestellt werden.

❏ Richten Sie dazu diese Gruppe ein und geben dieser Gruppe Trustee Directory Assignment [R F] für das Verzeichnis F:\PGM\WORD55.

❏ Erstellen Sie noch ein System Login Script mit folgendem Inhalt:

```
map ins s1:=sys:public
map ins s2:=public\v5.00
comspec=s2:command.com
map root h:=sys:user\%login_name
drive h:
set tmp="H:"

if member of "WORD_VGA" then begin
map ins s3:=sys:pgm\word55
# command /c if not exist *.ini copy F:\pgm\word55\*.ini > nul
# command /c if not exist screen.vid copy F:\pgm\word55\screen.vid > nul
# command /c word
map del s3:
end
```

Installations-Test

Nachdem Sie als Supervisor das oben angegebene System Login Script erstellt haben, können Sie die Installation als User testen.

❑   Loggen Sie sich als User WORD1 (Mitglied der Gruppe WORD_VGA) auf einer Workstation ein und überprüfen Sie die ordnungsgemäße Funktion des Programms. Ihr aktuelles Verzeichnis muß H:\ sein.

❑   Loggen Sie sich als User WORD2 (Mitglied der Gruppe WORD_VGA) auf einer anderen Workstation ein und überprüfen Sie die ordnungsgemäße Funktion des Programms. Ihr aktuelles Verzeichnis muß H:\ sein.

Damit ist die Installation für WORD 5.5 abgeschlossen.

7.2 Netzwerk-Installation von MULTIPLAN 4.2

Die Installation des Anwenderprogramms MULTIPLAN 4.2 auf der File-Server-Festplatte und der gemeinsame Zugriff mehrerer User auf das Programm wird in den folgenden Installationsanweisungen detailliert beschrieben.

Dabei wird vorausgesetzt, der jeder User ein eigenes Home-Directory besitzt und diese Home-Directories unter **SYS:USER\home-directory** angelegt sind.

Das Programm wird auf der File-Server-Platte im Verzeichnis **SYS:PGM\MP42** installiert.

Es wird später eine Anwender-Gruppe **MP_VGA** eingerichtet, deren Mitglieder durch die im System Login Script gemachten Angaben auf das Tabellenkalkulationsprogramm MULTIPLAN 4.2 zugreifen können. Die Eintragungen sind so formuliert, daß nach dem Einloggen des Users (Mitglied der Gruppe MP_VGA) MULTIPLAN 4.2 automatisch gestartet wird.

Die Mitglieder dieser Gruppe sind MP1, MP2, MP3, ...

Die Installation des Programms ist auch hardware-abhängig, d.h. die vorhandene Grafikkarte, die angeschlossene Maus usw. werden in der Installationsroutine erkannt bzw. abgefragt. Ähnlich wie bei den von uns vorgeschlagenen WINDOWS-Installationen kann man durch Anlegen mehrerer hardwarespezifischer Programm-Versionen von unterschiedlich konfigurierten Workstations auf das Programm zugreifen.

Die Programm-Version für die Anwender-Gruppe MP_VGA wurde für einen Rechner-Typ installiert, der mit einer VGA-Grafikkarte und einer Microsoft-Maus ausgestattet ist.

Installationsschritte für MULTIPLAN 4.2

❏   Loggen Sie sich als Supervisor ein und richten Sie das Verzeichnis
      F:\PGM\MP42 ein.

❏   Richten Sie ein Root-Laufwerk mit

      MAP ROOT H:=SYS:PGM\MP42

      ein.

❏   Wechseln Sie in das Laufwerk H: und kopieren Sie mit

      COPY A:*.*

      alle Programm-Disketten von MULTIPLAN 4.2 von Laufwerk A:
      (oder B:) in das Root-Directory.

❏   Starten Sie dort das Installations-Programm mit dem Befehl

      SETUP BENUTZER.

      Als Installationsmethode wählen Sie aus:

      Installieren einer modifizierten Version von Multiplan

      Als Programm-Laufwerk geben Sie **F:**,

      als Programm-Verzeichnis **F:\PGM\MP42** ein.

      Nun läuft die Installationsroutine ab. Konfigurieren Sie das Programm
      nach Ihren Wünschen, d.h. Installation des Lernprogramms, der
      Grafik- und Textfilter, Fonts usw.

❏   Nach Abschluß dieser Installationsprozedur können Sie als Supervisor
      das Programm mit

      MP

starten.

❏　Testen Sie als Supervisor das installierte Programm. Arbeitet das Programm nicht einwandfrei, haben Sie bei der Installation einen Fehler gemacht und müssen diesen Punkt wiederholen.

Nach der erfolgreichen Programm-Installation muß es der Anwender-Gruppe MP_VGA zur Verfügung gestellt werden.

❏　Richten Sie dazu diese Gruppe ein und geben dieser Gruppe Trustee Directory Assignment [R F] für das Verzeichnis F:\PGM\MP42.

❏　Erstellen Sie noch ein System Login Script mit folgendem Inhalt:

```
map ins s1:=sys:public
map ins s2:=public\v5.00
comspec=s2:command.com
map root h:=sys:user\%login_name
drive h:
set tmp="H:"

if member of "MP_VGA" then begin
map ins s3:=sys:pgm\mp42
# command /c if not exist *.ini copy F:\pgm\word55\*.ini > nul
# command /c mp
map del s3:
end
```

Installations-Test

Nachdem Sie als Supervisor das oben angegebene System Login Script erstellt haben, können Sie die Installation als User testen.

- ☐ Loggen Sie sich als User MP1 (Mitglied der Gruppe MP_VGA) auf einer Workstation ein und überprüfen Sie die ordnungsgemäße Funktion des Programms. Ihr aktuelles Verzeichnis muß H:\ sein.

- ☐ Loggen Sie sich als User MP2 (Mitglied der Gruppe MP_VGA) auf einer anderen Workstation ein und überprüfen Sie die ordnungsgemäße Funktion des Programms. Ihr aktuelles Verzeichnis muß H:\ sein.

Damit ist die Installation für MULTIPLAN 4.2 abgeschlossen.

7.3 Netzwerk-Installation von WORKS 2.0

Die Installation des Anwenderprogramms WORKS 2.0 auf der File-Server-Festplatte und der gemeinsame Zugriff mehrerer User auf das Programm wird in den folgenden Installationsanweisungen detailliert beschrieben.

Dabei wird vorausgesetzt, der jeder User ein eigenes Home-Directory besitzt und diese Home-Directories unter **SYS:USER\home-directory** angelegt sind.

Das Programm wird auf der File-Server-Platte im Verzeichnis **SYS:PGM\WORKS20** installiert.

Es wird später eine Anwender-Gruppe **WORK_VGA** eingerichtet, deren Mitglieder durch die im System Login Script gemachten Angaben auf WORKS 2.0 zugreifen können. Die Eintragungen sind so formuliert, daß nach dem Einloggen des Users (Mitglied der Gruppe WORK_VGA) WORKS 2.0 automatisch gestartet wird.

Die Mitglieder dieser Gruppe sind WORK1, WORK2, WORK3, ...

Die Installation des Programms ist auch hardware-abhängig, d.h. die vorhandene Grafikkarte, die angeschlossene Maus usw. werden in der Installationsroutine erkannt bzw. abgefragt. Ähnlich wie bei den von uns vorgeschlagenen WINDOWS-Installationen kann man durch Anlegen mehrerer hardwarespezifischer Programm-Versionen von unterschiedlich konfigurierten Workstations auf das Programm zugreifen.

Die Programm-Version für die Anwender-Gruppe WORK_VGA wurde für einen Rechner-Typ installiert, der mit einer VGA-Grafikkarte und einer Microsoft-Maus ausgestattet ist.

Installationsschritte für WORKS 2.0

☐ Loggen Sie sich als Supervisor ein und legen Sie die Installations-Diskette Nr. 1 von WORKS 2.0 in Laufwerk A: oder B:, und starten Sie dort das Installations-Programm mit dem Befehl

SETUP.

Als Installationsmethode wählen Sie aus:

Eine neue Arbeitskopie von Works 2.0 erstellen

Als Programm-Laufwerk geben Sie **F:**,

als Programm-Verzeichnis **F:\PGM\WORKS20** ein.

Nun läuft die Installationsroutine ab. Konfigurieren Sie das Programm nach Ihren Wünschen, d.h. Installation des Lernprogramms, der Grafik- und Textfilter, Fonts usw.

☐ Nach Abschluß dieser Installationsprozedur können Sie als Supervisor das Programm mit

WORKS

starten.

☐ Testen Sie als Supervisor das installierte Programm. Arbeitet das Programm nicht einwandfrei, haben Sie bei der Installation einen Fehler gemacht und müssen diesen Punkt wiederholen.

Nach der erfolgreichen Programm-Installation muß es der Anwender-Gruppe WORK_VGA zur Verfügung gestellt werden.

☐ Richten Sie dazu diese Gruppe ein und geben dieser Gruppe Trustee Directory Assignment [R F] für das Verzeichnis F:\PGM\WORKS20.

❏   Erstellen Sie noch ein System Login Script mit folgendem Inhalt:

```
map ins s1:=sys:public
map ins s2:=public\v5.00
comspec=s2:command.com
map root h:=sys:user\%login_name
drive h:
set tmp="H:"

if member of "WORK_VGA" then begin
map ins s3:=sys:pgm\works20
# command /c if not exist *.ini copy F:\pgm\works20\*.ini > nul
# command /c works
map del s3:
end
```

Installations-Test

Nachdem Sie als Supervisor das oben angegebene System Login Script erstellt haben, können Sie die Installation als User testen.

❏   Loggen Sie sich als User WORK1 (Mitglied der Gruppe WORK_VGA) auf einer Workstation ein und überprüfen Sie die ordnungsgemäße Funktion des Programms. Ihr aktuelles Verzeichnis muß H:\ sein.

❏   Loggen Sie sich als User WORK2 (Mitglied der Gruppe WORK_VGA) auf einer anderen Workstation ein und überprüfen Sie die ordnungsgemäße Funktion des Programms. Ihr aktuelles Verzeichnis muß H:\ sein.

Damit ist die Installation für WORKS 2.0 abgeschlossen.

7.4 Netzwerk-Installation von WORDPERFECT 5.1

Die Installation des Anwenderprogramms WORDPERFECT 5.1 auf der File-Server-Festplatte und der gemeinsame Zugriff mehrerer User auf das Programm wird in den folgenden Installationsanweisungen detailliert beschrieben.

Dabei wird vorausgesetzt, der jeder User ein eigenes Home-Directory besitzt und diese Home-Directories unter **SYS:USER\home-directory** angelegt sind.

Das Programm wird auf der File-Server-Platte im Verzeichnis **SYS:PGM\WP51** installiert.

Es wird später eine Anwender-Gruppe **WP_VGA** eingerichtet, deren Mitglieder durch die im System Login Script gemachten Angaben auf die Textverarbeitung WORDPERFECT 5.1 zugreifen können. Die Eintragungen sind so formuliert, daß nach dem Einloggen des Users (Mitglied der Gruppe WP_VGA) WORDPERFECT 5.1 automatisch gestartet wird.

Die Mitglieder dieser Gruppe sind WP1, WP2, WP3, ...

Die Installation des Programms ist auch hardware-abhängig, d.h. die vorhandene Grafikkarte, die angeschlossene Maus usw. werden in der Installationsroutine erkannt bzw. abgefragt. Ähnlich wie bei den von uns vorgeschlagenen WINDOWS-Installationen kann man durch Anlegen mehrerer hardwarespezifischer Programm-Versionen von unterschiedlich konfigurierten Workstations auf das Programm zugreifen.

Die Programm-Version für die Anwender-Gruppe WP_VGA wurde für einen Rechner-Typ installiert, der mit einer VGA-Grafikkarte und einer Microsoft-Maus ausgestattet ist.

Installationsschritte für WORDPERFECT 5.1

❏   Loggen Sie sich als Supervisor ein und legen Sie die Installations-Diskette Nr. 1 von WORDPERFECT 5.1 in Laufwerk A: oder B:, und starten Sie dort das Installations-Programm mit dem Befehl

INSTALL.

Als Installationsmethode wählen Sie aus:

Netzwerk - Installation durch den Anwender

Es erscheint ein Eingabefenster für die Zielverzeichnisse. Tragen Sie als Programm-Verzeichnis

F:\PGM\WORKS20

ein.

Im Punkt 8:Texte geben Sie

H:

ein. Damit legen Sie fest, daß standardmäßig in das Home-Directory des Users abgespeichert wird.

Nun läuft die Installationsroutine ab. Konfigurieren Sie das Programm nach Ihren Wünschen, d.h. Installation des Lernprogramms, der Grafik- und Textfilter, Fonts usw.

❏   Nach Abschluß dieser Installationsprozedur können Sie als Supervisor das Programm mit

WP

starten.

❏   Testen Sie als Supervisor das installierte Programm. Arbeitet das
      Programm nicht einwandfrei, haben Sie bei der Installation einen
      Fehler gemacht und müssen diesen Punkt wiederholen.

Nach der erfolgreichen Programm-Installation muß es der Anwender-Gruppe
WP_VGA zur Verfügung gestellt werden.

❏   Richten Sie dazu diese Gruppe ein und geben dieser Gruppe Trustee
      Directory Assignment [R F] für das Verzeichnis F:\PGM\WP51.

❏   Erstellen Sie noch ein System Login Script mit folgendem Inhalt:

```
map ins s1:=sys:public
map ins s2:=public\v5.00
comspec=s2:command.com
map root h:=sys:user\%login_name
drive h:
set tmp="H:"

if member of "WP_VGA" then begin
map ins s3:=sys:pgm\wp51
# command /c wp
map del s3:
end
```

Installations-Test

Nachdem Sie als Supervisor das oben angegebene System Login Script erstellt haben, können Sie die Installation als User testen.

☐ Loggen Sie sich als User WP1 (Mitglied der Gruppe WP_VGA) auf einer Workstation ein und überprüfen Sie die ordnungsgemäße Funktion des Programms. Ihr aktuelles Verzeichnis muß H:\ sein.

☐ Loggen Sie sich als User WP2 (Mitglied der Gruppe WP_VGA) auf einer anderen Workstation ein und überprüfen Sie die ordnungsgemäße Funktion des Programms. Ihr aktuelles Verzeichnis muß H:\ sein.

Damit ist die Installation für WORDPERFECT 5.1 abgeschlossen.

8. Drucken im Netz

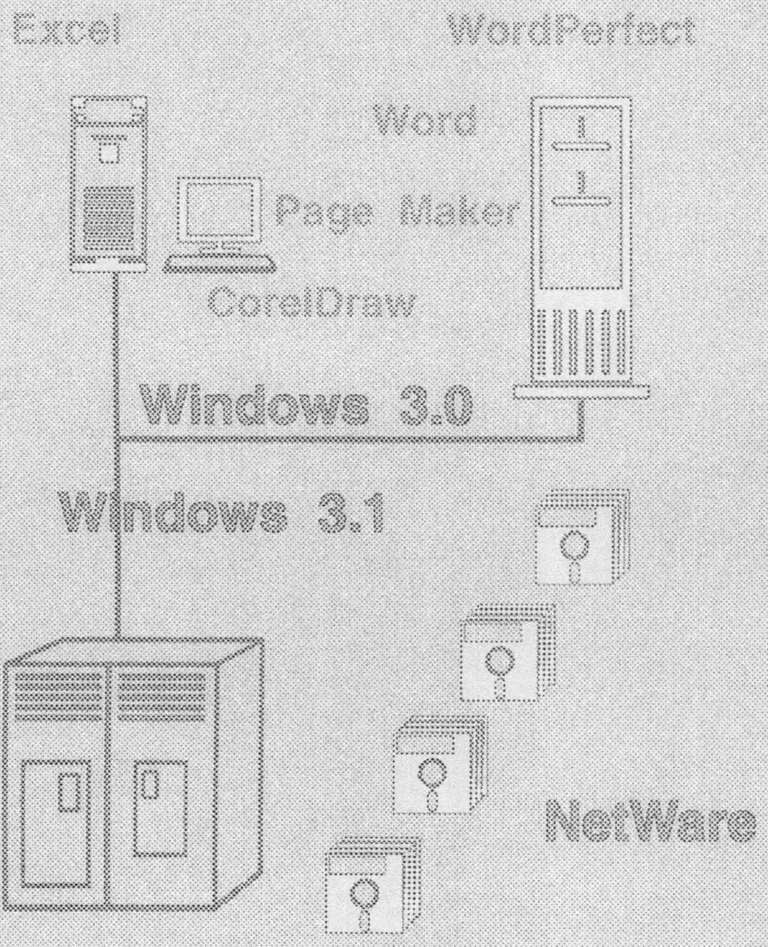

8.1 Print Server

Die gemeinsame Nutzung teurer bzw. verschiedener Peripheriegeräte (z.B. Laserdrucker, Farbdrucker, Etikettendrucker etc) ist ein zentrale Forderung an ein Netzwerk. Die Novell-Software NetWare 3.11 (2.20) bietet verschiedene Möglichkeiten, die anfallenden Druck-Aufträge innerhalb eines lokalen Netzes zu bewältigen. Außerdem ist es möglich, das Drucken über mehrere miteinander gekoppelte Netzwerke (internet-printing) zu organisieren.

Lokaler Drucker

Wird bei einem Stand-Alone-PC ein Druckauftrag (print job) an den angeschlossenen Drucker ausgegeben, wird dieser direkt gedruckt.

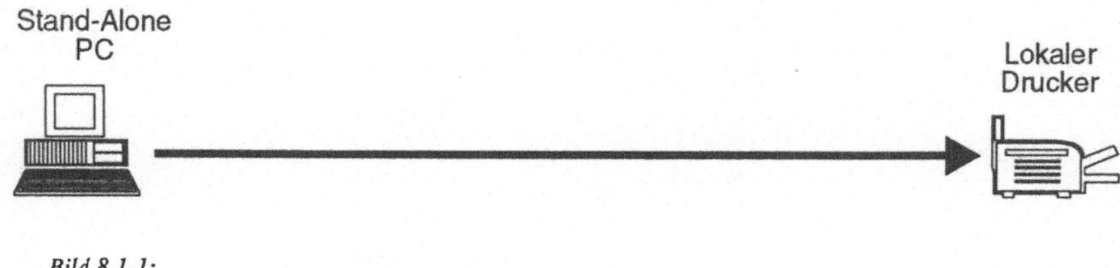

Bild 8.1-1:

Netzwerk-Drucker

Das Drucken im Netz hingegen muß jedoch anders organisiert werden, wenn mehrere User auf einen gemeinsamen Drucker ausgeben können. NetWare verwendet zur Organisation dieser Druckaufträge einen Print Server, der entweder Bestandteil des File Servers ist (interner Print Server) oder als eigenständiger Print Server (externer Print Server bzw. dedicated print server) realisiert ist. Wird ein Druckjob von einer Workstation in Auftrag gegeben, werden die Daten zuerst im File Server innerhalb einer Warteschlange (**print queue**) zwischengespeichert. Diese print queues werden bei der Installation des Print Servers als Unterverzeichnis (print queue ID) unterhalb SYS:SYSTEM auf der Netzwerk-Festplatte eingerichtet (Unterverzeichnis mit der Ergänzung .QDR).

Auf diese Weise können mehrere Druckjobs von verschiedenen Usern in Auftrag gegeben werden, ohne daß eine gegenseitige Störung am Drucker auftritt. Nach dem Motto **Wer zuerst speichert, druckt zuerst** werden die zwischengespeicherten Druckaufträge vom Print Server an den angesprochenen Drucker weitergegeben.

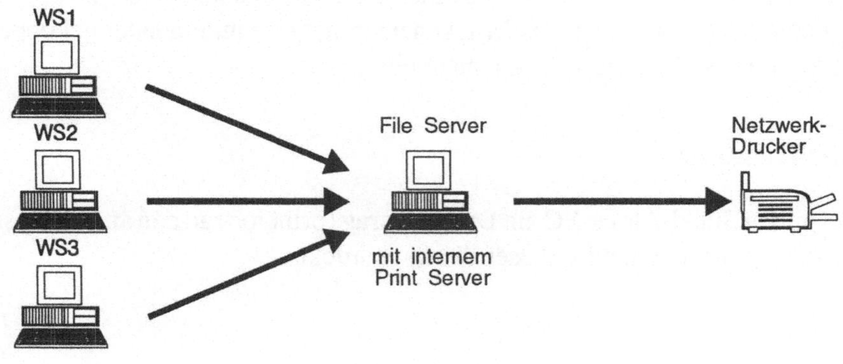

Bild 8.1-2:

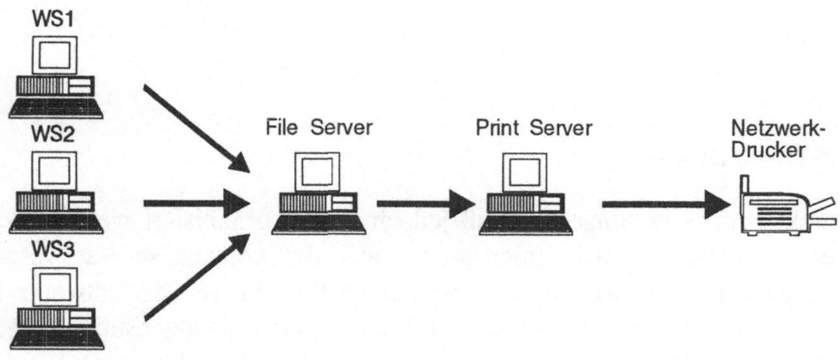

Bild 8.1-3:

Das Konzept des Print Servers unter NetWare ist sehr flexibel und unterstützt folgende Drucker-Anordnungen:

❑ Netzwerk-Drucker ist (sind) am File Server angeschlossen und steht (en) allen zur Verfügung

❑ Netzwerk-Drucker ist (sind) am Print Server angeschlossen und steht (en) allen zur Verfügung

❑ Drucker ist (sind) an Workstation angeschlossen und steht (en) allen zur Verfügung

❑ Drucker ist (sind) direkt über eine im Drucker befindliche Netzwerkkarte mit dem Netzwerkkabel verbunden

Die Installation der Druck-Umgebung innerhalb des NOVELL-Netzes erfordert folgende Software:

❑ **Print Server Software**
❑ **Remote Printer Software**
❑ **Printing Utilities**

NetWare Print Server

Der Print Server verwaltet die anfallenden Druckaufträge innerhalb eines Netzwerkes. Er entnimmt die entsprechenden Druckaufträge der (den) Druckerwarteschlange(n) und übergibt sie dem (den) entsprechenden Netzwerk-Drucker(n).

Die verfügbare Print Server Software ermöglicht es, die Anzahl der im Netz verfügbaren Drucker zu erhöhen und die Drucker räumlich zu verteilen (verteiltes Drucken). Der Print Server ist entweder intern auf dem File Server installiert oder besteht als eigenständige Arbeitsstation (externer Print Server). Für beide Varianten existieren entsprechende Software-Module.

Jeder Typ (intern oder extern) unterstützt 16 Drucker und verwaltet Druckerwarteschlangen von max. 8 verschiedenen File Servern.

Interner Print Server

Zur Installation der Print-Server-Funktion direkt auf dem File Server benötigt man für NetWare 3.11 die Print-Server-Software **PSERVER.NLM**, für NetWare 2.20 die Print-Server-Software **PSERVER.VAP**.

PSERVER.NLM

Dieses nachladbare Modul (NetWare loadable module - nur möglich bei NetWare 3.11 - NetWare 386 File Server) wird auf dem File Server mit dem command-line-Befehl **LOAD PSERVER** *printserver_name* direkt geladen.

Mit der Syntax **LOAD PSERVER** *PS_TINA* wird der Print Server PS_TINA gestartet. Auf dem Bildschirm des File Servers erscheint ein entsprechendes Menü, das Auskunft über die ersten acht verfügbaren Drucker und die in Arbeit befindlichen Druckaufträge gibt. Durch Betätigung der Leertaste wechselt die Menüdarstellung auf die zweiten acht verfügbaren Drucker.

```
            Novell NetWare Print Server V1.21
                 Server PS_TINA Running

  0: NEC1_REMOTE                 4: Not Installed
     Not connected


  1: NEC2_REMOTE                 5: Not Installed
     Not connected


  2: HPIII_P                     6: Not Installed
     Waiting for job


  3: HPIII_SI                    7: Not Installed
     Not connected
```

Bild 8.1-4:

Neben den zugeordneten Namen der Drucker wird auch eine Status-Meldung bzgl. der Druckerschnittstellen ausgegeben:

Not installed
Für diese Druckerschnittstelle ist kein Drucker definiert worden.

Not connected
Der angegebene Remote-Drucker ist zwar bei der Print-Server-Installation definiert worden, ist aber zur Zeit nicht angeschlossen (not connected).

Waiting for job
Der angegebene Drucker ist betriebsbereit.

Out of paper
Diese Meldung erscheint, wenn der angeschlossene Drucker kein Papier mehr besitzt. Sie wird aber auch dann ausgegeben, wenn der Drucker physikalisch nicht am Print Server bzw. an der Workstation angeschlossen (attached) ist.

Mit Betätigung der Tastenkombination <ALT><ESC> kehrt man zur Kommando-Ebene von NetWare zurück.

Müssen irgendwelche Änderungen am Print Server vorgenommen werden (z.B. neue Druckerwarteschlangen, zusätzliche Drucker), wird das Print-Server-Modul mit **UNLOAD PSERVER** *printserver_name* entfernt. Dieses Entfernen (down fahren) läßt sich auch mit dem Utility PCONSOLE realisieren. In einem entsprechenden Unterpunkt (Print Server Status/Control) kann man den Print Server down fahren; damit ist das Modul automatisch vom File Server entfernt. Anschließend lassen sich mit PCONSOLE die erforderlichen Änderungen vornehmen und abspeichern. Zum Abschluß wird auf dem File Server das Print-Server-Modul erneut geladen.

Das Modul PSERVER.NLM wird während der Installation in das Verzeichnis SYS:SYSTEM kopiert. Das Laden bzw. das Entfernen des Moduls kann während des laufenden Netzwerkbetriebs durchgeführt werden, d.h. der File Server braucht nicht down gefahren werden.

PSERVER.VAP
Beim Einsatz der Netzwerk-Software NetWare 2.20 (NetWare 286 File Server)
wird die Print-Server-Funktion als **value added process** auf dem File Server
installiert.

Bei jedem Booten des File Servers erscheint die Frage:

Load Value-Added Processes?.

Beantwortet man diese Frage mit YES, wird die entsprechende Print-Server-
Funktion nachgeladen. Dazu muß die Datei PSERVER.VAP im Verzeichnis
SYS:SYSTEM vorhanden sein. Ist dies nicht der Fall, muß diese Datei von der
Diskette PRINT-1 in das Verzeichnis SYS:SYSTEM kopiert werden. Anschlie-
ßend wird der File Server erneut gebootet.

Sind irgendwelche Änderungen am Print Server erforderlich (z.B. neue
Druckerwarteschlangen, zusätzliche Drucker), kann der Print Server während des
laufenden Netzwerkbetriebes mit **PSERVER STOP** angehalten werden. Mit dem
Utility PCONSOLE werden anschließend die erforderlichen Änderungen vorge-
nommen und abgespeichert. Zum Abschluß wird auf dem File Server die Print-
Server-Funktion mit **PSERVER START** gestartet.

Externer Print Server

Die Durchführung und Organisation der Print-Funktion durch den File Server
reduziert die Performance des Netzwerkbetriebs vor allem bei größeren Systemen
deutlich. Deshalb läßt sich bei NetWare 2.20 und 3.11 die Print-Server-Funktion
auf einer Workstation installieren, die anschließend als dedicated print server
fungiert. Benötigt hierzu werden auf dieser ausgewählten Workstation die Dateien
PSERVER.EXE und SHELL.CFG.

Gestartet wird die Software auf der Workstation mit *PSERVER printserver_name*.
Es erscheint anschließend die gleiche Bildschirm-Maske des Print Servers wie bei
der Installation eines internen Print Servers. Müssen irgendwelche Änderungen am
Print Server vorgenommen werden (z.B. neue Druckerwarteschlangen, zusätzliche
Drucker), muß der Print Server zunächst von einer anderen Workstation aus mit

Hilfe des Utility PCONSOLE down gefahren werden. Ebenfalls mit PCONSOLE werden die erforderlichen Änderungen vorgenommen und abgespeichert. Zum Abschluß wird auf der ausgewählten Workstation die Print-Server-Software erneut gestartet.

Hinweis:
Auf der Station, die anschließend dedicated print server wird, muß in dem Verzeichnis, in dem ipx.com und netx.com vorhanden sind, auch eine Datei SHELL.CFG erzeugt bzw. modifiziert werden. Diese Datei muß die Zeile beinhalten:

SPX CONNECTIONS = 60.

Remote Printer

Die maximale Anzahl der in einem Netzwerk verfügbaren Drucker beträgt 16; davon können 5 Drucker direkt am File Server bzw. am Print Server direkt angeschlossen werden (local printer). Die restlichen 11 Drucker können an beliebigen Workstations (remote printer) angeschlossen werden. Ohne jede weiteren Maßnahmen sind diese Drucker jedoch nur von der jeweiligen Workstation nutzbar.

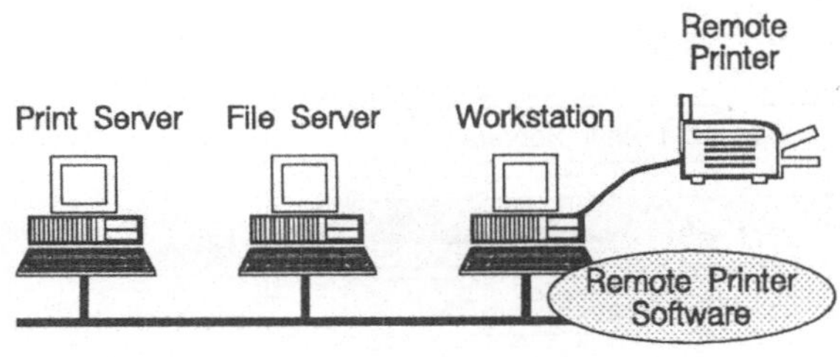

Bild 8.1-5:

Die Station, die ihren lokal angeschlossenen Drucker dem Netzwerk zur Verfügung stellen soll (remote printer), benötigt lokal die Remote-Printer-Software, damit der installierte Print Server auf diesen lokalen Drucker zugreifen kann. Das Programm bleibt resident im Arbeitsspeicher (ca. 9 kB) und kann durch den NetWare-Befehl SPC wieder entfernt werden. Die Remote-Printer-Software kann menügeführt mit dem Utility RPRINTER oder mit einem command-line-Befehl gestartet werden.

Verbindung zwischen Print Server und Drucker (Menü)

Auf der Workstation, deren lokaler Drucker dem Netzwerk zur Verfügung gestellt werden soll, wird mit *RPRINTER* ein Menü gestartet. Es erscheint ein Fenster mit den verfügbaren Print Servern (Available Print Servers)

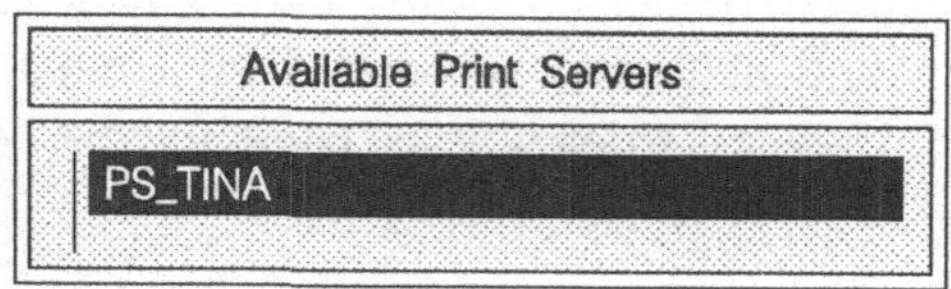

Bild 8.1-6:

Sind mehrere Print Server im Netz installiert, wird der gewünschte Print Server markiert und mit der <ENTER>-Taste aktiviert. Auf dem Bildschirm der Workstation öffnet sich ein weiteres Menü mit den installierten Druckern. Hier wählt man den an der Workstation lokal angeschlossenen Drucker aus. Auf dem Print-Server-Bildschirm ändert sich die zugehörige Statusmeldung von **Not connected** in **Waiting for job.**

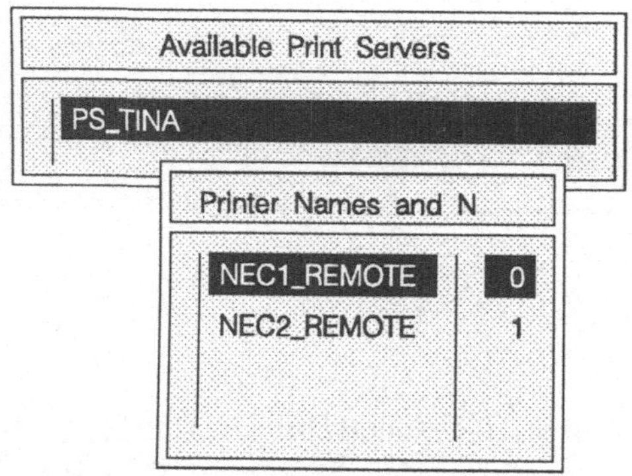

Bild 8.1-7:

Verbindung zwischen Print Server und Drucker (command line)

Der Aufbau der Verbindung zwischen Print Server und Drucker kann auch mit einem command-line-Befehl hergestellt werden.

RPRINTER *[printserver_name printer_number] [-r] [-s]*

[-r]   löst die Verbindung zwischen Remote-Drucker und Print Server
[-s]   erzeugt eine Bildschirm-Maske, die den Status des Printer-Programms
       wiedergibt

Die Nutzung des command-line-Befehls ermöglicht es, innerhalb des System-Login- bzw. des User-Login-Scripts die lokalen Drucker automatisch dem Netzwerk zur Verfügung zu Stelle.

Mit der Syntax

RPRINTER *PS_TINA 3*

wird der innerhalb des Print Servers PS_TINA installierte Drucker Nr. 3 zum Remote Printer. Es erscheint auf der zugehörigen Workstation die Rückmeldung

***** Remote Printer "HPIII_SI" (printer 3) installed *****

Benötigt man detailliertere Auskunft über den aktivierten RemotePrinter, verwendet man den Befehl **RPRINTER -S** und erhält folgende Angaben:

Print Server   **: PS_TINA**

Printer   **: 3**
Printer name   **: HPIII_SI**
Printer type   **: LPT1**
Using IRQ   **: 7**
Status   **: Waiting for job**

Es ist nicht erforderlich, daß diese Stationen im Netz eingeloggt sind; es reicht aus, wenn mit ipx.com und netx.com die Verbindung zum Netz hergestellt ist (attach). Auf diese Weise vermeidet man, daß eine Station unbeaufsichtigt im Netz eingeloggt ist (sein muß). Bindet man den Aufruf der Remote-Printer-Software in die AUTOEXEC.BAT der jeweiligen Station ein, stehen die angeschlossenen lokalen Drucker nach dem Bootvorgang der Workstation im Netz zur Verfügung. Weiterhin muß in der Datei CONFIG.SYS die Eintragung **SPX = 50** unbedingt hinzugefügt werden.

Mit der Syntax

RPRINTER PS_TINA 3 -r

kann man im laufenden Netzwerkbetrieb einen Remote Printer auch wieder in den lokalen Modus zurückversetzen, d.h. nur die Workstation, an der der Drucker angeschlossen ist, kann darauf ausdrucken.

Es erscheint auf der zugehörigen Workstation die Rückmeldung

***** Remote printer "HPIII_SI" has been removed *****

Hinweis:
Wird die Remote-Printer-Software in den Extended- oder Expanded-Memory-Bereich geladen, funktioniert die Option -r nicht sicher. Hier empfiehlt sich ein erneutes Booten der Workstation, um die Verbindung zwischen Print Server und Drucker aufzutrennen!

Die Remote-Printer-Software muß für jeden an der Workstation angeschlossenen Drucker gestartet werden, d.h. sind an der Station beispielsweise zwei parallele und ein serieller Drucker angeschlossen, muß die Software auch dreimal (natürlich mit unterschiedlicher printer_number) geladen werden.

Manchmal ist es wünschenswert, einen Remote-Drucker zeitweise nur von der Workstation bedienen zu lassen. Um nicht die Verbindung zum Print Server zu unterbrechen, kann man mit Hilfe des command-line-Befehls PSC (print server command) den Drucker in einen privaten Status bringen.
Mit der Anweisung

PSC PS=PS_TINA P=3 PRIVATE

kann der Drucker Nr.3 (P=3) nur noch von der angeschlossenen Workstation benutzt werden. Um den privaten Status wieder zu beenden, den Drucker also wieder dem Netzwerk zur Verfügung zu stellen, genügt die Anweisung

PSC PS=PS_TINA P=3 SHARED

Eine ausführlichere Beschreibung des command-line-Befehls PSC findet sich an anderer Stelle im Buch.

8.2 Printing-Utilities

Die Printing-Utilities ermöglichen (menügeführt oder auch mit command-line-Befehlen) die Organisation und Kontrolle der einzelnen Druckaufträge im Netz. Als Menüs stehen hier zur Verfügung:

❑ **PCONSOLE**
❑ **PRINTDEF**
❑ **PRINTCON**

PCONSOLE (**Print Console**) installiert den (die) Print Server, die erforderliche(n) Druckerwarteschlange(n) (print queues) und ermöglicht das Ankoppeln (Attachen) an verschiedene File Server.

PRINTDEF (**Printer Definition**) definiert die Drucker-Treiber(Print Device) für alle Netzwerk-Drucker und -Plotter. Ebenso können diverse Druckformatvorlagen (Forms) erstellt werden, die von den Usern genutzt werden können.

PRINTCON (**Print** Job Configuration) definiert spezielle Druckjobs (z.B. Anzahl der Kopien, welche Druckformatvorlage etc.), auf die dann standardmäßig immer wieder zurückgegriffen werden kann.

Bevor ein Print Server eingerichtet werden kann, müssen zuerst die erforderlichen Druckerwarteschlangen (print queues) definiert werden. Bei Vorhandensein verschiedener Drucker im Netzwerk erhöht es die Übersicht, für jeden Drucker eine eigene Druckerwarteschlange einzurichten. Bei der Namensvergebung ist es hilfreich, Drucker und Druckerwarteschlange den gleichen Namen zu geben.

Sind die Druckerwarteschlangen eingerichtet, wird der Print Server installiert. Es wird festgelegt, welcher File Server unterstützt wird (default attached file server), welche Drucker vom Print Server bedient werden und welche print queues vom jeweiligen Drucker abgearbeitet werden.

Innerhalb des Utility PCONSOLE werden im Menü-Punkt PRINTER CONFIGURATION die vom Print-Server verwalteten Drucker installiert. Es können bis zu 16 verschiedene Drucker eingerichtet werden.

Außerdem muß definiert werden, ob diese Drucker am File - bzw. Print Server
direkt (local network printer) oder an Workstations (remote network printer) und an
welcherSchnittstelle (LPT oder COM) angeschlossen sind.

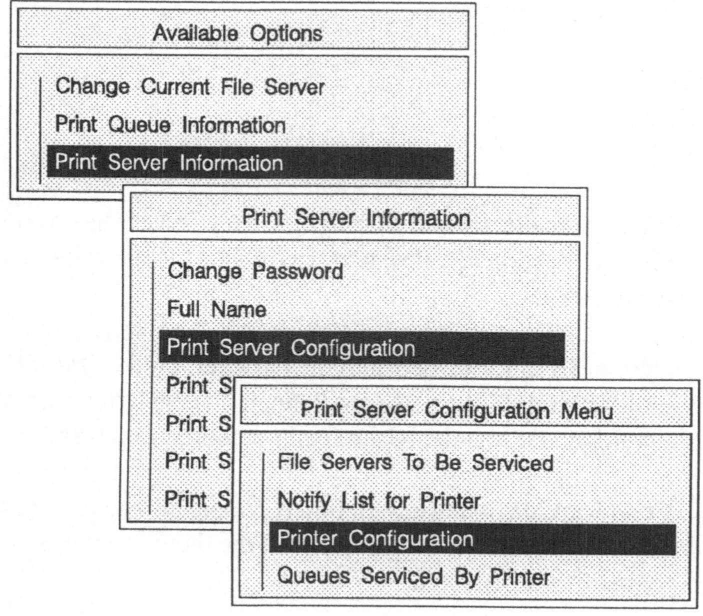

Bild 8.2-1:

Local Network Printers sind direkt am File Server oder am externen Print Server
direkt angeschlossen. Es werden dabei maximal 5 Drucker unterstützt.

Remote Network Printers sind an den einzelnen Workstations angeschlossen. Diese
Drucker können sowohl im Stand-Alone-Betrieb eingesetzt werden als auch als
Netzwerk-Drucker zur Verfügung stehen. Dazu wird auf diesen Workstations die
Remote Printer Software RPRINTER gestartet. Es können maximal 16 Drucker
eingebunden werden (die am File - oder Print Server angeschlossenen Drucker
mitgerechnet).

Die meisten Workstations unterstützen drei parallele (LPT1, LPT2, LPT3) und
zwei serielle Druckerschnittstellen (COM1, COM2).

Will man einen Drucker einem Print Server hinzufügen, muß man folgende Punkte innerhalb des Utility PCONSOLE durchlaufen:

☐ **PCONSOLE** starten und dort **PRINT SERVER INFORMATION** aus wählen
☐ **PRINT SERVER CONFIGURATION** auswählen
☐ **PRINTER CONFIGURATION** auswählen
☐ Einen **NOT INSTALLED PRINTER** auswählen und mit entsprechendem Namen versehen
☐ Das dargestellte Arbeitsblatt ausfüllen

```
                 Printer 0 configuration

  Name:   NEC1_REMOTE
  Type:    Remote Parallel, LPT1


  Use interrupts:        Yes
  IRQ:                   7


  Buffer size in k:      3


  Starting form:         0
  Queue service mode: Change forms as needed


  Baud rate:
  Data bits:
  Stop bits:
  Parity:
  Use X-On/X-Off:
```

Bild 8.2-2:

Die einzelnen Positionen haben folgende Bedeutung:

Name   Dem installierten Drucker kann man einen Namen zu-
                             weisen.

Type   **Local Parallel/Serial**
                             Ein lokaler Drucker ist direkt am Print Server ange-
                             schlossen.
                             Remote Parallel/Serial
                             Ein Remote Drucker ist an einer Workstation ange-
                             schlossen.
                             Remote Other/Unknown
                             Für Drucker, die eine eigene Netzwerk-Interface-Karte
                             besitzen (siehe praktisches Installationsbeispiel).
                             Defined elsewhere
                             Für Drucker, die von mehreren File Servern bedient
                             werden. Man muß nicht auf jedem File Server den
                             Drucker installieren

Interrupts   Hiermit wird dem Prozessor die Bereitschaft des Druk-
                             kers signalisiert.

                             Einstellung: YES bei   Remote Parallel/Serial
                                          NO   bei   Local Parallel/Serial

IRQ   Bei den Remote-Druckern muß hier der zugehörige
                             Hardware-Interrupt angegeben werden:
                             LPT1   IRQ=7
                             LPT2   IRQ=5
                             COM1   IRQ=4
                             COM2   IRQ=3

Buffer size in k   Gibt die Größe des Drucker-Speichers an; NOVELL
                             empfiehlt den Standardwert 3 kB.

Starting form   Innerhalb des Utility PRINTDEF können maximal 256
                             verschiedene Papierformate (z.B. DINA4 quer,
                             Etikettendruck etc) definiert werden. Die hier eingetra-
                             gene Nummer (0 ...255) ist die Standard-Form.

Queue service mode   Bei unterschiedlichen Papierformaten und mehreren Druckaufträgen kann man hier festlegen, in welcher Reihenfolge die einzelnen Druckaufträge durchgeführt werden.

change forms as needed
Der Drucker druckt die einzelnen Druckaufträge in der Reihenfolge, in der sie eintreffen; bei unterschiedlichen Papierformaten muß jedesmal gewechselt werden.

minimize form changes across queues
Der Druckauftrag mit der höchsten Priorität bestimmt die Form. Alle anderen Druckaufträge - auch in den anderen Druckerwarteschlangen - werden in sortierter Reihenfolge gedruckt.

minimize form changes within queues
Wie vorher, nur innerhalb einer Druckerwarteschlange.

service only currently mounted form
Der Drucker druckt nur die Druckaufträge, deren Form gerade aktiv ist

Folgende Parameter sind nur für serielle Drucker von Bedeutung. Sie definieren das Datenübertragungsprotokoll der seriellen Drucker-Schnittstelle

Baud rate   Legt die Datenübertragungsgeschwindigkeit fest (z.B. 9600 Baud = 9.600 Bit/s); sie muß dem angeschlossenen Drucker angepaßt werden.

Data Bits   Die definierte Anzahl der im Übertragungspaket enthaltenen Datenbits; muß dem angeschlossenen Drucker angepaßt werden (Anzahl zwischen 5 und 8).

Stop Bits   Jedes Datenübertragungspaket wird mit 1, 1½ oder 2 Stop-Bits abgeschlossen; muß dem angeschlossenen Drucker angepaßt werden.

Parity   Prüfbit zur Überprüfung der Datenübertragung. Mögliche Definitionen:
even (gerade), **odd** (ungerade), **none** (keine) Parität

X-ON/X-OFF   Softwaremäßiges Handshake-Protokoll zur Anpassung der Datenübertragungsgeschwindigkeit.

Alle im Netzwerk eingesetzten Drucker (lokale Print-Server-Drucker sowie Remote-Drucker) werden mit Hilfe dieses Menüpunktes eingerichtet. Im praktischen Beispiel, das am Ende dieses Kapitels dargestellt wird, sind die einzelnen Punkte nocheinmal deutlich beschrieben.

Als weiterer Schritt in der Vorbereitung des Print Servers werden mit PRINTCON spezielle Druckjobs (z.B. Anzahl der Kopien, welche Druckformatvorlage etc.) definiert, auf die dann standardmäßig immer wieder zurückgegriffen werden kann.

Nach Starten des Utility PRINTCON öffnet sich ein Fenster mit folgenden Eingabefeldern:

Number of copies   Legt die Anzahl der Kopien fest (zwischen 1 und 65.000).

File contents   **Text**
Nur geeignet bei reinen ASCII-Dateien.
Byte stream
Druckt Formatzeichen (z.B. FETT) ebenso wie Grafiken.

Tab size   Wird verwendet als Maß für den Tabulator-Abstand, wenn bei *File contents:Text* gewählt wurde.
(Standard:8; möglich zwischen 1 und 18)

Suppress form feed   Bei Y = JA wird ein Seitenvorschub unterdrückt; da die meisten Anwendungsprogramme selbst bei jedem Druckvorgang einen Seitenvorschub erzeugen, sollte hier Y eingetragen werden.

Notify when done   Befindet sich der Drucker weit entfernt von der Workstation, kann man mit Y = JA auf dem Bildschirm des Users eine Meldung erscheinen lassen, die rückmeldet, daß der Druckauftrag abgeschlossen wurde.
Die Meldung hat folgende Form:
job_name printed on *printer_name*

Form name   Mit <ENTER> werden alle verfügbaren print forms angezeigt, aus denen man auswählen kann. Diese print forms lassen sich mit dem Utility PRINTDEF erzeugen.

Print banner   Drucken viele Abteilungen auf einen Drucker, kann man jedem Druckauftrag eine Seite voranstellen, aus der hervorgeht, wer der User ist und wie die Datei heißt, die ausgedruckt wurde.

Name   Wird ein Print Banner ausgedruckt, kann hier ein Text eingegeben werden (max. 12 Zeichen), der im oberen Teil des Print Banners erscheint. Wird kein Text eingegeben, erscheint der aktuelle User-Name.

Banner name   Wird ein Print Banner ausgedruckt, kann hier ein Text eingegeben werden (max. 12 Zeichen), der im unteren Teil des Print Banners erscheint. Wird kein Text eingegeben, erscheint der Name der Datei, die ausgedruckt wird.

Local printer   Dieser Parameter hat nur Bedeutung bei Verwendung des NetWare-Befehls CAPTURE. Hier läßt sich festlegen, welche lokale parallele Drucker-Schnittstelle an der Workstation umgeleitet wird (Standard:LPT1).

Auto endcap   Dieser Parameter hat nur Bedeutung bei Verwendung des NetWare-Befehls CAPTURE. Mit YES werden umgelenkte Druck-Aufträge immer nur dann ausgedruckt, wenn die Anwender-Software verlassen oder die Anwender-Software den Druck ausgibt. Bei NO wird der Druck-Auftrag solange in der Druckerwarteschlange gespeichert, bis die eingestellte Timeout-Zeit abgelaufen oder mit dem NetWare-Befehl ENDCAP Umlenkung der lokalen parallelen Drucker-Schnittstelle aufgehoben wird. (Standard: YES)

8.2.1 Drucken mit CAPTURE

Der command-line-Befehl CAPTURE wird vorwiegend dann benutzt, wenn eine Anwender-Software zwar netzwerkfähig ist, aber dennoch die Möglichkeiten des Druckens unter NetWare nicht beherrscht. Da dies für die meisten Standard-Anwender-Software gilt, nimmt dieses Kapitel einen wichtigen Stellenwert ein. Die Anwender-Software gibt die Druckaufträge an die lokale Schnittstelle der Workstation (LPT1, LPT2, COM1, COM2); damit diese Aufträge von den Netzwerkdruckern ausgeführt werden können, fängt CAPTURE die Datenausgabe an der lokalen Schnittstelle ab und lenkt sie zum File Server um, wo sie in die entsprechende Druckerwarteschlange eingereiht wird. Erst jetzt kann der Print Server diesen Druckjob bearbeiten.

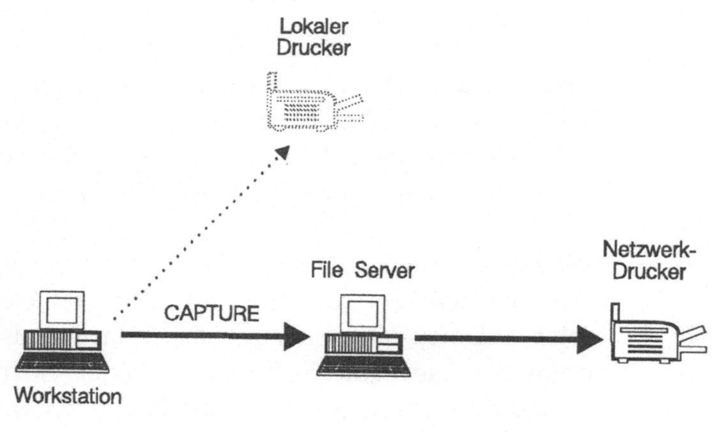

Bild 8.2-3:

Darüberhinaus lassen sich mit dem CAPTURE-Befehl Bildschirm-Hardcopies anfertigen und Daten in eine Datei abspeichern. Es lassen sich spezifische Druckoptionen festlegen, die die Druckerausgabe beeinflussen. Ähnliche Angaben sind auch mit dem Utiliy PRINTCON möglich. Will man bestimmte Druckoptionen permanent aktivieren, kann man die entsprechende Anweisung in das System-Login-Script oder in das User-Login-Script aufnehmen.

Der command-line-Befehl CAPTURE verwendet folgende Syntax:

CAPTURE [option ......]

Folgende Optionen sind möglich:

SHow	Form=form or n
NOTIfy	Copies=n
NoNOTIfy	Tabs=n
Timeout=n	NoTabs
Autoendcap	NoBanner
NoAutoendcap	NAMe=name
Local=n	Banner=bannername
Server=fileserver	FormFeed
Queue=queuename	NoFormFeed
CReate=path	Keep
Job=jobconfiguration	

Bild 8.2-4

Werden die Optionen beim Aufruf des CAPTURE-Befehls nicht verwendet, werden sie ersetzt durch die Angaben, die im Standard-Print-Job (default print job configuration) definiert wurden (mit Hilfe des Utility PRINTCON). Wenn auch kein Standard-Print-Job existiert, werden die Standardwerte, die im folgenden noch beschrieben werden, übernommen.

SHOW   Zeigt den aktuellen Status der lokalen parallelen Schnittstellen an.

Beispiel einer möglichen Bildschirm-Ausgabe:

LPT1: Capturing data to server NW311 queue HPIII_SI
User will not be notified after the file are printed
Capture Defaults: Enabled   Automatic Endcap: Enabled
Banner: (None)   Form Feed: No
Copies: 1   Tabs: No conversion
Form: 0   Timeout Counts: 5 seconds
LPT2: Capturing Is Not Currently Active.
LPT3: Capturing Is Not Currently Active.

NOTIFY   Gibt die Bildschirm-Meldung
                             >>job_name printed on queue_name
                             an die auftraggebende Station zurück, wenn der
                             Druckauftrag erledigt ist (Standard: NOTIFY disable).

NONOTIFY   Schaltet den NOTIFY-Modus wieder aus.
                             (Standard: NONOTIFY enabled)

TIMEOUT=n   Legt die Zeit fest, wann das CAPTURE-File geschlossen
                             wird. Wird innerhalb einer Anwender-Software ein
                             Druckauftrag erteilt, wird automatisch ein CAPTURE-
                             File geöffnet. Dieses File wird aber erst dann in die
                             Druckerwarteschlange übertragen, wenn es geschlossen
                             wird. Dieses Schließen geschieht automatisch bei
                             Anwender-Programmen, die die NetWare-Druk-
                             kersteuerung beherrschen und grundsätzlich bei jedem
                             Verlassen einer Anwendung, wenn die AUTOENDCAP-
                             Funktion aktiviert ist. Um nun nicht jedesmal die An-
                             wendung verlassen zu müssen, um zu drucken, kann man
                             mit Festlegung TIMEOUT=n (n = 1 .... 1.000 Sekunden)
                             das Schließen des CAPTURE-File auch innerhalb einer
                             Anwendung erzwingen. Legt man beispielsweise
                             TIMEOUT=5 zugrunde, wird nach 5 Sekunden das
                             geöffnete CAPTURE-File geschlossen, wenn innerhalb
                             dieser Zeit keine Zeichen mehr von der Applikation
                             ausgegeben werden. Die gewählte Zeit kann mit TI = 0
                             wieder abgeschaltet werden.
                             (Standard: TIMEOUT = 0)

AUTOENDCAP   Beim Verlassen einer Applikation wird das CAPTURE-
                             File geschlossen und in die Druckerwarteschlange über-
                             tragen.
                             (Standard: AUTOENDCAP enabled)

NOAUTOENDCAP   Verhindert das Schließen des CAPTURE-Files. Jetzt ist
                             das Schließen nur über das TIMEOUT oder durch den
                             command-line-Befehl ENDCAP möglich.

LOCAL=n

Gibt an, welche lokale parallele Schnittstelle (n=1,2,3) umgelenkt werden soll (LPT1, LPT2, LPT3). Die angegebenen Schnittstellen stellen logische Verbindungen dar, d.h. die Workstation benötigt die angegebenen Schnittstellen nicht physikalisch.
(Standard: L=1)

SERVER=fileserver_name

Legt fest, an welchen File Server das CAPTURE-File übergeben wird (Standard: File Server, auf dem man zur Zeit angemeldet ist).

QUEUE=queue_name

Legt fest, in welche Druckerwarteschlange das CAPTURE-File abgelegt wird.
(Standard: Default queue)

CREATE=path

Durch diese Angabe wird das CAPTURE-File nicht in eine Druckerwarteschlange abgelegt, sondern in eine durch path definierte Datei.
(Beispiel: CR= F:\DATEN\SCREEN1.PRN)
Auf diese Weise lassen sich entsprechende Bildschirm-Hardcopies in einzelne Dateien speichern.

JOB=jobconfiguration

Mit Hilfe des Utility PRINTCON lassen sich unterschiedliche Druckformate definieren. Um innerhalb des CAPTURE-Befehls nicht immer alle Optionen explizit angeben zu müssen, kann man hier den entsprechenden Job aktivieren.

FORM=form oder n

Mit dem Utility PRINTDEF lassen sich verschiedene Papierformate (Formulare) definieren, die bei einzelnen Druckaufträgen benutzt werden sollen (DINA4, Etiketten, Briefumschläge ...). Diese Formulare kann man namentlich benennen (form=DINA4) oder auch zahlenmäßig definieren (n=0).
(Standard: F=0)

COPIES=n   Mit n läßt sich die Anzahl der Kopien festlegen
                       (n = 1 .... 255)
                       (Standard: n=1)

TABS=n   Beim Ausdrucken reiner ASCII-Datei (z.B. Pro-
                       gramm-Listings) kann man die Anzahl der
                       Leerzeichen festlegen, die bei jeder TAB-Funkti-
                       on eingefügt werden (n = 1 .... 18).
                       (Standard: n = 8)

NOTABS   Alle TAB-Funktionen innerhalb des CAPTURE-
                       File werden unverändert an den Drucker überge-
                       ben. Diese Funktion ist für die üblichen
                       Druckaufträge zu empfehlen.

NOBANNER   Unterdrückt die Ausgabe eines Deckblattes (print
                       banner), das standardmäßig jedem Druckjob vor-
                       angestellt wird.
                       (Standard: disabled)

NAME=name   Wird ein Print-Banner ausgedruckt, kann hier ein
                       Text eingegeben werden (max. 12 Zeichen), der
                       im oberen Teil des Print-Banners erscheint. Wird
                       kein Text eingegeben, erscheint der aktuelle User-
                       Name.
                       (Standard: User-Name)

BANNER=bannername Wird ein Print-Banner ausgedruckt, kann hier ein
                       Text eingegeben werden (max. 12 Zeichen), der
                       im unteren Teil des Print-Banners erscheint. Wird
                       kein Text eingegeben, erscheint der Name der
                       Datei, die ausgedruckt wird.
                       (Standard: Datei-Name)

FORMFEED
Ist diese Funktion aktiv, wird jeder Print Job grundsätzlich auf einer neuen Seite begonnen. Dabei kann es passieren, daß eine zusätzliche Leerseite eingefügt wird, wenn die Anwender-Software ebenfalls einen Seitenvorschub erzeugt. (Standard: Seitenvorschub enabled)

NOFORMFEED
Um diese zusätzliche Leerseite zu vermeiden, läßt sich der Seitenvorschub abschalten.

KEEP
Bei der Übertragung des CAPTURE-File zum File Server kann die sendende Workstation fehlerbedingt ausfallen. Bei Aktivierung der Option KEEP schließt der File Server nach einer bestimmten Wartezeit (15 Minuten) das CAPTURE-File und druckt die Daten, die bis zum Zeitpunkt des Ausfalls der Workstation übertragen wurden.

Alle hier aufgelisteten Optionen können einzeln oder kombiniert innerhalb der CAPTURE-Anweisung angegeben werden. Dabei ist darauf zu achten, daß diese Anweisungen an allen Workstations eingegeben werden müssen, die innerhalb des Netzwerkes drucken wollen. Durch Einfügen dieser Anweisungen in das System-Login-Script oder auch in das User-Login-Script wird das Capturing automatisch aktiviert.

Das folgende Beispiel zeigt den erforderlichen CAPTURE-Eintrag, um einen Druckauftrag an die lokale parallele Schnittstelle LPT2 auf die Druckerwarteschlange LASER umzulenken. Dabei soll kein Print Banner ausgedruckt, keine Tabulatur-Funktion und kein Seitenvorschub erzeugt werden. Die Anzahl der Kopien soll 5 betragen, das Ausdrucken soll 5 Sekunden nach Ende der Übertragung beginnen.

CAPTURE L=2 Q=LASER NB NT NFF C=5 TI=5

Erst durch das Schließen des CAPTURE-File werden die Daten an den Drucker übertragen. Dieses Schließen läßt sich beeinflussen durch die AUTOENDCAP- und TIMEOUT-Funktion, wie oben beschrieben. Ein dritte Möglichkeit bietet der command-line-Befehl ENDCAP. Dieser Befehl sendet zum einen die Daten zum Drucker, zum anderen wird das Capturing der parallelen Schnittstellen wieder aufgehoben. Dies läßt sich auf einzelne Schnittstellen anwenden (ENDCAP L=1) oder auch auf alle (ENDCAP ALL).

8.2.2 Drucken mit NPRINT

Mit dem Befehl NPRINT lassen sich formatierte Druckdateien direkt in eine Druckerwarteschlange einfügen und ausdrucken. Die Funktion entspricht der DOS-Funktion PRINT, mit der aufbereitete Dateien außerhalb der erzeugenden Anwender-Software ausgedruckt werden.

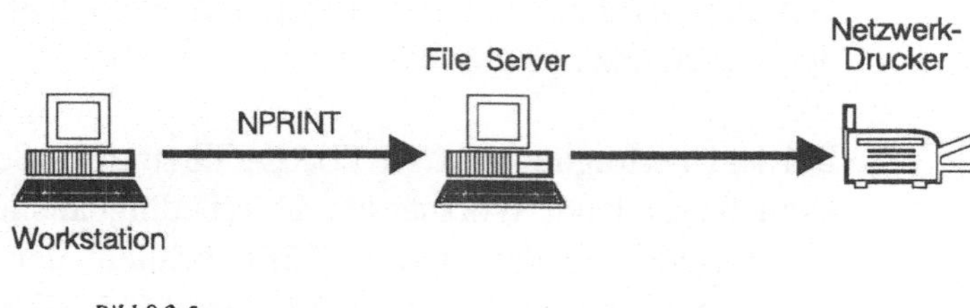

Bild 8.2-5:

Ähnlich wie beim CAPTURE-Befehl lassen sich mehrere Optionen nutzen. Dennoch arbeiten beide Befehle völlig unabhängig voneinander.

Der command-line-Befehl NPRINT verwendet folgende Syntax:

NPRINT [option ......]

NOTIfy	NoTabs
NoNOTIfy	NoBanner
PrintServer=printserver	NAMe=name
Server=fileserver	Banner=bannername
Queue=queuename	Copies=n
Job=jobconfiguration	NoFormFeed
Form=form or n	FormFeed
Tabs=n	Delete

Bild 8.2-6:

Folgende Optionen sind möglich:

NOTIFY

Gibt die Bildschirm-Meldung >>*job_name* printed on *queue_name* an die auftraggebende Station zurück, wenn der Druckauftrag erledigt ist. (Standard: NOTIFY disable)

NONOTIFY

Schaltet den NOTIFY-Modus wieder aus. (Standard: NONOTIFY enabled)

PRINTSERVER =printserver_name

Gibt den Print Server an, über den der Ausdruck erfolgen soll.

SERVER=fileserver_name

Legt fest, an welchen File Server die zu druckende Datei übergeben wird (Standard: File Server, auf dem man zur Zeit angemeldet ist).

QUEUE=queue_name

Legt fest, in welche Druckerwarteschlange die zu druckende Datei abgelegt wird. (Standard: Default queue)

JOB=jobconfiguration

Mit Hilfe des Utility PRINTCON lassen sich unterschiedliche Druckformate definieren. Um innerhalb des NPRINT-Befehls nicht immer alle Optionen explizit angeben zu müssen, kann man hier den entsprechenden Job aktivieren.

FORM=form oder n

Mit dem Utility PRINTDEF lassen sich verschiedene Papierformate (Formulare) definieren, die bei einzelnen Druckaufträgen benutzt werden sollen (DINA4, Etiketten, Briefumschläge ...). Diese Formulare kann man namentlich benennen (form=DINA4) oder auch zahlenmäßig definieren (n=0). (Standard: F=0)

COPIES=n

Mit n läßt sich die Anzahl der Kopien festlegen (n = 1 .... 255) (Standard: C=1)

TABS=n

Beim Ausdrucken reiner ASCII-Datei (z.B. Programm-Listings) kann man die Anzahl der Leerzeichen festlegen, die bei jeder TAB-Funktion eingefügt werden (n = 1 .... 18).
(Standard: n = 8)

NOTABS

Alle TAB-Funktionen innerhalb der zu druckenden Datei werden unverändert an den Drucker übergeben. Diese Funktion ist für die üblichen Druckaufträge zu empfehlen.

NOBANNER

Unterdrückt die Ausgabe eines Deckblattes (print banner), das standardmäßig jedem Druckjob vorangestellt wird.
(Standard: disabled)

NAME=name

Wird ein Print-Banner ausgedruckt, kann hier ein Text eingegeben werden (max. 12 Zeichen), der im oberen Teil des Print-Banners erscheint. Wird kein Text eingegeben, erscheint der aktuelle User-Name.
(Standard: User-Name)

BANNER=bannername

Wird ein Print-Banner ausgedruckt, kann hier ein Text eingegeben werden (max. 12 Zeichen), der im unteren Teil des Print-Banners erscheint. Wird kein Text eingegeben, erscheint der Name der Datei, die ausgedruckt wird.
(Standard: Datei-Name)

FORMFEED

Ist diese Funktion aktiv, wird jeder Print Job grundsätzlich auf einer neuen Seite begonnen. Dabei kann es passieren, daß eine zusätzliche Leerseite eingefügt wird, wenn die Anwender-Software ebenfalls einen Seitenvorschub erzeugt.
(Standard: Seitenvorschub enabled)

NOFORMFEED Um diese zusätzliche Leerseite zu vermeiden, läßt sich der Seitenvorschub abschalten.

DELETE Nach erfolgtem Druck wird die Datei in ihrem Quellverzeichnis gelöscht.

Alle die hier aufgelisteten Optionen können einzeln oder kombiniert innerhalb der NPRINT-Anweisung angegeben werden. Das folgende Beispiel zeigt den erforderlichen NPRINT-Eintrag, um die Datei TEST.PRN aus dem Verzeichnis F:\DATEN fünfmal ohne Print Banner, ohne Tabulator-Funktion und ohne Seitenvorschub auszudrucken. Der Ausdruck soll durch den Print Server NORBERT durchgeführt werden, als Druckerwarteschlange wird LASER festgelegt. Anschließend soll die Datei TEST.PRN im Quellverzeichnis gelöscht werden.

NPRINT F:\DATEN\TEST.PRN PS=NORBERT NB NT NFF C=5 D

8.3 Einrichten eines Print Servers

An einem konkreten Beispiel werden auf den folgenden Seiten die erforderlichen Schritte zur Installation eines Print Servers ausführlich beschrieben. Das Netz besteht aus:

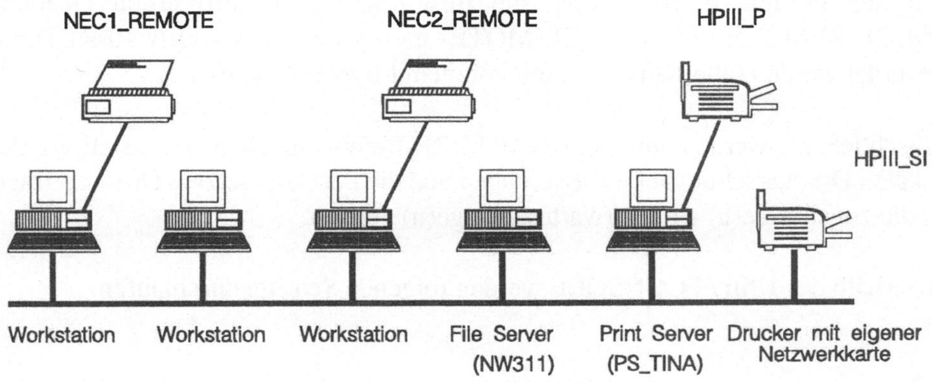

Bild 8.3-1:

❏ einem File Server (NW311)

❏ einem externen Print Server (PS_TINA)

❏ einem an diesen Print Server angeschlossenen Zentraldrucker (HPIII_P)

❏ einem direkt an das Netzwerk angeschlossenen Drucker (HPIII_SI)

❏ mehreren Workstations

❏ zwei Remote Printer (NEC1_REMOTE und NEC2_REMOTE)

Zur Realisierung dieser Drucker-Installation im Netz werden die Print-Utilities PCONSOLE, PRINTDEF und PRINTCON verwendet.

Zuerst werden mit PCONSOLE die Druckerwarteschlangen, der Print Server und die eingesetzten Drucker installiert. Mit PRINTDEF werden die vorhandenen Netzwerk-Drucker (Drucker-Treiber) eingebunden und zum Abschluß mit PRINTCON die entsprechenden Druckformatvorlagen erstellt.

An den beiden Workstations, die ihre lokal angeschlossenen Drucker (NEC1_REMOTE und NEC2_REMOTE) muß jeweils das Utility RPRINTER gestartet werden (alternativ auch mit command-line-Befehlen).

Abschließend werden mit dem CAPTURE-Befehl an allen Workstations die lokalen Druckerschnittstellen abgefangen und die dort abgesetzten Druckaufträge in die zugehörige(n) Druckerwarteschlange(n) geleitet.

Innerhalb des Utiliy PCONSOLE werden folgende Schritte durchlaufen:

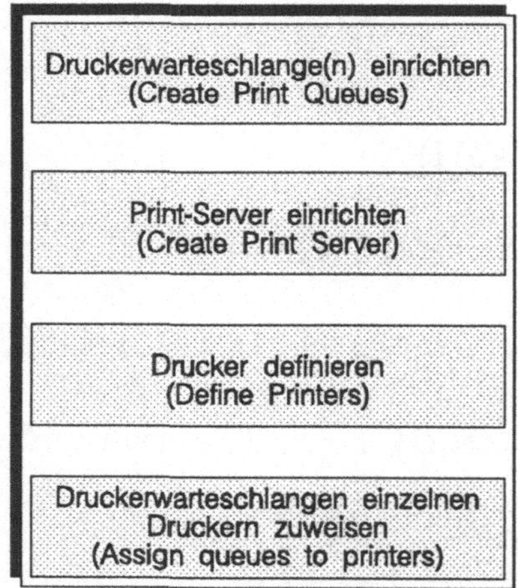

Bild 8.3-2:

Nach Starten des Utility PCONSOLE erscheint folgendes Menü:

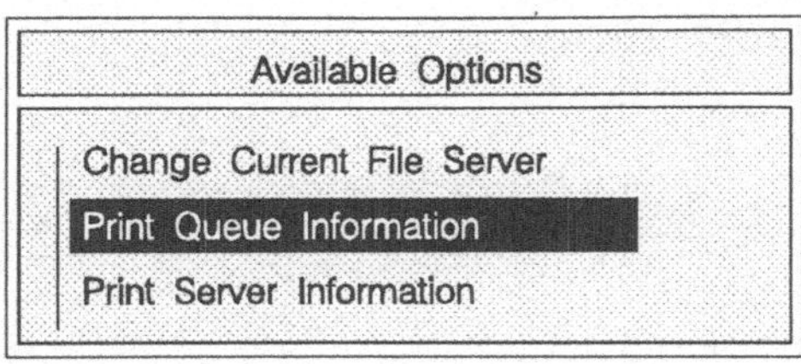

Bild 8.3-3:

Man beginnt zuerst mit der Einrichtung der benötigten Druckerwarteschlangen. Es ist empfehlenswert, den einzelnen Druckerwarteschlangen den gleichen Namen zu geben wie den zugehörigen Druckern. Auf diese Weise behält man auch bei umfangreicheren Installationen den Überblick.

Nach Aktivierung des Menüpunktes **Print Queue Information** erscheint ein (bei der Erstinstallation) leeres Menüfenster (Print Queues). Nach Betätigung der <Einf>-Taste öffnet sich ein Eingabefeld, in das der Name der einzurichtenden Druckerwarteschlange eingetragen werden kann. Mit <ENTER> Name übernehmen und in gleicher Weise die restlichen Druckerwarteschlangen einrichten.

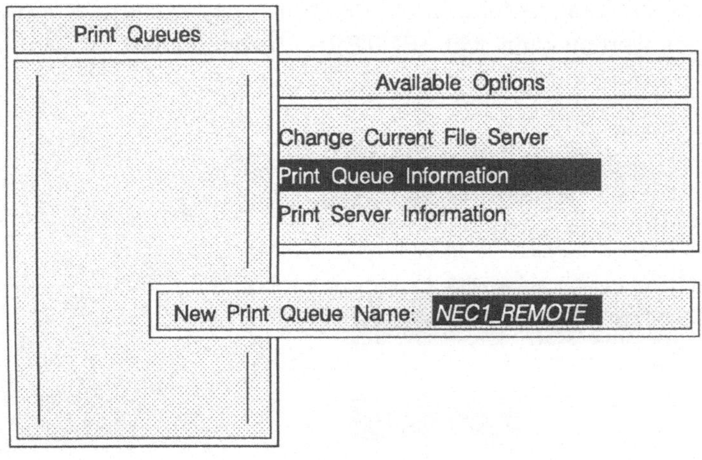

Bild 8.3-4:

Nach Abschluß dieser Arbeiten zeigt das Menüfenster Print Queues alle eingerichteten Druckerwarteschlangen in alphabetischer Reihenfolge.

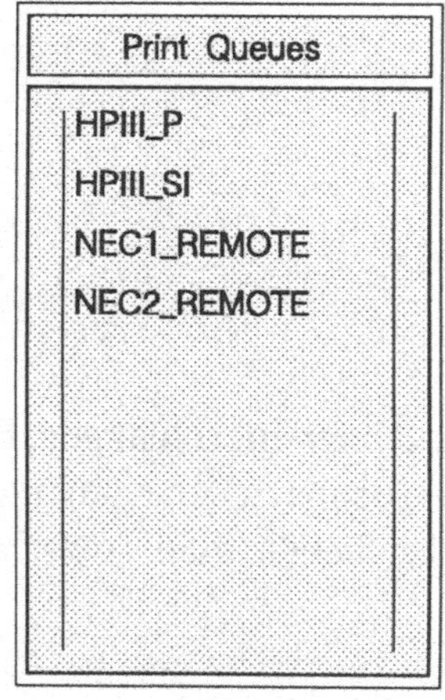

Bild 8.3-5:

Als nächster Schritt wird der Print Server installiert. Nach Aufruf von PCONSOLE und Aktivierung des Menüpunktes Print Server Information erscheint ein (bei der Erstinstallation) ein leeres Menüfenster (Print Servers). Nach Betätigung der <Einf>-Taste öffnet sich ein Eingabefeld, in das der Name des einzurichtenden Print Servers eingetragen werden kann. Mit <ENTER> übernehmen.

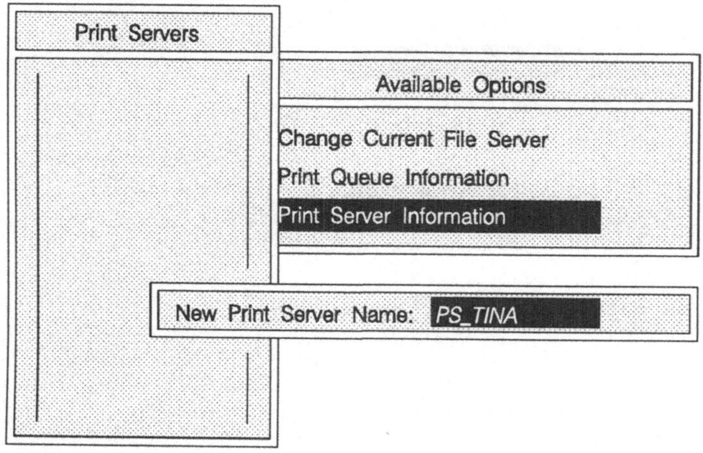

Bild 8.3-6:

In das Menüfenster Print Servers wird der eingerichtete Print Server übernommen.

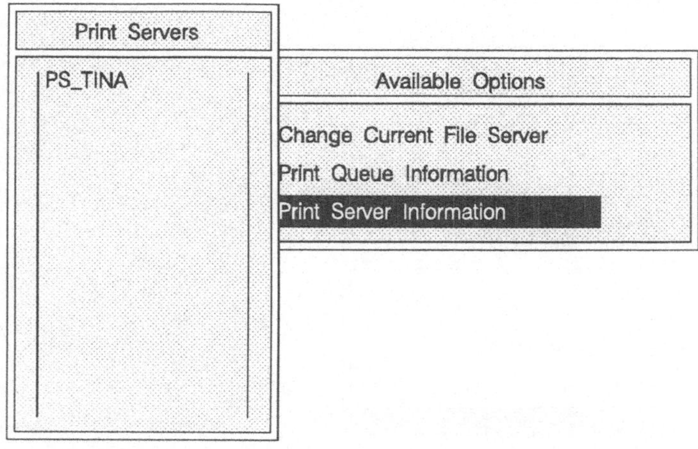

Bild 8.3-7:

Den markierten Print Server mit <ENTER> anwählen. Es erscheint ein weiteres Menüfenster Print Server Information, in dem der Punkt Print Server Configuration ausgewählt wird.

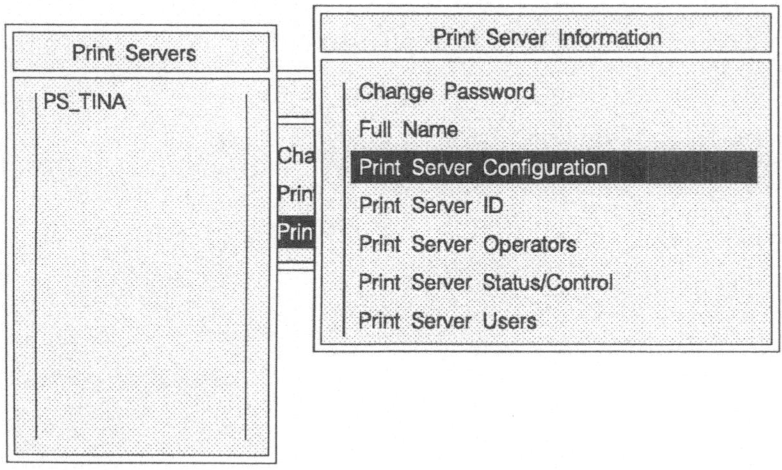

Bild 8.3-8:

Nach Betätigung der <ENTER>-Taste öffnet sich ein neues Menüfenster, in dem
der Punkt Printer Configuration ausgewählt wird.

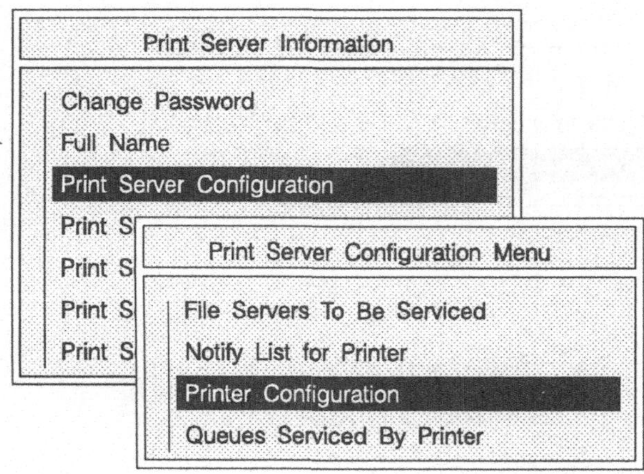

Bild 8.3-9:

Nun sind alle vorbereitenden Maßnahmen abgeschlossen, um die im Netzwerk
eingesetzten Drucker einzurichten.

Durch Aktivieren des Punktes **Printer Configuration** öffnet sich das Menüfenster **Configured Printers**, in dem die maximal 16 Drucker, die von einem Print Server verwaltet werden können, aufgelistet werden. Bei der Erstinstallation sind alle Drucker *Not installed*.

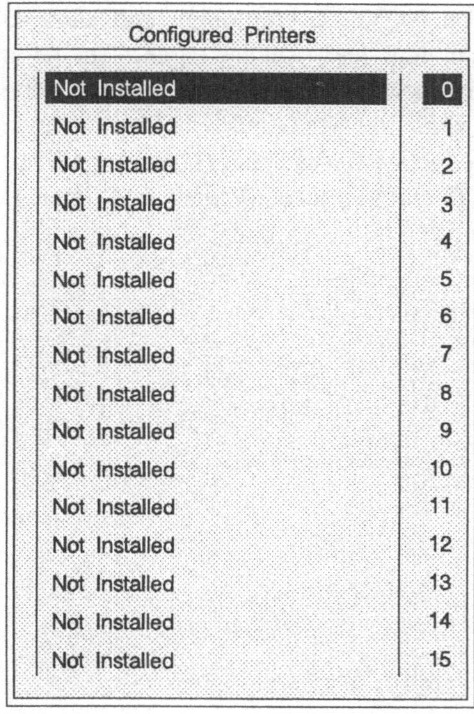

Bild 8.3-10:

In diesem Installationsbeispiel müssen nun vier verschiedene Drucker installiert werden. Dazu wählt man im Menüfenster **Configured Printers** den ersten nicht installierten Drucker aus. Es erscheint ein neues Eingabefenster, in das die wesentlichen Druckerdaten eingetragen werden. Diese Eintragungen müssen für jeden Netzwerk-Drucker gemacht werden. Auch hier ist es empfehlenswert, den Druckernamen gleichlautend wie die zugehörige Druckerwarteschlange zu benennen. Im Feld **Type : Defined elsewhere** mit <ENTER> das Menüfenster **Printer types** öffnen und den Punkt **Remote Parallel, LPT1** (vorausgesetzt, der Drucker ist lokal an LPT1 angeschlossen). Mit <ENTER> wird diese Auswahl übernommen. Dabei wird automatisch der Punkt **Use interrupts** auf **YES** gesetzt. Es muß nun der zugehörige Interrupt der Hardware-Schnittstelle gewählt werden.

```
LPT1    ➡   IRQ=7
LPT2    ➡   IRQ=5
COM1    ➡   IRQ=4
COM2    ➡   IRQ=3
```

Der Punkt **Buffer size in k: 3** wird von NOVELL empfohlen und kann so übernommen werden. Die **Starting form** legt fest, welche Papierform beim Hochfahren des Print Server aktiviert werden soll. Wird der letzte Punkt **Queue service mode** mit <ENTER> angewählt, kann man aus dem Menü Service mode die Reihenfolge bestimmen, wie unterschiedliche Papierformate (Forms) vom Print Server bedient werden. Für die beiden Remote-Drucker (Printer 0, Printer 1) ergeben sich dann folgende Einstellungen:

```
                    Printer 0 configuration

  Name:   NEC1_REMOTE
  Type:   Remote Parallel, LPT1

  Use interrupts:        Yes
  IRQ:                   7

  Buffer size in k:      3

  Starting form:         0
  Queue service mode:    Change forms as needed

  Baud rate:
  Data bits:
  Stop bits:
  Parity:
  Use X-On/X-Off:
```

Bild 8.3-11:

Durch Betätigen der <ESC>-Taste wird die Eingabeprozedur beendet und die gemachten Eintragungen werden durch Save changes = Yes übernommen.

Die Einrichtung des Druckers, der direkt am Print Server angeschlossen ist, unterscheidet sich in zwei Punkten. Im Feld Type muß Parallel, LPT1 ausgewählt werden, der Interrupt muß auf NO eingestellt werden (Entsprechendes Feld anwählen und die Taste N betätigen).

```
                    Printer 2 configuration

 Name:    HPIII_P
 Type:    Parallel, LPT1


 Use interrupts:       No
 IRQ:


 Buffer size in k:     3


 Starting form:        0
 Queue service mode: Change forms as needed


 Baud rate:
 Data bits:
 Stop bits:
 Parity:
 Use X-On/X-Off:
```

Bild 8.3-12:

Als letztes muß nun der Drucker mit der eigenen Netzwerkkarte installiert werden.
Dazu wird im Feld **Type** Remote Other/Unknown ausgewählt. Alle anderen Werte
können übernommen werden.

```
                    Printer 3 configuration

 Name:   HPIII_SI

 Type:    Remote Other/Unknown


 Use interrupts:       Yes
 IRQ:                  7


 Buffer size in k:     3


 Starting form:        0
 Queue service mode: Change forms as needed


 Baud rate:
 Data bits:
 Stop bits:
 Parity:
 Use X-On/X-Off:
```

Bild 8.3-13:

Nach Abschluß aller Drucker-Konfigurationen sind im Menüfenster **Configured Printers** alle konfigurierten Drucker aufgelistet.

```
                Configured  Printers

        NEC1_REMOTE                   0
        NEC2_REMOTE                   1
        HPIII_P                       2
        HPIII_SI                      3
        Not Installed                 4
        Not Installed                 5
        Not Installed                 6
        Not Installed                 7
        Not Installed                 8
        Not Installed                 9
        Not Installed                10
        Not Installed                11
        Not Installed                12
        Not Installed                13
        Not Installed                14
        Not Installed                15
```

Bild 8.3-14:

Hinweis:
Der Drucker mit der eigenen Netzwerkkarte ist jetzt noch nicht vollständig installiert. Erst nach Starten des Print Servers können die abschließenden Arbeiten vorgenommen werden.

Nachdem die Druckerwarteschlangen eingerichtet, der Print-Server installiert und die verfügbaren Netzwerk-Drucker definiert worden sind, werden abschließend die einzelnen print queues den entsprechenden Druckern zugeordnet.

Man aktiviert wieder das Menüfenster **Print Server Configuration Menu** und wählt dort den Punkt **Queues Serviced by Printer**. Es öffnet sich ein weiteres Fenster **Definded Printers**, an dem alle bisher definierten Drucker aufgelistet werden.

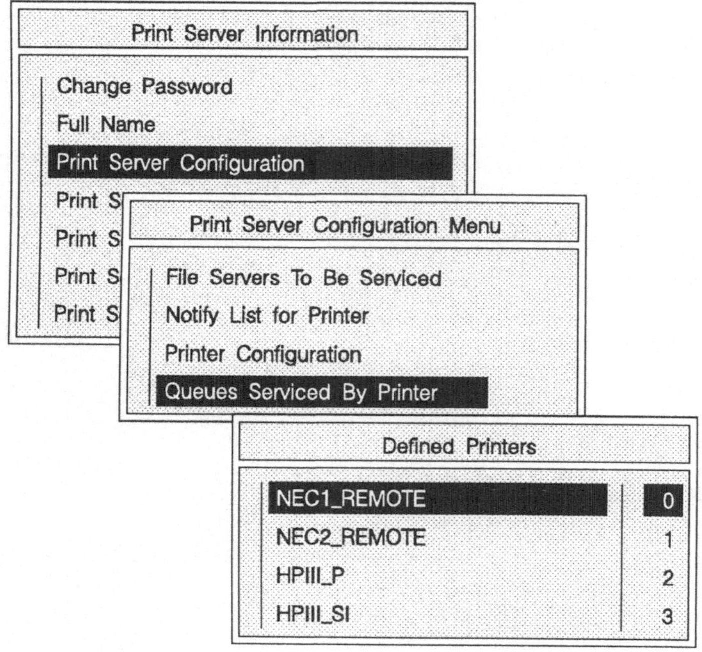

Bild 8.3-15:

Man wählt jeweils einen Drucker an und ordnet ihn einer bestimmten Druckerwarteschlange zu. Hat man Drucker und zugehörige Warteschlange den gleichen Namen gegeben, ist die Zuordnung leicht erkennbar.

Der entsprechende Drucker wird angewählt und es öffnet sich wiederum ein (noch leeres) Fenster, in dem die Zuordnung vorgenommen werden kann. Durch Betätigen der <Einf>-Taste erscheinen die verfügbaren Druckerwarteschlangen, aus denen man einfach auswählt. Die anschließende Frage nach der Priorität (Werte möglich zwischen 1 und 10) kann man üblicherweise mit dem vorgeschlagenen Werte (Standard-Wert: 1) übernehmen und die Zuordnung ist getroffen.

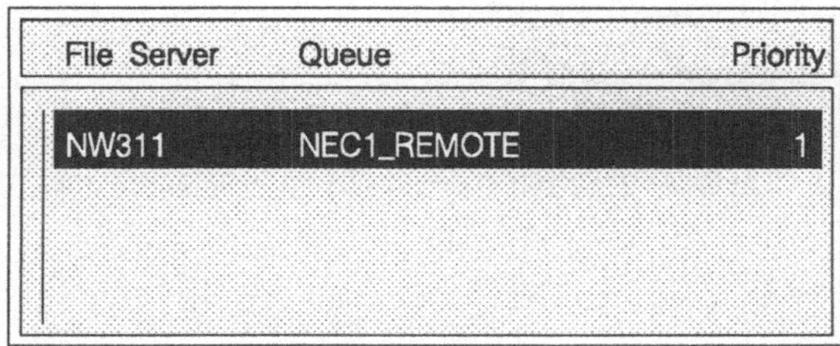

Bild 8.3-16:

Damit sind alle notwendigen Einstellungen, die mit dem Menü PCONSOLE gemacht werden, abgeschlossen.

PRINTDEF

Mit dem Menü PRINTDEF werden die einzelnen Drucker (Print Device) spezifiziert. Der Menüpunkt FORMS erlaubt die Festlegung bestimmter Papierformate (hoch oder quer, Etiketten etc).

Nach Aufruf des Utility PRINTDEF erscheint ein Untermenü, in dem der Punkt PRINT DEVICES angewählt wird.

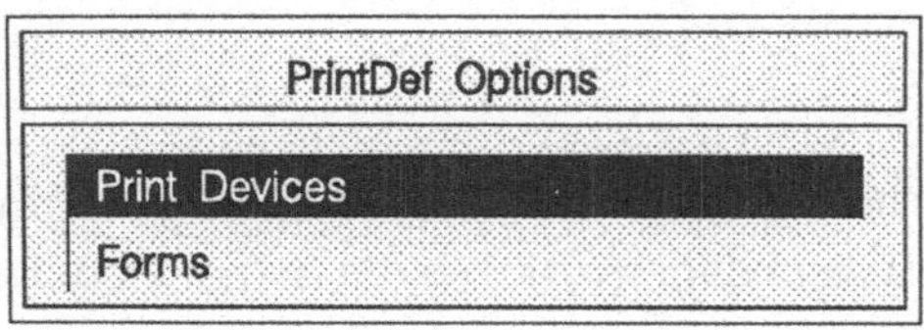

Bild 8.3-17:

Es öffnet sich ein weiteres Fenster **Print Device Options**.

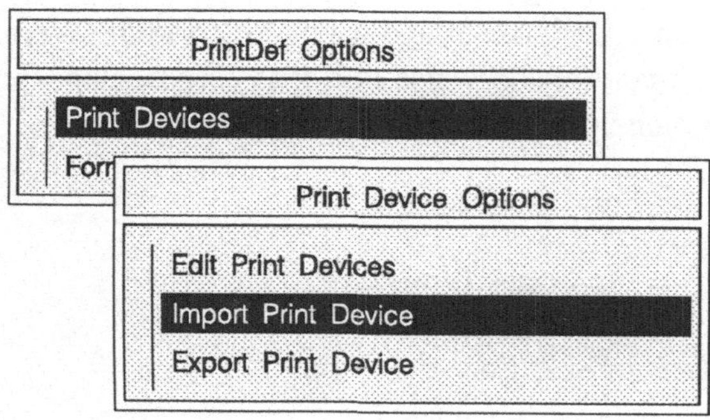

Bild 8-3-18:

Wählen Sie **Import Print Device** an, um die entsprechenden Druckertreiber zu laden. Die von NetWare unterstützten Drucker befinden sich in SYS:PUBLIC. Ergänzen Sie das Eingabefeld **Source Directory** entsprechend und bestätigen Sie mit der <ENTER>-Taste.

Bild 8.3-19:

Es öffnet sich das Auswahlfenster **Available .PDFs**, aus dem die entsprechenden Treiber ausgewählt werden müssen. Folgende Treiber sind erforderlich:

Drucker HPIII_P   ➟   HP3.PDF
Drucker HPIIISI (Postscript-Drucker)   ➟   HP3SIPS.PDF
Drucker NEC P60 (Matrix-Drucker)   ➟   NECP6.PDF

Die notwendigen Druckertreiber sind somit geladen; Überprüfung möglich im Menüpunkt **Edit Print Device**. Nach entsprechendem Aktivieren öffnet sich das Fenster **Definded Print Devices**, in dem folgende Eintragungen enthalten sein müssen:

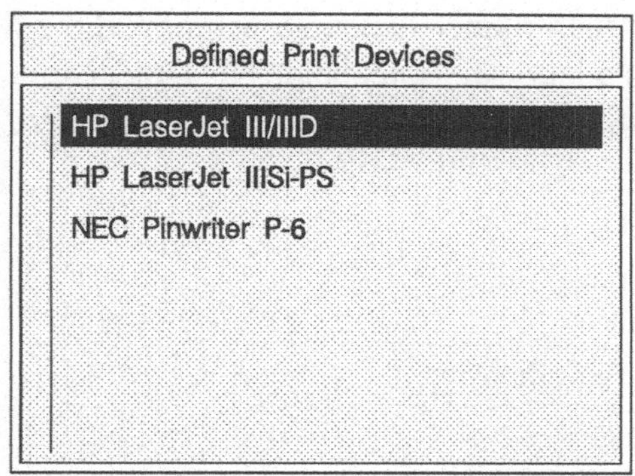

Bild 8.3-20:

Als letzter Punkt innerhalb des Utility PRINTDEF können die verwendeten Papiergrößen und -typen (Forms) festgelegt werden. Man kann z.B. Etiketten, Briefumschläge, Endlospapier, DIN-A4-Papier etc. definieren. Diese jetzt festgelegten Forms können innerhalb des Utility PRINTCON verwendet werden. Der Print Server erkennt die gewünschte Form anhand der Nummer und des Namens.

PRINTDEF aufrufen und dort **Forms** anwählen.

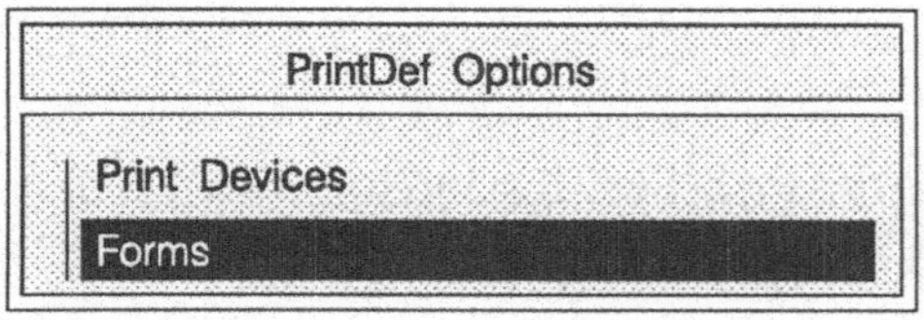

Bild 8.3-21:

Es öffnet sich ein weiteres (bei der Erstinstallation) leeres Feld Forms; durch Betätigen der <Einfg>-Taste kann man im Feld **Form Definition** den Form-Namen, die Form-Nummer sowie gewünschte Länge und Breite des Papierformats angeben. Die erste eingegebene Form ist gleichzeitig die Standard Form (default form), die immer dann benutzt wird, wenn innerhalb eines Druckjobs keine Form definiert wird. Als Standard Form sollte man immer diejenige nehmen, die am häufigsten benutzt wird. Da in diesem Installationsbeispiel beide HP-Drucker mit Einzelblatteinzug arbeiten, wird hier ein DIN-A4-Blatt als Standard Form definiert.

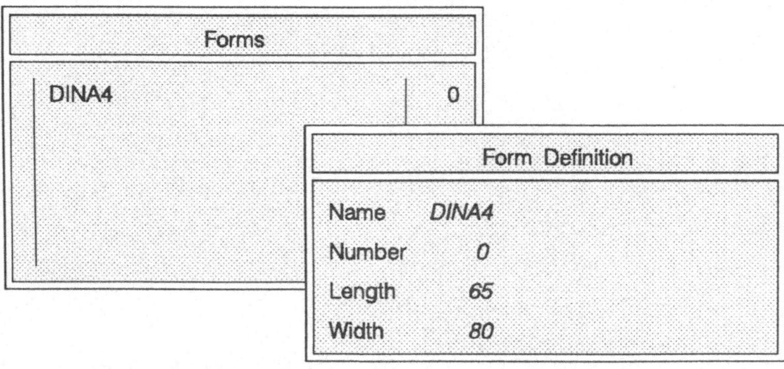

Bild 8.3-22:

Durch mehrmaliges Betätigen der <ESC>-Taste gelangt man in den Menüpunkt **Exit Options**. Dort **Save Data Base, then EXIT** auswählen, um die getroffenen Definitionen permanent nutzen zu können.

Starten des Print Servers

Die notwendigen Arbeiten zur Einrichtung des Print Servers sind somit abgeschlossen. Starten Sie jetzt den Print Server auf der ausgesuchten Workstation mit

PSERVER *PS_TINA*

Hinweis:
Läßt sich der Print Server nicht starten, überprüfen Sie bitte den Inhalt der Datei SHELL.CFG. Diese Datei muß sich im gleichen Verzeichnis befinden wie die Dateien IPX.COM und NETX.COM. In dieser (ASCII-)Datei muß eine Zeile

SPX Connections = 60

vorhanden sein.

Es erscheint das Print-Server-Menü, das folgendes Aussehen haben muß:

```
                    Novell NetWare Print Server V1.21
                        Server PS_TINA Running

  0: NEC1_REMOTE                      4: Not Installed
     Not connected


  1: NEC2_REMOTE                      5: Not Installed
     Not connected


  2: HPIII_P                          6: Not Installed
     Waiting for job


  3: HPIII_SI                         7: Not Installed
     Not connected
```

Bild 8.3-23:

Bisher ist nur der HP Laser-Drucker HPIII_P vollständig installiert. Die Meldung **Waiting for job** signalisiert die Betriebsbereitschaft. Dieser Drucker ist am Print Server direkt angeschlossen und steht somit dem Netzwerk zur Verfügung.

Die beiden Remote-Drucker NEC1_REMOTE und NEC2_REMOTE sind bisher nur lokal an den Workstations angeschlossen. Um sie dem Netzwerk zur Verfügung zu stellen, muß an jeder dieser Stationen noch das Utility RPRINTER (alternativ command-line-Befehl) gestartet werden.

Der HP-Laserdrucker HPIII_SI ist ebenfalls noch nicht vollständig installiert. Er ist über eine eigene Netzwerkkarte mit dem Netzwerkkabel verbunden. Hewlett Packard stellt ein eigenes Utility zur Verfügung, um die endgültige Verbindung herzustellen. Diese Einbindung wird später im Kapitel beschrieben.

PRINTCON

Mit dem Utility PRINTCON (PRINT Job CONfiguration) lassen sich die bevor-
zugten Druckoptionen festlegen wie z.B. Anzahl der Kopien, welches Papierformat
usw.

PRINTCON aufrufen und **Edit Print Job Configurations** anwählen.

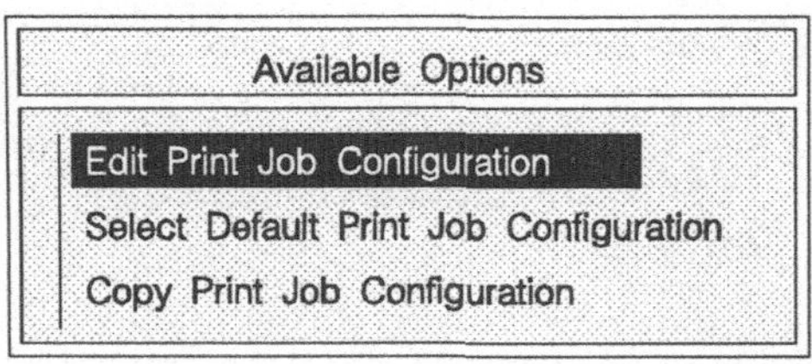

Bild 8.3-24:

Es öffnet sich ein weiteres (bei der Erstinstallation) leeres Menüfenster **Print Job
Configurations**.

Ist noch kein Print Job vorhanden (bei der Erstinstallation) bzw. soll ein weiterer
hinzugefügt werden, <Einfg>-Taste betätigen und Name eingeben. Es erscheint
eine Eingabetabelle, in der der print job definiert werden kann. Der erste eingegebene print job ist gleichzeitig der default print job.

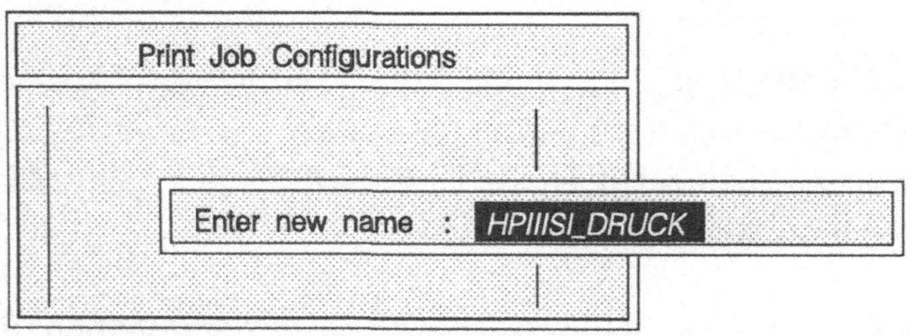

Bild 8.3-25:

Es öffnet sich ein weiteres Menüfenster, in dem die entsprechenden Print Jobs zusammengestellt werden.

```
┌─────────────────────────────────────────────────────────────┐
│            Edit Print Job Configuration "HPIIISI_DRUCK"       │
├─────────────────────────────────────────────────────────────┤
│  Number of copies:   1                 Form name:     DINA4   │
│  File contents:      Byte stream       Print banner:  No      │
│  Tab size:                             Name:                  │
│  Suppress form feed: No                Banner name:           │
│  Notify when done:   No                                       │
│                                                               │
│  Local printer:      1                 Enable timeout: Yes     │
│  Auto endcap:        Yes               Timeout count:  5       │
│                                                               │
│  File server:        NW311                                     │
│  Print queue:        HPIII_SI                                  │
│  Print server:       PS_TINA                                   │
│  Device:             HP LaserJet IIISi-PS                      │
│  Mode:               (Re-initialize)                           │
└─────────────────────────────────────────────────────────────┘
```

Bild 8.3-26:

In vergleichbarer Form werden anschließend die anderenPrint Jobs erstellt. Die Eintragungen in den Positionen Print queue und Device sind entsprechend zu ändern:

Print Job	**Print queue**	**Device**
HPIIIP_DRUCK	HPIII_P	HP LaserJet III/IIIP
NEC1_REMOTE-DRUCK	NEC1_REMOTE	NEC Pinwriter P-6
NEC2_REMOTE-DRUCK	NEC2_REMOTE	NEC Pinwriter P-6

Soweit sind die notwendigen Arbeiten zur Installation des Print Servers abgeschlossen. Jetzt müssen noch der Print Server sowie die Remote Printer gestartet werden. Außerdem muß an allen Stationen die Datei SHELL.CFG in dem Verzeichnis vorhanden sein, in dem auch ipx.com und netx.com sind. In dieser SHELL.CFG (ASCII-Datei) muß ein Eintragung **SPX CONNECTIONS = 60** enthalten sein.

Den externen Print Server auf der dedicated workstation starten mit

PSERVER *PS_TINA*

Es erscheint das Print-Server-Menü, in dem lediglich der direkt am Print Server angeschlossene Drucker HPIII_P betriebsbereit (Waiting for job) ist.

Anschließend auf den Workstations, an denen die Remote Drucker NEC1_REMOTE und NEC2_REMOTE angeschlossen sind, starten mit

RPRINTER *PS_TINA* 0

Innerhalb des RPRINTER-Kommandos können nur die Drucker-Nummern, nicht die Drucker-Namen verwendet werden. Der Remote-Printer NEC1_REMOTE hat die Drucker-Nummer 0. Bindet man diese Zeile in das System- bzw. User-Login-Script ein, wird die Remote-Software bei jedem Einloggvorgang automatisch geladen.

In gleicher Weise verfährt man mit dem Remote-Printer NEC2_REMOTE (Drucker-Nummer 1):

RPRINTER *PS_TINA* 1

Das Laden der Remote-Software kann auch menügesteuert von der entsprechenden Workstation erfolgen. Nach Aufruf des Utility RPRINTER erscheint ein Menüfenster, in dem die verfügbaren Print Server erscheinen.

Bild 8.3-27:

Mit <ENTER> den entsprechenden Print Server auswählen.

Es erscheint erneut ein Fenster, in dem die dem Print Server zugeordneten Drucker (mit Drucker-Name und Drucker-Nummer) angegeben werden.

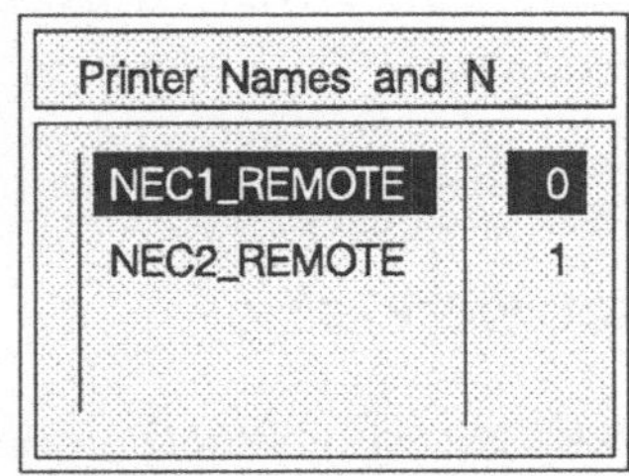

Bild 8.3-28:

Hinweis:
Man muß jeweils an der Workstation, an der der ausgewählte Drucker lokal angeschlossen ist, das Utility RPRINTER starten. Wichtig ist auch, daß bei jedem Einloggvorgang die Remote-Printer-Software wieder neu geladen werden muß.

Das ordnungsgemäße Starten der Remote-Printer-Software erkennt man einerseits an den entsprechenden Bildschirm-Rückmeldung auf den Workstations und auch im Print-Server-Menü. Dort verändert sich die Status-Meldung der Remote-Printer von **Not Connected** in **Waiting for jobs.**

Als letzte Maßnahme werden an allen Workstations, die auf Netzwerk-Drucker zugreifen wollen, die lokalen Druckerschnittstellen mit dem CAPTURE-Befehl abgefangen und die dort abgesetzten Druckaufträge in die definierten Druckerwarteschlangen umgeleitet.

Man hat auf diese Weise die Möglichkeit, die einzelnen (logischen) Schnittstellen unterschiedlichen Druckerwarteschlangen zuzuordnen.

Mit der Syntax

CAPTURE *L=1 J=HPIIISI_DRUCK*
CAPTURE *L=2 J=HPIIIP_DRUCK*
CAPTURE *L=3 J=NEC1_REMOTE_DRUCK*

lassen sich die entsprechenden Umleitungen durchführen. Fügt man diese Zeilen wiederum in das System- oder User-Login-Script ein, so wird dieses Capturing bei jedem Einloggvorgang automatisch aktiviert.

Die Umleitung der Druckerports auf die print queues kann mit ENDCAP ALL generell oder mit ENDCAP L=x einzeln aufgehoben werden.

Konfiguration des Druckers mit eigener Netzwerkkarte

Abschließend muß noch der Drucker, der eine Netzwerkkarte verfügt, konfiguriert werden. Dazu liefert der jeweilige Drucker-Hersteller entsprechende Installations-Software.

Der Vorteil dieser direkten Anbindung an das Netz besteht im deutlich höheren Datendurchsatz gegenüber einer Ansteuerung über eine parallele Drucker-Schnittstelle.

Der hier beschriebene Hochgeschwindigkeitsdrucker HPIIISI (Fa. Hewlett Packard) wird mit einer Druckleistung von 16 Seiten/Minute angegeben. Die Installations-Software erlaubt zwei verschiedene Konfigurationen des Druckers, je nachdem, ob der Print Server als internes Modul (PSERVER.NLM) oder als externer Print Server gestartet ist.

Hewlett Packard unterscheidet einen **Queue Server Mode** (Print Server läuft als NLM auf dem File Server) und einen **Remote Printer Mode** (Print Server läuft auf externer Workstation).

Hinweis:
Der Einsatz der Installations-Software erfordert die vollständige Installation des Print Servers.

Die interne Netzwerkkarte des Druckers (Network Printer Interface) muß mit Hilfe der beigefügten Utility **PCONFIG** konfiguriert werden, d.h. auf der Netzwerkkarte werden die netzspezifischen Informationen (Print-Server-Name, Drucker-Nummer, etc.) dauerhaft abgespeichert. Erforderliche Änderungen dieser Angaben (z.B. der Print-Server-Name wird geändert) können nur mit dem Utility PCONFIG vorgenommen werden.

Hinweis:

Diese Konfiguration kann nur der Supervisor durchführen! Die Konfiguration kann nur erfolgen, wenn der Print Server gestartet ist!

Die Installationsroutine kann von der beigefügten Diskette erfolgen oder auch von der Festplatte (vorausgesetzt die Dateien sind von Diskette auf Festplatte kopiert worden).

Nach Aufruf des Utility PCONFIG erscheint das **PConfig Main Menu**.

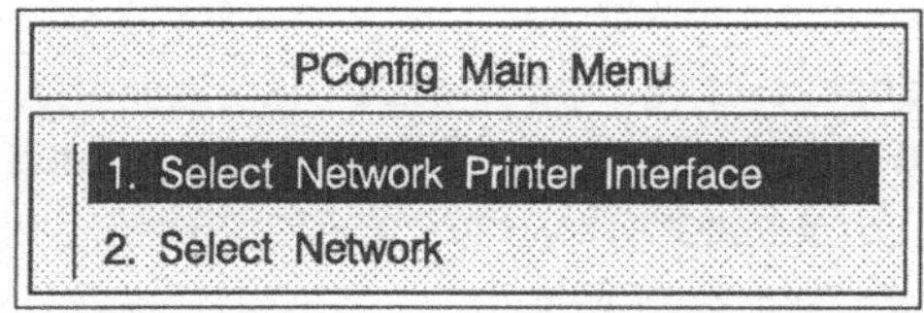

Bild 8.3-29:

Mit welchem Punkt man die Installation beginnt, hängt von der Anzahl der Netzwerke ab, die den Drucker benutzen können. Der Print Server kann bis zu acht File Server bedienen. Ist dies der Fall, aktiviert man **Select Network**. Es erscheint ein weiteres Menüfenster mit allen aktiven Netzwerk-Adressen.

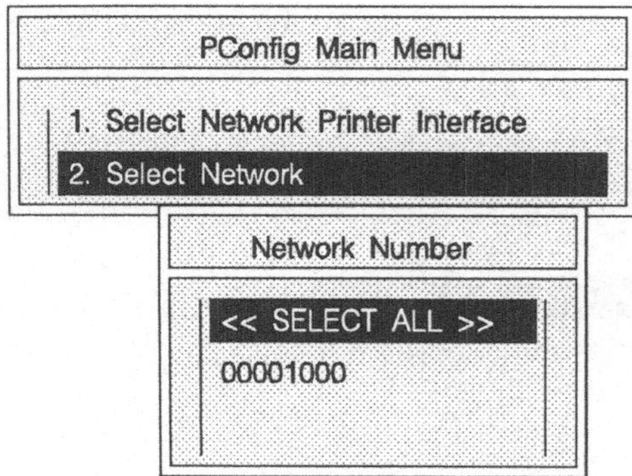

Bild 8.3-30:

In diesem Feld lassen sich alle Netzwerke auswählen, die auf den Drucker zugreifen können. Ist nur ein Netzwerk installiert, kann man die Standardvorgabe <<SELECT ALL >> übernehmen.

Anschließend aktiviert man den Punkt **Select Network Printer Interface.** Es erscheint ein neues Fenster, in dem alle installierten Drucker mit eigener Netzwerkkarte (Network Printer Interface) aufgelistet sind. Jede dieser Netzwerkkarten müssen einzeln konfiguriert werden. Im Installationsbeispiel existiert nur eine Netzwerkkarte, und es ergibt sich folgende (oder eine ähnliche) Darstellung:

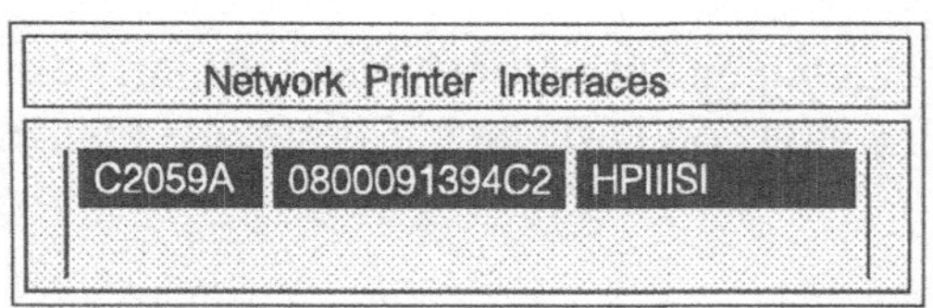

Bild 8.3-31:

Werden jetzt mehrere Netzwerkkarten angezeigt, benötigt man die eindeutige Zuordnung Node Address - Drucker. Im Selbsttest dieser Drucker werden bei installierter Netzwerkkarte diese Angaben ausgedruckt. Durch Aktivieren des entsprechenden Druckers gelangt man in ein weiteres Menü:

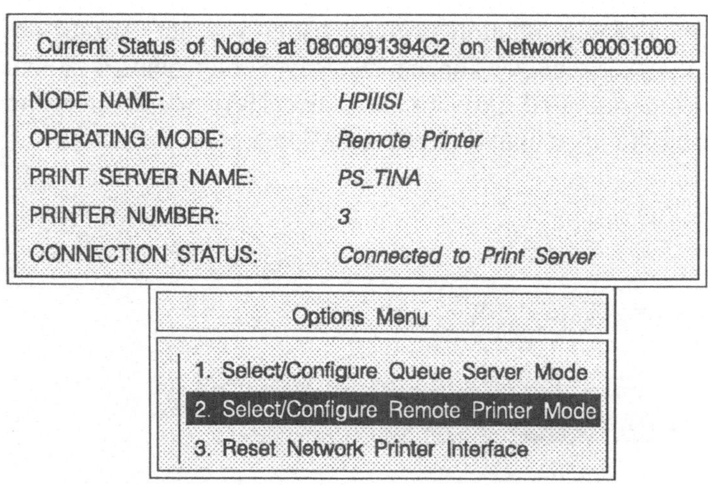

Bild 8.3-32:

Da Print Server in diesem Installationsbeispiel auf einer dedicated workstation läuft (externer Print Server), muß der **Remote Printer Mode** ausgewählt werden. Jetzt gelangt man in das eigentliche Konfigurationsmenu.

```
┌─────────────────────────────────────────────────────────────┐
│  Current Status of Node at 0800091394C2 on Network 00001000   │
├─────────────────────────────────────────────────────────────┤
│  NODE NAME:              HPIIISI                               │
│  OPERATING MODE:         Remote Printer                       │
│  PRINT SERVER NAME:      PS_TINA                              │
│  PRINTER NUMBER:         3                                     │
│  CONNECTION STATUS:      Connected to Print Server            │
│   ┌───────────────────────────────────────────────────────┐  │
│   │         Remote Printer Configuration                  │  │
│   ├───────────────────────────────────────────────────────┤  │
│   │   Node Name:         HPIIISI                           │  │
│   │   Print Server Name:  PS_TINA                          │  │
│   │   Printer Number:     3                                │  │
│   └───────────────────────────────────────────────────────┘  │
└─────────────────────────────────────────────────────────────┘
```

Bild 8.3-33:

Hier kann man der Karte einen frei wählbaren Namen geben. Durch Aktivieren des Feldes **Print Server Name** öffnet sich ein kleines Auswahlfenster mit allen aktiven Print Servern. Mit <ENTER> wird die vorgenommene Auswahl übernommen. In gleicher Weise geht man im Feld **Printer Number** vor. Auch hier erscheint ein Auswahlfeld, in dem alle verfügbaren Drucker-Nummern aufgelistet sind. Diese Drucker-Nummern stimmen mit denen überein, die innerhalb des Utility PCONSOLE im Unterpunkt Printer Configuration zugeordnet wurden.

Im oberen Feld **CONNECTION STATUS** kann man die Richtigkeit der gemachten Angaben überprüfen. Erscheint dort die Meldung **Connected To Print Server**, sind die Konfigurationsarbeiten beendet. Gleichzeitig wird auch auf dem Print-Server-Bildschirm der Drucker mit **Waiting for job** betriebsbereit gemeldet.

Damit sind alle erforderlichen Installationen des Print Servers durchgeführt.

9. Datensicherung

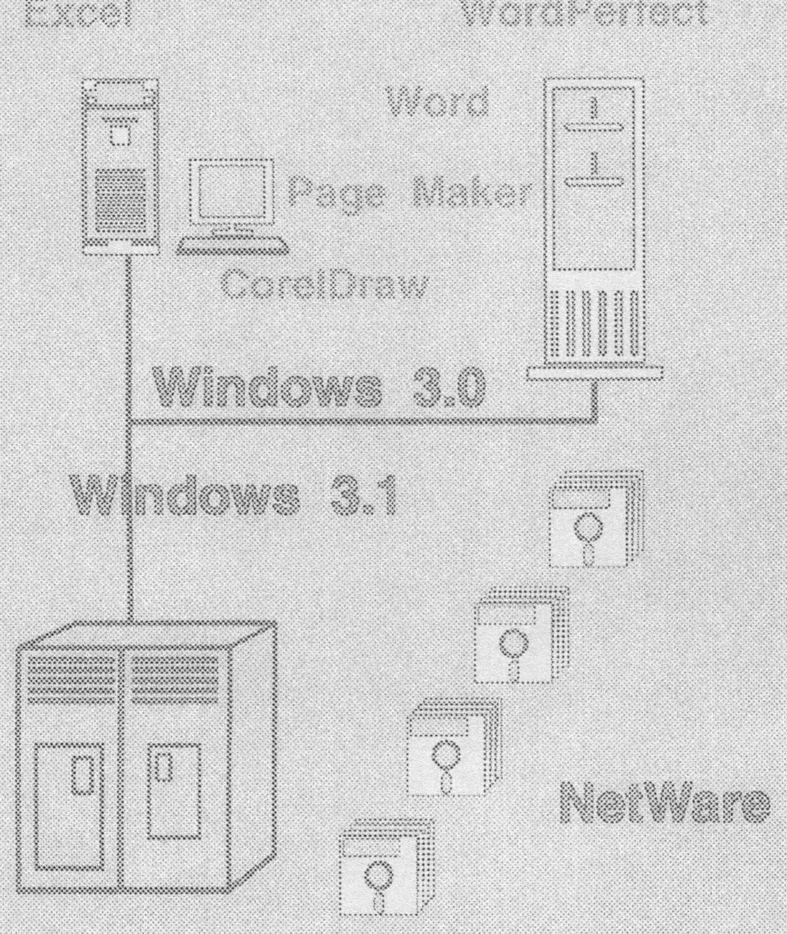

9.1 Backup-Medien

In vernetzten Systemen nimmt die Datensicherung einen hohen Stellenwert ein. In einem Büro, einem Produktionsbetrieb etc. werden täglich große Datenmengen erzeugt, verändert und auf der File-Server-Platte abgespeichert. Datenverlust (z.B. durch Ausfall der Festplatte) kann zu existentiellen Schwierigkeiten führen.

Datensicherung wird somit zu einem zwingend notwendigen Arbeitspunkt des Netzwerkverwalters. Server-Platten mit einer Kapazität von 200 MByte und mehr lassen sich nicht mehr mit Disketten-Backups sinnvoll verwalten.

Für den praktischen Einsatz lassen sich entweder Bandlaufwerke (Streamer) oder sogenannte Bernoulli-Boxen einsetzen, die Datenmengen bis zu 1 GByte verarbeiten können. Zu diesen Speichermedien wird auch entsprechende Backup-Software benötigt, die üblicherweise Bestandteil des Lieferumfanges ist. Bei dieser Software ist darauf zu achten, daß auch die Bindery des Netzwerkes gesichert werden kann, will man die komplette Netzwerk-Installation sichern.

9.1.1 Streamer

Das Angebot von Streamer-Laufwerken ist relativ groß und unübersichtlich. Geräte mit spezieller Erweiterungskarte ermöglichen hohen Datendurchsatz, lassen aber eine evtl. geforderte Mobilität des Streamers nicht zu. Soll der Streamer an unterschiedlichen Workstations eingesetzt werden, bietet sich Streamer an, die direkt an die parallele Schnittstelle angeschlossen werden. Diese "TapeShuttle" benötigen keine Erweiterungskarte und lassen sich so universell einsetzen. Die Arbeitsgruppe Quarter-Inch-Cartridge (QIC) hat einen Standard formuliert, den alle führenden Streamer-Hersteller erfüllen. Die zum Einsatz kommenden Magnetbänder haben eine Spurbreite von ¼'' (daher die Bezeichnung quarter inch), die in zwei Kassettenformen (DC-6000 und DC-2000) eingesetzt werden.

Die großen DC-6000-Typen besitzen eine Speicherkapazität bis zu 1 GByte und können so in einem Arbeitsgang auch die großen Server-Platten sichern (streamen). Ausgestattet mit einer eigenen Schnittstellenkarte werden Datenübertragungsraten von 3-6 MByte/min erreicht.

Der Vorteil der kleineren DC-2000-Typen liegt zum einen in den geringeren Anschaffungspreisen, da sie keine eigenen Erweiterungskarten benötigen. Sie werden an die vorhandene Diskettenlaufwerksschnittstelle angeschlossen. Außerdem sind die verwendeten Datenformate deutlich stärker standardisiert, so daß der Austausch dieser Miniaturkassetten leichter möglich ist. Demgegenüber steht aber die geringere Speicherkapazität (40 MByte bis 120 MByte) und die langsamere Datenübertragungsgeschwindigkeit (ca. 1 MByte/min).

Die verwendeten Magnetbänder (Cartridges) haben häufig die Bezeichnung DC-6xxx bzw. DC-2xxx, wobei xxx durch die Speicherkapazität ersetzt wird.
(DC-6250 = große Bauform DC-6000 mit einer Speicherkapazität von 250 MByte)

Die zum Lieferumfang gehörende Backup-Software sollte ein automatisches (zeitabhängiges) Streamen erlauben, so daß die Sicherung abends bzw. zu Zeiten, in denen innerhalb des Netzes nicht gearbeitet wird, durchgeführt wird. Üblicherweise ist es nicht möglich, die Festplatte einer anderen Workstation zu sichern. Dazu sind zusätzliche Netzwerk-Tools (z.B. MAP-ASSIST von Fresh Technology Group) erforderlich.

Ein weiterer beachtenswerter Punkt stellt die Austauschfähigkeit der Streamer-Bänder dar. Trotz der o.a. Standardisierung ist nicht grundsätzlich anzunehmen, daß die Bänder zwischen zwei Streamer-Geräten austauschbar sind.

Die bekanntesten Standards bei den DC-6000-Systemen sind QIC-02, QIC-36 und QIC-150, bei den DC-2000-Systemen heißen sie QIC-40 und QIC-80.

Angeschlossen wird der zum Einsatz kommende Streamer an eine Workstation, von der aus die File-Server-Platte - vollständig oder selektiert - gesichert werden kann.

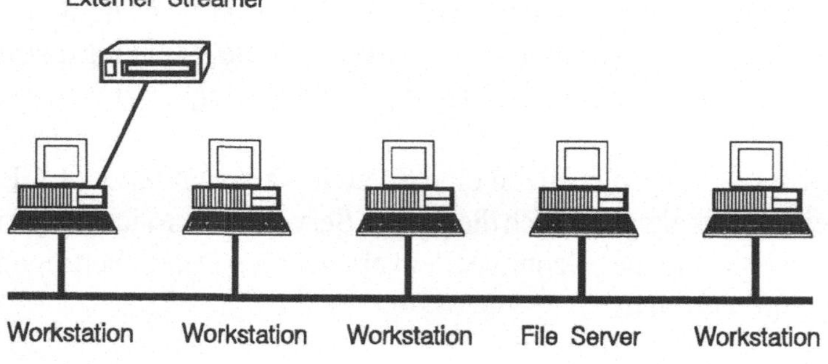

Bild 9.1-1:

Die Datensicherung kann nur von der Workstation gefahren werden, an der der Streamer physikalisch angeschlossen ist (incl. Erweiterungskarte). Die zugehörige Backup-Software kann wahlweise lokal auf dieser Workstation-Platte oder aber auch auf der File-Server-Platte installiert werden.

Im konkreten Installationsbeispiel wird ein externer ARCHIVE-Streamer (Archive Cooperation) mit einer Speicherkapazität von 250 MByte in das bestehende NOVELL-Netz eingebunden. Dabei geht es im wesentlichen um die notwendigen Ergänzungen (User einrichten, Rechte verteilen), damit dieser Streamer nicht nur die lokale Festplatte, sondern auch die Daten der File-Server-Platte vollständig oder teilweise sichern kann. Als Backup-Software wird QICstream Version 2.01 der Archive Cooperation eingesetzt.

Der Einbau der Erweiterungskarte und die Installation der Backup-Software erfolgt nach den Anweisungen des Herstellers. Für die weitere Darstellung wird eine ordnungsgemäße Installation vorausgesetzt.

Die Backup-Software kann sowohl vom Netzwerkverwalter (**Supervisor Mode**) als auch von einzelnen Usern (**User Mode**) gestartet werden. Die einzelnen User können dann nur im Rahmen der ihnen zugebilligten Rechte einzelne Verzeichnisse oder auch nur einzelne Dateien sichern. Die Software sichert neben den Daten auch die entsprechenden Verzeichnis-Rechte (Trustee Directory Assignments) und Datei-Rechte (Trustee File Assignments).

Wenn während des Backup-Vorgangs (oder auch während des Restore-Vorgangs) eine Datei durch einen anderen User geöffnet ist (z.B. während eines Schreibvorganges), legt das Programm eine kleine Wartezeit ein und wartet auf das Schließen dieser Datei. Wird innerhalb dieser Zeit die Datei nicht geschlossen, erfolgt eine kurze Information auf dem Bildschirm und die Datei wird übersprungen. Innerhalb einer AUTOCOMMAND-Datei kann festgelegt werden, daß die übersprungenen Dateien am Ende eines Durchlaufes erneut gesichert werden.

Hat man für bestimmte Operationen nicht die notwendigen Rechte, erfolgt ebenfalls eine entsprechende Fehlermeldung auf dem Bildschirm.

Hinweis:
Dateien, die mit dem Flag Hidden (versteckte Dateien) versehen sind und alle Dateien aus dem Verzeichnis SYSTEM können nur im Supervisor Mode gesichert (backup) und zurückgespeichert (restore) werden.

Datensicherung im Supervisor Mode

An der entsprechenden Workstation als Supervisor einloggen, anschließend die
QICstream-Software starten. Es erscheint das Main Menu:

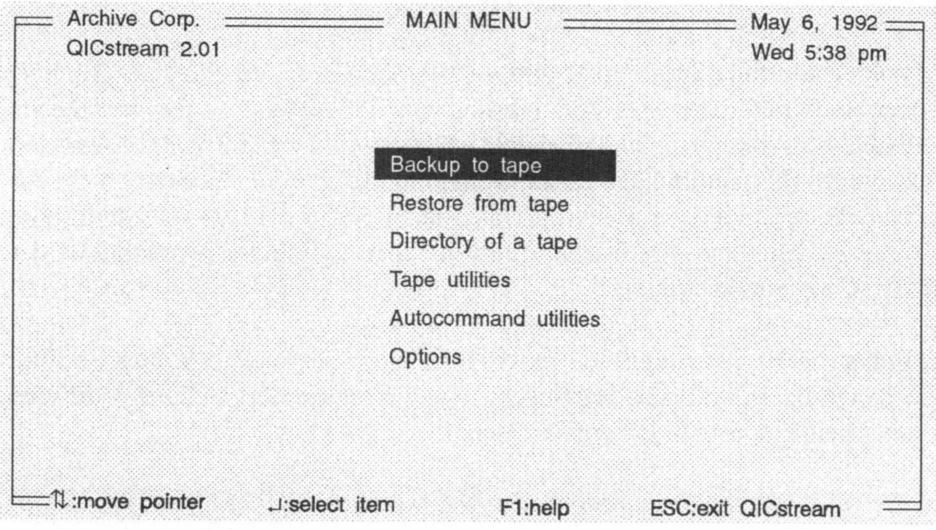

Bild 9.1-2:

Wählt man den Punkt **Backup to tape** an, öffnet sich ein neues Menü **BACKUP**,
in dem alle verfügbaren Laufwerke angezeigt werden.

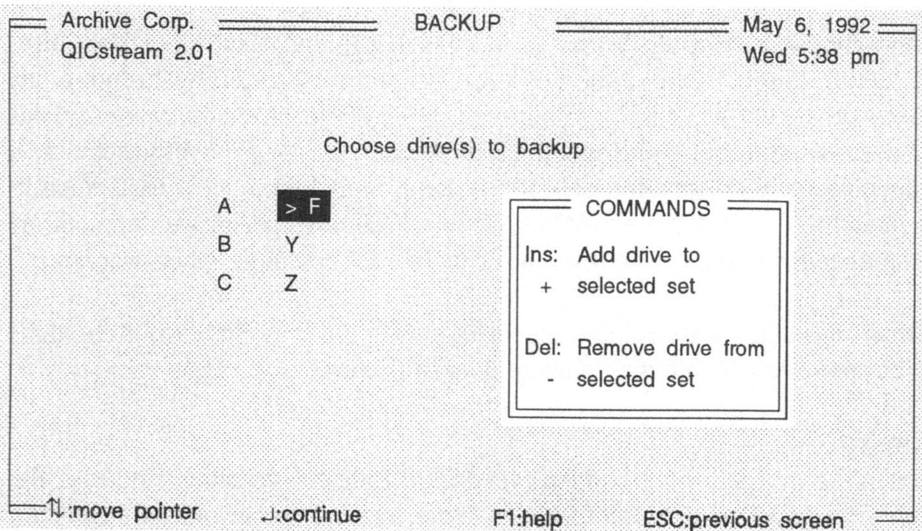

Bild 9.1-3:

Hier wählt man z.B. die Server-Platte F: an und erhält ein neues Untermenü, in dem man den Typ des gewünschten Backups auswählen kann.

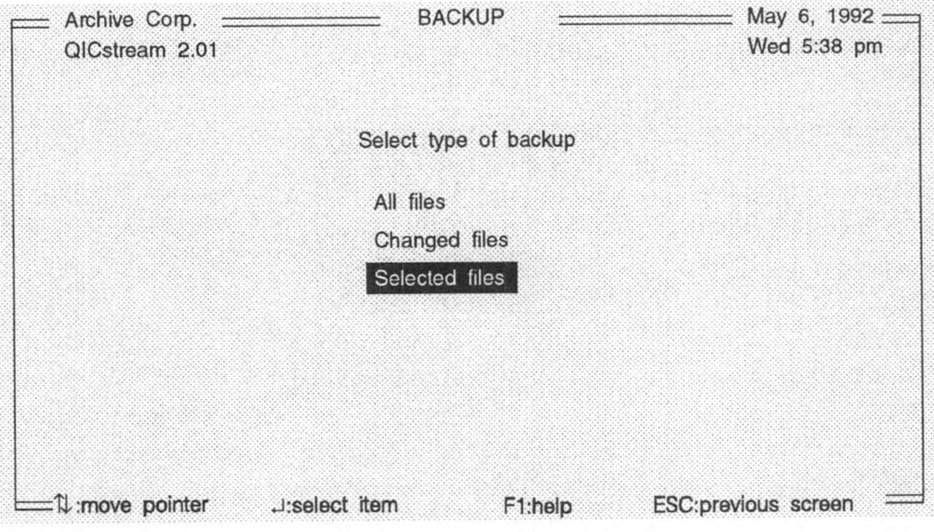

Bild 9.1-4:

Für ein vollständiges Backup der Server-Platte muß der Punkt **All files** angewählt werden. Nur wenn man als Supervisor eingeloggt ist, wird auch die Bindery des Netzwerkes abgespeichert. Um sicherzustellen, daß auch alle Dateien gesichert werden, sollte kein anderer User mehr im Netzwerk eingeloggt sein (bzw. alle Dateien müssen geschlossen sein).

Häufig werden auch nur die Dateien gesichert, die sich seit dem letzten Backup verändert haben. Hierzu wird der Menüpunkt **Changed files** angewählt.

Will man gezielt Dateien, einzelne oder mehrere Unterverzeichnisse sichern, wählt man den Menüpunkt **Selected files** an. Es erscheint ein neues Untermenü, in dem alle Verzeichnisse und Dateien angezeigt werden.

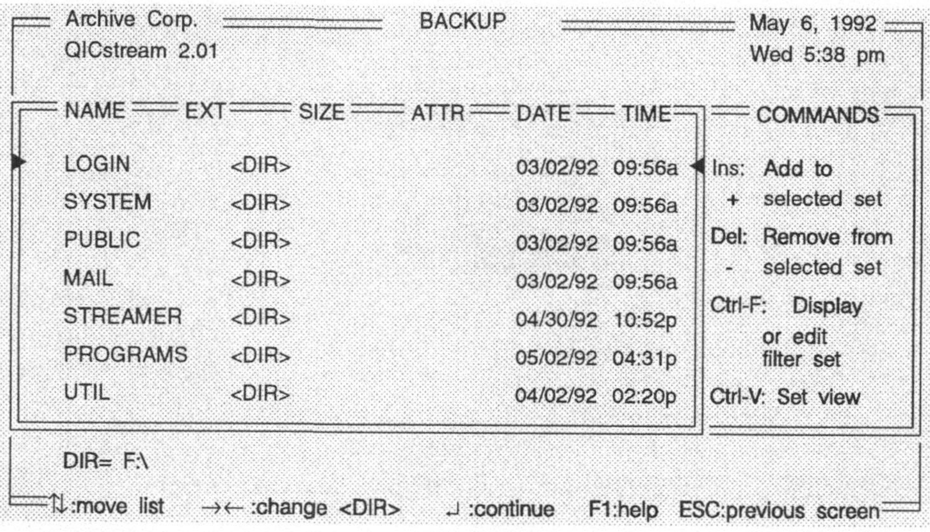

Bild 9.1-5:

Die gewünschten Dateien (Verzeichnisse) werden ausgewählt und mit <ENTER> abgeschlossen. Diesem Backup kann man anschließend eine Namenskennung geben (backup identification string) und - wenn gewünscht - ein Passwort vergeben. Damit kann kein Unbefugter dieses Backup wieder zurückspielen.

Datensicherung im User Mode
Die Vorgehensweise im User Mode ist dem Supervisor Mode gleich. Die Menüführung unterscheidet sich nur dadurch, daß der User nur die Dateien bzw. Verzeichnisse angezeigt bekommt, auf die er entsprechende Rechte besitzt.

AUTOCOMMAND-Dateien

Neben dieser Menüführung erlaubt die QICstream-Software auch das Erstellen einer Batchdatei, die regelmäßig wiederkehrende Backup-Abläufe automatisiert. Diese AUTOCOMMAND-Datei enthält spezielle QICstream-Befehle. Der einfachste Weg, eine solche Batchdatei zu erzeugen, besteht in der automatischen Erzeugung dieser Datei. Dazu wählt man aus dem Hauptmenü (MAIN MENU) den Unterpunkt Autocommand utilities aus. In dem dann erscheinenden Menü wählt man den Punkt Create und gibt der anschließend zu erstellenden Datei einen Namen. Anschließend kehrt man in das Hauptmenü zurück und führt jetzt menügeführt alle erforderlichen Schritte für das gewünschte Backup aus. Im Hintergrund werden alle notwendigen Befehle in dieser AUTOCOMMAND-Datei gespeichert (Macro-Generator). Auf diese Weise kann der Netzverwalter verschiedene Dateien vorbereiten, die im Netz zur Datensicherung immer wieder verwendet werden können. Die so erzeugten Dateien besitzen die Extension .QSA und können in einem speziellen Verzeichnis (z.B. F:\STREAMER) abgespeichert werden.

Bei Verwendung von Streamern anderer Hersteller (mit evtl. anderer Software) bieten sich vergleichbare Möglichkeiten.

Einrichten eines Backup-User

Da nur an der Workstation, auf der das Streamer-Gerät installiert ist, die entsprechenden Sicherungsläufe durchgeführt werden können, ist es sinnvoll, einen eigenen Backup-User (mit Password) einzurichten. Dieser spezielle User kann alle anfallenden Daten der unterschiedlichen User täglich sichern.

Dieser Backup-User benötigt dann in allen Daten-Verzeichnissen die erforderlichen Rechte. Will man verhindern, daß dieser Backup-User Einblick in diese Verzeichnisse nehmen kann, stellt der Netzwerkverwalter entsprechende AUTOCOMMAND-Dateien zur Verfügung, in denen alle erforderlichen Befehle aufgelistet sind. Werden diese Dateien entsprechend geflaggt (z.B. execute only), so kann der Backup-User sich den Inhalt dieser Datei nicht ansehen oder gar verändern.

Beispiel:

Die AUTOCOMMAND-Datei TAG1.QSA (gespeichert in F:\STREAMER) wird mit folgender Syntax auf der Workstation gestartet:

QSV @F:\STREAMER \TAG1

Bindet man diesen Aufruf in ein eigenes NOVELL-Menü ein, kann der Backup-User komfortabel (und fehlerfrei) die anstehenden Sicherungsläufe durchführen. Ist dieses Menü Bestandteil des System- oder User-Login-Scripts, wird bei jedem Einloggvorgang dieses speziellen Users dieses Menü direkt aufgerufen.

Streamer mit Anschluß an paralleler Schnittstelle (TapeShuttle)

Die Einbindungeines solchen mobilen Gerätes erfolgt wie vorher beschrieben. Wichtig ist auch hier, daß nur an der Workstation, an der der TapeShuttle mit der parallelen Schnittstelle verbunden ist, die entsprechende Backup-Software gestartet werden kann. Die Software selbst kann auf dem File Server installiert sein. Dieser mobiler Einsatz erlaubt das Sichern von Datenbeständen, die sich auf den jeweiligen lokalen Festplatten befinden. Auch hier kann man durch entsprechende Menügestaltung unter NOVELL eine Automatisierung dieser Sicherungsläufe erreichen.

9.1.2 Bernoulli-Box

Bernoulli-Subsysteme der Fa. IOMEGA sind externe oder interne Wechselplatten-Systeme mit einer SCSI-Schnittstelle. Sie können ebenso, wie verschiedene Streamer, als Datensicherungsgeräte in einem Netzwerk eingesetzt werden. Darüber hinaus bieten diese Systeme die Möglichkeit, als gemeinsam genutztes Speichermedium im Netzwerk zu dienen.

Die Philosophie der Bernoulli-Box, die recht teure Schreib-Lese-Hardware von Festplatten fest in einem Gehäuse unterzubringen und den eigentlichen Datenträger, derdiskettenähnlich und damit recht preiswert ist, auswechselbar zu machen, steht eigentlich im Gegensatz zum Einsatz als Netzwerk-Festplatte.

Das System ist so ausgelegt, daß man während des normalen Betriebs unter MS-DOS die Festplatte wechseln kann, ohne den Rechner neu booten zu müssen. Damit bekommt die lokale Festplatte soviel Speicherkapazität wie alle vorhandenen Bernoulli-Wechseleinschübe zusammen.

Im Netzwerk geht dieser Vorteil allerdings dann verloren, wenn man die Bernoulli-Box als Server-Platte einsetzt. In diesemFalle muß man sogar sicherstellen, daß niemand versehentlich die Wechselplatte entfernt (dies ist softwaremäßig möglich), denn dies würde unweigerlich zu einem Netzwerk-Absturz führen.

Besonders interessant, weil eine ernstzunehmende Alternative zu Streamer-Laufwerken, ist der Einsatz der Bernoulli-Box als schnelles Backup-Medium (die mittlere Zugriffszeit liegt bei ca. 30 ms) in einem Netzwerk.

Hierbei installiert man die Host-Adapter-Karte in einer Workstation und schließt die Bernoulli-Box dort hardwremäßig an.

10. Anhang

Multiplan
Works
WinWord
Excel
WordPerfect
Word
Page Maker
CorelDraw
Windows 3.0
Windows 3.1
NetWare

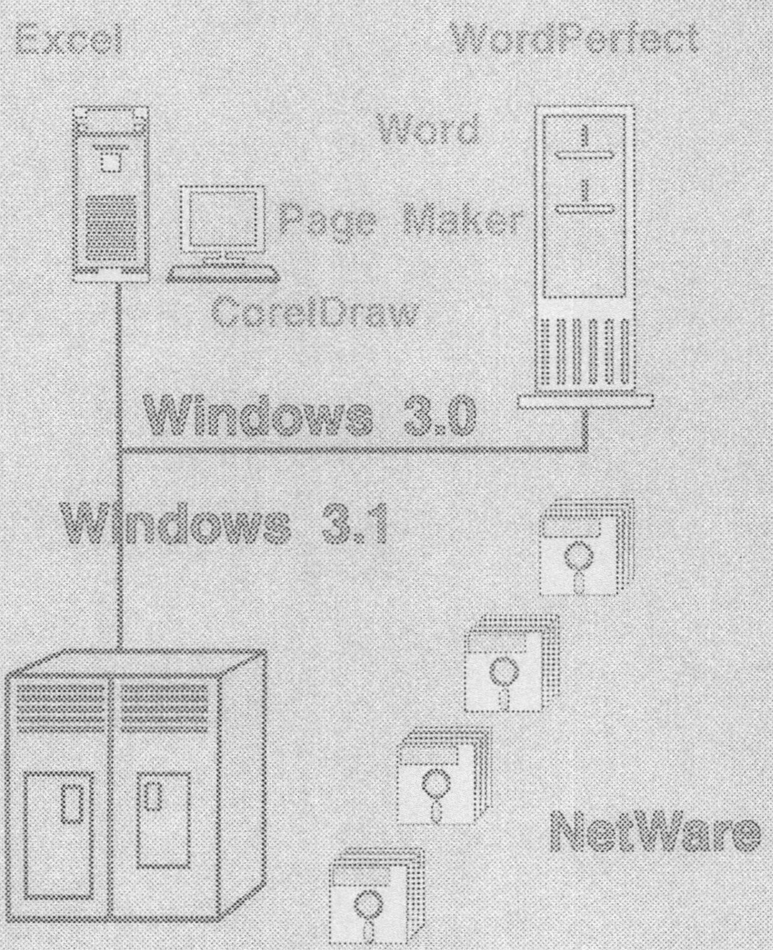

10.1 NetWare-Befehle und Utilities

Zur sicheren Wartung und Pflege des Netzwerkes (NetWare 3.11) stehen diverse Befehle und andere Hilfsmittel zur Verfügung, die sich in vier verschiedene Gruppen unterteilen lassen:

❐ **File-Server-Console-Befehle**
Diese Befehle können nur an der Tastatur des File Servers eingegeben werden .

❐ **Command-Line-Befehle**
Diese Befehle können nur an der Tastatur einer Workstation eingegeben werden

❐ **Menü-Utilities**
In diese Menüs sind verschiedene Command-Line-Befehle eingearbeitet. Sie ermöglichen eine komfortable Erledigung routinemäßig anfallender Wartungs- und Pflegearbeiten. Diese Menüs sind alle im Verzeichnis PUBLIC vorhanden; sie lassen sich ebenfalls nur an einer Workstation aufrufen.

❐ **Ladbare Module** (NLM = NetWare Loadable Modules)
erlaubt das zusätzliche Laden von Programmen oder Programmteilen, die innerhalb der Netzwerkverwaltung notwendig werden oder sind.

File-Server-Console Befehle

ADD NAME SPACE	BIND	BROADCAST
CLEAR STATION	CLS	CONFIG
DISABLE LOGIN	DISABLE TTS	DISMOUNT
DISPLAY NETWORKS	DISPLAY SERVERS	DOWN
ENABLE LOGIN	ENABLE TTS	EXIT
LOAD	MEMORY	MODULES
MONITOR	MOUNT	NAME
OFF	PROTOCOL	PSERVER
REGISTER MEMORY	REMOVE DOS	RESET ROUTER
SEARCH	SECURE CONSOLE	SEND
SET	SET TIME	SPEED

SPOOL   TIME   TRACK OFF
TRACK ON   UNBIND   UNLOAD
UPS STATUS   UPS TIME   VERSION
VOLUMES

Command-Line-Befehle

ALLOW   ATOTAL   ATTACH   BINDFIX
BINDREST   CAPTURE   CASTOFF   CASTON
CHKDIR   CHKVOL   COMCHECK   DCONFIG
DOSGEN   ECONFIG   EMSNETx   ENDCAP
FLAG   FLAGDIR   GRANT   HELP
IPX   LISTDIR   LOGIN   LOGOUT
MAP   MENU   NCOPY   NDIR
NETBIOS   NETx   NPRINT   NVER
PAUDIT   PSC   PURGE   REMOVE
RENDIR   REVOKE   RIGHTS   RPRINTER
SECURITY   SEND   SETPASS   SETTTS
SLIST   SMODE   SYSTIME   TLIST
USERLIST   VERSION   WHOAMI   WSGEN
WSUPDATE   XMSNETx

NetWare Loadable Modules (NLM)

CLIB   DISKSET   EDIT   INSTALL
IPXS   MATHLIB   MONITOR   NMAGENT
PSERVER   REMOTE   ROUTE   RS232
RSPX   SPXCONFG   SPXS   STREAMS
TLI   TOKENRPL   UPS   VREPAIR

Menüs

ACONSOLE	COLORPAL	DSPACE	FCONSOLE
FILER	JUMPERS	MAKEUSER	NBACKUP
PCONSOLE	PRINTCON	PRINTDEF	RCONSOLE
RSETUP	SALVAGE	SESSION	SYSCON
UPGRADE	USERDEF	VOLINFO	

10.1.1 Kurzbeschreibung der Command-Line-Befehle

Allgemeiner Hinweis:
Die folgende Syntax-Beschreibung der Command-Line-Befehle bezieht sich auf die Version NetWare 3.11. Alle optionalen Angaben sind in [....] gesetzt, d.h. diese Angaben müssen nicht unbedingt gemacht werden. Es wurde die von NOVELL angegebene Schreibweise der BefehlsSyntax (command format) übernommen.

Alle in Großbuchstaben angegebenen Befehlsbestandteile sind Pflichtteile des aufgeführten Befehls; alle in Kleinbuchstaben angegebenen Bestandteile sind Platzhalter und werden durch aktuelle Werte ersetzt.

```
ALLOW [path [TO INHERIT] [rightslist]]
```

Funktion: ermöglicht das Setzen, Ändern und Aufheben der Inherited Rights Mask. Mit dieser Maske lassen sich die Rechte, die aus übergeordneten Verzeichnissen vererbt werden, einschränken. Die Inherit Right Mask muß in dem betreffenden Verzeichnis eingerichtet sein.

Innerhalb des Allow-Befehl sind wildcard (? oder *) zulässig.

Jeder User kann den Allow-Befehl benutzen, um sich die gültige Inherited Right Mask anzeigen zu lassen. Um diese Maske zu setzen oder zu verändern, benötigt der User das Access-Control-Recht. Insgesamt können 10 verschiedene Angaben in der rightslist gemacht werden.

Rightslists

ALL	Alle Rechte aus dem übergeordneten Verzeichnis werden vererbt.
Supervisory	Besitzt ein User das Supervisory-Recht, sind alle Einschränkungen wirkungslos.
Read	Vererbt das bestehende Recht, Files zu öffnen und zu lesen.
Write	Vererbt das bestehende Recht, Files zu öffnen und zu schreiben.
Create	Vererbt das bestehende Recht, Files zu erzeugen und gleichzeitig zu schreiben.
Erase	Vererbt das bestehende Recht, Verzeichnisse und Files zu löschen.
Modify	Vererbt das bestehende Recht, bestehende Verzeichnis- und File-Attribute zu verändern. Ebenso können Verzeichnisse und Files umbenannt werden.
File Scan	Vererbt das bestehende Recht, Files in einem Verzeichnis angezeigt zu bekommen.
Access Controll	Vererbt das bestehende Recht, Directory-, File-Trustee-Assignments und die Inherited Right Mask zu verändern.
Nothing	Entfernt alle bestehenden Rechte innerhalb der Inherited Right Mask. Das Supervisory-Recht wird allerdings weiter vererbt.
Beispiel:	Es besteht folgende Verzeichnisstruktur: NW311\SYS\USERS\TINA In dem übergeordneten Verzeichnis USERS wurden folgende Rechte eingeräumt: File Scan, Read, Write, Create, Erase.

Mit Hilfe einer Inherited Right Mask sollen nur die Rechte File Scan, Read und Write in das Unterverzeichnis TINA vererbt werden.

Wechseln Sie in das Unterverzeichnis TINA und geben Sie ein:

ALLOW NW311\SYS:USERS/TINA TO INHERIT F R W

In ähnlicher Weise können alle Dateien mit der Endung EXE in der Rechte-Vererbung eingeschränkt werden mit

ALLOW *.EXE F R

Es werden nur noch die Rechte File Scan und Read vererbt.

    ATTACH [fileserver[/name]

Funktion: ermöglicht Zugriff auf einen zusätzlich im Netz vorhandenen File Server, ohne die existierende Verbindung zu trennen.

Kommentar: Verwendet man den ATTACH-Befehl ohne jede Option, werden diese auf dem Bildschirm vom User abgefragt. Um den Befehl nutzen zu können, muß man mindestens auf einem File Server eingeloggt sein. Für den neuen File Server wird nicht automatisch ein Drive Mapping vorgenommen. Dies muß vom User selbst vorgenommen werden.

Beispiel: Sie sind auf dem File Server NW311_1 eingeloggt. Innerhalb des Login Scripts wurde folgendes Drive-Mapping vereinbart:

MAP F:=NW311_1\SYS:

Sie wollen sich zusätzlich auf einem zweiten File Server NW311_2 als User NORBERT mit dem Password TINA anmelden und diesen mit G: ansprechen können.

Die erforderlichen Angaben heißen:

ATTACH NW311_2/NORBERT;TINA

und

MAP G:=NW311_2\SYS:

Anschließend läßt sich zwischen beiden File Servern bequem mit F: bzw. G: umschalten.

BINDFIX

Funktion: ermöglicht dem Supervisor, bestimmte Probleme innerhalb der Bindery zu beheben.

Diese Probleme können sein:

- Ein Username kann nicht verändert oder gelöscht werden.
- Das Password des Users kann nicht mehr geändert werden.
- Die Rechte eines Users können nicht mehr geändert werden.
- Die Meldung "Unknown server" erscheint während des Druckens.
- Es erscheint eine andere System-Fehlermeldung auf dem File-Server-Bildschirm.

Kommentar: Es ist empfehlenswert, daß vor Aufruf des Befehls alle User aus dem Netz ausgeloggt sind. Man muß sich im Verzeichnis SYSTEM befinden und dort BINDFIX starten. Dies kann entweder der Supervisor oder ein dem Supervisor gleichgestellter User sein. Die Bindery-Dateien NET$OBJ.SYS, NET$PROP.SYS und NET$SAL.SYS werden neu erzeugt. Die vorherigen Versionen erhalten die neuen Erweiterungen

.OLD. Diese Dateien sollten sie erst dann löschen, wenn die Reparatur der Bindery vollständig gelungen ist. Mit dem Befehl BINDREST (siehe dort) lassen sich die alten Bindery-Dateien wieder herstellen.

Die Erneuerung der Bindery läuft in mehreren Schritten ab.

1. Die alten Bindery-Dateien werden geschlossen, anschließend kopiert und umbenannt.
2. Alle Mail-Directories von nicht mehr existierenden Usern werden gelöscht (wenn gewünscht).
3. Für all die User, die bisher noch kein Mail-Directory besitzen, wird ein entspreches Mail-Directory angelegt (wenn gewünscht).
4. Alle Trustee Rights von nicht mehr existierenden Usern werden gelöscht (wenn gewünscht).
5. Alle vorhandenen Volumes werden nach nicht mehr existierenden Usern durchsucht. Die gefundenen User werden aus allen Trustee Lists gelöscht.
6. Bei erfolgreicher Reparatur erhält man entsprechende Meldung auf dem Bildschirm:

Bindery check successfully completed.
Please delete the files NET$OBJ.OLD, NET$PROP.OLD and NET$SAL.OLD after you have verified the reconstructed bindery.

7. Im Fehlerfall erscheint die Meldung:

Bindery check NOT successfully completed.

In diesem Falle müssen Sie mit Hilfe des Befehls BINDREST den alten Zustand wiederherstellen.

BINDREST

Funktion: ermöglicht dem Supervisor die Wiederherstellung der alten Bindery bei erfolgloser Reparatur durch BIND.

Kommentar: Die durch den BIND-Befehl erstellten Sicherungsdateien NET$OBJ.OLD, NET$PROP.OLD and NET$SAL.OLD werden wieder in den ursprünglichen Zustand NET$OBJ.SYS, NET$PROP.SYS und NET$SAL.SYS zurückkopiert. Es wird die Meldung ausgegeben:

The Bindery has been successfulluy restored.

CAPTURE [option ...]

Funktion: ermöglicht die Umlenkung einer oder mehrerer paralleler Schnittstellen einer Workstation in einer Druckerwarteschlange.

Kommentar: Eine ausführliche Beschreibung dieses Befehles finden Sie im Kap. 7.1 Drucken im Netz.

Beispiel: **CAPTURE L=1 S=NW311 Q=HPIII_SI NFF NT C=5**

Die lokale Schnittstelle LPT1 (L=1) wird umgelenkt auf den File Server NW311 (S=NW311) und dort in die Druckerwarteschlange HPIII_SI (Q=HPIII_SI) eingereiht. Es wird kein Seitenvorschub gemacht (NFF = No Form Feed), keine Tabulatorfunktionen übernommen (NT = No Tabs), und es werden 5 Kopien erstellt (C=5).

CASTOFF   [ALL]

Funktion: verhindert, das Meldungen über das Netzwerk an einzelne oder alle Workstations verschickt werden können.

Kommentar: Der optionale Zusatz ALL verhindert zusätzlich, daß Meldungen von der File-Server-Console abgeschickt werden können.

Es erscheint die Meldung:

Broadcasts from the console and other stations will now be rejected.

Beispiel: **CASTOFF ALL** oder **CASTOFF A**

CASTON

Funktion: ermöglicht das Empfangen von Nachrichten an einzelnen oder allen Workstations.

Kommentar: Wird eine Nachricht empfangen, kann die Arbeit an dieser Workstation erst dann fortgesetzt werden, wenn diese mit <Strg><Enter> quittiert wurde. Es erscheint die Meldung:

Broadcast message from the console and other stations will now be accepted.

CHKDIR [path]

Funktion: gibt Auskunft über den Zustand eines Verzeichnisses oder eines Volumes.

Kommentar: CHKDIR informiert über folgende Zustände:

- Speicherplatz-Begrenzung (directory space limitation) des Verzeichnisses, des Volumes und des File Servers

- maximale Speicherkapazität (maximum storage capacity) des Volumes in kByte und des Verzeichnisses, wenn eine Speicherplatz-Begrenzung vorliegt

- z.Zt. genutzte Speicherkapazität des Volumes und des Verzeichnisses

- verfügbare Speicherkapazität in kByte des Volumes und des Verzeichnisses

Beispiel: Der File Server NW311 besitzt im Volume SYS die Unterverzeichnisse PROG, UTILS und USERS.

Das Verzeichnis PROG hat den Laufwerksbuchstaben H:

Um den Zustand dieses Unterverzeichnisses PROG zu untersuchen, sind mehrere Schreibweisen möglich:

CHKDIR NW311\SYS\PROG

oder, sofern man sich im Verzeichnis SYSTEM befindet:

CHKDIR SYSTEM oder CHKDIR H:

    CHKVOL [path]

Funktion: gibt Auskunft über den Zustand eines Volumes.

Kommentar: CHKVOL informiert über folgende Zustände:

- Name des File Servers, auf dem das Volume vorhanden ist

- Name des Volumes

- maximale Speicherkapazität (maximum storage capacity) des Volumes in kByte

- z.Zt. genutzte Speicherkapazität des Volumes

- z.Zt. belegte Speicherkapazität von als gelöscht markierten Dateien

- maximal verfügbare Speicherkapazität, die als gelöscht markierten Dateien bereitgestellt wird.

- noch verfügbare Speicherkapazität des Volumes

- die verfügbare Speicherkapazität des eingeloggten Users

Innerhalb des Befehls sind auch wildcards (? und *) zulässig.

Beispiel: Der File Server NW311 besitzt zwei Volumes SYS und PROG. Das Verzeichnis PROG hat den Laufwerksbuchstaben H:. Um den Zustandes des Volumes PROG zu untersuchen, schreibt man:

CHKVOL NW311/PROG
Auf dem Bildschirm werden folgende Volume-Daten angezeigt:

Statistics for fixed volume NW311/PROG:

Total volume space:	*78,192 K Bytes*
Space used by files:	*47,692 K Bytes*
Space in use by deleted files:	*22,528 K Bytes*
Space available from deleted file:	*22,528 K Bytes*
Space remaining on volume:	*30,500 K Bytes*
Space available to TINA:	*30,500 K Bytes*

Will man direkt alle Volumes auf dem angemeldeten File Server NW311 untersuchen, schreibt man:

CHKVOL NW311/*

Will man direkt alle Volumes auf allen angemeldeten File Servern untersuchen, schreibt man:

CHKVOL */*

COMCHECK

Funktion: überprüft die Datenkommunikation zwischen File Server und den angeschlossenen Workstations.

Kommentar: Es muß mindestens eine Workstation eingeloggt sein. Die Datei COMCHECK befindet sich auf der Diskette DOS / DOS ODI Workstation Services. Legen Sie diese in Laufwerk A: ein, und stellen Sie mit IPX die Verbindung zum Netzwerk her. Anschließend starten Sie COMCHECK. Es erscheint eine Bildschirm-Meldung, in der die Netzwerk-Adresse, die Node-Adresse, das Datum und die Uhrzeit angezeigt wird. Die Uhrzeit wird alle 15s aktualisiert. Wiederholen Sie diesenVorgang an allen weiteren Stationen.

DCONFIG IPX.COM SHELL:,number

Funktion: ermöglicht die Änderung der Konfigurationsdaten innerhalb der Datei IPX.COM.

Kommentar: Die Datei DCONFIG befindet sich auf der Diskette DOS / DOS ODI Workstation Services.

Beispiel: **DCONFIG IPX.COM SHELL:,4**

DOSGEN

Funktion: generiert ein Remote boot image file mit der Bezeichnung NET$DOS.SYS auf der Festplatte des File Servers im Verzeichnis LOGIN.

Kommentar: Damit können laufwerklose Workstations (diskless) direkt vom File Server mit Hilfe eines Boot-Proms (vorhanden auf der Netzwerkkarte) booten. Weitere Informationen entnehmen Sie dem Kap. 4.4 Workstation Installation.

> [drive1:] ECONFIG drive2: IPX.COM

Funktion: ermöglicht die Konfiguration des ETHERNET-II-Standards.

Kommentar: Standardmäßig wird beim Erstellen der Datei IPX.COM als Datenübertragungsprotokoll ETHERNET_802.3 verwendet (packet = N). Durch Angabe packet = E wird als Datenübertragungsprotokoll ETHERNET_II verwendet. Weitere Hinweise entnehmen Sie dem Kap. 4.4 Workstation Installation.

> EMSNETx.EXE

Funktion: verwendet man die Datei EMSNETx.EXE anstelle der Datei NETx.COM, kann man bis zu 34 kByte des konventionellen Speichers zusätzlich nutzen, da bis auf einen Rest von ca. 6 kByte alles in den Expanded Memory Bereich hochgelagert wird.

Kommentar: Dies setzt natürlich voraus, daß Expanded Memory auf der Workstation verfügbar ist (siehe DOS-Manual). Durch die Möglichkeiten der aktuellen **DOS-Version 5.00** kann man auf diese Möglichkeit verzichten und statt dessen in der AUTOEXEC.BAT der Workstation

LOADHIGH = NETx.COM

aufnehmen. Auch hier ist natürlich vorausgesetzt, daß zusätzlicher Speicher (Expanded oder Extended Memeory) verfügbar ist.

> ENDCAP [option ...]

Funktion:	beendet die Umlenkung der parallelen Schnittstellen einer Workstation.
Kommentar:	Eine ausführliche Beschreibung dieses Befehles finden Sie im Kap. 7.1 Drucken im Netz.
Beispiel:	**ENDCAP ALL**

> FLAG [path [TO INHERIT] [flaglist ...]]

Funktion:	ermöglicht das Ändern der Datei-Attribute bzw. deren Anzeige.
Kommentar:	Der FLAG-Befehl unterstützt die Verwendung von wildcards (? oder *). Eine ausführliche Beschreibung dieses Befehles finden Sie im Kap. 5.3 Rechte.

> FLAGDIR [path [flaglist ...]]

Funktion:	ermöglicht das Ändern von Unterverzeichnis-Attributen innherhalb eines Verzeichnisses bzw. deren Anzeige.
Kommentar:	In ähnlicher Weise wie der Befehl FLAG kann man die nachstehend aufgeführten Attribute auf Verzeichnisse und deren Unterverzeichnisse anwenden. Die folgenden Attribute innerhalb der flaglist haben folgende Bedeutung:

H   (Hidden) verhindert, daß mit dem DOS-Befehl DIR das Ver-
             zeichnis angezeigt wird. Man kann aber in dieses Verzeichnis
             wechseln. Mit dem NetWare-Befehl NDIR wird dieses Ver-
             zeichnis dennoch angezeigt, wenn man das FILE-SCAN-Recht
             besitzt.

             Hidden gesetzte Verzeichnisse lassen sich nicht kopieren.

SY   (System) verhindert, daß mit dem DOS-Befehl DIR das Ver-
             zeichnis angezeigt wird. Mit dem NetWare-Befehl NDIR wird
             dieses Verzeichnis dennoch angezeigt, wenn man das File-
             Scan-Recht besitzt. Verzeichnisse mit diesem Attribut können
             nicht kopiert und nicht gelöscht werden.

P   (Purge) In Verzeichnissen mit diesem Attribut können gelösch-
             te Dateien nicht mehr wiederhergestellt werden (mit dem
             Utility SALVAGE).

D   (Delete Inhibit) Verzeichnisse mit diesem Attribut lassen sich
             nicht löschen, auch wenn der User das ERASE-Recht besitzt.

R   (Rename Inhibit) Verzeichnisse mit diesem Attribut lassen sich
             nicht umbenennen, auch wenn der User das MODIFY-Recht
             besitzt.

Beispiel: Um einem aktuellen Verzeichnis die Attribute H (Hidden), P
             (Purge) und D (Delete Inhibit) zuzuordnen, schreibt man:

             FLAGDIR . H P D

Hinweis: Das Zeichen <.> kennzeichnet das aktuelle Verzeichnis.

             Soll einem bestimmten Verzeichnis ein Verzeichnis-Attribut
             zugeordnet werden, schreibt man:

             FLAGDIR NW311/SYS:USERS/TINA H P D

Soll allen Unterverzeichnisse unterhalb des aktuellen Verzeichnisses ein Verzeichnis-Attribut zugeordnet werden, schreibt man:

FLAGDIR * H P D

```
GRANT rightslist... [FOR path] TO [USER I GROUP]
name [/option]
```

Funktion: ermöglicht die Vergabe von Rechten an User und Gruppen für ein Verzeichnis oder für eine Datei.

Kommentar: Eine ausführliche Beschreibung dieses Befehles finden Sie im Kap. 5.3 Rechte.

```
HELP [commandname]
```

Funktion: ruft den On-Line-Hilfetext auf.

Kommentar: Die On-Line-Hilfe beschreibt die meisten Befehle des Netzwerk-Betriebssystem NetWare. Benötigt man z.B. Informationen zum Befehl GRANT, aktiviert man die On-Line-Hilfe mit

HELP GRANT.

IPX [I] | [D] | [Ox]

Funktion: gibt Auskunft über die installierte Version der Datei IPX.COM mit den zugehörigen Hardware-Konfigurationen und ermöglicht deren Änderung.

Kommentar: Die einzelnen Optionen haben folgende Wirkungen:

i   zeigt die installierte Version von IPX.COM mit der aktuellen Hardware-Konfiguration an.

d   zeigt alle möglichen Hardware-Konfigurationen an. Die mit * gekennzeichnete ist die aktuelle.

Ox   bewirkt die temporäre Änderung der Hardware-Konfiguration, d.h. die gemachten Änderungen werden nicht dauerhaft gespeichert. Man kann auf diese Weise verschiedene Veränderungen ausprobieren. Die dauerhafte Änderung erfolgt mit dem Befehl DCONFIG.

Nach Aufruf von IPX I erscheint folgende (oder ähnliche) Anzeige:

Novell IPX/SPX v3.01 Rev. B (900605)
(C) Copyright 1985, 1990 NovellInc. All Rights Reserved.

LAN Option: Hewlett-Packard PC LAN/AT for NetWare V1.00EC (890804)
Hardware Configuration: IRQ = 5, I/O Base = 300h, no DMA or ROM

`LISTDIR [path] [option ...]`

Funktion:	gibt Auskunft über alle Unterverzeichnisse innerhalb eines Verzeichnisses, zeigt die Inherited Right Mask und die effektiven Rechte jedes Unterverzeichnisses an, das Erzeugungsdatum und alle untergeordneten Unterverzeichnisse.
Kommentar:	Wird der Befehl ohne jede Option eingegeben, werden lediglich alle Unterverzeichnisse des aktuellen Verzeichnisses angezeigt. Die Optionen haben folgende Bedeutung:
/R	(Rights) es werden die Inherited Right Mask aller Unterverzeichnisse des aktuellen Verzeichnisses angezeigt.
/E	(Effective Rights) es werden die tatsächlichen Rechte, die der User in allen Unterverzeichnissen unterhalb des aktuellen Verzeichnisses besitzt, angezeigt.
/D or /T	(Date oder Time) gibt das Datum und/oder die Uhrzeit der Erstellung aller Unterverzeichnisse innerhalb des aktuellen Verzeichnisses an.
/S	(Subdirectories) zeigt alle unterhalb des aktuellen Verzeichnisses existierenden Unterverzeichnisse an.
/A	(All) kombiniert die vier oben angegebenen Optionen.
Beispiel:	**LISTDIR NW311/SYS:USERS /R /E**

<code>LOGIN [/option ...] [fileserver/[name]] [scriptparameters]</code>

Funktion: leitet die Anmeldung am File Server (Einloggvorgang) ein.

Kommentar: Die übliche Anmeldung bei einem File Server erfolgt mit der
                       Anweisung LOGIN username. In manchen Fällen ist es aber
                       erforderlich, von dieser Standard-Anmeldung abzuweichen.
                       Dazu dienen zum einen die möglichen Optionen, zum anderen
                       die scriptparameters. Wird der Befehl LOGIN ohne jeden
                       Zusatz eingegeben, wird der Username und das evtl. erforder-
                       liche Password abgefragt. Jedes Einloggen auf einem File
                       Server bewirkt gleichzeitig das Ausloggen von allen anderen
                       File Servern. Die möglichen Options haben folgende Bedeu-
                       tung:

/S   (Script) ersetzt das System Login Script und das User Login
                       Script durch ein spezielles Login Script. Mit Hilfe der Pfad-
                       Anweisung muß der genaue Standort dieses speziellen Login
                       Scripts angegeben werden. Verwenden Sie diese Option immer
                       mit der /No Attach-Option.

/N   (No Attach) Diese Option erlaubt die Ausführung des speziel-
                       len Login Scripts, ohne daß man vom aktuellen Server ausgeloggt
                       wird. Verwenden Sie diese Option immer mit der Option /
                       script.

/C   (Clearscreen) löscht den Bildschirminhalt, sobald das erforder-
                       liche Password eingegeben wurde.

Beispiel: **LOGIN NW311/NORBERT**

                       Der User NORBERT ist eingeloggt auf dem File Server NW311.

Man kann niemals auf mehreren File Server gleichzeitig eingeloggt sein. Um dennoch mit mehreren File Servern arbeiten zu können, muß man sich auf einem File Server einloggen (LOGIN) und dann zu den anderen File Servern die Verbindung herstellen (ATTACH).

```
LOGOUT [fileserver]
```

Funktion: beendet ein bestehendes Login auf einem File Server.

Kommentar: Gibt man den Befehl LOGOUT ohne den Namen des File Servers an, werden alle existierenden Verbindungen auch zu den anderen (vorhandenen) File Servern (ATTACH) unterbrochen.

```
MAP [option...] [drive:=] [drive:][path]
```

Funktion: ermöglicht die Erzeugung von logischen Laufwerken (Drive Mappings) und Suchpfaden (Search Drive Mappings).

Kommentar: Eine ausführliche Beschreibung dieses Befehles finden Sie im Kap. 5.1 Drive Mappings.

MENU [path]filename

Funktion: ermöglicht den Aufruf selbsterstellter Menüs

Kommentar: Als Supervisor kann man regelmäßig wiederkehrende Arbeiten
                     automatisieren und einem User zur Verfügung stellen.

NCOPY [path1]filename [TO] path2 /[option ...]

Funktion: kopiert Dateien und Verzeichnisse mit ihren Attributen.

Kommentar: Innerhalb eines Netzwerkes ist der NetWare-Befehl NCOPY
                     den DOS-Befehlen COPY und XCOPY vorzuziehen, weil nur
                     bei NCOPY gewährleistet ist, das alle Datei- und Verzeichnis-
                     Attribute mit kopiert werden. Außerdem besitzt der NCOPY-
                     Befehl mehrere hilfreiche Optionen:

/S   (Subdirectories) Es werden alle Unterverzeichnisse, in denen
                     Dateien enthalten sind, mitkopiert.

/E   (Empty subdirectories) In Verbindung mit der Option /S wer-
                     den auch alle leeren Unterverzeichnisse kopiert.

/F   (Force sparse files) Sparse Files sind existierende Dateien ohne
                     Inhalt. Solche Dateien werden häufig von Datenbanken er-
                     zeugt. Solche Dateien werden nur mit der Option /F kopiert.

/C   (Copy) Mit der Option /C werden alle Dateien ohne die Datei-
                     Attribute kopiert.

/I   (Inform) Die Option /I bewirkt, daß jedesmal, wenn Datei-Attribute nicht mit kopiert werden können, eine entsprechende Meldung auf dem Bildschirm erscheint.

/V   (Verify) Mit der Option /V wird die Original-Datei mit der Kopie der Datei verglichen.

/A   Mit der Option /A werden nur die Dateien kopiert, bei denen das Archive-Bit gesetzt ist. Die Attribute der Quell-Dateien werden nicht verändert.

/M   Mit der Option /M werden nur die Dateien kopiert, bei denen das Archive-Bit gesetzt ist. Das Archive-Bit der Quell-Dateien wird zurückgesetzt.

Hinweis: Das Datei-Attribut PURGE wird in keinem Fall mitkopiert. Dieses Attribut muß den kopierten Dateien neu zugewiesen werden.

                         Mit NCOPY kannauch zwischen verschiedenen File Servern kopiert werden.

Beispiel: Aus dem Verzeichnis NW311/SYS:USERS sollen alle Dateien incl. Unterverzeichnisse kopiert werden in das Verzeichnis NW311/SYS:TEST

                         NCOPY NW311/SYS:USERS/*.TXT /NW311/SYS:TEST

```
NDIR [path] [/option ...]
```

Funktion: listet das Inhaltsverzeichnis mit entsprechenden Informationen
                   auf.

Kommentar: Die Optionen des NetWare-Befehl NDIR lassen sich in vier
                   verschiedene Typen einteilen: Sortier-Optionen, Format-
                   Optionen, Attribut-Optionen und Einschränkungs-Optionen.

Hinweis: Die einzelnen Optionen werden durch einen Slash (/) voneinan-
                   der getrennt. Benutzen Sie innerhalb der Pfad-Angabe den Back
                   Slash (\).

                   Ausführlichere Hinweise entnehmen Sie bitte dem Handbuch
                   Utilities References von NOVELL.

Beispiel: **NDIR *.TXT /CREATE AFT 03-10-92**

                   Es werden im aktuellen Verzeichnis alle Dateien mit der
                   Ergänzung .TXT angezeigt, die nach (AFT = after) dem 10.
                   März 1992 (Datum=mm-dd-yy) erzeugt (create) wurden.

```
NETBIOS [I] I [U]
```

Funktion: gibt Auskunft über die verwendete NetWare Version.

Kommentar: Dieses Programm wird in den Arbeitsspeicher geladen und
                   belegt dort entsprechenden Speicherplatz. Die möglichen
                   Optionen haben folgende Bedeutung:

I   zeigt an, welche Version aktiv ist, ob NETBIOS schon geladen
                   wurde und welcher Interrupt benutzt wird.

U   mit dieser Option wird NETBIOS wieder aus dem
                Arbeitsspeicher entfernt.

```
NETx [I] | [U] | [PS = server name]
```

Funktion: unterscheidet zwischen DOS-Befehlen und NetWare-Befehlen.

Kommentar: Wird an der Tastatur der Workstation ein Kommando eingegeben, entscheidet der Treiber NETx, ob dieser Befehl vom lokalen Betriebssystem (z.B. MS-DOS) oder vom Netzwerk-Betriebssystem NetWare ausgeführt wird. Für die verschiedenen DOS-Versionen sind die Treiber NET3, NET4 und NET5 verfügbar. Der aktuelle Treiber NETX ist für alle DOS-Betriebssystem-Versionen geeignet. Bei Verwendung von DOS 5.00 läßt sich dieser Treiber mit LOADHIGH NETX.COM in den Expanded- oder Expendet-Memory-Bereich verlagern. Die Optionen haben folgende Bedeutung:

I   zeigt die aktuelle Version der NetWare-Shell an.

U   entfernt dieNetWare-Shell aus dem Arbeitsspeicher.

PS=server_name sind innerhalb eines Netzwerkes mehrere File Server vorhanden, werden bei Angabe dieser Option nacheinander die ersten fünf File Server abgefragt, ob ein Attachen möglich ist. Bleiben diese Versuche erfolglos, dann erst erfolgt das Attachen auf dem angegebenen File Server.

```
NPRINT [path] [option ...]
```

Funktion: ermöglicht das Drucken fertig formatierter Dateien außerhalb eines Programms.

Kommentar: Die meisten Programme besitzen die Option Drucken in Datei.Damit ist das Ausdrucken von Texten und/oder Grafiken auf Drucker oder auch auf Belichtungsautomaten, die man selbst nicht besitzt, möglich. Die so formatierte Datei läßt sich dann an anderer Stelle mit Hilfe des Befehles NPRINT ausdrucken. Die möglichen Optionen und Einsatzmöglichkeiten sind im Kap. 7.1 Drucken imNetz ausführlich beschrieben.

```
NVER
```

Funktion: gibt vollständige Auskunft über die installierten Software-Versionen auf dem File Server und der Workstation.

Kommentar: Nach Aufruf dieses Befehles erscheint auf dem Bildschirm folgende (oder ähnliche) Anzeige:

NETWARE VERSION UTILITY, VERSION 3.12

IPX Version:	*3.01*
SPX Version:	*3.01*
Lan Driver:	*Hewlett Packard PC LAN/AT for NetWare*
	V1.00EC (890804) V2.30
	IRQ = 5, I/O Base = 300h, no DMA or ROM
Shell:	*V3.22 Rev. A*
DOS:	*MSDOS V5.00 on IBM_PC*
File Server:	*NW311*

Novell NetWare v3.11 (20 user) (2/20/91)

Hat man Zugriff auf mehrere File Server (ATTACH), werden die Angaben für jeden File Server aufgelistet.

```
PAUDIT
```

Funktion: zeigt die Abrechnungsdaten (accounting) aller Benutzer an.

Kommentar: Wenn mit Hilfe des Utility SYSCON das Accounting eingerichtet worden ist, werden innerhalb der Datei NET$ACCT.DAT alle abzurechnenden Dienste chronologisch aufgezeichnet.

```
PSC PS [=]printserver P [=]printernumber flaglist
```

Funktion: ermöglicht die Kontrolle des Print Servers.

Funktion: Print Server Operator können diesen Befehl nutzen, um den spezifizierten Print Server und die Netzwerk-Drucker zu kontrollieren. Die meisten dieser Aufgaben lassen sich menügeführt auch mit dem Utility PCONSOLE erledigen. Normale Benutzer, die nicht Print Server Operator sind, können mit Hilfe dieses Befehls den Status des Print Servers und aller Netzwerk-Drucker feststellen. Die Bedeutung der verschiedenen Flags wird nachfolgend beschrieben:

STAT   (Status) der Zustand des oder der am angegebenen Print Server wird angezeigt. Dabei sind folgende Meldungen möglich:

Waiting for job	*Mark/Form feed*
Mount form n	*Not connected*
Printing job	*Not installed*
Paused	*In private mode*
Ready to go down	*Off line*
Stopped	*Out of paper*

PAU   (Pause) Der angegebene Drucker wird zwischenzeitlich angehalten.

AB   (Abort) Der in Arbeit befindliche Print Job wird abgebrochen
                    und in der entsprechenden Queue gelöscht. Anschließend wird
                    der nächste Print Job bearbeitet.

STO [KEEP]   (Stop) Der Drucker wird angehalten und der in Arbeit befindliche
                    Print Job wird gelöscht. Dieses Löschen wird durch die Option
                    KEEP verhindert, und der unterbrochene Print Job wird wieder
                    an erster Stelle in die Queue eingereiht. Um den Drucker wieder
                    zu starten, benutzen Sie das Flag STAR.

STAR   (Start). Der angehaltene Drucker wird wieder gestartet.

M [charakter]   (Mark) Bei Beginn des Print Jobs wird eine Linie, gebildet aus
                    einem beliebigen Zeichen (charakter), gedruckt.

FF   (Form Feed) Das Ausdrucken eines Print Jobs beginnt immer
                    auf einer neuen Seite.

MO Form=n   (Mount) Der Print Job wird mit Hilfe einer definierten
                    Druckformatvorlage (form = n) ausgedruckt.

PRI   (Private) Ein angeschlossener Remote Drucker steht nur noch
                    der lokalen Workstation zur Verfügung.

SH   (Shared) Ein angeschlossener Remote Drucker steht wieder
                    allen Workstations zur Verfügung.

Hinweis: Weitere Informationen entnehmen Sie bitte dem Kap. 7.1
                    Drucken im Netz.

```
PURGE [filename | path] [/ALL]
```

Funktion: ermöglicht das physikalische Löschen von Dateien.

Kommentar: Dateien, die mit dem Befehl DEL gelöscht werden, werden von NOVELL lediglich als gelöscht markiert und in einem separaten Teil der Server-Platte abgespeichert. Diese logisch gelöschten Dateien lassen sich mit Hilfe des Utility SALVAGE wieder herstellen. Um Dateien wirklich dauerhaft (physikalisch) zu löschen, muß zunächst mit DEL filename die Datei als gelöscht markiert werden. Der anchließende Aufruf von PURGE entfernt die Datei endgültig.

Hinweis: Um sensitive Daten wirklich zu löschen, muß der Befehl PURGE eingesetzt werden!

Mit der Option /ALL werden alle markierten Dateien innerhalb des entsprechenden Verzeichnisses physikalisch gelöscht.

Beispiel: **PURGE NW311/SYS:USERS/TEXTE/*.BAK**

Alle BAK-Dateien im Verzeichnis TEXTE werden physikalisch gelöscht. Auf dem Bildschirm erscheint die Meldung:

NW311/SYS:USERS/TEXTE

Only specified files on NW311
have been purged from current directory.

REMOVE [USER | GROUP] name [[FROM] path] [option ...]

Funktion: löscht einen User oder eine Gruppe aus der Trustee-List eines Verzeichnisses oder einer Datei.

Kommentar: Mit den Utilities SYSCON oder FILER lassen sich die gleichen Wirkungen erzielen. Der User oder die angegebene Gruppe wird als Trustee für das angegebene Verzeichnis oder für die angegebene Datei entfernt. Die möglichen Optionen haben folgende Bedeutungen:

-SUB   (-Subdirectories) entfernt den User als Trustee aus dem spezifizierten Verzeichnis und allen untergeordneten Unterverzeichnissen.

-F   (-Files) entfernt den User als Trustee für die Dateien im spezifizierten Verzeichnis. Besitzt man das Supervisory-Recht, werden zusätzlich alle Trustees für die Dateien aus allen untergeordneten Unterverzeichnissen entfernt.

Beispiel: **REMOVE USER TINA FROM NW311/SYS:USERS**

Entzieht dem User TINA alle Trustees in dem Verzeichnis USERS.

Es erscheint die Meldung:

User "TINA" no longer a trustee to the specified directory.

Trustee "TINA" removed from 1 directories.

Beispiel: **REMOVE USER TINA FROM NW311/SYS:USERS -SUB**

Entzieht dem User TINA alle Trustees in dem Verzeichnis USERS und allen untergeordneten Verzeichnissen.

```
RENDIR path [TO] directoryname
```

Funktion:　　　ermöglicht die Umbenennung von Verzeichnissen

Kommentar:　　Für das umbenannte Verzeichnis gelten die gleichen Rechte wie vorher. Die Trustee-List bleibt also unverändert. Achten Sie aber darauf, daß getroffene Drive Mappings und Search Drive Mappings aktualisiert werden müssen. Diese Umbenennung können nur die User vornehmen, die für das umzubenennende Verzeichnis das MODIFY-Recht besitzen.

Beispiel:　　　**RENDIR NW311/SYS:WORDPROC TEXTPROG**

Das aktuelle Verzeichnis WORDPROC wird umbenannt in TEXTPROG.

Will man das aktuelle Verzeichnis umbenennen, lautet der Befehl:

RENDIR . TEXTPROG

Der <.> steht stellvertretend für das aktuelle Verzeichnis.

```
REVOKE rightslist ...[FOR path] FROM
[USER | GROUP] name [option ...]
```

Funktion:　　　entzieht einem User oder einer Gruppe Rechte.

Kommentar:　　Mit dem Utility SYSCON lassen sich gleichen Wirkungen erzielen. Dem User oder der angegebenen Gruppe werden die zugewiesenen Rechte für das angegebene Verzeichnis oder für die angegebene Datei entzogen. Die betroffenen User bleiben aber unverändert Trustees dieses Verzeichnisses oder dieser Datei. Die möglichen Optionen haben folgende Bedeutungen:

-SUB   (-Subdirectories) entfernt die angegebenen Verzeichnis-Rechte des Users aus dem spezifizierten Verzeichnis und allen untergeordneten Unterverzeichnissen.

-F   (-Files) entfernt die angegebenen Datei-Rechte im spezifizierten Verzeichnis. Besitzt man das Supervisory-Recht, werden zusätzlich die angegebenen Datei-Rechte aus allen untergeordneten Unterverzeichnissen entfernt.

                Die Rechte, die entfernt werden können, werden in Kap. 5.3 Rechte ausführlich beschrieben.

Beispiel: Der User TINA besitzt im Verzeichnis USERS folgende Rechte: [RWCEMFA]. Mit der Anweisung

                REVOKE C M FOR NW311/SYS:USERS FROM TINA

                werden die Rechte C (create) und M (modify) dem User TINA im Verzeichnis USERS weggenommen.

                Es erscheint die Meldung:

                NW311/SYS:USERS
                Trustee's access rights set to [RW E FA]

                Rights for 1 directories were changed for TINA.

Hinweis: Werden alle Rechte weggenommen, bleibt der User TINA dennoch Trustee dieses Verzeichnisses.

RIGHTS [path]

Funktion: zeigt die tatsächlichen Rechte eines Users oder einer Gruppe in einem Verzeichnis oder für eine Datei an.

Kommentar: Die tatsächlichen Rechte, die ein User innerhalb eines Verzeichnisses besitzt, hängt von mehreren Parametern ab. Erst die Kombination aus User-Rechte, Gruppen-Rechte, Verzeichnis-Rechte und Datei-Rechte definieren die wirklichen Rechte. Die Vergabe dieser Rechte werden ausführlich in Kap 5.3 Rechte ausführlich beschrieben.

RPRINTER [printserver printernumber] [-r]

Funktion: verbindet oder trennt einen Remote-Drucker mit oder von einem Print Server.

Kommentar: Die möglichen Optionen und Einsatzmöglichkeiten sind im Kap. 7.1 Drucken im Netz ausführlich beschrieben.

SECURITY

Funktion: überprüft mögliche Sicherheitsrisiken beim File Server.

Kommentar: Die Datei SECURITY.EXE befindet sich im Verzeichnis SYS:SYSTEM und kann deshalb nur vom Supervisor oder einem ihm gleichgestellten User aufgerufen werden. Unter anderem werden die vier Standard-Verzeichnisse SYSTEM, PUBLIC, LOGIN und MAIL danach untersucht, welche Rechte die einzelnen User hierfür besitzen.

Alle festgestellten Sicherheitsrisiken werden auf dem Bildschirm protokolliert. Lenkt man diesen Ausdruck mit SECURITY > PRUEF.TXT in eine Datei um, läßt diese sich mit NPRINT PRUEF.TXT auf dem Drucker ausgeben und in Ruhe analysieren.

```
SEND "message" [TO] [USER | GROUP]
[fileserver/] name [[and | ,fileserver]name...]
```

```
SEND "message" [TO] [server/]CONSOLE
```

```
SEND "message" [TO] [server/]EVERYBODY
```

```
SEND "message" [TO] [STATION] [fileserver/]n [,n...]
```

Funktion: ermöglicht das Versenden kleinerer Nachrichten an eine oder mehrere Benutzer und Gruppen.

Kommentar: Das Versenden von Nachrichten erlaubt verschiedene Varianten:

❏   Senden von einer Workstation an einen oder mehrere bestimmte User oder eine oder mehrere bestimmte Gruppen

❏   Senden vom File Server aus

❏   Senden von einer Workstation an alle Workstations

❏   Senden von einer Workstation an eine oder mehrere bestimmte Workstations.

Der Text-String darf max. 44 Zeichen beinhalten abzgl. der Anzahl der Zeichen, die für den Usernamen benötigt werden.

Will man eine Nachricht an einen User verschicken, der auf einem anderen File Server eingeloggt ist, muß man selbst mit diesem File Server verbunden (ATTACH) sein.

Hinweis: Das Versenden von Nachrichten wird nur bei IBM- und IBM-kompatiblen Rechnern unterstützt.

Beispiel: **SEND "BALD IST PAUSE" CHRISTA,TINA**

Die User CHRISTA und TINA erhalten die Nachricht

"BALD IST PAUSE"

Diese beiden User quittieren die Nachricht mit <Strg><Enter>.

SEND "In 20 Minuten wird der File Server down gefahren" EVERYBODY

benachrichtigt alle angemeldeten Workstations.

```
SETPASS [fileserver] [/username]
```

Funktion: ermöglicht die Änderung des Passwords eines Users.

Kommentar: Um ein bestehendes Password zu ändern, muß man das alte Password kennen. Das neue Password wird zweimal angefordert, damit es erfolgreich übernommen wird. Dieser Befehl kann jeder User benutzen, um sein eigenes Password zu ändern, aber er kann auch verwendet werden, um das Password eines anderen Users zu ändern.

Beispiel: Der User TINA möchte sein eigenes Password ändern.

SETPASS NW311 /TINA

Es erscheint die Meldung:

Enter new password for NW311/TINA:
Retype new password for NW311/TINA:
The password for NW311/TINA has been changed.

Will man das Password eines anderen Users ändern, wird zunächst das eigene Password abgefragt. Gibt man ein falsches Password ein, wird das angegebene Password für den anderen Benutzer nicht angenommen.

Beispiel: User TINA mit dem Password SICHER will das Password von USER CHRISTA verändern. User TINA gibt aber ein falsches Password (UNSICHER) ein

SETPASS /CHRISTA

Es erscheint die Meldung:

Enter password for NW311/TINA: UNSICHER
Enter password for NW311/CHRISTA:
Retype password for NW311/CHRISTA:
Access denied to NW311/CHRISTA, password not changed.

Die Angabe des File-Server-Namen NW311 erzeugt oder ändert das Password des Users genau auf diesem File Server. Der User muß dort nicht eingeloggt sein.

Ist der User TINA mit gleichem Password auf mehreren File Servern angemeldet (ATTACH), so wird zunächst das Password auf dem aktuellen File Server erzeugt oder verändert. Anschließend erscheint auf dem Bildschirm die Abfrage, ob auf den anderen File Servern dieses neue Password übernommen werden soll.

Hinweis: Besteht für einen der File Server eine Password-Einschränkung, so wird das Passsword dort nicht verändert. Eine entsprechende Mitteilung wird auf dem Bildschirm ausgegeben.

```
SETTTS [logical level [physical level]]
```

Funktion: wird nur benötigt, wenn das standardmäßige Transaction Tracking System (TTS) nur harmoniert mit einem installierten Programm.

Kommentar: Das Transaction Tracking System ist ausführlich beschrieben in Kap. 3.1 Leistungsübersicht von NetWare 3.11.

Im Handbuch von NetWare 3.11 wird lediglich die Datenbank-Software dBASE III PLUS Vers. 1.0 aufgelistet, die diesen Befehl erfordert.

```
SLIST [fileserver] [/C]
```

Funktion: listet alle im Netz befindlichen File Server auf.

Kommentar: Besonders in mehreren miteinander verbundenen Netzwerken
                     (Internet) leistet dieser Befehl gute Dienste. Man erhält eine
                     Bildschirmausgabe aller aktiven File Server mit speziellen
                     Informationen.

Known NetWare File Servers Network Node Address Status
NW311_1   [0001]   [1000]   Attached
NW311_2   [0002]   [1000]   Default

```
SMODE [path] [mode] [/SUB]
```

Funktion: definiert den Suchpfad für Daten-Dateien.

Kommentar: Manche Programme benutzen Overlay-Dateien oder andere
                     spezielle Daten-Dateien. Sind diese Dateien nicht in dem
                     gleichen Verzeichnis wie die Befehls-Dateien (Dateien mit den
                     Endungen .EXE und .COM) und sind für diese Dateien keine
                     Search Drive Mappings definiert, muß mit SMODE ein ent-
                     sprechender Suchpfad eingegeben werden.

Modes

0   Es werden die Anweisungen aus der Datei SHELL.CFG über-
                     nommen. Mode 0 entspricht dem Default-Wert.

1   Ist innerhalb der ausführbaren Datei ein Pfad definiert, so wird
                     zuerst in diesem Pfad gesucht. Existiert dieser Pfad nicht, wird
                     im aktuellen Verzeichnis und anschließend in allen Search
                     Drives gesucht.

2	Ist innerhalb der ausführbaren Datei ein Pfad definiert, so wird zuerst in diesem Pfad gesucht. Existiert dieser Pfad nicht, wird nur im aktuellen Verzeichnis gesucht.
3	Ist innerhalb der ausführbaren Datei ein Pfad definiert, so wird zuerst in diesem Pfad gesucht. Existiert dieser Pfad nicht, wird nur im aktuellen Verzeichnis gesucht. Ist auch dies ohne Erfolg und die gesuchte Datei ist Read Only, wird in allen Search Drives weitergesucht.
4	Reserviert
5	Ist ein Pfad definiert, sucht die ausführende Datei die Daten-Datei zuerst in diesem Pfad, anschließend in den Search Drives. Existiert der angegebene Pfad nicht, wird zuerst im aktuellen Verzeichnis gesucht, anschließend in den Search Drives.
6	Reserviert
7	Ist ein Pfad definiert, sucht die ausführende Datei die Daten-Datei zuerst in diesem Pfad. Ist die gesuchte Datei Read Only gesetzt, wird weiter in den Search Drives gesucht. Existiert der angegebene Pfad nicht, wird zuerst im aktuellen Verzeichnis gesucht. Ist die gesuchte Datei Read Only gesetzt, wird weiter in den Search Drives gesucht.

SYSTIME [fileserver]

Funktion: zeigt die Systemzeit des File Servers an.

Bildschirmausgabe:

Current System Time: Saturday May 23, 1992 8:52 pm

TLIST [path [USERS | GROUPS]]

Funktion: zeigt alle Trustee-Rechte eines oder mehrerer User an.

Kommentar: Mit Hilfe dieses Befehls wird die Trustee-List für ein Verzeichnis oder für die Dateien angezeigt. Man muß allerdings das ACCESS-CONTROL-Recht für dieses Verzeichnis besitzen. Um die User-Trustees zu sehen, muß innerhalb der Befehlssyntax USERS verwendet werden. Will man nur die Group-Trustees sehen, ist innerhalb der Befehlssyntax GROUPS zu benutzen. Wird keine Angabe gemacht, werden User- und Group-Trustees angezeigt.

Das Zeichen <.> kennzeichnet das aktuelle Verzeichnis, das Zeichen <..> kennzeichnet das darüberliegende Verzeichnis.

Beispiel: **TLIST**

zeigt für das aktuelle Verzeichnis die User-Trustees und die Group-Trustees an.

TLIST . USERS

zeigt für das aktuelle Verzeichnis nur die User-Trustees an.

TLIST .. GROUPS

zeigt für das oberhalb des aktuellen Verzeichnisses liegende Verzeichnis die Group-Trustees an.

TLIST NW311/SYS:TEXTE USERS

zeigt für das Verzeichnis TEXTE die User-Trustees an.

TLIST *

zeigt alle User-Trustees und Group-Trustees für die Verzeichnisse und Dateien innerhalb des aktuellen Verzeichnisses an.

USERLIST [fileserver/][name] [/A /O] [/C]

Funktion: listet alle am File Server angeschlossenen User auf.

Kommentar: Außer den User-Namen wird die jeweilige Verbindungsnummer (connection number) und die Login-Zeit auf dem File Server angegeben. Die möglichen Optionen haben folgende Beeutung:

/A zusätzlich werden die Netzwerk-Adresse und die Node-Adresse jedes einzelnen Users angegeben.

/O zeigt zusätzlich den jeweiligen Objekt-Typ an.

/C scrollt die Bildschirmanzeige durch.

Beispiel: Gibt man USERLIST ohne jede weitere Angabe ein, erscheint folgende Bildschirmausgabe:

User Information for Server NW311

Connection	*User Name*	*Login Time*
1	*TINA*	*5-22-1992 9:12 am*
2	*CHRISTA*	*5-22-1992 9:16 am*
3	**NORBERT*	*5-22-1922 9:23 am*

Das Sternchen markiert den aktuellen User.

```
VERSION [path] filename
```

Funktion: gibt die jeweilige Version des NetWare Utility oder des NLM an.

Kommentar: Um festzustellen, welche Version eines bestimmtes Utility vorliegt, gibt man das entsprechende Utility einfach an.

Beispiel: **VERSION USERLIST**

zeigt die aktuelle Version von USERLIST an:

USERLIST.EXE: ..
Version 3.51
(c) Copyright 1988-1990, Novell Inc. All rights reserved.
Checksum is A00.

```
WHOAMI [fileserver] [option ...]
```

Funktion: gibt an, unter welchem Namen und auf welchem File Server man z.Zt. eingeloggt ist.

Kommentar: Besonders bei Wartungsarbeiten kommt es häufig vor, daß man von mehreren Workstations unter unterschiedlichen Namen im Netz eingeloggt ist. Durch die Eingabe von WHOAMI (Wer bin ich?) wird die entsprechende Antwort für die jeweilige Workstation gegeben. Die möglichen Optionen haben folgende Bedeutung:

/S   gibt die Sicherheits-Gleichstellung an (security equivalence)

/G   gibt die Zugehörigkeit zu allen Gruppen an

/R   gibt alle zugewiesenen Rechte an

/W   gibt alle Workgroup-Manager-Inforamtionen an

/SY   zeigt die generellen System-Informationen an

/ALL   ist die Zusammenfassung aller anderen Optionen

/C   der Bildschirm scrollt durch

Beispiel: **WHOAMI NW311 /R/G**

                     gibt Auskunft, welche Rechte und zu welcher Gruppe der User
                     auf dem File Server NW311 gehört. Mögliche
                     Bildschirmausgabe:

                     You are user TINA attached to file server NW311, connection
                     3.
                     Server NW311 is running NetWare v3.11 (20 User)
                     Login Time: Friday, May 22, 1992 10:34 am
                     You are a member of the following groups
                     *   EVERYONE*
                     [   ]   SYS:
                     [R   F   ]   SYS:LOGIN
                     [R   F   ]   SYS:PUBLIC
                     [C   ]   SYS:MAIL
                     [RWCEMF]   SYS:MAIL/23000002

WSGEN

Funktion: erzeugt die Treiber-Datei IPX.COM

Kommentar: Für jede Netzwerkkarte muß ein entsprechender Netzwerkkarten-
                    Treiber generiert werden. Eine ausführliche Beschreibung der
                    erforderlichen Vorgehensweise finden Sie in Kap. 4.4
                    Workstation Installation.

WSUPDATE [source path]
[destination drive:destination filename] /option

Funktion: erlaubt die Aktualisierung bestimmter Workstation-Dateien
                    beim Anmelden im Netz.

Kommentar: Häufig ist es erforderlich, daß bestimmte Dateien auf allen
                    Workstations aktualisiert werden müssen. Um diese Änderung
                    nicht an jeder Workstation einzeln durchzuführen, kann dies
                    mit WSUPDATE von einer Station aus automatisch erfolgen.

XMSNETx.EXE

Funktion: verwendet man die Datei XMSNETx.EXE anstelle der Datei
                    NETx.COM, kann man bis zu 34 kByte des konventionellen
                    Speichers zusätzlich nutzen, da bis auf einen Rest von ca. 6
                    kByte alles in den Extended Memory Bereich hochgelagert
                    wird.

Kommentar: Dies setzt natürlich voraus, daß Extended Memory auf der Workstation verfügbar ist (siehe DOS-Manual). Durch die Möglichkeiten der aktuellen **DOS-Version 5.00** kann man auf diese Möglichkeit verzichten und statt dessen in der AUTOEXEC.BAT der Workstation

LOADHIGH = NETx.COM

aufnehmen. Auch hier ist natürlich vorausgesetzt, daß zusätzlicher Speicher (Expanded oder Extended Memeory) verfügbar ist.

10.1.2 Kurzbeschreibung der File-Server-Console-Befehle

Allgemeiner Hinweis:
Die folgende Syntax-Beschreibung der File-Server-Console-Befehle bezieht sich auf die Version NetWare 3.11. Alle optionalen Angaben sind in [....] gesetzt, d.h. diese Angaben müssen nicht unbedingt gemacht werden. Es wurde die von NOVELL angegebene Schreibweise der Befehls-Syntax (command format) übernommen.

Alle in Großbuchstaben angegebenen Befehlsbestandteile sind Pflichtteile des aufgeführten Befehls; alle in Kleinbuchstaben angegebenen Bestandteile sind Platzhalter und werden durch aktuelle Werte ersetzt.

```
ADD NAME SPACE name [TO [VOLUME]] volume_name
```

Funktion: ermöglicht das Abspeichern von Non-DOS-Dateien.

Kommentar: NetWare 3.11 unterstützt neben DOS auch andere lokale Betriebssysteme. Die Einbindung von z.B. McIntosh- oder UNIX-Rechnern bedeutet auch, die von diesen Rechnern erzeugten Dateien auf der File-Server-Platte speichern zu könnnen. Da die Datenformate inkompatibel zu DOS-Dateien sind, müssen auf der Server-Platte Non-DOS-Volumes eingerichtet werden. Dieses Einrichten geschieht mit Hilfe von NetWare Loadable Modules. Diese NLMs befinden sich auf der System-2-Diskette und haben die Endung .NAM.

Anschließend wird mit der Anweisung

ADD NAME SPACE MAC TO MACVOL

das Abspeichern von MAC-kompatiblen Dateien ermöglicht.

Hinweis: Gibt man ADD NAME SPACE ohne jede Ergänzung ein, werden alle unterstützten Formate angezeigt.

Es erscheint die Meldung:

Missing name space name
Syntax: ADD NAME SPACE <name space name>
*   [TO [VOLUME]] <volume name>*

Loaded name spaces are:
DOS

```
BIND protocol [TO] LAN_driver | board_name
[driver_parameter ...] [protocol_parameter ...]
```

Funktion: bindet einen Netzwerk-Treiber (LAN-Driver) für die Netzwerk-Karte in ein Datenübertragungsprotokoll (communication protocol) ein.

Kommentar: Um diesen Netzwerk-Treiber einbinden zu können, muß zuerst die Netzwerk-Karte im File Server eingebaut werden. Anschließend wird der zugehörige Netzwerk-Treiber geladen (siehe LOAD).

protocol   Ersetzen Sie die Angabe durch IPX (internetwork packet exchange) oder durch ein anderes, von NOVELL unterstütztes Protokoll.

LAN_driver |
board_name   Ersetzen Sie die Angabe durch den Namen des Treibers oder durch den Namen der Netzwerkkarte.

driver_parameter Dieser Parameter wird nur verwendet, wenn Sie innerhalb des File Servers mehrere Netzwerkkarten des gleichen Typs verwenden. Dieser Parameter kann ersetzt werden durch:

DMA=number
kennzeichnet den DMA-Kanal, den die Netzwerkkarte benutzt
Beispiel: DMA=5
FRAME=number
kennzeichnet den Frame-Typ, den die Netzwerkkarte benutzt
Beispiel: FRAME=ETHERNET_802.3
INT=number
kenzeichnet den Interrupt, den die Netzwerkkarte benutzt.
Beispiel: INT=5
MEM=number
kennzeichnet die Speicherbereich, den dieNetzwerkkarte benutzen soll.
PORT=number
kennzeichent die I/O-Port-Adresse. die die Netzwerkkarte benutzt.
Beispiel: PORT=34
SLOT=number
kennzeichent den Slot innerhalb des File Servers, in dem die Netzwerkkarte eingebaut ist. Diese Angabe ist nur relevant bei Rechnern mit Microchannel und EISA-Rechnern.

Protocol_parameters

NET=number
Weist dem angeschlossenen Kabelsystem eine eindeutige Nummer zu. Wird eine Netzwerkkarte zusätzlich in den File Server eingebaut und an ein schon bestehendes Kabelsystem angeschlossen, muß diese eindeutige Nummer übernommen werden. Wird ein Netzwerk-Treiber mit mehreren Frame-Typen geladen, muß für jeden Typ eine eigene Nummer vergeben werden.

Beispiel: **BIND IPX TO NE2000 PORT=340 INT=5 FRAME=ETHERNET_802.3 NET=1000**

```
BROADCAST "message" [[TO] username | connection number]
[[and|,] username | connection number ...]
```

Funktion: ermöglicht das Versenden kleinerer Nachrichten an eine oder mehrere eingeloggte Benutzer und Gruppen von der File-Server-Console aus.

Beispiel: **BROADCAST "Bald ist Feierabend"**

Nachricht wird an alle eingeloggten User gesandt.

BROADCAST "Bitte Daten sichern" to TINA, LISA, 5

Nachricht wird an User TINA und LISA sowie an Workstation Nr. 5 gesandt.

```
CLEAR STATION n
```

Funktion: trennt die Verbindung zwischen der angegebenen Workstation und dem File Server.

Kommentar: Nach einem Systemabsturz der Workstation sind auf dem File Server u. U. noch offene Dateien. Ein einfaches Ausschalten der Workstation bedeutet dann Datenverlust. Durch CLEAR STATION n werden alle offenen Dateien geschlossen und die Verbindung unterbrochen.

Nach Auslösen des Befehls erscheint die Meldung:

Network error on server NW311: Connection no longer valid. Abort? Retry?

CLS

Funktion: löscht den File-Server-Bildschirm.

Hinweis: Der Befehl OFF erfüllt die gleiche Funktion.

CONFIG

Funktion: zeigt die Konfiguration des File Servers an.

Kommentar: Nach Eingabe des Befehls erscheint die Meldung:

File Server Name: NW311
IPX internal network number: 00000011
NetWare NE2000 v3.11 (910131)
    Hardware setting: I/O Port 340h to 35Fh, Interrupt 5h
    Node address: 000021129335
    Frame type: ETHERNET_802.3
    No board namedefined
    LAN protocol: IPX network 00000001

DISABLE LOGIN

Funktion: verhindert das weitere Einloggen von Workstations.

Kommentar: Die zum Zeitpunkt des Befehls eingeloggten User bleiben
                       weiter im Netz. Loggt sich jedoch ein eingeloggter User aus,
                       kann er sich nicht mehr einloggen.

                       Es erscheint die Meldung:

                       Login is now disabled

DISABLE TTS

Funktion: unterdrückt das Transaction Tracking System.

Kommentar: Normalerweise wird dieser Befehl nur vom Programm-Ent-
                       wickler verwendet. NetWare disabled das TTS automatisch,
                       wenn es eine Operation auf dem File Server nötig macht.

                       Es erscheint die Meldung:

                       TTS disabled by operator.

DISMOUNT volume_name

Funktion: unterbindet den Zugriff auf ein Volume.

Kommentar: Um im laufenden Netzwerk-Betrieb ungestört Wartungs- oder Pflegearbeiten innerhalb eines Volumes durchzuführen, läßt sich der Zugriff aller User auf dieses Volume unterbinden. Sie dürfen allerdings nicht den Zugriff auf das Volume SYS: unterbinden, da sonst den Netzwerk-Betrieb zusammenbricht.

Beispiel: Um z.B. den Zugriff auf das Volume PROG zu unterbinden, schreibt man:

      DISMOUNT PROG

      Es erscheint die Meldung:

      Dismounting volume PROG
      5/23/92   11:21 pm: 1.1.60 Bindery close requested by the server
      5/23/92   11:21pm: 1.1.70 NW311 TTS shut down
         because backout volume PROG was dismounted
      Volume PROG has been dismounted

DISPLAY NETWORKS

Funktion: zeigt alle Netzwerke an, die der File-Server-Router erkennt.

Kommentar: Es werden alle Netzwerk-Nummern aufgelistet. Dazu gehört die interne Netzwerk-Adresse (IPX internal network number) und die Adresse des Kabelsystems (IPX network). Für jeden erkannten Server werden immer diese zwei Adressen ausgegeben.

Es erscheint folgende (oder ähnliche) Meldung:

00000001 0/1   00000011 0/1
There are 2 known networks

DISPLAY SERVERS

Funktion: zeigt alle File Server an, die der File-Server-Router erkennt.

Kommentar: Es werden die Namen aller File Server aufgelistet. Taucht ein
                   File Server in der Liste nicht auf, so ist auf diesem Server das
                   Volume SYS: nicht gemounted. Zusätzlich wird hinter jedem
                   File-Server-Namen eine Ziffer angegeben, die ausdrückt, wie-
                   viel Netzwerke überbrückt werden müssen, um diesen File
                   Server zu erreichen.

                   Es erscheint folgende (oder ähnliche) Meldung:

                   NW311   0
                   There is 1 known server

DOWN

Funktion: bewirkt definiertes Abschalten des File Servers.

Kommentar: Das Abschalten des File Servers darf nicht durch einfaches
                   Ausschalten der Versorgungsspannung erfolgen. Während des
                   Netzwerk-Betriebes werden im RAM-Bereich des Servers viele
                   offene Dateien gehalten, die vor dem Ausschalten alle geschlos-

sen und evtl. auf der File-Server-Festplatte gespeichert werden müssen. Auch nach dem down-fahren des Servers bleibt dieser mit dem Netzwerk verbunden. Erst durch den Befehl EXIT wird auch diese Verbindung unterbrochen.

Hinweis: Ist der Befehl REMOVE DOS aktiv, bewirkt EXIT das erneute Booten des File Servers.

Nach Eingabe des Befehls DOWN erscheint die Meldung:

Notifying stations that file server is down
Dismounting volume SYS
5/23/92   11:21 pm: 1.1.60 Bindery close requested by the
server
5/23/92   11:21pm: 1.1.70 NW311 TTS shut down
*   because backout volume SYS was dismounted*

Server NW311 has been shut down.
Type EXIT to return to DOS.

ENABLE LOGIN

Funktion: ermöglicht das Einloggen von Usern auf dem File Server.

Kommentar: Der Befehl ist nur erforderlich, wenn Sie vorher den Befehl DISABLE LOGIN verwendet haben.

ENABLE TTS

Funktion: ermöglicht das Ausführen des Transaction Tracking System auf dem File Server.

Kommentar: Der Befehl ist nur erforderlich, wenn Sie vorher den Befehl DISABLE TTS verwendet haben.

EXIT

Funktion: ermöglicht die Rückkehr zur DOS-Partition.

Kommentar: Nach dem DOWN-Fahren des Servers kann man mit EXIT auf die DOS-Ebene zurückkehren. Ist der Befehl REMOVE DOS aktiv, wird automatisch der Server wieder gestartet.

LOAD [path] loadable_module [parameter]

Funktion: ermöglicht das Hinzufügen von Programm-Modulen während des laufenden Netzwerk-Betriebes.

Kommentar: Es werden vier verschiedene Modul-Typen unterschieden:

  ❒ **Disk Driver**
   Programm zur Datenkommunikation zwischen NetWare-Betriebssystem und Festplatten-Controller

  ❒ **LAN Driver**

Programm zur Datenkommunikation zwischen NetWare-
Betriebssystem und der im File Server installierten Netzwerkkarte.

❐   **Name Space**
Programm zur Abspeicherung von NON-DOS-Dateien

❐   **NLM Utilities**
Zusätzliche Programmteile, die in das Netzwerk-
Betriebssystem aufgenommen werden, z.B. interner Print
Server (PSERVER.NLM)

Weitere Hinweise entnehmen Sie dem Kap. 4. Installation der System-Software
und dem Handbuch System Administration.

MEMORY

Funktion: zeigt den installierten RAM-Bereich des File Servers an.

Kommentar: Die NetWare Version 3.11 benötigt mindestens 4 MB. Auf
ISA- und Microchannnel-Rechnern können bis max. 16 MB
verwaltet werden. Werden mehr als diese 16 MB benötigt, muß
der Console-Befehl REGISTER MEMORY aktiviert werden.

Auf EISA-Rechnern wird automatisch der Speicherbereich
oberhalb 16 MB verwaltet.

Nach Eingabe des Befehls erscheint die Meldung:

Total server memory: 3.7 Megabytes

MODULES

Funktion: zeigt die aktive Programm-Module auf dem File Server an.

Kommentar: Ein Programm-Modul wird zum NetWare-Betriebssystem hinzugelinkt und belegt einen Teil des Arbeitsspeichers. Einige Module (Disk Driver und LAN Driver) müssen permanent geladen sein, andere nur bei Bedarf. Wird z.B. ein NLM geladen, reduziert sich entsprechend der verfügbare Arbeitsspeicher. Nach Entfernen des NLM wird der Speicherplatz wieder freigegeben.

Nach Eingabe des Befehls erscheint folgende (oder eine ähnliche) Meldung:

NE2000.LAN
   NetWare NE2000   v3.11 (910131)
    Version 3.11   January 31, 1991
AHA1540.DSK
 Adaptec AHA-154x/1640 ASPI Manager & SCSI Disk Module v2.1
ASPITRAN.DSK
  Adaptec NetWare 386 ASPI Transport Layer v1.0

MOUNT volume_name oder MOUNT ALL

Funktion: macht den Zugriff auf ein Volume möglich.

Kommentar: Das Volume muß zuvor mit INSTALL eingerichtet worden sein. Der Befehl wird meistens benutzt, wenn Sie vorher das Volume dismounted haben. Um das installierte Volume PROG allen Users zur Verfügung zu stellen, schreiben Sie:

MOUNT PROG

Es erscheint die Meldung:

Mounting Volume PROG
Initializing Transaction Tracking System
5/23/92   11:23 pm: 1.1.60 Bindery close requested by the
server

NAME

Funktion: gibt den Namen des File Servers an.

Kommentar: Auf dem Bildschirm erscheint die Meldung:

This is server NW311

OFF

Funktion: löscht den File-Server-Bildschirm.

Hinweis: Der Befehl CLS erfüllt die gleiche Funktion.

REGISTER MEMORY start length

Funktion: zeigt die bekannten Datenübertragungsprotokolle an.

Kommentar: LAN-Treiber erzeugen automatisch nur das Protokoll IPX. Nach Aufruf von PROTOCOL erscheint folgende (oder ähnliche) Meldung:

The following protocols are registered:
Protocol: IPX Frame type: VIRTUAL_LAN Protocol ID:0
Protocol: IPX Frame type: ETHERNET_802.3 Protocol ID:0

REMOVE DOS

Funktion: ermöglicht Verwaltung von Arbeitsspeicher oberhalb 16 MB.

Kommentar: NetWare 3.11 verwaltet auf ISA- und Microchannel-Rechner automatisch nur bis zu 16 MB Arbeitsspeicher. Ist der Server mit mehr Speicher ausgestattet, kann es zu Konflikten bei den Speicheradressen kommen. Die beiden Angaben start und length haben folgende Bedeutung:

start   Hier wird die Anfangsadresse des Speichers angegeben, der oberhalb 16 MB installiert ist. Die Adresse muß hexadezimal angegeben werden (16 MB = 1000000h).

length   Gibt die Größe des Speicherbereiches oberhalb 16 MB an. Auch diese Größe wird hexadezimal eingegeben.

Beispiel: Der File Server ist mit einem RAM-Bereich von 24 MB ausgestattet. Die Anfangsadresse sei 16 MB, die zusätzliche Speichergröße ist (24 MB - 16 MB =) 8 MB.

    Anfangsadresse   : 16 MB = 1000000h
    Speichergröße   : 8 MB = 800000h

    Die Befehlssyntax lautet also:

    REGISTER MEMORY 1000000 800000

    Nehmen Sie diese Anweisung in die Datei AUTOEXEC.CNF
    auf, damit sie bei jedem Booten des File Servers automatisch
    geladen wird. Plazieren Sie diese Zeile direkt hinter der Angabe
    der IPX internal network number.

Hinweis: NetWare 3.11 auf einem EISA-Rechner verwaltet den
                    Speicherbereich oberhalb 16 MB automatisch.

REMOVE DOS

Funktion: entfernt DOS aus dem Arbeitsspeicher und erzwingt nach
                    jedem EXIT einen Warmstart des File Servers..

Kommentar: Das Entfernen des DOS-Kerns aus dem RAM-Bereich des File
                    Servers kommt dem File Caching zugute. Damit erhöht sich die
                    Arbeitsgeschwindigkeit des Servers. Besonders bei mit wenig
                    Arbeitsspeicher ausgestatteten Servern ist das Entfernen zu
                    empfehlen.

                    Weiterhin wird bei jedem EXIT ein Warmstart des File Servers
                    erzwungen. Auf dem Bildschirm erscheint die Meldung:

                    DOS removed and its memory given to the disk cache.

RESET ROUTER

Funktion: beschleunigt die Aktualisierung der Router-Tabelle innerhalb des File Servers.

Kommentar: Normalerweise aktualisiert der Router innerhalb des File Servers die Router-Tabelle alle 2 Minuten. Sind z.B. mehrere Router im Netzwerk verhanden, wird mit Hilfe dieser Router-Tabelle das Routing organisiert. Wird nun ein Router DOWN-gefahren, gehen alle Daten, die an diesen Router geschickt werden, verloren. Mit RESET ROUTER wird die aktuelle Router-Tabelle wiederhergestellt. Der Befehl beschleunigt also die Aktualisierung der Router-Tabelle.

SEARCH [ADD [number] path] oder SEARCH DEL number

Funktion: definiert den Suchpfad für NLMs und .CNF-Dateien.

Kommentar: Der standardmäßige Suchpfad für alle NLMs und Dateien mit der Ergänzung .CNF ist SYS:SYSTEM. Mit Hilfe dieses Befehls lassen sich zusätzliche Suchpfade einrichten bzw. bestehende Suchpfade löschen. Gibt man den Befehl SEARCH ohne jede Option ein, wird bzw. werden die aktuellen Suchpfade angezeigt.

Search 1: [Server Path] SYS:SYSTEM

Die zusätzlichen Suchpfade können sich auf Verzeichnisse der Server-Festplatte beziehen sowie auf lokale Laufwerke.

Beispiel: Sie haben alle zusätzlichen NLMs in ein neues Verzeichnis SYS:MODULE hineinkopiert. Dieses neue Verzeichnis wird mit

SEARCH ADD SYS:MODULE

in den Suchpfad aufgenommen.

SECURE CONSOLE

Funktion: reduziert die Möglichkeiten, an der File-Server-Console Befehle einzugeben.

Kommentar: Folgende Sicherheitsmaßnahmen werden getroffen:

- NLMs können nur vom Verzeichnis SYS:SYSTEM geladen werden.

- Von der File-Server-Console kann man nicht mehr auf das Betriebssystem zugegriffen werden.

- Nur der Console-Operator kann Datum undZeit ändern.

- Entfernt den DOS-Kern aus dem Arbeitsspeicher des File Servers.

Die Verwendung dieses Befehls wird besonders in sicherheitsempfindlichen Umgebungen empfohlen. Mehrere Beispiele sollen das Problemfeld charakterisieren.

Ein Unbefugter erzeugt ein eigenes NLM, das Zugriff auf bestimmte Daten im File Server hat oder diese verändert. Damit lassen sich auch die Angaben innerhalb des Accounting nachhaltig manipulieren. Mit SECURE CONSOLE werden NLM aber grundsätzlich nur aus dem Verzeichnis SYS:SYSTEM gestartet; ein unerlaubtes Starten eines NLMs ist nicht möglich.

Ein Unbefugter ändert Systemzeit und -datum. Alle im Accounting durchgeführten Maßnahmen wie Time Restriction etc. sind unmittelbar betroffen.

Ein Unbefugter fährt den File Server down. Der Netzwerkbetrieb ist gestört. Durch EXIT gelangt der Unbefugte auf DOS-Partition und kann dort Dateien ändern oder gar löschen (z.B. SERVER.EXE)

Nach Aufruf des Befehls erscheint die Meldung:

The console is secure

```
SEND "message" [[TO] username | connection number]
[[and|,] username | connection number ...]
```

Funktion: ermöglicht das Versenden kleinerer Nachrichten an eine oder mehrere eingeloggte Benutzer und Gruppen von der File-Server-Console aus.

Beispiel: **SEND "Bald ist Feierabend"**

Nachricht wird an alle eingeloggten User gesandt.

SEND "Bitte Daten sichern" to TINA, LISA, 5

Nachricht wird an User TINA und LISA sowie an Workstation Nr. 5 gesandt.

```
SET [parameter]
```

Funktion: beeinflußt die Performance des Netzwerk-Betriebs.

Kommentar: Mit diesem Befehl geht man ins "Eingemachte" des Netzwerk-Betriebssystems und ist nur den wirklichen Profis anzuraten. Im Normalfall brauchen die meisten Standard-Angaben nicht verändert zu werden.

Durch individuelles Anpassen des Netzwerk-Betriebssystems an die vorhandene Hardware kann die Performance gesteigert werden.

Nach Aufruf des Befehls SET ohne Parameter erscheint folgende Tabelle:

Setable configuration parameters categories
  1. Communications
  2. Memory
  3. File caching
  4. Directory caching
  5. File system
  6. Locks
  7. Transaction tracking
  8. Disk
  9. Miscellaneous
Which category do you want to view:

Durch entsprechende Anwahl der Parameter werden die aktuellen Settings angezeigt. Ausführliche Informationen finden Sie hierzu im Handbuch System Administration.

SET TIME [month/day/year] [hour:minute:second]

Funktion: ermöglicht das Setzen von System-Zeit und -Datum auf dem File Server.

Kommentar: Das Zeit-Format kann im amerikanischen Standard-Format oder im militärischen (vgl. mit deutschem) Format eingegeben werden.

Beispiel: **1:15:32 pm oder 13:15:32**

Hinweis: Die Anzeige der Zeit erfolgt unabhängig vom Eingabeformat immer im amerikanischen Standard-Format.

Das Datum kann auf drei verschiedene Arten eingegeben werden:

5/24/92 oder **May 24, 1992** oder **24 May 1992**

Hinweis: Wenn Sie die Änderung der System-Zeit und des -Datums verhindern wollen (müssen), aktivieren Sie SECURE CONSOLE.

SET TIMEZONE [zone [hours[daylight]]]

Funktion: definiert bestimmte Zeitzonen.

Kommentar: Innerhalb des NLM CLIB werden diese Zeitzonen abgefragt. Standardmäßig eingestellt ist Greenwich Mean Time.

```
SPEED
```

Funktion: zeigt die Arbeitsgeschwindigkeit des Prozessors an.

Kommentar: Die Arbeitsgeschwindigkeit des Prozessors hängt im wesentlichen von drei Faktoren ab:

Prozessor-Takt: 16MHz, 25 MHz, 33 MHZ 50 MHz
Prozessor-Typ: 80386SX, 80386DX, 80486DX, 80486SX
Wait-States: 0, 1, ...

Hinweis: Stellen Sie sicher, daß der Prozessor mit der höchstmöglichen Arbeitsgeschwindigkeit arbeitet.

```
SPOOL n[TO] [QUEUE] name
```

Funktion: erzeugt bzw. verändert Spooler Mappings.

Kommentar: Bei Einrichten des Print Servers werden normalerweise alle erforderlichen Einstellungen vorgenommen (siehe Kap. 71. Drucken im Netz).

TIME

Funktion: zeigt System-Zeit und -Datum an.

Kommentar: Nach Aufruf des Befehls erscheint die Meldung:

                     Sunday May 24, 1992   12:01:18 am

TRACK OFF

Funktion: unterdrückt die Router-Tracking-Darstellung.

Kommentar: Die Bedeutung der Router-Tracking-Darstellung wird bei
                     TRACK ON erläutert.

TRACK ON

Funktion: aktiviert die Router-Tracking-Darstellung.

Kommentar: Auf dem File-Server-Bildschirm erscheint die Router-Tracking-
                     Darstellung. In dieser Darstellung werden alle Datenpakete, die
                     gesendet oder empfangen werden, dargestellt. Eine Datenpaket-
                     Ausgabe vom File Server auf das Netzwerk würde wie folgt
                     protokolliert.

                     OUT [00000011:FFFFFFFFFFFF] 12:02:58am   NW311

OUT   kennzeichnet eine Datenpaket-Ausgabe.

00000011   kennzeichnet die Netzwerk-Adresse des File Servers.

FFFF...FF   kennzeichnet, daß das Datenpaket an alle Workstations gesendet wird.

```
UNBIND protocol [FROM] LAN_driver [driver_parameter..]
```

Funktion: entfernt das Datenübertragungsprotokoll eines LAN-Treibers oder dessen Netzwerk-Nummer.

Beispiel: **UNBIND IPX FROM NE2000**

```
UNLOAD loadable_module
```

Funktion: entfernt ein geladenes NetWare Loadable Module (NLM).

Kommentar: Das Entfernen von NLMs ist immer dann sinnvoll, wenn nur kurzfristig bestimmte Aufgaben erledigt werden müssen. Jedes NLM belegt zusätzlichen Speicherplatz und senkt somit die Performance des Netzwerk-Betriebs.

Beispiel: UNLOAD CLIB

```
┌─────────────────────────────────────────────────────────────┐
│ UPS STATUS                                                    │
└─────────────────────────────────────────────────────────────┘
```

Funktion: überprüft den Zustand der angeschlossenen UPS (uninterruptable power supply = unterbrechungsfreie Spannungsversorgung).

Kommentar: Voraussetzung für eine entsprechende Status-Meldung ist natürlich, daß das NLM UPS geladen ist. Nach Aufruf des Befehl erscheint folgende (oder ähnliche) Meldung:

UPS STATUS for Server NW311

```
            Power being used:   Commercial
     Discharge time requested:   30 min.   Remaining: 30 min
              Battery status:   Recharged
     Recharge time requested:   160 min.   Remaining: 0 min.
  Current network power status:  normal
```

NOTICE: If your battery is over 6 month old, you may need to lower the discharge time. (Consult the UPS documentation for details.)

Die einzelnen Angaben haben folgende Bedeutung:

Power being used
Zeigt an, ob die normale Wechselspannung oder aber die Notstromversorgung aktiv ist.

commercial   normale Netzspannung
battery   Notstromversorgung (Batterie)

Discharge time requested
Der erste Zeitwert ist eine Schätzung, wie lange die Batterie einen ordnungsgemäßen Netzwerkbetrieb ermöglicht.
Der zweite Werte (Remaining) gibt an, wie lange die Batterie noch möglich ist (bei Betrieb entlädt sich die Batterie).

Battery status
Zeigt den Batterie-Zustand an:

recharged   Batterie ist voll geladen
being recharged Batterie wird aufgeladen
low   Batterie muß ersetzt werden

Recharged time requested
Der erste Wert ist eine Schätzung, wie lange ein erforderliches Aufladen der Batterie dauern wird, wenn sie völlig entladen war. Der zweite Wert zeigt an, wie lange die Batterie im aktuellen Zustand benötigt, um vollständig aufgeladen zu werden.

Current network power status
Drei verschiedene Meldungen sind möglich:
Normal
File Server arbeitet mit normaler Netzspannung.
Server down
File Server arbeitet mit Batteriespannung.
Server going down in ___ minutes
File Server arbeitet mit Batteriespannung; der Betrieb kann noch ___ Minuten aufrecht erhalten werden.

```
UPS TIME [discharge recharge]
```

Funktion: bestimmt die Arbeitszeit für die UPS.

Kommentar: Voraussetzung ist, daß das NLM UPS geladen ist. Mit diesem Befehl kann eingestellt werden, wie lange der Netzwerk-Betrieb mit Hilfe der Notstromversorgung (Batterie) aufrecht erhalten werden soll. Die hier gemachten Angaben müssen natürlich auf das Leistungsvermögen der UPS angepaßt sein. Die beiden Optionen haben folgende Bedeutung:

discharge = n   Hiermit gibt man die Zeit vor, von der man annimmt, daß die
                       Batterie den ordnungsgemäßen Netzwerk-Betrieb aufrecht er-
                       halten kann (siehe technische Dokumentation UPS).

recharge = n   Hier gibt man die Zeit vor, die die Batterie zum Wiederaufladen
                       benötigt (siehe technische Dokumentation UPS).

VERSION

Funktion: gibt die installierte NetWare-Version an.

Beispiel: *Novell NetWare v3.11 (20 User) 2/20/91*
                       (C) Copyright 1983-1991 Novell Inc.
                       All Rights Reserved.

VOLUMES

Funktion: zeigt alle gemounteten Volumes an.

Beispiel: *Mounted Volumes   Name Spaces*
                       SYS   DOS

10.1.3 Kurzbeschreibung der NetWare Loadable Modules (NLM)

Allgemeiner Hinweis:
Ein wesentlicher Unterschied der beiden NetWare-Versionen 2.20 und 3.11 wird deutlich bei der Verwendung von nachträglich installierbaren Betriebssystem-Ergänzungen und -Erweiterungen. Bei der Generierung des Betriebssssystems NetWare 2.20 müssen alle erforderlichen LAN-Treiber, Disk-Treiber und VAPs (Value Added Processes) konfiguriert und in das Betriebssystem eingebunden (gelinkt) werden. Das Ergebnis ist eine vom Anwender spezielle Betriebssystem-Variante. Um diesen Zustand zu verändern, muß das Betriebssystem neu generiert werden (siehe Kap. 4.2 Server-Installation NetWare 2.20).

Anders dagegen die Konzeption von NetWare 3.11. Als "offene Server-Plattform" können zusätzliche Programmteile als Modul nachgeladen und bei Bedarf auch wieder entfernt werden, ohne daß das Betriebssystem neu generiert werden muß.

Beim Laden dieser Programm-Module reserviert der File Server entsprechenden Speicher-Platz im RAM-Bereich, so daß der frei verfügbare Arbeitsspeicher reduziert wird. Bei Einsatz vieler NLMs ist dies bei der Hardware-Ausstattung des File Servers zu berücksichtigen.

NetWare 3.11 unterscheidet vier Typen von Programm-Modulen:

❏ **Disk Driver**
Diese Programme (Treiber mit der Dateiergängung .DSK) organisieren die Datenkommunikation zwischen dem Netzwerk-Betriebssystem und der File-Server-Platte.

❏ **LAN Driver**
Diese Programme (Treiber mit der Dateiergänzung .LAN) organisieren die Datenkommunikation zwischen dem Netzwerk-Betriebssystem und der Netzwerkkarte.

❏ **Server-Applikationen**
Diese Programme (Dateiergänzung .NLM) übernehmen spezielle Aufgaben (z.B. Print-Server-Funktion auf dem File Server).

❑   **Name Space**
    Diese Programme (Dateiergänzung .NAM) erlauben das Abspeichern von
    Daten in verschiedenen NON-DOS-Formaten (z.B. MacIntosh, UNIX und
    OS/2).

Disk-Driver und die LAN-Driver müssen permanent geladen sein, die zusätzlichen
Server-Applikationen und Name Space können während des Netzwerkbetriebes
hinzugefügt (LOAD) oder wieder entfernt (UNLOAD) werden.

Durch Einbinden dieser Programme in die Datei AUTOEXEC.CNF oder
STARTUP.CNF kann das Laden automatisch bei jedem Hochfahren des Servers
erfolgen. Dies ist besonderns wichtig für Disk-Driver und LAN-Driver.

Während der Installation von NetWare 3.11 werden alle NLMs in das Verzeichnis
SYS:SYSTEM hineinkopiert.

Im folgenden werden nicht alle verfügbaren Server-Applikationen beschrieben.
Lediglich einige häufig verwendete Programme I werden eingehend beschrieben.

INSTALL

Funktion: ermöglicht die Installation des Netzwerk-Betriebssystem.

Kommentar: Das Programm INSTALL ist ein sehr mächtiges Instrument zur
                     Neu- oder Änderungskonfiguration des Netzwerk-
                     Betriebssystems. Das Erstellen, Ändern oder Löschen von
                     Festplatten-Partitionen, die Einbindung von gespiegelten Plat-
                     ten (Disk Mirroring oder Disk Duplexing), das Erzeugen oder
                     Ändern der AUTOEXEC.CNF und STARTUP.CNF sind nur
                     einige Funktionen des Programms.

Nach Aufruf des Programms mit **LOAD INSTALL** auf dem File Server erscheint folgendes Auswahlmenü:

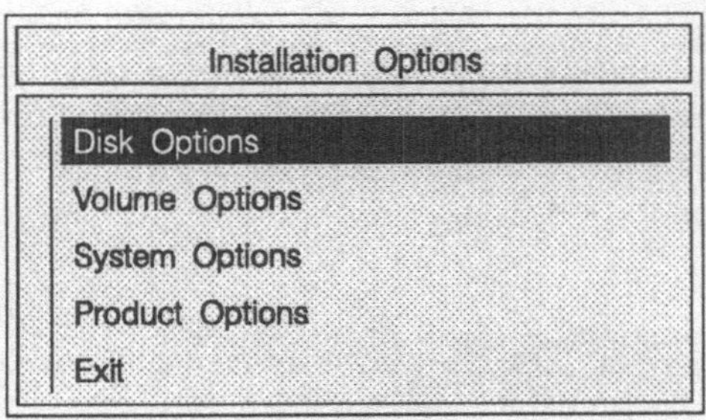

Bild 10.1-1:

Das Auswahlmenü **Installation Options** enthält wiederum mehrere Untermenüs, deren Funktionen nachfolgend erläutert werden.

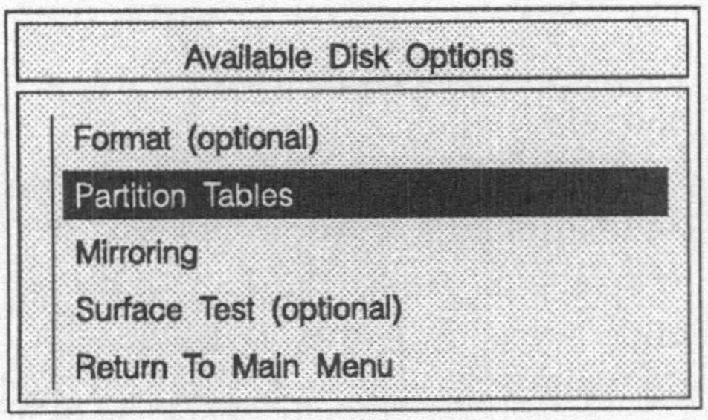

Bild 10.1-2:

Das Untermenü **Disk Options** beinhaltet alle Tools zur Einrichtung und Test von Festplatten. Der erste Unterpunkt Format (optional) wird normalerweise nicht benötigt, da die Festplatten vom Hersteller vorformatiert sind.

Nach Aufruf des Unterpunktes **Partition Tables** erscheint ein neues Untermenü, mit dem die z.Zt. aktiven Partitions gelöscht oder neue Partitions erzeugt werden können.

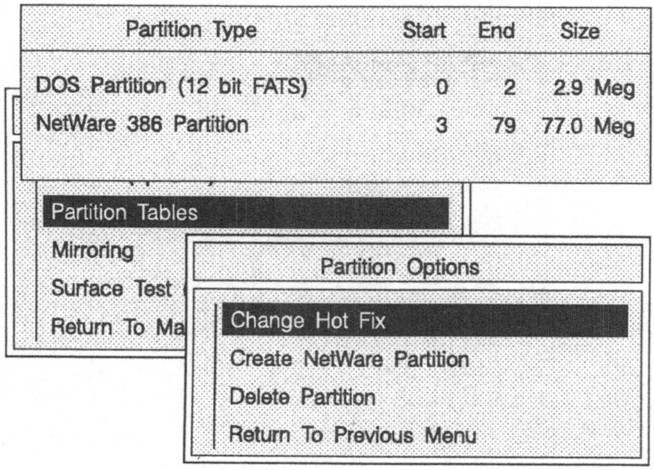

Bild 10.1-3:

Die einzelnen Punkte haben folgende Bedeutung:

Change Hot Fix

standardmäßig werden 2% der verfügbaren Festplattenkapazität für die Hot Fix Redirection Area (siehe Kap. 3.1 Leistungsübersicht von NetWare 3.11) reserviert. Das nachträgliche Ändern reorganisiert den Aufbau der Festplatte. Alle Daten gehen dabei verloren. Vor Anwendung dieser Option müssen Sie unbedingt ein entsprechendes Backup fahren.

Create NetWare Partition

Bei der Erstinstallation wird dieser Punkt dazu verwendet, um die NetWare-Partition einzurichten. Existiert schon ein solche Partition, erhalten Sie die entsprechende Meldung auf dem Bildschirm. Das Ändern dieser Partition ist nachträglich nicht mehr möglich, es sein denn, Sie löschen diese mit der Option **Delete Partition** und erzeugen sie dann neu.

Delete Partition

Bestehende Partitionen lassen sich auf diese Weise löschen. Alle Daten, die auf diesen Partitionen enthalten sind, gehen verloren. Entsprechende Backups sind vorher zu fahren.

Der Unterpunkt **Mirroring** ermöglicht die Einrichtung einer Plattenspiegelung (Disk Mirroring) oder einer Plattenverdopplung (Disk Duplexing). Beide Sicherheitsverfahren, die in Kap.3.1 Leistungsübersicht 3.11 ausführlich beschrieben sind, erhöhen die Datensicherheit auf dem File Server. Das Installationsverfahen für beide Arten des Mirrorings sind gleich.

Beide Festplatten müsssen gleichgroße Partitionen besitzen. Es können bis zu acht Partitionen gespiegelt werden.

Der Unterpunkt **Surface Test (optional)** führt auf der eingesetzten Festplatte umfangreiche Qualitätsprüfungen durch. Diese Tests unterteilen sich in zwei Typen:

Destructive

Dieser Test-Typ zerstört alle auf der Festplatte vorhandenen Daten. Es werden Test-Daten auf die Festplatten geschrieben, die anschließend wieder ausgelesen und mit dem Original verglichen werden. Die Anzahl der Testdurchläufe kann man so einstellen, daß diese Tests mehrere Stunden bis Tage dauern können. Nach Abschluß des Tests sind auf der Festplatte nur noch die Test-Daten vorhanden.

Nondestructive

Dieser Test-Typ liest zuvor jeweils einen Plattenabschnitt ein und speichert diesen ab. Der so freigemachte Plattenabschnitt wird mit Test-Daten beschrieben und anschließend wieder ausgelesen. Nach Abschluß dieses Testteils werden die Originaldaten wieder in den geprüften Plattenabschnitt zurückgespeichert. Die Gesamttestdauer verlängert sich damit um ca. 20% gegenüber dem zerstörerischen Verfahren.

Das Untermenü **Volume Options** beinhaltet alle Tools zur Einrichtung und Löschung von Volumes. In Kap. 4.1 Server-Installation NetWare 3.11 werden alle Möglichkeiten ausführlich beschrieben.

Das Untermenü **System Options** beinhaltet alle Tools zur Generierung des Netzwerk-Betriebssystem sowie zur Erstellung der .CNF-Dateien.

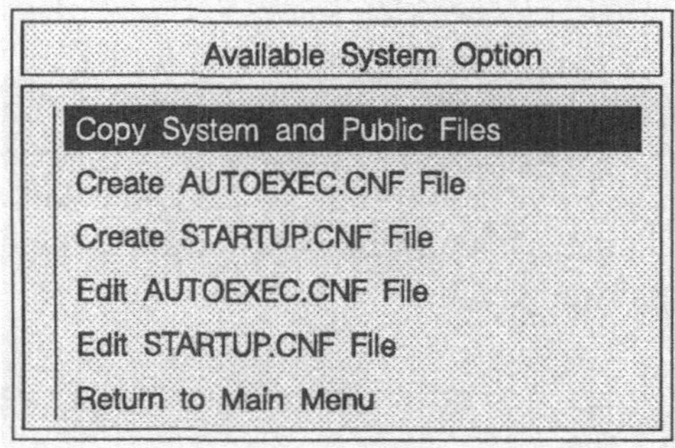

Bild 10.1-4:

Name Space

Funktion: erlaubt das Abspeichern von NON-DOS-Dateien.

Kommentar: Standardmäßig unterstützt NetWare den Dateityp von MS-DOS. Um auch andere Dateiformate (z.B. MacIntosh, OS/2-Rechner, UNIX-Rechner) auf dem File Server speichern zu können, muß zunächst ein neues Volume eingerichtet werden (MOUNT). Dann wird NAME SPACE geladen, damit mit dem File-Server-Console-Befehl ADD NAME SPACE der Datentyp festgelegt werden kann. In Abhängigkeit der Volume-Größe ändert sich der erforderliche RAM-Bereich, mit dem der File

Server mindestens ausgestattet sein muß. Novell schreibt standardmäßig für NetWare 3.11 eine RAM-Ausstattung von 4 MB vor. Die Berechnung dieser RAM-Größe wird von Novell wie folgt angegeben:

Für jedes DOS-Volume:
M = 0,023 * Volume-Größe (in MB) / Block-Größe
(Standardwert für Block-Größe: 4kB)

Für jedes NON-DOS-Volume:
M = 0.032 * Volume-Größe (in MB) / Block-Größe

Der Gesamtbedarf für die Volumes errechnet sich zu:
M(ges) = M(DOS) + M(NON-DOS1) + M(NON-DOS2) + ...

Anschließend wird der errechnete Wert um 2 MB erhöht (das Betriebssystem selbst benötigt 2 MB) und auf das nächstgrößere MB aufgerundet. Dabei muß der Wert mindestens 4 MB betragen.

Ein kleines Beispiel soll dies verdeutlichen:
Auf dem File Server werden drei Volumes mit einer Block-Größe von 4 kB eingerichtet.

Volume SYS: DOS-Volume mit 300 MB
Volume MAC: NON-DOS-Volume mit 150 MB
Volume UNIX: NON-DOS-Volume mit 100 MB

M(SYS)   = 0,023 * 300 MB/4 = 1,725 MB
M(MAC)   = 0,032 * 150 MB/4 = 1,2 MB
M(UNIX)   = 0,032 * 100 MB/4 = 0,8 MB

➡ M = 1,725 MB + 1,2 MB + 0,8 MB = 3,725 MB

M(ges) = 3,725 MB + 2 MB = 5,725 MB ➡ **6 MB**

Der RAM-Bereich muß bei dieser Konfiguration auf 6 MB aufgerüstet werden.

MONITOR

Funktion: gibt Überblick über aktuelle Netzwerk-Auslastung und Datenkommunikations-Parameter.

Kommentar: Nach Aufruf erscheint ein Menü, in dem die wichtigsten Datenkommunikations-Parameter angezeigt werden. Angaben über die aktuelle Netzwerk-Auslastung gestatten es dem Netzwerk-Verwalter, entsprechende Maßnahmen einzuleiten (RAM-Bereich vergrößern etc.). Der Netzwerk-Profi kann mit Hilfe des File-Server-Console-Befehls SET alle Komunikations-Parameter verändern und somit das Netzwerk auf maximale Performance abgleichen. Die bei der Installation gesetzten Standardwerte garantieren allerdings ein einwandfreies Funktionieren des Netzwerkes. Änderungen sollten deshalb nur von Fachpersonal ausgeführt werden, die auch die elektrischen bzw. nachrichtentechnischen Zusammenhänge verstehen.

```
 NetWare v3.11 (20 user) - 2/20/91      NetWare 386 Loadable Module

                        Information For Server NW311

 File Server Up Time:     2 Days   6 Hours   3 Minutes   19 Seconds
 Utilization:                  8        Packet Receive Buffers:     10
 Original Cache Buffers:     671        Directory Cache Buffers:    23
 Total Cache Buffers:        494        Service Processes:           2
 Dirty Cache Buffers           0        Connection In Use:           1
 Current Disk Requests         0        Open Files:                  4

                           Available Options

                     Connection Information

                     Disk Information

                     LAN Information

                     System Module Information

                     Lock File Server Console

                     File Open / Lock Activity

                     Resource Utilization

                     Exit
```

Bild 10.1-5:

Die einzelnen Angaben in diesem Menü haben folgende Bedeutung:

Operating System Version and Date
In der linken oberen Ecke des Menüs wird die vorliegende Betriebssystem-Version mit der unterstützten User-Anzahl angegeben.

Information For Server
Der gewählte File-Server-Name wird angegeben.

File Server Up Time
Gibt die Zeitdauer an, die seit dem letzten Starten des File Servers vergangen ist.

Utilization:
Gibt die prozentuale Auslastung des File Servers an. Der angezeigte Wert wechselt permanent; liegt der Wert aber häugi oberhalb von 80%, sollte ein Teil der anfallenden Arbeiten auf einen zweiten File Server übrtragen werden.

Original Cache Buffers
Gibt die Anzahl der Cache Buffers an, die nach dem ersten Booten des File Servers zur Verfügng stehen.

Total Cache Buffers
Gibt die Anzahl der Cache Buffers an, die momentan für das File Caching zur Verfügung stehen.

Dirty Cache Buffers
Gibt die Anzahl der File-Blocks an, die darauf warten, auf die Festplatte geschrieben zu werden.

Current Disk Requests
Gibt die Anzahl der Festplatten-Anforderungen an, die der File Server noch abarbeiten muß.

Packet Receive Buffers
Gibt die Anzahl der Empfangs-Buffer an, die Anforderungen der Workstations speichern.

Directory Cache Buffers
Gibt die Anzahl der Cache Buffers an, die momentan für das Directory Caching zur
Verfügung stehen.

Service Processes
Gibt die Anzahl der Tasks an, die auf dem File Server ablaufen.

Connections In Use
Gibt die Anzahl der Workstations an, die momentan auf dem File Server angemeldet (attached) sind.

Open Files
Gibt die Anzahl der Dateien an, auf die momentan vom File Server und allen
Workstations zugegriffen werden.

Neben diesen direkt angezeigten Daten kann man innerhalb des unteren Menüfensters
(**Available Options**) noch weitere Informationen über das installierte Netzwerk
erhalten.

Connection Information
Zeigt in einem weiteren Fenster alle bestehenden Verbindungen an. Alle eingeloggten
User werden benannt, die Stationen, die lediglich am Server attached sind, werden
mit NOT-LOGGED-IN gekennzeichnet.

Disk Information
Gibt Auskunft über die im File Server installierte(n) Festplatte(n).

LAN Information
Gibt Auskunft über die im File Server eingebaute(n) Netzwerkkarte(n) und deren
Konfiguration.

System Module Information
Gibt Auskunft über die im File Server geladenen System-Module und Programme.

Lock File Server Console
Durch Eingabe eines Passwortes kann man die File-Server-Console sperren, d.h.
nur derjenige, der dieses Password kennt, kann die File-Server-Console aktivieren.

File Open / Lock Activity
Man kann jede Datei auf der File-Server-Platte auswählen und erhält zu dieser Datei eine entsprechende Status-Meldung, wie oft diese Datei geöffnet, gelesen und beschrieben worden ist.

NMAGENT

Funktion: erlaubt den LAN-Treibern, Netzwerk-Verwaltungs-Parameter zu speichern und zu nutzen.

Kommentar: Das Modul NMAGENT (Network Management Agent) muß vor dem Laden der LAN-Treiber erfolgen.

Wird bei der Installation dieses Modul nicht geladen, so versucht NetWare 3.11 dieses Modul automatisch aus SYS:SYSTEM zu laden.

PSERVER

Funktion: aktiviert den internen Print Server.

Kommentar: Das Drucken im Netz wird durch den Print Server organisiert. Dieser Print Server kann als interner Print Server auf dem File Server oder auf einer speziellen Workstation (Externer Print Server) gestartet werden. Ausführliche Informationen finden Sie in Kap. 7.1 Drucken im Netz.

Hinweis: Nach Aufruf von PSERVER erscheint auf dem File Server ein Menü, das Auskunft über die im Netz installierten Drucker angibt. Mit der Tastenkombination <CTRL><ESC> kann auf die Console-Ebene zurückgeschaltet werden.

10.1.4 Kurzbeschreibung des Menu-Utility SYSCON

Allgemeiner Hinweis:
Die folgende Beschreibung des Menu-Utility SYSCON bezieht sich auf die NetWare-Version 3.11. Dieses Menü kann vom Supervisor und zum Teil auch von den einzelnen Usern benutzt werden. Innerhalb dieses Menüs werden aber in Abhängigkeit von den zugeteilten Rechten unterschiedliche Optionen bereitgestellt. Der Supervisor hat natürlich in diesem Menü alle Optionen. Die Funktion der anderen Menu-Utilities entnehmen Sie bitte den entsprechenden Handbüchern.

SYSCON

Mit dem Utility SYSCON kann der Supervisor den größten Teil der anfallenden Netzwerkarbeiten bewältigen. In dieses Utility sind die Command-Line-Befehle wie ATTACH, GRANT, REMOVE, REVOKE, RIGHTS, SETPASS, SLIST und TLIST eingearbeitet. Das Menü erscheint nach Aufruf mit folgender Darstellung:

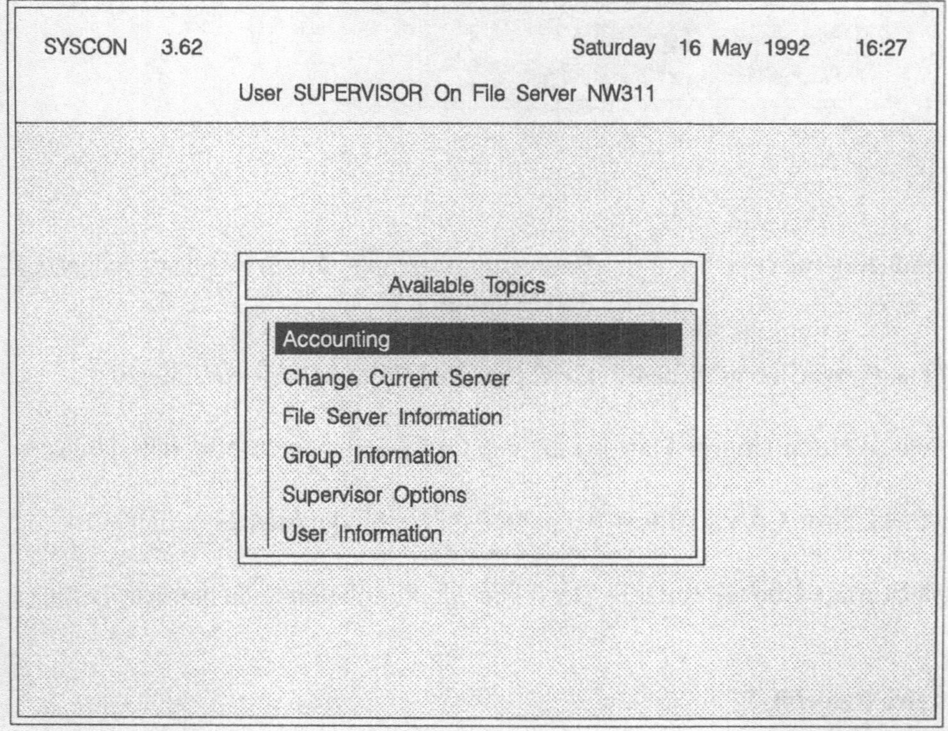

Bild 10.1-6:

Diese sechs Hauptpunkte unterteilen sich noch einmal in weitere Unterpunkte, deren Funktion im folgenden kurz erläutert wird.

Accounting

Accounting erlaubt das Erstellen von Benutzerkonten, um die anfallenden Netzwerkkosten nach einem bestimmten Schlüssel auf die einzelnen Abteilungen aufzuteilen. Beim ersten Aufruf von Accounting erfolgt eine Abfrage, ob das Accounting eingerichtet werden soll. Bei jedem weiteren Aufruf erscheint das Untermenu Accounting:

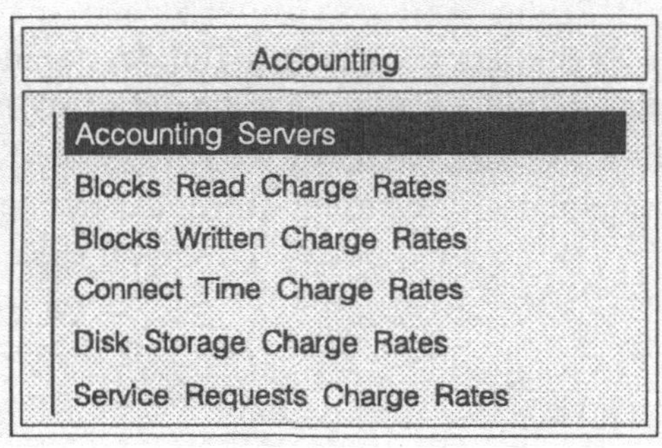

Bild 10.1-7:

Accounting Servers   Festlegung, welche(r) File Server das Accounting durchführt(en).

Blocks Read Charge Rates   Gebühren für gelesene Blöcke definieren

Blocks Written Charge Rates Gebühren für beschriebene Blöcke definieren

Connect Time Charge Rates   Gebühren für Verbindungsdauer definieren

Disk Storage Charge Rates   Gebühren für Festplatten-Speicherplatz definieren

**Service Requests
Charge Rates**   Gebühren für Service-Anforderungen

Change Current Server

Nach Anwahl des Menüpunktes Change Current Server wird in einem Fenster der aktuelle File Server und der Benutzername angezeigt.

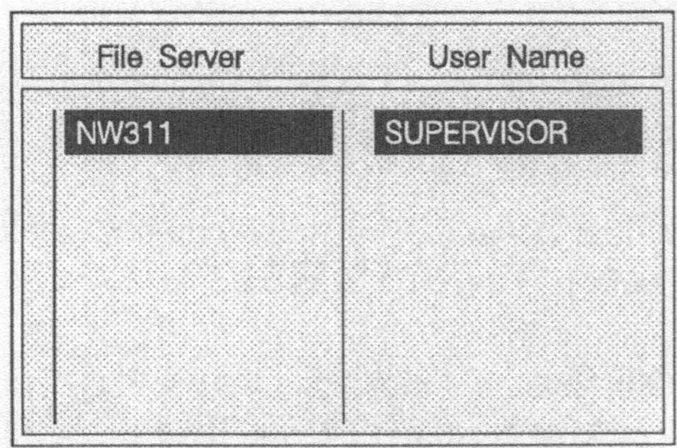

Bild 10.1-8:

Durch Betätigung der <Einfg>-Taste erscheint ein weiterer Punkt **Other File Servers**. Aus dieser Liste kann der gewünschte File Server ausgewählt werden. Man kann sich mit gleichem oder aber auch unter einem neuen Namen auf diesem File Server einloggen. Besitzt der neue User ein Password, so wird dieses in einer Box abgefragt.

Ist man auf mehreren File Servern angemeldet, kann dieser Menüpunkt dazu benutzt werden, um sich von allen (außer dem Default File Server) File Servern wieder abzumelden. Dazu markiert man die File Server mit <F5> und betätigt anschließend die <Entf>-Taste.

Um einen in der Liste angegebenen File Server zum Default File Server zu machen, wird dieser angewählt und mit <ENTER> abgeschlossen.

File Server Information

Nach Anwahl dieses Menüpunktes erscheint eine Liste der bekannten File Server.
Nach Auswahl eines File Servers werden für diesen mehrere Angaben gemacht.

File Server Name   Der Name des File Servers.

NetWare Version   Die Version incl. User-Anzahl des Netzwerk-
                                Betriebssystems.

System Fault Tolerance   Alle 2.20- und 3.11-Versionen besitzen die SFT-
                                Stufe II (Level II).

Transaction Tracking   Gibt an, ob beim File Server das Transaction
                                Tracking System (TTS) aktiviert ist.

Connections Supported   Gibt an, wieviele User gleichzeitig auf einem File
                                Server angemeldet sein können.

Connections in Use   Gibt die aktuelle Zahl der angemeldeten User an.

Volumes Supported   Gibt die maximale Zahl von Volumes an, die der
                                File Server (bzw. das Netzwerk-Betriebssystem)
                                unterstützt.

Network Address   Die Adresse des Kabelstrangs, an dem der File
                                Server angeschlossen ist. Bei Realisierung eines
                                Multi-Server-Netzes (d.h. mehrere File Server in
                                einem Netz) muß diese network address bei allen
                                File Servern unbedingt übereinstimmen.

Node Address   Die Adresse der Netzwerkkarte, die im File Server
                                eingebaut ist.

Serial Number   Seriennummer der NetWare-Version.

Application Number   Laufende Registriernummer

Group Information

Nach Anwahl dieses Menüpunktes erscheint eine Liste der eingerichteten Gruppen. Standardmäßig exisitiert die Gruppe EVERYONE, in die alle eingerichteten User automatisch eingeordnet werden. Die Gruppe EVERYONE hat Trustee Directory Assignments im Verzeichnis SYS:MAIL [C] und im Verzeichnis SYS:PUBLIC [R   F]. Die Gruppe EVERYONE ist auch automatisch berechtigt, einen existierenden Print Server zu nutzen, d.h. alle angemeldeten User können im Netz drucken.

Einrichten einer Gruppe
Betätigen Sie die <Einfg>-Taste und tragen Sie im Feld **New Group Name** den neuen Gruppennamen ein.

Bestehende Gruppe umbenennen
Entsprechende Gruppe anwählen und mit <F3> markieren. Neuen Gruppennamen eingeben.

Bestehende Gruppe löschen
Entsprechende Gruppe anwählen und mit <F5> oder <F6> markieren und durch Betätigen der <Entf>-Taste löschen.

Mit dem Untermenü Group Information werden zu jeder Gruppe detaillierte Angaben gemacht bzw. können bestimmte Funktionen definiert werden.

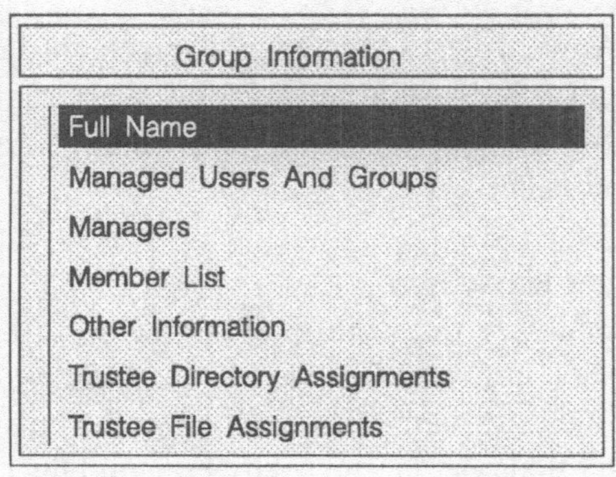

Bild 10.1-9:

Full Name

Mit **Full Name** kann man der ausgewählten Gruppe einen vollständigen Namen geben oder einen bestehenden Namen durch Überschreiben ändern.

**Managed Users
and Groups**

Nach Anwahl dieses Menüpunktes erscheint das Fenster **Managed Users And Groups**. In diesem Fenster sind alle Gruppen und/oder User aufgelistet, die von der ausgewählten Gruppe bzw. vom ausgewählten User verwaltet werden.

Um neue zu verwaltende User oder Gruppen hinzuzufügen, betätigen Sie die <Einfg>-Taste. Es erscheint das Fenster **Other Users And Groups**. Markieren Sie den bzw. die User und Gruppe(n) mit <F5>, und fügen Sie diese mit <ENTER> hinzu.

Nachträglich lassen sich User bzw. Gruppen entfernen. Markieren Sie mit <F5> die zu entfernenden User bzw. Gruppen im Fenster **Managed Users And Groups**. Es erfolgt eine entsprechende Sicherheitsabfrage, die mit YES bestätigt wird.

Managers

Nach Anwahl dieses Menüpunktes erscheint das Fenster **Managers**. In diesem Fenster sind alle Gruppen und/oder User aufgelistet, die die angewählte Gruppe oder User verwaltet.

Manager einrichten
Nach Betätigen der <Einfg>-Taste wird die Liste aller Benutzer (User) und Gruppen (Groups) angezeigt. Mit den Funktionstasten <F5> oder <F6> die entsprechenden User und/oder Groups aktivieren und übernehmen.

Manager löschen
Die zu entfernenden Benutzer und/oder Gruppen im
Fenster **Managers** mit <F5> oder <F6> markieren.
Anschließend mit Betätigen der <Entf>-Taste die entsprechenden User und/oder Groups entfernen. Es erfolgt
eine entsprechende Sicherheitsabfrage, die mit YES bestätigt wird.

Member List   Nach Anwahl dieses Menüpunktes erscheint das Fenster
Group Members. In diesem Fenster sind alle Gruppen
und/oder User aufgelistet, die Mitglieder der angewählten
Gruppe sind.

Benutzer einer Gruppe zuordnen
Durch Betätigung der <Einfg>-Taste erscheint die Liste
Not Group Members. Der oder die Benutzer mit <F5>
oder <F6> markieren und übernehmen.

Benutzer aus einer Gruppe entfernen
Im Fenster **Group Members** die zu entfernenden Benutzer mit <F5> oder <F6> markieren und durch Betätigen
der <Ent>-Taste entfernen. Es erfolgt eine entsprechende
Sicherheitsabfrage, die mit YES bestätigt wird.

Other Information   Zeigt an, ob die angewählte Gruppe berechtigt ist, an der
File-Server-Console Eingaben machen zu können. Au-
ßerdem wird die von NetWare intern verwendete Group
ID angegeben.

**Trustee Directory
Assignments**   Nach Anwahl dieses Menüpunktes erscheint das Fenster
Trustee Directory Assignments. In diesem Fenster sind
alle die Rechte aufgelistet, die die angewählte Gruppe in
den angegebenen Verzeichnissen besitzt.

Einrichten eines Trustees

Um einer Gruppe in einem Verzeichnis die notwendigen Trustee Assignments zu erteilen, betätigen Sie die <Einfg>-Taste. Es erscheint das Fenster **Directory In Which Trustee Should Be Added.** In dieses Fenster muß nun der vollständige Pfad des Verzeichnisses eingegeben werden. Durch erneutes Betätigen der <Einfg>-Taste erscheint ein weiters Fenster **File Servers.** Der ausgewählte File Server wird automatisch in das obere Fenster übernommen. Gleichzeitig öffnet sich ein Fenster **Volumes.** Auch hier kann das ausgewählte Volume durch <ENTER> übernommen werden. Es erscheinen wiederum alle **Network Directories** des ausgewählten Volumes. Auch hier wählt man wieder mit <ENTER> das entsprechende Unterverzeichnis aus. Diese Prozedur setzt man so lange fort, bis der vollständige Verzeichnispfad im oberen Fenster definiert ist. Diese Eingabe wird mit <ESC> beendet, das ausgewählte Verzeichnis mit <ENTER> in das Fenster **Trustee Directory Assignments** übernommen. Standardmäßig hat man in diesem neuen Verzeichnis die Rechte Read und File Scan.

Zufügen von weiteren Rechten

Wählen Sie das entsprechende Verzeichnis mit <ENTER> aus. Es öffnet sich das Fenster **Trustee Rights Granted,** in dem die bisher gewährten Rechte aufgelistet sind. Durch Betätigen der <Einfg>-Taste öffnet sich ein weiteres Fenster **Trustee Rights Not Granted.** Hier können mit <F5> oder <F6> die hinzuzufügenden Rechte markiert und mit <ENTER> in das Fenster **Trustee Rights Granted** übernommen werden. Beendet wird die Rechtevergabe durch <ESC>, im Fenster **Trustee Directory Assignments** werden für das ausgewählte Verzeichnis die gewährten Rechte angezeigt.

Entfernen von Rechten

Wählen Sie das entsprechende Verzeichnis mit <ENTER> aus. Es öffnet sich das Fenster **Trustee Rights Granted**, in dem die bisher gewährten Rechte aufgelistet sind. Hier können mit <F5> oder <F6> die zu entfernenden Rechte markiert und mit <Entf> entfernt werden. Es erfolgt eine entsprechende Sicherheitsabfrage, die mit YES bestätigt wird. Beendet wird das Entfernen durch <ESC>, anschließend werden im Fenster **Trustee Directory Assignments** die übriggebliebenen Rechte angezeigt.

Trustee File Assignments

Nach Anwahl dieses Menüpunktes erscheint das Fenster **Trustee File Assigments**. In diesem Fenster sind alle die Rechte aufgelistet, die die angewählte Gruppe für die angegebenen Dateien besitzt.

Um einer Gruppe für eine oder mehrere Dateien die notwendigen Trustee File Assignments zu erteilen, betätigen Sie die <Einfg>-Taste. Es erscheint das Fenster **Select the Directory To Select A File From.** In dieses Fenster muß nun der vollständige Pfad des Verzeichnisses eingegeben werden, in der sich die Datei befindet. Durch erneutes Betätigen der <Einfg>-Taste erscheint ein weiters Fenster **File Servers.** Der ausgewählte File Server wird automatisch in das obere Fenster übernommen. Gleichzeitig öffnet sich ein Fenster **Volumes.** Auch hier kann das ausgewählte Volume durch <ENTER> übernommen werden. Es erscheinen wiederum alle **Network Directories** des ausgewählten Volumes. Auch hier wählt man wieder mit <ENTER> das entsprechende Unterverzeichnis aus. Diese Prozedur setzt man so lange fort, bis der vollständige Verzeichnispfad im oberen Fenster definiert ist. Diese Eingabe wird mit <ESC> beendet. Bestätigt man den erzeugten Pfad mit <ENTER>, escheint ein neues Fenster **Enter a file for editing, or press <Insert> for a list of files .** Durch Betätigung der

<Einfg>-Taste werden alle Dateien des ausgewählten Verzeichnisses aufgelistet. Hier wählt man die entsprechende Datei aus und übernimmt sie mit <ENTER> in das obere Fenster. Mit erneutem <ENTER> wird diese Datei in das Fenster **Trustee File Assignment** übernommen.

Standardmäßig hat die ausgewählte Gruppe die File-Rechte Read und File Scan.

Zufügen von weiteren Rechten
Wählen Sie die entsprechende Datei mit <ENTER> aus. Es öffnet sich das Fenster **Trustee Rights Granted**, in dem die bisher gewährten Rechte aufgelistet sind. Durch Betätigen der <Einfg>-Taste öffnet sich ein weiteres Fenster **Trustee Rights Not Granted**. Hier können mit <F5> oder <F6> die hinzuzufügenden Rechte markiert und mit <ENTER> in das Fenster **Trustee Rights Granted** übernommen werden. Beendet wird die Rechtevergabe durch <ESC>, im Fenster **Trustee Directory Assignments** werden für das ausgewählte Verzeichnis die gewährten Rechte angezeigt.

Entfernen von Rechten
Wählen Sie die entsprechende Datei mit <ENTER> aus. Es öffnet sich das Fenster **Trustee Rights Granted**, in dem die bisher gewährten Rechte aufgelistet sind. Hier können mit <F5> oder <F6> die zu entfernenden Rechte markiert und mit <Entf> entfernt werden. Es erfolgt eine entsprechende Sicherheitsabfrage, die mit YES bestätigt wird. Beendet wird das Entfernen durch <ESC>, anschließend werden im Fenster **Trustee File Assignments** die übriggebliebenen Rechte angezeigt.

Supervisor Options

Mit diesem Menü-Punkt kann der Supervisor eine Vielzahl von Einstellungen vornehmen.

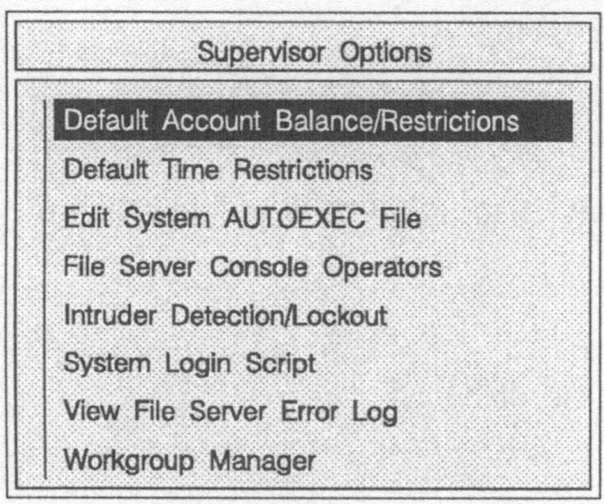

Bild 10.1-10:

Default Account Balance/Restrictions

Nach Anwahl dieses Menüpunktes erscheint ein Fenster, in dem verschiedene Standard-Einstellungen vorgenommen werden können.

Account Has Expiration Date   Gibt an, ob das Accounting zu einem bestimmten Abrechnungsdatum erfolgen soll.

Date Account Expire   Gibt an, an welchem Datum abgerechnet werden soll.

Limit Concurrent Connections   Gibt an, ob ein User sich an mehreren Stationen gleichzeitig einloggen darf.

Maximum Connections Gibt zahlenmäßig an, wie oft ein User an mehreren Stationen gleichzeitig eingeloggt sein darf.

Create Home Directory
for User   Mit der Standard-Einstellung YES wird automatisch bei
                                Neu-Einrichtung eines Users ein zugehöriges Home-
                                Directory angelegt.

Require Password   Gibt an, ob die User grundsätzlich ein Password benöti-
                                gen oder nicht.

Minimum Password
Length   Gibt an, aus wieviel Zeichen (max. 128 Zeichen) das
                                Password mindestens bestehen muß (Default: 5).

Force Periodic
Password Change   Legt fest, ob das Password in regelmäßigen Abständen
                                geändert werden muß.

Days Between
Forced Change   Legt die Anzahl der Tage fest, innerhalb derer das
                                Password geändert werden muß (Default: 40 Tage).

Limit Grace Logins   Legt fest, ob nach Ablauf der Password-Gültigkeit mit
                                altem Password noch eingeloggt werden darf (Gnaden-
                                Login).

Grace Logins Allowed   Legt die Anzahl der zugelassenen Gnaden-Logins fest.

Require Unique
Passwords   Bei Einstellung YES wird verhindert, daß der User
                                immer wiederkehrende Passwords verwendet. NetWare
                                "erinnert" sich an die letzten acht verwendeten Passwords.

Account Balance   Durch die hier vorgenommene Eintragung wird für jeden
                                User, für den ein Accounting eingerichtet wird, ein
                                Anfangs-Kontostand vorgegeben.

**Allow Unlimited
Credit**

Legt fest, ob ein User unbegrenzten Kredit besitzt. Bei Kontostand 0 kann dieser User nicht mehr im Netz weiterarbeiten.

Low Balance Limit

Legt fest, um wieviele Punkte ein User seinen Kredit überziehen darf, ehe er vom weiteren Netzwerkbetrieb ausgeschlossen wird.

**Default Time
Restrictions**

In diesem Fenster lassen sich bzgl. jedes Wochentages die erlaubten Einloggzeiten für alle User festlegen.

**System
AUTOEXEC File**

Die Datei AUTOEXEC.CNF wird bei jedem Starten des File Servers abgearbeitet (vergleichbar mit der AUTOEXEC.BAT eines DOS-Rechners). Hier können entsprechende Änderungen vorgenommen werden.

**File Server
Console Operators**

Nach Anwählen dieses Punktes erscheint ein Fenster, in dem alle User bzw. Gruppen aufgelistet sind, die File Server Console Operator sind, d.h. die an der File Server Console Befehle eingeben dürfen. Mit <Einfg> öffnet sich ein weiteres Fenster Other Users And Groups, aus dem der oder die neuen Console Operators ausgewählt werden können. Mit <Entf> lassen sich auch wieder User oder Gruppen als Console Operators löschen.

**Intruder
Detection/Lockout**

Standardmäßig ist die Option ausgeschaltet. Bei Aktivierung mit YES kann im Punkt Incorrect Login Attempts die maximale Anzahl von falschen Login-Versuchen festgelegt werden. Bei Überschreiten dieser Zahl ist ein weiteres Einloggen nicht mehr möglich.

System Login Script

Text-Editor zur Erstellung des System Login Scripts.

View File
Server Error Log   In dieser Error-Log-Datei werden alle auftretenden
                              Netzprobleme, die NetWare feststellt, protokolliert. Für
                              den Supervisor ist der Inhalt im Fehlerfalle eine erste
                              Möglichkeit der Fehlersuche.
Workgroup Managers   Nach Anwahl dieses Menüpunktes erscheint das Fenster
                              Workgroup Managers. In diesem Fenster sind alle
                              Gruppen und/oder User aufgelistet, die die angewählte
                              Gruppe oder User verwaltet.

Workgroup-Manager einrichten

Nach Betätigen der <Einfg>-Taste wird die Liste aller
Benutzer (User) und Gruppen (Groups) angezeigt. Mit
den Funktionstasten <F5> oder <F6> die entsprechenden User und/oder Groups aktivieren und übernehmen.

Workgroup-Manager löschen

Die zu entfernenden Benutzer und/oder Gruppen im
Fenster **Group Managers** mit <F5> oder <F6> markieren. Anschließend mit Betätigen der <Entf>-Taste die
entsprechenden User und/oder Groups entfernen. Es
erfolgt eine entsprechende Sicherheitsabfrage, die mit
YES bestätigt wird.

User Information

Mit Hilfe dieses Menüpunktes werden die verschiedenen User eingerichtet und mit entsprechenden Rechten ausgestattet. Ebenso lassen sich Änderungen an der Rechtsstruktur vornehmen.

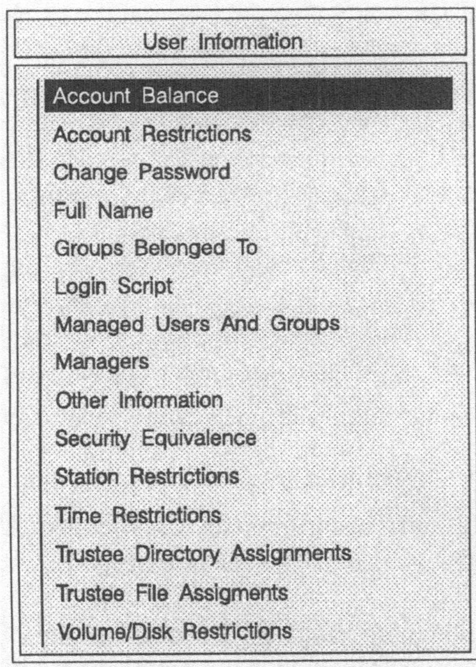

Bild 10.1-11:

Nach Anwahl dieses Menüpunktes erscheint eine Liste der eingerichteten User. Standardmäßig exisitiert der User **SUPERVISOR** und **GUEST**. Der User GUEST hat Trustee Directory Assignments im Verzeichnis SYS:MAIL [RWCEMF]. Automatisch ist der User GUEST auch Gruppen-Mitglied in EVERYONE. Die Gruppe EVERYONE ist automatisch berechtigt, einen existierenden Print Server zu nutzen, d.h. alle angemeldeten User können im Netz drucken.

Einrichten eines Users
Betätigen Sie die <Einfg>-Taste, und tragen Sie im Feld **User Name** den neuen
User-Namen ein.

Bestehenden User umbenennen
Entsprechenden User anwählen und mit <F3> markieren. Neuen User-Namen
eingeben.

Bestehenden User löschen
Entsprechenden User anwählen und mit <F5> oder <F6> markieren und durch
Betätigen der <Entf>-Taste löschen.

Mit dem Untermenü User Information werden zu jedem User detaillierte Angaben
gemacht bzw. können bestimmte Funktionen definiert werden.

Account Balance   Gleiche Wirkung wie unter **Supervisor Options** be-
                          schrieben.

Account Restrictions Gleiche Wirkung wie unter **Supervisor Options** be-
                          schrieben.

Change Password   Erlaubt dem User, sein persönliches Password zu ändern.
                          Es muß zweimal nacheinander eingegeben werden.

Full Name   Mit **Full Name** kann man dem ausgewählten User einen
                          vollständigen Namen geben oder einen bestehenden Na-
                          men durch Überschreiben ändern.

Groups Belonged To   Im angezeigten Fenster Groups Belonged To wird die
                          Zugehörigkeit des Users zu Gruppen angezeigt.
                          Standardmäßig gehört jeder User zur Gruppe
                          EVERYONE.

                          Benutzer einer Gruppe zuordnen
                          Durch Betätigung der <Einfg>-Taste erscheint die Liste
                          Groups Not Belonged To. Der oder die Gruppen mit
                          <F5> oder <F6> markieren und übernehmen.

Benutzer aus einer Gruppe entfernen
Im Fenster **Groups Belonged To** die zu entfernenden
Benutzer mit <F5> oder <F6> markieren und durch
Betätigen der <Ent>-Taste entfernen. Es erfolgt eine
entsprechende Sicherheitsabfrage, die mit YES bestätigt
wird.

Login Script   Text-Editor zur Erstellung des User Login Scripts.

**Managed Users
and Groups**

Nach Anwahl dieses Menüpunktes erscheint das Fenster
Managed Users And Groups. In diesem Fenster sind
alle Gruppen und/oder User aufgelistet, die vom ausge-
wählter User verwaltet werden.

Um neue zu verwaltende User oder Gruppen hinzuzufügen, betätigen Sie die <Einfg>-Taste. Es erscheint das
Fenster **Other Users And Groups**. Markieren Sie den
bzw. die User und Gruppe(n) mit <F5>, und fügen Sie
diese mit <ENTER> hinzu.

Nachträglich lassen sich User bzw. Gruppen entfernen.
Markieren Sie mit <F5> die zu entfernenden User bzw.
Gruppen im Fenster **Managed Users And Groups**. Es
erfolgt eine entsprechende Sicherheitsabfrage, die mit
YES bestätigt wird.

Managers   Nach Anwahl dieses Menüpunktes erscheint das Fenster
Managers. In diesem Fenster sind alle Gruppen und/
oder User aufgelistet, die der angewählte User verwaltet.

Manager einrichten
Nach Betätigen der <Einfg>-Taste wird die Liste aller
Benutzer (User) und Gruppen (Groups) angezeigt. Mit
den Funktionstasten <F5> oder <F6> die entsprechenden User und/oder Groups aktivieren und übernehmen.

Manager löschen
Die zu entfernenden Benutzer und/oder Gruppen im
Fenster **Managers** mit <F5> oder <F6> markieren.
Anschließend mit Betätigen der <Entf>-Taste die entsprechenden User und/oder Groups entfernen. Es erfolgt
eine entsprechende Sicherheitsabfrage, die mit YES bestätigt wird.

Other Information   Zeigt an, ob der angewählte User berechtigt ist, an der
File-Server-Console Eingaben machen zu können. Au-
ßerdem wird die von NetWare intern verwendete User ID
angegeben.

Security Equivalence   Hier kann man dem ausgewählten User eine Sicherheits-
Gleichstellung mit einem anderen User oder einer ande-
ren Gruppe zuweisen. Standardmäßig hat jeder eingerichtete User die gleichen Rechte wie die Standard-
Gruppe EVERYONE.

User eine Sicherheits-Gleichstellung zuweisen
Durch Betätigung der <Einfg>-Taste erscheint die Liste
Other Users And Groups. Den ausgesuchten User bzw.
die ausgesuchten Gruppen mit <F5> oder <F6> markieren und übernehmen.

User eine Sicherheits-Gleichstellung wegnehmen
Im Fenster **Security Equivalences** den zu entfernenden
Benutzer oder Gruppe markieren und durch Betätigen
der <Ent>-Taste entfernen. Es erfolgt eine entsprechende
Sicherheitsabfrage, die mit YES bestätigt wird.
Hinweis: Es kann immer nur ein User bzw. eine Gruppe
entfernt werden.

Station Restrictions   Mit diesem Punkt kann man festlegen, ob ein User sich
an allen Stationen einloggen kann. Durch Anwahl dieses
Menüpunktes erscheint ein weiteres Fenster, in dem die
Network Address abgefragt wird. Gibt man diese an,
erscheint ein weiteres Fenster, in dem generell festgelegt
wird, ob ein Einloggen von allen Stationen möglich ist.

Wird dieser Punkt mit NO beantwortet, wird in einem weiteren Fenster die Node Address abgefragt. Durch die entsprechende Eingabe kann der ausgewählte User sich nur noch an der Station mit dieser Node Address einloggen. Dieser Vorgang läßt sich für mehrere erlaubte Stationen wiederholen.

Time Restrictions

In diesem Fenster lassen sich bzgl. jedes Wochentages die erlaubten Einloggzeiten für den ausgewähltenUser festlegen.

Trustee Directory Assignments

Nach Anwahl dieses Menüpunktes erscheint das Fenster **Trustee Directory Assigments.** In diesem Fenster sind alle die Rechte aufgelistet, die der angewählte User in den angegebenen Verzeichnissen besitzt.

Einrichten eines Trustees

Um einem User in einem Verzeichnis die notwendigen Trustee Assignments zu erteilen, betätigen Sie die <Einfg>-Taste. Es erscheint das Fenster **Directory In Which Trustee Should Be Added.** In dieses Fenster muß nun der vollständige Pfad des Verzeichnisses eingegeben werden. Durch erneutes Betätigen der <Einfg>-Taste erscheint ein weiters Fenster **File Servers.** Der ausgewählte File Server wird automatisch in das obere Fenster übernommen. Gleichzeitig öffnet sich ein Fenster **Volumes.** Auch hier kann das ausgewählte Volume durch <ENTER> übernommen werden. Es erscheinen wiederum alle **Network Directories** des ausgewählten Volumes. Auch hier wählt man wieder mit <ENTER> das entsprechende Unterverzeichnis aus. Diese Prozedur setzt man so lange fort, bis der vollständige Verzeichnispfad im oberen Fenster definiert ist. Diese Eingabe wird mit <ESC> beendet, das ausgewählte

Verzeichnis mit <ENTER> in das Fenster **Trustee Directory Assignments** übernommen. Standardmäßig hat man in diesem neuen Verzeichnis die Rechte Read und File Scan.

Zufügen von weiteren Rechten
Wählen Sie das entsprechende Verzeichnis mit <ENTER> aus. Es öffnet sich das Fenster **Trustee Rights Granted**, in dem die bisher gewährten Rechte aufgelistet sind. Durch Betätigen der <Einfg>-Taste öffnet sich ein weiteres Fenster **Trustee Rights Not Granted**. Hier können mit <F5> oder <F6> die hinzuzufügenden Rechte markiert und mit <ENTER> in das Fenster **Trustee Rights Granted** übernommen werden. Beendet wird die Rechtevergabe durch <ESC>, im Fenster **Trustee Directory Assignments** werden für das ausgewählte Verzeichnis die gewährten Rechte angezeigt.

Entfernen von Rechten
Wählen Sie das entsprechende Verzeichnis mit <ENTER> aus. Es öffnet sich das Fenster **Trustee Rights Granted**, in dem die bisher gewährten Rechte aufgelistet sind. Hier können mit <F5> oder <F6> die zu entfernenden Rechte markiert und mit <Entf> entfernt werden. Es erfolgt eine entsprechende Sicherheitsabfrage, die mit YES bestätigt wird. Beendet wird das Entfernen durch <ESC>, anschließend werden im Fenster **Trustee Directory Assignments** die übriggebliebenen Rechte angezeigt.

Trustee File Assignments

Nach Anwahl dieses Menüpunktes erscheint das Fenster **Trustee File Assignments**. In diesem Fenster sind alle die Rechte aufgelistet, die der angewählte User für die angegebenen Dateien besitzt.

Um einem User für eine oder mehrere Dateien die notwendigen Trustee File Assignments zu erteilen, betätigen Sie die <Einfg>-Taste. Es erscheint das Fenster **Select the Directory To Select A File From.** In dieses Fenster muß nun der vollständige Pfad des Verzeichnisses eingegeben werden, in der sich die Datei befindet. Durch erneutes Betätigen der <Einfg>-Taste erscheint ein weiters Fenster **File Servers.** Der ausgewählte File Server wird automatisch in das obere Fenster übernommen. Gleichzeitig öffnet sich ein Fenster **Volumes.** Auch hier kann das ausgewählte Volume durch <ENTER> übernommen werden. Es erscheinen wiederum alle **Network Directories** des ausgewählten Volumes. Auch hier wählt man wieder mit <ENTER> das entsprechende Unterverzeichnis aus. Diese Prozedur setzt man so lange fort, bis der vollständige Verzeichnispfad im oberen Fenster definiert ist. Diese Eingabe wird mit <ESC> beendet. Bestätigt man den erzeugten Pfad mit <ENTER>, escheint ein neues Fenster **Enter a file for editing, or press <Insert> for a list of files** . Durch Betätigung der <Einfg>-Taste werden alle Dateien des ausgewählten Verzeichnisses aufgelistet. Hier wählt man die entsprechende Datei aus und übernimmt sie mit <ENTER> in das obere Fenster. Mit erneutem <ENTER> wird diese Datei in das Fenster **Trustee File Assignment** übernommen.

Standardmäßig hat der ausgewählte User die File-Rechte Read und File Scan.

Zufügen von weiteren Rechten

Wählen Sie die entsprechende Datei mit <ENTER> aus. Es öffnet sich das Fenster **Trustee Rights Granted,** in dem die bisher gewährten Rechte aufgelistet sind. Durch Betätigen der <Einfg>-Taste öffnet sich ein weiteres Fenster **Trustee Rights Not Granted.** Hier können mit <F5> oder <F6> die hinzuzufügenden Rechte markiert und mit <ENTER> in das Fenster **Trustee Rights**

Granted übernommen werden. Beendet wird die Rechtevergabe durch <ESC>, im Fenster **Trustee Directory Assignments** werden für das ausgewählte Verzeichnis die gewährten Rechte angezeigt.

Entfernen von Rechten

Wählen Sie die entsprechende Datei mit <ENTER> aus. Es öffnet sich das Fenster **Trustee Rights Granted**, in dem die bisher gewährten Rechte aufgelistet sind. Hier können mit <F5> oder <F6> die zu entfernenden Rechte markiert und mit <Entf> entfernt werden. Es erfolgt eine entsprechende Sicherheitsabfrage, die mit YES bestätigt wird. Beendet wird das Entfernen durch <ESC>, anschließend werden im Fenster **Trustee File Assignments** die übriggebliebenen Rechte angezeigt.

Volume/Disk Restrictions

Durch Anwahl dieses Menüpunktes kann man die Speicherkapazität auf dem Volume für einen User beschränken. Durch eine zahlenmäßige Angabe im Feld **Limit Volume Limit** steht dem User nur noch begrenzte Plattenkapazität zur Verfügung.

Stichwortverzeichnis

Symbole

[PC]COMPATIBLE   215
10-Base-T   36

A

Account Restrictions   125
Accounting   464
active hub   39
active link   42
ADD NAME SPACE   425
Advanced installation   90
ALLOW   145, 381
AppleTalk   49
ARCNET   37
Assignments
   Network Drive   118, 119
   Search Drive   120
ATTACH   205, 383
Attribut-Sicherheit   140
Attribute   143
Auto-Boot-PROM   112
AUTOCOMMAND-Datei   369, 373
AUTOEXEC.BAT   85
AUTOEXEC.NCF   85, 86

B

BACKBONE-Netz   48, 55
BACKEND-Netz   55
backslash   121
Backup   369
Backup-Medien   367
Backup-User   373
Bad Block   69
Beispiel zu Rechten   143
Bernoulli-Box   374
Betriebssystem
   Einrichtung   88
   Generierung   89
BIND   426

BINDFIX   384
BINDREST   386
BREAK OFF   206
BREAK ON   206
Bridge   50, 54
BROADCAST   428
Bus
   Microcannel, ISA, EISA   108
Bus-Topologie   29

C

Cache   105
Cache-Memory   65
CAPTURE   328, 386
CASTOFF   387
CASTON   387
Change Current Server   465
Channel   96
Cheapernet   34
CHKDIR   388
CHKVOL   389
CLEAR STATION   428
Client-Server-System   59
CLS   429
COMCHECK   390
Command Line Befehle
   zu Rechten   144
Command-Line-Befehle   379, 380
communication buffers   92
COMPATIBLE   215
COMPSURF   89
COMSPEC   206
CONFIG   429
Configuration Option   99
Configuration Options   94
Configured Printers   345
Console Operator
   File Server   128
Console-Befehle   379
   File Server   425
core printing   92
CSMA/CD   30

D

Data Sets   126
Datei-Attribute   140, 141
   Vergabe   145, 165
Datensicherung
   im Supervisor Mode   370
Datenverlust   367
DCONFIG   391
dedicated router   54
dedicated-mode   25
Default Login Script   202
Dir Entries   105
DIRECTORY CACHING   65
directory entry table   65
DIRECTORY HASHING   66
Directory-Rechte   133
DISABLE LOGIN   430
DISABLE TTS   430
DISK DUPLEXING   70
DISK MIRRORING   70
Disk number   105
diskless workstations   112
DISMOUNT   431
DISPLAY   207
DISPLAY NETWORKS   431
DISPLAY SERVERS   432
DMA   88
DMA-Kana   99
DOS BREAK OFF   208
DOS BREAK ON   208
DOS VERIFY OFF   206
DOS VERIFY ON   206
DOS-Partition   76
DOSGEN   112, 391
DOWN   85, 432
DRIVE   207
DRIVE MAPPINGS   117
DRIVE POINTERS
   DOS, NetWare   117
DRIVE-MAPPINGS   121

E

ECONFIG   392
Effektive Rechte   136
Einbindung der Volumes   82
Einrichten der IRM   145, 159
ELEVATOR SEEKING   67
ELS1   63
ELS2   63
EMSNETx.EXE   392
ENABLE LOGIN   433
ENABLE TTS   434
ENDCAP   393
Endzylinder   104
Erben   136
ETHERNET   29
EVERYONE   180
Everyone (Group)   127
EXIT   86, 209, 434
externer Router   52, 54

F

FDISK.EXE   76
FDISPLAY   210
file allocation table   65
FILE CACHING   66
File Server   23
File Server Definition   102
File Server Information   466
File Server Name   102
File Server Name festlegen   77
File Server-Festplatte   76
File-Rechte   133
Filer
   Utility   165
FIRE PHASERS   210
FLAG   142, 145, 393
FLAGDIR   393
Form Definition   353
FORMAT.COM   76
FORMS   351
FRAME   44
Fremdtreiber   76

FRONTEND-Netz   55

G

Gateways   55
Generierung
   Betriebssystem   88
      Net$OS.EXE   91
GOTO   210
GRANT   395
Group Information   467
Gruppe
   Benutzer zuweisen   196
Gruppen   132, 180
   Einrichten   181
      Syscon   182
Gruppenrechte   180
Guest (User)   127

H

Hardware
   Voraussetzungen   87
Hardware-Ausstattung   75
HELP   395
High Speed LAN   55
Home Directory   120
HOST-Architektur   21
HOT FIX   69
hub link   40

I

I/O Port-Adresse   88, 99
Identifier Variables   204, 217
IF ... THEN ... ELSE   211
Import Print Device   352
In-House-Netz   47
INCLUDE   212
index files
   max. open   103
Inherited Rights Mask   136
INSTALL   452
   NLM   78
Install   90
Installation der Software   76, 88

INSTOVL   89
interne
   Netzwerk-Nummer   78
interner Router   52, 53
Internet   47
Interrupt   109
IPX   49, 84, 396
IPX-Treiber   110
IPX.COM   26, 110
IRM   143
IRQ   75, 84, 87, 88, 99
IRQ   Funktionen
   AT   109

L

Ladbare Module
   NLM   379
Laden des DISK-Treibers   78
LAN-Software   59
Limit disk space   104
LISTDIR   397
LOAD   434
LOAD INSTALL   78
Loadable Modules
   (NLM)   451
Local Area Network   21
Local Network Printer   322
LOGIN   398
Login Script   201
Login-Script-Befehl
   extern   219
   intern   204
LOGIN.EXE   202
LOGOUT   399

M

MACHINE   213
Macintosh
   NetWare for ...   104
MAP   213, 399
MAP-Utility   121
Maximum open Files   103
Megabytes   105

MEMORY   435
MENU   400
Menü-Utilities   379
Mirror statuts   104
Modify-Recht   141
MODULES   436
MONITOR   458
MOUNT   436
mount Volume   82
Multi-Server-Netz   48
multistation access unit   44

N

Name Space   456
NCOPY   400
NDIR   402
NE2000   94
NET$DOS.SYS   113
NET$LOG.DAT   202
NET$OBJ.SYS   126
NET$OS.EXE   89, 105
NET$PROP.SYS   126
NET$VAL.SYS   126
NETBIOS   402
NetBIOS   49
NetWare   63
NetWare 2.15   63
NetWare 2.2   63
NetWare 3.11   63
NetWare Bindery   126
NetWare Lite   64
NetWare-Ready-Platten   101
NetWare-Treiber   75
NetWare-Utilities   88
Network bord A   93
Network Drive Letters   119
network interface card   31
Network Printer Interface   361, 362
NETx   403
NETX.COM   26
NETx.COM   110
Netzwerk Manager   127
Netzwerk-Adapter

NE/2, NE/2-32   108
NE1000, NE2000
   NE3200   108
Netzwerk-Festplatte
   Einrichtung   88
Netzwerk-Installation
   CorelDraw 2.01   261
   EXCEL 3.0   255
   MULTIPLAN 4.2   295
   PageMaker 4.0   267
   WINDOWS 3.0   229
   WINDOWS 3.1   273
   WINWORD 1.0   249
   WORD 5.5   291
   WORDPERFECT 5.1   303
   WORKS 2.0   299
Netzwerkkarte   75, 87
   Einbindung   84
NMAGENT   84, 461
non-dedicated router   54
non-dedicated-mode   25
NPRINT   334, 404
NVER   404

O

Objects   126
OFF   437
offene Server-Plattform   451
Operating system mode
   Dedicated
      Nondedicated   92
OS type   104

P

Partition
   NetWare   79
Partition Information   104
passive hub   39
passwords
   min. Länge   124
PAUDIT   405
PAUSE   215
PConfig Main Menu   361

PCONSOLE 321, 323, 341
Peer-to-Peer-System 59
Port-Adresse (I/O-Base) 109
Portadresse 84
Portadressen 75, 87
primäre DOS-Partition 76
PRINT DEVICE 351
Print Device Options 352
Print Job Configurations 356
print queue 309
print queue ID 309
Print Queue Information 341
Print Queue Operator 128
Print Queues 341
Print Server 93, 309, 311
  Configuration Menu 350
  Einrichten eines 339
  extern 314
  intern 312
  Starten des 354
Print Server Configuration 343
Print Server Information 342
Print Server Operator 128
Print Server Software 311
PRINTCON 321, 356
PRINTDEF 321, 351
Printer Configuration 344, 345
Printing-Utilities 321
Programm-Module 451
Properties 126
PROTOCOL 438
PSC 405
PSERVER 461
PSERVER.NLM 312
PSERVER.VAP 314
PURGE 407

R

read af. write verification 68
Rechte 131, 134
Rechte-Sicherheit 131
REGISTER MEMORY 438
REM 216

Remote Boot image file 112
Remote boot image file 391
Remote Network Printer 322
Remote Other/Unknown 348
Remote Printer 315
Remote-Printer-Software 315
REMOVE 408
REMOVE DOS 439
RENDIR 409
Repeater 35, 50
RESET ROUTER 440
REVOKE 409, 410
RIGHTS 411
Ringleitungsverteiler 44
Router 49
RPLFIX.COM 113
RPRINTER 315, 358, 411
RX-NET II 38

S

SEARCH 440
Search Drive 120
Search Drive Pointers 120
SECURE CONSOLE 441
SECURITY 411
SEND 412, 442
Server-Installation
  NetWare 2.2 87
  NetWare 3.11 75
SERVER.EXE 77
SET 208, 443
SET TIME 444
SET TIMEZONE 444
SETPASS 413
SETTTS 415
SHIFT 216
Sicherheit
  Login-/Password-, Rechte
    File-/Attribut, File Server 123
Sicherheitsstufen
  NetWare 123
slash 121
SLIST 416

SMODE   416
SPEED   445
SPOOL   445
SPX   49
SPX CONNECTIONS   315
Standard-Volume SYS   80
STARTUP.NCF   85, 86
Startzylinder   104
Station Restrictions   125
Status
   bootfähig
      nicht bootfähig   104
Sternstruktur   37
Streamer   367
Suchpfade   120
Supervisor   138
Supervisor (User)   127
Supervisor Equivalent   127
Supervisor Options   473
SYSCON   146
   Beschreibung Utility   463
system fault tolerance   64
System Login Script   202
System-Sicherheit   123
SYSTIME   417

T

TapeShuttle   374
TCP/IP   49
THICK-ETHERNET   32
THICK-THIN-ETHERNET   35
THIN-ETHERNET   34
TIME   446
Time Restrictions   125
TLIST   418
TOKEN   44
TOKEN RING   43
TOKEN-PASSING   37
Token-Ring-Adapter   45
TRACK OFF   446
TRACK ON   446
track-zero-test   101
transactions

max.   103
Transceiver   32
trunk cable length   33
trunk segment cable   32, 34
trunk segment length   33
Trustee Assignments   133, 143
Trustees
   Dir/File   132
TTS   71
TTS backout volume   103

U

UNBIND   447
UNLOAD   447
UPS   24
UPS STATUS   448
UPS TIME   449
User   132
User Account Manager   127
User Information   477
User Login Script   202
USERLIST   419
Userrechte   180

V

Vererben   136
VERSION   420, 450
verteiltes Drucken   311
Volume Information   105
Volume Name   105
VOLUME-Einrichtung   80
VOLUMES   450
Volumes   75
VREPAIR   89

W

WAIT   215
WHOAMI   420
wide area network   47
Workgroup Manager   127
Workstation   23
   Installation   107
WRITE   216

WRITE 216
WSGEN 110, 422
WSUPDATE 422

X

XMSNETx.EXE 422

Y

yellow cable 32

Z

ZTEST 89

Vieweg Software-Trainer Windows 3.1

von Jürgen Burberg

1992. VIII, 525 Seiten mit Diskette. Gebunden.
ISBN 3-528-05220-1

Alle Features von Windows 3.1 werden dem Leser in diesem Buch sorgfältig vorgestellt und nutzbar gemacht. Das Werk ist reichhaltig illustriert und mit vielfältigen Hintergrundinformationen ausgestattet, die auch fortgeschrittenen Windows-Anwendern effiziente Einsatztechniken von Windows 3.1 erschließen. Inhaltlich ist das Buch so strukturiert, daß dem Anwender ein rascher Zugriff auf spezielle Themen ermöglicht wird.

Verlag Vieweg · Postfach 58 29 · D-6200 Wiesbaden 1